연세실학강좌 Ⅲ

Yonsei *Sirhak* Lectures III

연세실학강좌 Ⅲ

실학의 정치경제학 [1]

연세대학교 국학연구원 편

혜안

발 간 사

연세대학교는 최근 대학의 학문적 수준과 위상을 세계적 차원으로 고양시킬 목적으로 '교책 특성화 사업'을 추진하고 있다. 국학연구단은 그러한 사업의 일환으로 발족되었으며, 이 연구단에는 국학연구원, 언어정보개발연구원, 현대한국학연구소, 언어연구교육원, 문과대학 등 관련 기관이 참여하고 있다. 본 연구단에서는 일제 강점기 이래 발전되어 온 본교의 국학연구 전통을 계승하고, 이를 보다 창의적으로 발전시키고자 우선 조선 후기 실학 분야에 집중적인 연구를 수행하기로 하였다.

'연세 실학'은 위당 정인보 선생이 개척했던 이념과 연구방법에서 연원하고 있다. 조선 후기 양명학의 학문적 계통을 이어받은 정인보 선생은 민족주의에 기초하여 민족의 역사와 정신을 체계적으로 정리하였다. 조선 후기 실학은 그 가운데서도 중심적인 연구 주제였다. 1930년대 중반에 이루어진 조선학 운동에서는 조선학의 핵심을 실학에서 찾고, 실학자의 저술을 정리, 편찬, 해제 작업을 추진하였다.

해방 전후, 정인보 선생의 실학 연구는 이후 홍이섭 선생의 다산 정약용 연구와 민영규 선생의 양명학 연구로 계승되었다. 또한 용재 백낙준 선생은 연세대학교의 실학 연구 학풍을 확대 계승하고 이 같은 연구가 연세대학교의 국학 연구의 핵심이 되어야 할 것으로 판단하여 정책적으로 부단한 지원을 아끼지 않았다. 그 결과 1948년 동방학연구소가 설립되었으며, 마침내 1967년에 '실학공개강좌'가 개설 진행되기에 이르렀다. 또한 실학에 관한 수준 높은 논문들이 『東方學志』에 발표되었다.

이와 같은 연세 실학의 학문적 전통을 계승하고, 앞으로의 실학 연구를 한 단계 진전시키기 위하여 우선 지금까지 국학연구원에서 축적해온 '연세실학'을 정리하고, 이를 『연세실학강좌』라는 이름으로 편찬하기로 하였다.

먼저, 『연세실학강좌』(Ⅰ·Ⅱ)는 1967년부터 1987년까지 동방학연구소와 그 후신인 국학연구원에서 진행했던 '실학공개강좌'의 발표문과 토론 요지를 편집하여 만들었다. 20년간에 걸쳐 진행된 이 강좌를 통하여 본교의 실학·국학 연구의 전통을 계승하여 그 의의를 확대하는 한편, 이 시기 한국에서의 실학 연구의 흐름을 주도하였다.

'실학공개강좌'는 1967년 6월, 당시 백낙준 명예총장, 박대선 총장, 민영규·홍이섭 교수 등 여러분이 동참하여 시작되었다. 그리고는 1987년 제20회까지 20년 동안, 매년 한 차례씩의 연구 발표회가 꾸준히 이어졌다. '실학공개강좌'에는 한국사를 비롯하여, 한국사상사, 한국철학, 한국과학사, 중국사 등 다양한 영역에서 학계의 대가·중진 학자들이 대거 참여하였다. 다루어진 주제도 실학의 개념과 현대적 의의, 성리학·문학·국어학·과학기술·역사학·서학 등 여러 학문 영역과 실학과의 관계, 실학의 정치경제개혁론, 실학과 개화사상과의 계승 문제 등을 포괄하였으며, 정약용·강위 등의 실학자 개인에 대한 정리도 이루어졌다. 실로, 조선 후기 실학을 여러 분야와 측면에서 고찰한 것이었다.

'실학공개강좌'에는 20회에 걸쳐 모두 39편의 주제가 발표되었다. 이 강좌에서 발표한 초고는 논문으로 가다듬어 대부분 본 연구원의 『東方學志』에 발표되었다. 그러나 필자의 사정상 초고만 작성하였거나 혹은 다른 지면을 빌어 발표되기도 했다. 본 자료집에서는 총 34편의 글을 실학의 개념과 성격, 실학의 사상 기반, 실학의 역사 연구와 그 이론, 실학의 정치경제학, 실학의 어문학 연구, 실학과 과학 기술, 한말·일제하 사상계와 실학 등 모두 7개의 주제로 재분류하고, 발표 시기를 고려하여 배열하였다.

다음, 『연세실학강좌』(Ⅲ·Ⅳ)는 『東方學志』에 발표된 실학관련 논문 가운데 정치경제 개혁론에 관한 주제들을 모은 것이다. 실학파의 경학, 철학사상에 관한 높은 수준의 글들도 있지만, 우선은 사회개혁론으로서의 실학사상이 가지는 의미를 되새겨보기 위한 것이다. 여기에는 모두 18편의 글이 실렸다. 17세기 전반 남인계 학자들의 사상을 다룬 연구에서부터 대한제국기, 실학의 영향을 받은 학자들을 연구한 글까지 다양하였다. 이를 다시 실학의 사상적 원류, 실학의 정치사상과 개혁론, 실학의 사회경제사상과 개혁론, 조선 말기 실학의 계승 문제와 근대개혁론 등의 네 영역으로 나누어 편집하였다. 최근 2, 30년간 연세대학교에서 이루어진 실학의 정치경제학에 관한 연구 방향과 내용을 가늠할 수 있는 지표가 될 것이다.

이 같은 '실학공개강좌'와 『東方學志』에 발표된 실학 논문들은 우리 학계가 질·양적으로 괄목할 만한 발전을 하는 데 매우 중요한 기여를 한 것으로 여겨진다. 이들 여러 연구는 일제의 식민지배 논리였던 식민사학을 극복하고 민족사·민족문화의 내적 발전의 논리를 확립하여야 했던 우리 학계를 향하여 한국사 체계의 수립을 위한 새로운 논리와 연구방법을 촉구하였다. 1970, 80년대 우리 사회에서 본격화되는 실학 전반에 대한 연구, 그리고 국학에 대한 연구열을 연세의 실학 연구, 국학 연구가 선도하였던 것이다.

끝으로 이 책의 간행을 위해 원문의 교정은 물론 원사료까지 꼼꼼하게 대조하며 작업을 진행한 본 연구원의 정호훈 연구교수와 연구보조원 김정신, 이정훈, 정두영 박사생, 그리고 혜안출판사 편집진에게 고마움을 표한다. 또한 본서의 출판으로 '연세 실학'의 전통을 확립하고, 나아가 한국학계의 실학 연구의 내용과 맥을 이해하는 데 도움이 되길 바란다.

2002년 12월

연세국학연구단장
국 학 연 구 원 장   전 인 초

차 례

연세실학강좌 IV

CONTENTS

제 1 부

실학의 사상적 원류

17세기 전반 京畿南人의 世界觀과 政治論

정 호 훈

1. 緖言

한국 중세사회는 17세기 들며 대변동을 보인다. 地主時作制가 유일한 경제제도로서 정착하고 상품화폐경제의 폭이 확대되며 신분제의 붕괴가 격화되는 등, 그것은 사회구조 전반에 걸친 변화였다. 그러한 변화는 15, 6 세기 조선사회 내부의 사회경제의 성장, 국제 관계의 변동과 두 차례의 전란 등 내외적인 요건이 상호 영향을 주는 가운데서 일어나고 있었다. 그리하여 사회와 국가 경영의 방식, 인민들의 생존 양식도 이전과는 판이하게 달라졌다. 그것은 작게는『經國大典』체제, 곧 조선국가의 체제 변동이면서도 크게는 중세사회 전 구조와 연관된 것이었다. 그런 점에서 그러한 변화가 몰고 오는 결과와 그 변화에 대응한 주체들의 대응은 중세사회의 틀 내에 머무르는 것이 아니라 한 단계 질을 달리하여 보다 다른 세계를 전망하려는 양상도 지니고 있었다.

당쟁이 격렬히 전개되고, 정치와 학문활동에서의 집단적 연계가 강화되는 등 정치 사상계에서 일어나는 여러 변화도 17세기 조선사회의 격변을 반영한 일이었다. 주자학 중심의 사유체계를 벗어나 새로운 형태의 인식론, 학문론을 모색하는 일도 이러한 상황 속에서 이루어지고 있었다. 17세기로 들면서 조선의 儒者·官人들의 주자학에 대한 이해가 심화되고, 주자학의 정치이념적 성격을 보다 강화하고자 하는 움직임이 활발해지는 한켠에서의 일이었다. 현실을 보는 관점과 정치론의 성격이 상호 일치하지 않았으므로, 이러한 작업은 치열한 사상 투쟁, 이념 갈등의 양상을 보이며 전개될 터였다.[1]

주자학을 비판하고 극복하려는 움직임은 서인계 학인들에게서도 일부 확인할 수 있지만, 중심적인 역할을 수행했던 세력은 서울-경기 지역에 학문적 연고를 갖는 南人들, 이른바 京畿南人들이었다. 이들은 주자학의 世界觀, 주자학의 方法論에 의문을 표하였으며, 보다 다양한 사상을 수용하는 가운데 독자적인 논리와 방도를 찾으려 하였다. 이들의 이러한 활동은 이 시기 주자학을 정통으로 생각하고 주자학의 논리를 보다 정밀히 구체화하려는 학인들의 노력들에 비하면 학문적 엄밀성이나 체계성이 떨어지는 양상을 보인다. 하지만 이들이 이룩한 학문 성취는 조선 사상계에 대변화를 불러올 새로운 기풍, 방법을 내포하고 있었으므로, 그 의의가 적은 것이 아니었다.

17세기 전반기 京畿南人의 학문관은 주목을 요한다. 당쟁 초기의 정치·사상계의 상황을 잘 반영하며 형성된 이들 당인들은 이 시기 다른 정파 학파와 구별되는 요소를 몇 가지 지니고 있었다. 하나는 지역적 결합성이다. 남인의 본류는 이황의 학통에 연원하여 형성되었으므로, 남인의 정치성은 대체로 영남 지역을 근거지로 형성되었다고 할 수 있다. 그러나 경기 남인은 영남 세력들과 연합하면서도 서울·경기 지역이 갖는 지역성 혹은

---

1) 이 시기 각 당파 학파별 사상·이념과 정책론의 차이 혹은 갈등상에 대해서는 다음의 여러 글을 참고할 수 있다. 金容燮,『朝鮮後期 農學史硏究』, 一潮閣, 1988 ; 金駿錫,「朝鮮後期 國家再造論의 擡頭와 그 展開」, 연세대학교 박사학위논문, 1990 ; 吳永敎,「朝鮮後期 鄕村支配政策의 轉換 - 17세기 國家再造와 관련하여」, 연세대학교 박사학위논문, 1992 ; 白承哲,『朝鮮後期 商業史硏究』, 혜안, 2000.

그 지역성과 연관한 정치성을 지니고 있었다. 그것은 아마도 영남 지역의 사상이 가진 지방적 성격을 서울의 중앙적 성격으로 보완하는 의미를 지닐 것이다. 두 번째는 北人系 사유와 영남의 南人系 사유에 고루 영향을 받으며 이들의 사상이 형성되었다는 점이다. 京畿南人들은 徐敬德이 발달시켰던 상수학적 세계관과 李彦迪・李滉의 사상을 두루 섭취하였다. 이런 까닭에 이들의 사상 섭렵은 매우 다양했으며, 특정 학문・사유에 치우치지 않았다. 이들은 양 학파가 가진 사유의 장점 혹은 단점을 적절하게 소화하며 보다 새로운 사상을 전개시켜 나갔다. 한 세대 뒤 이들의 후학들에게서 나타나는 反朱子學的 活動은 이러한 사상 연원상의 특질과 연관되는 점이 많다고 할 수 있을 것이다.

종래 京畿南人에 대한 연구는 적지 아니 이루어졌다. 學問 學統上의 系譜, 정치활동 양상, 중심 인물들의 世界觀과 經世論, 經學의 構造 등등 주요한 문제가 검토되었으며, 少論이나 老論, 嶺南學派의 사상과 견주어 그 특성이 해명되었다.[2] 주자학을 극복하여 實學의 새로운 사유구조를 창출하는 문제와 관련하여 이들이 행한 역할, 이들의 문제의식에 대한 정보가 어느 정도 확보된 셈이다. 본고에서는 선학들의 논고를 참조하면서 다음과 같은 점들을 중점 검토하고자 한다.

첫째는 京畿南人의 학문연원을 정리하는 일이다. 京畿南人의 형성은 서울 지역에 거주하는 몇몇 인물이 중심이 되어 湖南과 嶺南 지역의 士類와 연대하고 교통하는 과정을 거치며 이루어지고 있었다. 때문에 학문활동도 서울지역과 嶺・湖南의 인물들이 상호교류하는 양상을 띠고 있었다. 말하

---

2) '京畿南人'의 사상과 이념에 대한 연구는 柳馨遠, 許穆, 尹鑴, 李瀷과 같은 인물에 대한 개별적인 연구를 중심으로 이루어져 왔으며, 이들에 대한 연구사 검토는, 17세기 유학사상사연구반, 「조선시대 유학사상연구 - 쟁점과 과제」, 『역사와 현실』 7, 1992 참조. 京畿南人의 계보, 정치・학문적 활동과 여타 학파와의 교류 등에 대해서는 다음의 글이 참고된다. 李佑成, 「李朝後期 近畿學派에 있어서의 正統論의 전개 - 역사 파악에 있어서의 體系性과 現實性 -」, 『歷史學報』 31, 歷史學會, 1966 ; 李佑成, 『初期 實學과 性理學과의 관계 - 磻溪 柳馨遠의 경우 -」, 『東方學志』 58, 연세대학교 국학연구원, 1988 ; 李樹健, 「朝鮮後期 嶺南學派와 '京畿南人'의 提携」, 『嶺南學派의 形成과 展開』, 일조각, 1995.

자면 학문의 지역적 결합, 학통적 결합을 이들 京畿南人에게서 볼 수 있다. 이 시기 京畿南人의 학문활동, 정치활동을 주도했던 중심인물은 韓百謙, 李睟光, 金世濂 등을 들 수 있으며, 鄭介淸, 鄭逑, 申欽, 鄭經世, 李埈 등의 학자는 이들의 사상 형성에 큰 영향을 미쳤다. 이들은 16세기 후반에서 17세기 초반의 대 변동기에 살면서 북인계 학문을 잇는 한편으로 嶺南 南人들과 교류하며 그들의 정치적, 학문적 입지를 확대해 나갔다.

두 번째는 이들이 가지고 있는 사유의 특성과 그것이 주자학에 대하여 갖는 반성과 비판의 측면을 살피는 일이다. 이들은 명시적이건 그렇지 않건 간에 주자학의 학문론, 사유구조를 상대화하려고 하였으며, 이에 기초하여 주자학을 벗어나는 사유구조, 학문론을 마련하려 하였다. 이들의 세계관, 방법론의 근저에 있었던 것은 크게 두 계통에서 정리할 수 있다. 하나는 邵雍의 象數學이다. 徐敬德이 이미 원용한 바 있는 학문론·방법론이었는데, 『性理大全』 또는 『邵子全書』를 통하여 이를 접했던 유자들은 이를 근거로 세계관, 인간관을 마련하고자 하였다. 두 번째는 明代 學問이다. 이들은 대체로 明宗~宣祖 연간에 활발히 수용되던 明學, 즉 明代 學問에 많은 영향을 받고 있었고, 이를 적극 수용하고 있었다. 특히 薛瑄을 중심으로 한 명대 초기 주자학과 이들의 친연성은 매우 높은 편이었으며, 陽明學에 대해서도 호의적인 태도를 취하고 있었다. 따라서 명대 주자학과 象數學의 성격, 두 사상을 원용한 사유의 특성, 그리고 그것의 학문관에서의 발현 양상 등등을 정리할 수 있을 것이다. 이 같은 점이 명확해지면, 다음 시기 反朱子的 經書解釋과 反朱子的 國家論이 어떤 배경 하에서 구체화되는지도 확인할 수 있을 것이다. 17세기 중 후반의 京畿南人·嶺南의 학문적 정치적 교류와 연합, 새로운 사유체계의 형성은 이들의 활동을 가교하여 이루어지고 있었다. 이를테면 유형원은 人性論, 地理認識, 토지문제 이해와 관련하여 韓百謙의 논리를 명시적으로 계승하고 있었고, 金世濂으로부터는 학문의 대강을 전수받았다.3) 尹鑴는 李睟光의 아들, 손자들과 교류하는 가운데서 자신의 독자적인 經學을 발전시키고 있었다.4)

---

3) 金駿錫, 앞의 글, 1990, I-二 참조.

본고가 다루는 시기는 16세기 후반에서 17세기 전반에 걸쳐 정국이 복잡다단하게 전개되는 때이다. 東西分黨과 南北分黨, 大北과 小北의 분당과 대립, 광해군 정치와 仁祖反正 등으로 점철되며 나타났던 이 시기의 정쟁 속에서 경기남인은 성장하고 있었다. 京畿南人의 사상에 대한 역동적인 이해는 사상사적인 작업의 범위를 넘어, 이 시기 정치사를 풍부하게 파악하는 데도 도움이 될 것이다.

2. 京畿南人의 淵源과 학문 경향

京畿南人은 남인 가운데 漢城 京畿 일원에서 성장하고 거주하며 활동했던 일군의 세력으로, 영남지역의 남인과는 동일한 당색을 지니면서도 이들과 여러 면에서 구별되는 면모를 지니었다. 이들은 16세기 후반 東人이 南北으로 分黨하던 時期부터 그 정치·학문적 특성을 갖추기 시작했으며, 17세기 후반 들며 學派·政派로서의 모습을 구체적으로 드러내며 활동하였다. 특히 禮訟이나 北伐 論議, 전란 후의 체제 정비를 둘러싼 政爭이 격렬하게 일어나는 과정에서 이들은 자신들의 목소리를 강하게 표출하며, 西人들과 심하게 대립하였다. 이들은 대체로 남인의 당색을 지니면서도 徐敬德, 曺植의 학통과 연결되며 北人과 깊은 연관을 맺고 있었고, 지역적으론 경기, 경상, 전라도 등지의 南人들과 교류하였다. 이들은 서인들과도 활발히 교류하는 등, 당색 학문상으로 보다 유연한 면모를 보이기도 했다.[5]

경기남인이 형성, 발전하는 과정에서 중요한 역할을 했던 인물들은 그 구성이 다양하다. 크게 보아 李滉이나 柳成龍에게 직접 배운 경우, 이들과 학문적 연관은 별달리 없지만 정치적으로 보조를 같이 했던 경우, 유성룡이 직접 引進시켜 정치적 심복으로 삼았던 경우, 北人의 성향을 지녔다가 남인으로 自定한 경우 등으로 그 갈래를 정리할 수 있다.[6] 李元翼, 李德

---

4) 정호훈, 「尹鑴의 經學思想과 국가권력 강화론」, 『韓國史硏究』 89, 1995 참조.
5) 서경덕, 조식의 학통과 北人과의 연관성에 대해서는 신병주, 『南冥學派와 花潭學派의 硏究』, 일지사, 2000에서 살필 수 있다.

馨, 柳根, 李睟光, 許筬, 吳億齡, 吳百齡, 韓百謙, 韓浚謙, 尹國馨, 金應南, 金世濂 등이 그 주요 인물이라 할 수 있다.

이들 가운데, 학문활동과 관련하여 주도적인 역할을 한 인물로는 韓百謙과 李睟光, 金世濂을 들 수 있다. 이들은 북인과 남인의 정치·학문상의 영향을 고르게 받았으며, 京畿南人의 학통 마련에 초석을 놓았다. 이들은 북인계 사상을 계승하는 가운데 明代의 다양한 사조를 적극 수용하며 학문의 폭을 확장했다. 또한 영남지역의 남인들과 활발히 교류하며 영남의 학문 전통을 북인의 그것과 접목시키는 역할을 하기도 했으며, 서인들과도 원만한 관계를 유지해 나갔다. 이들은 북인계와 남인계의 학통을 가교하는 한편으로, 16세기 후반 사상계와 17세기 후반의 사상을 접맥시키는 역할도 수행하고 있었다.[7]

한백겸은 북인계 가문에서 성장하여 閔純에게서 수학했다.[8] 서경덕의 학맥이 閔純에게 가 있었으므로, 자연 徐敬德의 학문을 접하고 이해할 수 있었던 것으로 보인다. 그의 아버지 韓孝胤은 서경덕의 제자인 朴民獻에게서 서경덕의 易學을 전수한 인물이었다.[9] 서경덕의 학문은 집안의 가풍으로 그에게 영향을 주었을 것이다. 그는 『周易』 혹은 소옹의 학문에 많은 소양을 쌓고 있었다. 그의 생애 前半은 대체로 초기 北人系의 활동 범위 내에서 이루어지고 있었다. 1589년(선조 22) 己丑獄事에 연루되어 회령으로 유배된 사건은 이를 잘 보여준다. 정여립의 조카인 李震吉의 시신을 수습해서 묻었다는 것이 그가 처벌받은 이유였다.[10] 이 사건은 한백겸을 이해하는데 중요한 단서가 되는 것으로 여겨진다.

기축옥사는 東西分黨 후 서인이 정국 주도를 위하여 北人을 대대적으로 공격한 사건이었다. 己丑獄事 연루자들은 대체로 서울, 호남과 경상 우도

---

6) 具德會, 「宣祖代 後半(1594~1608) 政治體制의 再編과 政局의 動向」, 『韓國史論』 20, 서울대학교 국사학과, 1988, 225~226쪽 참조.
7) 경기남인 중에서도 이들 세 사람은 북인의 영향을 가장 크게 받았다. 이들을 별도로 北人系 南人이라고도 할 수 있을 것이다.
8) 『愚伏集』 卷38, 碣銘, 通政大夫戶曹參議韓公墓碣銘幷序.
9) 『象村集』 卷25, 贈領議政韓公墓誌銘.
10) 『稗林』, 「掛一錄」, 25~26쪽.

지역을 근거로 학문활동을 펼친 인물들이었다.[11] 鄭介淸, 李潑, 洪可臣, 白惟讓, 金宇顒, 李震吉, 韓百謙, 韓浚謙 등을 그 주된 인물로 꼽을 수 있다. 南北 分黨期에 활동했던 초기 北人이라 할 수 있다. 이들은 학문상 徐敬德, 曺植의 계통을 이었다. 李潑은 李仲虎의 아들로 閔純의 제자였으며,[12] 鄭介淸은 서경덕에게서 직접 배우는 한편으로 서경덕의 제자인 朴淳에게서도 많은 영향을 받았다. 洪可臣, 韓百謙도 閔純의 제자였다. 金宇顒, 崔永慶은 조식 문하의 맹장들이었다.

이들은 동서 분당기 서인과 동인이 첨예하게 대치하는 정국 속에서 對西人 강경책을 견지했다. 이황의 제자인 柳成龍, 金誠一 등이 '參用彼此'를 표방하며 서인과의 유화책을 도모한 것과는 다른 '偏斥西人'의 자세였다.[13] 己丑獄事는 鄭澈, 成渾, 宋翼弼 등이 정국 주도를 위해 李潑, 崔永慶 등을 공격하는 가운데 마무리되었다. 이 사건을 겪으면서 서인이 執政했으며, 북인계의 주된 세력이 도태되었다. 李潑 일문이 몰살당하고, 최영경은 반란 주모자 吉三峰으로 몰려 장살되었으며, 정개청도 죽음을 당했다. 洪可臣 역시 삭직당했다. 이 사건에 연루된 사람은 수백 명이나 되었다고 한다.

이들이 서인과 대립한 것은 정치상의 이유도 있었지만, 근본에서는 세계관, 정치이념이 상이했기 때문이었다. 鄭介淸은 이들 학문이 가진 특성을 잘 드러내는 중심이 되는 인물이라 할 수 있다. 그는 사건이 확대되는 과정에서 늦게 연루되지만, 초기 동인의 생각을 주도하는 이론가였으며, 17세기 서인이 가장 문제삼았던 사상가 중의 한 사람이었다.[14] 그를 배향했

11) 기축옥사에 관해서는 柳一之, 「宣祖朝 己丑獄事에 관한 고찰」, 『靑丘大學論文集』 2, 1959 ; 이희권, 「정여립 모반사건에 대한 고찰」, 『창작과비평』 10-3, 창작과비평사, 1975 ; 金龍德, 「鄭汝立研究」, 『韓國學報』 4, 일지사, 1976 ; 禹仁秀, 「鄭汝立 謀逆事件의 진상과 己丑獄의 性格」, 『歷史敎育論集』 12, 경북대학교 역사교육학과, 1988 참조.

12) 이중호는 海南 尹氏家 尹衢의 사위였다(金文澤, 「16~7세기 나주지방의 士族 動向과 書院鄕戰」, 『淸溪史學』 11, 한국정신문화연구원, 1999, 133~134쪽).

13) 『宣祖修正實錄』 卷22, 宣祖 21년 8월 壬午, "時朝廷 已有南北之說 以偏斥西人爲北 參用彼此爲南".

던 함평의 紫山書院은 서인이 공격하고 南人이 옹호하는 가운데 17세기
내내 置廢를 거듭하였다. 서경덕에게서 직접 학문을 배웠던 그는 상수학의
皇·王·帝·覇의 이론에 조예가 깊었으며,15) 尊王적인 정치론을 지니고
있었다. 특히 '東漢晋宋所尚不同說'16)은 논쟁의 초점이 되었던 글이다. '排
節義論'으로 운위되던 이 글에서 정개청은 東漢時期 太學에서 유생들이
公論에 기초하여 벌이는 집단적인 움직임이나 六朝의 淸談 논의를 비판적
으로 논했다. 사회를 떠난 개인주의적 생활이나 한편의 주장에 기초한 집
단적 행동을 배격하는 사고였는데, 대체로 節義·公論을 중시하는 士類들
의 행동을 부정하는 태도를 보인다. 이 글의 관점은 후대에 西人들에 의해
지속적으로 비판된다.17)

　　한백겸과 정개청이 직접 교류한 흔적은 보이지 않는다. 그러나 양자는
모두 서경덕계 학문에 큰 영향을 받았으며, 이 점에서 그가 가졌던 생각이
서로 유사했던 것으로 보인다. 더군다나 정개청의 생각을 17세기 중·후반
의 京畿南人系 유자들이 발전시키는 점과 연관해 살핀다면, 양자의 생각
은 동일한 磁場 내에서 이루어지는 것으로 평가할 수 있을 것이다. 이를테
면, 尹善道는 그의 遺稿를 수습하고 『愚得錄』으로 편집하여 그의 사상이
후대에 전승될 수 있도록 하는데 결정적으로 기여했다. 정개청과 윤선도의
인연은 湖南의 北人 學脈의 테두리에서 맺어진 것이었다.18) 허목은 그의

---

14) 金東洙, 「16~17세기 湖南 士林의 존재 형태에 대한 일고찰 - 鄭介淸의 文人集團
　　과 紫山書院의 치폐사건을 중심으로 하여 - 」, 『歷史學研究』 Ⅶ, 전남대학교 사학
　　과, 1977.
15) 『愚得錄』 附錄, 行狀.
16) 『愚得錄』 卷1, 38~39쪽.
17) 이 글의 성격을 허목은 "南方地俗 好氣任俠 不循法度 以爲高 先生作東漢節義晋
　　宋淸談說 以警俗"(『記言』 卷26, 世變, 鄭困齋事, 7가)라고 파악하고 있었다. 北人
　　系 南人들 일반의 시각이었던 것으로 보인다. 尹拯의 경우에는 정개청이 "節義를
　　주장하는 사람들이 갖는 조그만 폐해를 들어 절의를 전면 부정했다"고 파악하고
　　"그릇되다"(『燃黎室記述』 卷14, 宣祖朝 故事本末 己丑黨籍)고 평가했다. 서인들
　　의 사고에서 節義가 갖는 의미를 확인할 수 있는데, 李敬輿는 東漢에서 節義는
　　핵심적인 치국이념이라고까지 생각했다(『孝宗實錄』 卷11, 4년 7월 乙丑).
18) 기축옥사 후, 정개청이 남긴 글은 그 제자인 守貞老人 尹濟를 통하여 그의 집안

'氣外無理論'을 계승하고 있었으며,19) 윤휴도 숙종 집정기 紫山書院의 원장으로 활동하는 등 그와의 인연이 적지 않았다.20)

己丑獄事 이후의 한백겸의 학문활동은 대체로 李睟光, 嶺南의 南人 학인과의 교류를 중심으로 살필 수 있다. 한백겸과 이수광은 상호간에 사상의 교류가 매우 컸다. 明代의 다양한 학풍에 대한 비판적 이해나21) 古代國家의 강역을 정리하는 일, 학문하는 자세에 대한 의견의 교환22) 등을 통하여 두 사람은 미지의 세계를 탐구했으며 그로부터 많은 영역이 새로이 개척되었다.

한백겸은 李彦迪, 李滉의 사상을 私淑하였으며, 鄭經世, 李埈 등 柳成龍의 제자들과 긴밀히 교류하였다.23) 『東史纂要』의 저자인 吳澐과의 교류도 단순하지 않았다.24) 이들과의 만남은 한백겸의 학문세계, 사유지평을 크게 확장하는 계기가 되었던 것으로 보인다. 그 과정에서 한백겸은 학문의 폭을 넓혀, 이언적의 道器論,25) 이황의 理氣互發論도 긍정적으로 받아들이고 있었다.26) 북인의 사유가 영남 남인과 결합하는 양상이 한백겸에게서 나타남을 잘 살필 수 있다. 鄭經世와의 교류는 각별하였는데, 상호 주요한 학문 토론의 상대가 되었다.27) 한백겸은 또한 李元翼과 보조를 맞추어 貢納法 개혁에 주된 역할을 수행했다.28)

에 보존되었으며, 尹善道가 이를 정리한 것으로 보인다. 이런 사정은 『記言』 卷 50, 學二, 易學傳授에서 자세히 살필 수 있다.

19) 許穆과 정개청의 관계를 보여주는 문자로는 『記言』 卷3, 學, 「論理氣」 ; 『記言』 卷50, 學二, 易學傳授 ; 『記言』 卷56, 續集, 儒林, 愚得錄序 등이 있다.

20) 金東洙, 앞의 글, 1977 참조.

21) 『芝峯集』 卷26, 題蔡子履中庸集傳贊後, 7가.

22) 『久菴遺稿』 下, 送芝峯李潤卿令公朝京序 51가.

23) 『久菴遺稿』 上, 晦齋論太極後跋 31나, "百謙未及遊退溪之門 而猶得私淑諸人".

24) 『久菴遺稿』 上, 東史纂要後敍, 33가.

25) 『久菴遺稿』 上, 晦齋論太極後跋, 31나.

26) 『久菴遺稿』 上, 四端七情說, 21가.

27) 이를테면, 1609년(己酉)에 한백겸은 그를 방문한 정경세와 『周易啓蒙』의 揲蓍法에 대해 토론하기도 했다. 「啓蒙揲蓍辨」(『久菴遺稿』 上, 23나~27나)은 그때의 토론을 토대로 작성한 글이다.

28) 『久菴遺稿』 下, 貢物變通疏, 2가.

한백겸은 또한 寒岡 鄭逑와도 각별한 교분을 유지했으며, 학문상 많은
영향을 주고받았다. 두 사람은 선조 34년(1601년) 易에 밝은 사람으로 뽑
혀 『周易傳義』교정 작업에 동시에 참여하며 친분을 쌓았고,[29] 深衣의 올
바른 作法이나 古代 國家의 강역을 밝히는 문제 등에 의견을 주고받았다.
서로의 의견이 반드시 일치했던 것은 아니지만 두 사람의 문제의식과 고
민은 당시 학계의 핵심 주제를 대상으로 한 것이었다. 정구는 또한 한백겸
의 동생인 韓浚謙과는 사제관계를 맺기도 했는데,[30] 정구와 한백겸·준겸
형제와의 활발한 교류를 살필 수 있다. 요컨대, 한백겸은 북인계의 학통을
계승하면서도 서울의 남인과 영남의 남인이 교류할 수 있는 기반을 쌓는
데 중추적인 역할을 했던 인물이었다.

기존의 諸說을 절충하며 혹은 새로운 견해를 개발하며 이루어진 한백겸
의 학문은 「人心道心說」, 「箕田說」, 『東國地理誌』 등에서 그 면모를 볼
수 있는데, 이 글들은 당시로서도 많이 읽혔을 뿐만 아니라[31] 후대에도 많
은 영향을 미쳤다. 箕田說은 尹鑴나 柳馨遠 등이 높이 평가했으며,[32] 「人
心道心說」,[33] 『東國地理志』[34]에 대해서도 유형원은 전폭적으로 인정하고
있었다.

京畿南人 사상의 성격을 체계화하는 데 李睟光은 특별한 자리를 차지
한다. 왕가의 후손으로 고위 관직을 두루 거쳤던 이수광은 북인, 영남남인,
서인들과 폭넓게 교류했다. 그와 절친했던 북인계 인물로 우선 李達과 許
筠을 들 수 있다. 이들은 시와 문장으로 통하는 친구였는데, 문장을 業으로

---

29) 洪可臣 등과 함께 참가하였다.
30) 『寒岡全書』 附錄, 檜淵及門諸賢錄, 卷1, 28나~29가.
31) 이를테면, 남인계 인물인 金時讓이 그 실재를 부정하거나, 立齋 盧欽이 箕田說에
    대한 글을 지어 그 의미를 반추하는 데서 당시 사류간에 箕田說이 크게 운위되었
    음을 알 수 있다(『立齋遺稿』 卷13, 題箕田圖後, 22나 참조).
32) 『磻溪隨錄』 卷5, 田制攷說 上 36가~37나 ; 『白湖全書』 中, 卷27, 漫筆 下, 1171
    쪽.
33) 『磻溪雜藁』, 又論人心道心書, 87쪽, "人心道心之說 惟近來韓久菴之言 最明白
    得聖賢本旨".
34) 『磻溪雜藁』, 與朴進士自振論東國地志, 42쪽.

삼는다고 평가받았던[35] 그에게서 이들의 존재는 적지 않은 비중을 가지고 있었다. 특히 許筬과는 同壻之間이기도 하였다.[36] 허균 집안이 당대 東人・北人系에서 차지하는 학문・정치상의 비중을 생각한다면, 이수광이 북인계 가문, 유자들과 갖는 관계가 단순하지 않음을 알 수 있다. 허균의 아버지 허엽은 서경덕의 학문을 가장 많이 접했던 인물이었고, 형 許箴, 許筬은 東人의 주요한 이론가, 행동가였다.[37] 노수신의 문인으로 북인의 중요 구성원이었던 沈喜壽는 이수광과 '가장 오래 친하게[最親且久]' 사귄 친구였다.[38] 小北系 인물인 李尙毅와의 교분도 매우 컸으며,[39] 한백겸과의 사귐은 두 사람 모두에게 큰 행운이었다.

서인계의 중진이었던 象村 申欽과는 평생의 知己이자 학문의 동지로서 관계를 맺었다. 신흠은 서경덕의 영향을 크게 받아 象數學에 一家를 이룬 인물이었다. 당시 서울을 비롯한 경기 일원에서 서경덕의 학문은 큰 영향력을 발휘하여 많은 사람들이 받아들이고 있었는데, 신흠은 그 가운데서도 대표적인 경우였다. 이 같은 그의 학문은 깊은 천착을 필요로 하거니와,[40] 이수광은 그와의 교류에서 그의 상수학 지식에 많은 영향을 받았을 것으로 여겨진다. 이수광은 李植, 李廷龜, 張維 등 서인계 중진들과도 막역한 관계를 맺고 있었다.

---

35) 『南溪集』卷57, 雜著, 記少時所聞, "業文章者 喜讀老莊諸書 其氣質過高者 又多轉而求道於釋氏之門 唐宋諸賢是也 至我朝 平時則金乖崖 近時則張谿谷 皆不能免 其知病此 欲竊附於吾學 而卒不能自解者 無如李芝峯晬光".

36) 허균과 이수광은 金大涉의 사위였다. 허균은 그의 둘째딸과 결혼했고, 이수광은 큰딸과 결혼했다. 이 사정은 『惺所覆瓿稿』, 文部 12, 行狀, 亡妻淑夫人金氏行狀과 『象村集』에서 확인할 수 있다. 그런데, 『象村集』에 실린 이수광 장인 金大涉의 행장에서는 둘째딸과 사위 허균 이야기가 빠져 있다. 아마도 허균 관련 기사라 뺀 것 같다.

37) 許筬은 癸酉三窟의 한 사람이다.

38) 『芝峯集』卷21, 雜著, 祭沈相國文, 38가.

39) 두 사람간의 긴밀한 관계는, 이를테면 『少陵集』, 『芝峯集』에 실린 많은 시에서 확인할 수 있다.

40) 申欽의 학문에 대해서는 朴喜秉, 「象村 申欽의 학문」, 『民族文化研究』20, 民族文化推進會, 1998 참조.

영남 지역 남인과의 교류도 활발했다. 정구와는 1595년(선조 28)에는 승지로 같이 근무하였으며, 1601년 선조 34년에 洪可臣, 韓百謙 등과 함께 고문 『周易』의 교정에 참가하였다.[41] 그의 사후 이수광은 輓詞에서 그와의 인연을 기려 "吾生幸宿緣"이라고 표현하고 있었다.[42]

이수광과 鄭經世, 李埈과의 관계는 특기할 만하다. 어렸을 적부터 종유하며 관계를 맺었던 두 사람은 한백겸과 함께 이수광의 학문체계를 세우는데 중심 역할을 했었는데, 이수광은 자신이 짓고 정리한 논설을 이들과 더불어 검토하고 이들이 제시하는 의견을 수렴하였다. 『采薪雜錄』의 경우, 정경세와 이수광 두 사람은 왕복 두 차례나 서신을 주고받으며 의견을 교환했다.[43] 정경세는 이수광의 생각이 대체로 道敎나 陽明學의 성격을 지니고 있다는 점을 들어 비판적이었고, 이수광은 자신의 立論을 고집하면서도 필요한 내용은 수용하였다. 이준 역시 이를 읽고 「書芝峯采薪雜錄後」를 지어 先儒가 발명하지 못한 바를 가지고 있다고 칭송했다.[44] 이준은 또한 『警語雜編』 등 이수광이 부쳐 준 여러 편의 글을 읽고 薛瑄의 『讀書錄』에 가깝다고까지 평가하고 있었다.[45]

이수광과 정경세, 이준과의 이와 같은 활발한 토론과 문제의식의 공유는 이들 사이에서만 아니라 서울의 한백겸도 같이 참가하며 이루어졌다.[46] 말하자면 李晬光과 韓百謙, 李晬光과 嶺南南人, 嶺南南人과 韓百謙의 교차적 만남이었다. 이들은 성장 배경이 달랐던 만큼, 의견 충돌이 자주 있었지만, 각자에게 부족한 내용을 상대로부터 보충 받아 사유 영역을 확장해 나갔다. 이는 곧 영남의 이황 학문과 서울의 북인계 학인이 구체적으로 결합하는 양상이었으며, 나아가 京畿南人의 형성이 이러한 점을 토대로 해서

---

41) 韓永愚, 「李晬光의 學問과 思想」, 『韓國文化』 13, 서울대학교 한국문화연구소, 1992, 371쪽.
42) 『芝峯集』 卷5, 鄭寒岡述挽辭二十韻, 12가.
43) 1623년 7월에 부제학으로 있던 鄭經世가 「書芝峯稿後」를 쓰며, 편지가 오고 갔다 (『芝峯集』 卷24, 采薪雜錄, 附, 16나).
44) 『芝峯集』 卷24, 采薪雜錄, 27가.
45) 『芝峯集』 卷31, 李蒼石題, 11나.
46) 앞의 주 23) 참조.

이루어짐을 잘 보여준다.

여러 경향의 사람들과 교류하며 學的 체계를 수립할 수 있었던 것은 이
수광 개인뿐만·아니라 이 시기 학계 전체의 행운이었다. 『芝峯類說』은 그
의 학문이 폭넓고 다양하다는 사실을 보여주는데, 16세기 후반부터 성장한
京畿南人系 학문이 李睟光에 이르러 종합되고 체계화되고 있다고 평가할
수 있다. 이 책의 주제와 문제의식은 이후 그의 후손들과 尹鑴, 李瀷과 같
은 후학에게 깊은 영향을 미치며 이들이 새로운 사유체계를 성립하는 토
대가 되었다.

한백겸, 이수광을 중심으로 한 서울지역 남인들의 학문활동은 다음 시기
에 이르면, 이수광의 아들인 李聖求와 李敏求, 金世濂을 중심으로 전개된
다고 할 수 있다. 이들은 仁祖反正 후, 서인이 남인 포용 정책을 펼치는 가
운데 서인 정권에 참가하며 남인의 구심 역할을 수행했다.[47] 그러나 이들
의 학문 사상상의 성취는 앞세대의 한백겸이나 이수광에 비하면 그다지
크지 않았다. 이들이 가진 비중은 정치적으로나 학문적으로 앞세대의 그것
을 뒷세대인 윤휴나 유형원, 허목 등에게 가교한 점에서 찾아야 할는지도
모른다.

이들 가운데 주목되는 인물은 金世濂이다. 김세렴은 東人의 핵심 가문
에서 성장하여 이들의 정치적 학문적 분위기를 충분히 접하였고, 그들에게
서 정치적 수혜를 크게 받았던 인물이었다. 인조 대 西人 주도의 정국하에
서는 京畿南人 세력과 嶺南의 남인 세력을 매개하며 그 세력이 유지되도
록 하는데 중요한 역할을 수행했다.

김세렴은 金孝元의 손자이자 許篈의 외손자였다.[48] 조부나 외조부 모두

---

47) 이 시기 정국 동향과 남인의 활동에 대해서는 다음 글을 참조. 吳洙彰, 「仁祖代
政治勢力의 動向」, 『韓國史論』 13, 서울대학교 국사학과, 1985.

48) 　　　　　　　陽川 許氏(許篈 女)
　　　　　　　　‖──世濂
　　金孝元──┬克健
　　　　　　　└女
　　　　　　　　‖
　　　　　　　許筬

동서 분당기 東人을 이끌었던 지도적 인물들이었다. 특히 김세렴과 陽川 許氏家와의 인연은 주목할 만하다. 허봉의 동생, 허균은 김효원의 사위였다.49) 그러므로 허균과 김세렴은 한편으로는 사돈 지간이면서 고모부와 생질간이었다. 양자간에 있을 수 있는 교류와 영향을 충분히 예상할 수 있겠다. 허봉이나 許筠은 모두 許曄의 아들로서, 徐敬德의 학문에 많은 영향을 받고 있었고 문장에 아주 능했던 인물들이었다. 특히 허균은 諸子百家學, 陽明學에 깊이 심취되었던 당대 사회의 이단아였다.50) 그는 또한 管子나 商鞅 혹은 韓非의 사상과 문장을 매우 긍정했으며, 이들의 사유를 기반으로 하여 富國强兵論을 적극 주장하기도 했다.51) 한편, 허균은 이수광과는 同壻間이기도 했으며,52) 시와 문장으로 교류하는 친구이기도 했다.53) 김세렴과 가장 절친히 교류했던 인물이 이수광 혹은 그의 아들들이었는데, 여기에는 이 같은 인척·지우 관계가 작용했을 것으로 여겨진다.

김세렴은 또한 유형원의 고모부로 어릴 적부터 그를 교육시켰다.54) 김세렴은 처음에는 柳希發의 딸과 결혼했으나 부인과 일찍 사별한 후 柳成民의 사위가 됨으로써 柳氏家와 인연을 맺었다.55) 유성민은 유형원의 조

49) 『惺所覆瓿稿』卷22, 說部1, 惺翁識小錄 上, "우리나라에서 가장 중요하게 여기는 관직은 이조낭청이다. …… 士禍의 대부분이 이 문제에서 비롯되었다. 근래 東人과 西人의 分黨도 나의 장인 金仁伯(孝元의 字)이 전랑에 선발되는 길을 판서 심충겸이 막은 데서 발단했다."
50) 허균의 사상에 대해서는 다음 글을 참고. 李離和, 「許筠의 改革思想」, 『한국의 사상』, 열음사, 1984 ; 劉明鍾, 「陽明學의 韓國的 展開」, 『韓國思想大系』 Ⅳ, 성균관대학교 대동문화연구원, 1984.
51) 『惺所覆瓿稿』卷13, 文部, 讀. 허균이 특히 주목한 것은 管子, 商鞅으로, 그는 이들과 같은 인물을 얻어 부국강병을 이루었으면 좋겠다는 강한 열망을 지니고 있었다.
52) 허균과 이수광의 관계에 대해서는 주 36) 참조.
53) 『惺所覆瓿稿』, 文部17, 尺牘 上에 실린 이수광에게 보낸 편지(與李芝峯, 己酉 12월)에는 허균이 이수광이 지은 『洪陽詩卷』을 읽고 매료된 모습이 잘 나타난다. 李晬光, 許筠, 柳根, 申欽, 金玄成 등 당시의 명문장가들은 서로 깊이 교류했던 것으로 보인다. 허균의 문집에서 이들과의 활발한 교류를 살필 수 있다.
54) 年譜에 의하면 5살 때부터 공부를 시켰다.
55) 『東溟集』, 文康公金公行狀, 15나. 이하 김세렴의 교우 인척관계에 관한 사항은 이

부였다.

어쨌든 김세렴은 북인계 명문가에서 성장했으며, 이들이 가진 학문사상 상의 특성을 누구보다도 예민하게 접했다고 할 것이다. 김세렴은 시와 문 장에 아주 능하다고 평가받았으며,[56] 정치는 무엇보다 法制・刑罰의 시행 을 중시해야 한다는 생각을 지니고 있었다.[57] 李睟光・韓百謙 등에서 나 타나는 法治를 중시하는 사고의 한 맥락이었다.[58] 그의 이 같은 생각은 아 마도 이러한 성장배경과 무관하지 않을 것이다. 김세렴은 인조 대 李睟光, 李敏求, 李聖求 등과 보조를 맞추어 京畿南人의 학통을 세우는데 중요한 역할을 수행했다. 서인정권 하에서 북인계 인물들이 南人으로 자정하며 결 집할 수 있게 되는 데는 그의 역할이 적지 않았던 것으로 보인다.[59]

이상에서 살핀 대로, 16세기 후반에서 17세기 전반에 이르는 시기에 활 동하며 京畿南人의 학문적 연원을 이루었던 인물들은 초기의 북인계 인맥 과 밀접한 연관을 맺고 있었고, 당쟁이 격화되는 과정에서 영남의 李滉學 派, 특히 柳成龍의 제자들과 돈독히 교류하였다. 이들은 서경덕, 조식의 학 문과 이황의 학문을 두루 접하고 있었다. 학문활동이 다양한 형태로 폭넓 게 이루어지고 있었다고 할 터인데, 어느 특정한 사상을 절대적인 것으로 고집하지 않는 것이 이들의 특징이었다. 그 중심에서 활동했던 인물은 韓

자료를 활용하여 정리했다. 유희발은 柳希奮의 동생으로, 인조반정 후 처형당한 北人이었다. 유형원의 아버지 유흠과는 처남 매부 사이였으며, 柳馨遠은 그의 생 질이 된다.

56) 『記言』卷5, 東溟哀悼文二百一十, 8가, "自古稱之 管氏作地員 王詡作抵巇 屈原 作離騷天問 荀卿作非相 今君平作詩風 得意遊戲 多勸戒可誦 足以傳之百代而不 沒".

57) 『東溟集』卷6, 居官雜記, 3가, "修刑罰以齊衆 明敎化以善俗 刑罰立 則敎化行矣 敎化成 而刑罰措矣 須曰尙德而不尙刑 顧豈偏廢哉".

58) 이 점은 3, 4장에서 자세한 내용을 살필 수 있다.

59) 한편, 김세렴은 영남 지역의 南人들과 매우 절친한 관계를 맺고 있었다. 李埈, 張 顯光 등과의 교류가 확인되는데, 특히 이준은 김세렴이 현풍현감 시절에 시행했 던 향약운동에 전적으로 동의하고, 김효원의 言行錄을 정리하며, 祠堂記(景行祠 記)를 저술할 정도로 깊은 관계를 유지했다. 17세기 전반 在京南人과 嶺南南人의 교류에 김세렴이 차지하는 위치를 잘 파악할 수 있다.

百謙, 李睟光, 金世濂 등이었다. 그런 점에서 京畿南人의 정치사상은 이들을 중심으로 살펴야 할 것이다. 이들은 또한 己丑獄事 연루자들, 특히 정개청과는 많은 부분 같은 생각을 지니고 있었다. 이들의 사유는 鄭介淸 이래의 생각을 확장하고 심화시켜 간 면모를 갖는 것으로 보인다.

이들이 주자학을 뛰어넘는 차원에서 사상의 계통화·체계화를 아직 이룬 것은 아니었지만, 이들의 존재와 활동은 다음 시기 새로운 사유의 출현을 가능하게 하는 전제가 되었다. 허목이나 유형원, 윤휴와 같은 17세기 후반의 남인의 주요 이론가들은 모두 이들의 경험, 사상에 바탕하며 새로운 영역을 개척하고 있었다.

3. 自然主義 世界觀과 禮法 重視論

1) 학문의 확대 : 北人 象數學의 계승과 明學의 학습

16세기 말에서 17세기 초반에 걸쳐 활동했던 경기남인 학자들의 생각은 아주 다양하였으며, 통일된 학문 태도를 취하지는 않았다. 이들의 학문, 사상은 雜學, 博學의 풍모를 띤다고 할 정도로 다채롭고 풍부한 내용을 가지고 있다. 이들은 주자학의 영향을 받으면서도 불교와 같은 非儒敎思想에도 관심을 기울였으며, 나아가서는 諸子百家學·天文·地理·律曆·兵甲·算術 등과 같은 영역까지도 깊이 천착하였다.[60] 그런 가운데서도 우리는 이들의 사유와 인식을 규정하는 몇 사상을 정리할 수 있다.

이들의 사유를 구성하는 주요 사상의 하나는 邵雍의 象數學이었다. 韓百謙이나 李睟光 등과 같은 인물들의 사유의 基底에는, 그 적용하는 대상이나 방법에서 조금씩 차이가 있었지만 象數學과 관련한 인식이 자리잡고

---

60) 韓百謙의 경우, 黃老學의 저술인 『陰符經』의 핵심 내용은 機에 있다고 하는 등 그 의미를 적극 평가하였는데, 이는 주자가 이 책을 僞書라고 배척했던 것과는 구별된다(『久菴遺稿』 上, 題陰符經後, 38가~41가). 李睟光의 諸子百家學에 대한 긍정은 『芝峯類說』에서 확인된다. 『芝峯類說』에서는 經書部에 諸子의 언설을 초록, 소개하고 있는데, 老子 莊子 列子 管子 등을 다루고 있다.

있었다. 邵雍의 象數學을 이해하고 이를 자신의 학문으로 소화하는 방식
이 동일한 것은 아니었고, 또 邵雍의 학문론에 몰입하여 이를 전면적으로
이론화하는 모습은 보이지 않지만, 象數學은 이들 사유의 근간이었다.

韓百謙은 자연계에 일어나는 현상이나 法・制度의 성격을 대체로 象數
學의 견지에서 이해하려고 하였다. 이를테면 동해나 서해에서의 조수간만
현상을 韓百謙은 邵雍의 이야기를 근거로, 우주의 호흡현상으로 해석하고
자 하였다.61) 그 인식의 합리성, 사실성은 차치하더라도 邵雍의 논리를 철
저히 믿음으로서 자연계의 현상을 이해하고 설명하려는 자세였다. 평양에
서 확인한 箕子 井田, 箕田의 실체도 象數學의 원리를 원용한 이해였다.
韓百謙은 田字 形으로 이루어진 밭의 모양은 先天方圖를 모방하여 그 원
리를 갖추고 있다고 여겼다. 곧 4구를 한 단위로 하는 田形은 태극이 陰陽
을 거쳐 四象으로 변화하고 8괘, 64괘로 분화하는 형상을 반영한 것이라는
것이었다.62) 箕子 井田을 이처럼 象數學의 論理로 설명하는 방식은 韓百
謙 箕田說의 실체를 긍정하고 이를 소개하는데 적극적이었던 許筬의 생각
에서도 확인할 수 있다. 허성은 기자정전의 기본 수가 7이며 이는 곧 天然
自成의 수라고 파악했다. 箕田이 人爲가 배제된 성인의 제도라는 확신도
이러한 이해에서 가능했다.63)

말하자면 韓百謙의 사유에서 象數學은 아주 중요한 위치를 차지하고 있
었던 바, 자연현상을 설명하는 근거로써 또 고대 성인의 제도를 이해하는
방편으로 이 사유가 원용되었다. 李植이 그의 학문의 특징을 象數之學과
制度의 의의에 밝다고 한 그대로였다.64)

---

61) 『久菴遺稿』上, 潮汐辯, 42나, "唯康節邵先生有云潮汐 地之喘息 所以應月者從
其類也 遠哉言乎 雖不明言其所以然之故 已得見大義 引而伸之 觸類而長之 將
無所不通矣".
62) 『久菴遺稿』上, 箕田遺制說, 1나, "四田四象之象也 八區八卦之象也 八八六十四
正正方方 其法象正類先天方圖 古人制作 豈無所取法也 因以思之 噫此皆殷制
也".
63) 『久菴遺稿』上, 10나, "蓋七十畝而七家 七家而七畝 公田廬舍之制 又不外於七數
焉 是乃天然自成之數 不容人力按排於其間者 非聖人之制而能如是乎 其顯晦隱
見亦有數存於其間耶".

李睟光에게서 象數學 또는 邵雍의 인식론은 보다 다양한 방식으로 나타난다. 李睟光은 그 접하고 섭렵했던 학문 사상이 폭넓었던 만큼이나 학문의 세계도 다채롭고 복잡하다. 그러나 그의 사유의 핵심에 있는 것은 邵雍의 世界觀, 邵雍의 認識論이었다.[65] 첫째 그는 사물인식의 기초, 주된 방식을 邵雍의 觀物論을 근거로 설정하고자 하였다. 둘째 觀物論적인 인식과 더불어 그가 강조했던 것은 事天心學이었다. 여기서의 심학은 邵雍이 학문론의 기초로서 강조했던 先天心法의 그것에 다름 아니었다.

상수학이 이 시기 사상계에 미친 영향은 경기남인들에게만 국한된 것은 아니었다. 경기남인의 주요 인물들과 교류했던 인물들은 대체로 상수학의 영향을 크게 받고 있었다. 지역이나 당색에서 상호 차이가 있었지만, 이들에게는 象數學을 둘러싼 학문상의 공감대가 형성되어 있었다고 할 것이다.

먼저 들 수 있는 인물은 정구이다. 성주에 거주했던 정구는 이황과 조식의 양 학통과 직접 교류했으며, 서울의 남인들과 정치적 입장을 같이 하고 있었다. 鄭逑에게서 邵雍의 象數學이 미친 영향은 『歷代紀年』에서 직접 확인된다. 그 찬술 연대가 명확하진 않지만, 鄭逑 중년의 작품으로 추측되는 『歷代紀年』은 일반적으로 16세기 南人 역사학의 전통을 이으며, 17세기 들어 새롭게 나타나는 南人의 역사학을 매개하는 저서로 평가한다.

정구는 『歷代紀年』이 『皇極經世書』의 緖餘를 참고하여 만들어진 것이라 하여, 『황극경세서』의 역사인식, 세계인식에 깊이 영향받았음을 언급하고 있다.[66] 邵雍의 『황극경세서』의 방식, 원리를 원용한 사서인 것이다. 이러한 방식으로는 최초의 저술인 셈인데, 『歷代紀年』은 중국의 역사와 한국의 역사를 연표 형식으로 간략하게 정리하는 형태를 취하면서도 邵雍의 방법을 적절히 활용하였다. 『歷代紀年』은 『皇極經世書』의 세계연표에 따라 太古 盤古氏 즉 우주가 생성되는 때로부터 시작하여 1602년 현재까지

---

64) 『久菴遺稿』上, 久菴遺稿序, 2右가, "今觀此集理氣性情等說 闡明宗旨 折衷衆言 …… 惟於象數之變 制度之宜 硏究極深 有不泥於前說者".

65) 이수광에 대한 내용은 4장 2절에서 자세히 다루었다.

66) 『寒岡先生續集』卷2, 與裵淑全, 17나, "白僕曾撰經世紀年之書 皆參取皇極經世書之緖餘矣".

중국사와 한국의 역사를 간략하게 정리했다.[67]

申欽의 학문도 여기서 간과할 수 없다. 신흠은 그 누구보다도 邵雍의 象數學에 경도되었던 인물이다. 그는 어린 시절부터 소옹의 象數易을 익혔으며, 『先天窺管』과 같은 역학 관련 글을 직접 짓기도 하였다.[68] 그의 학문 세계는 대단히 넓어 諸子百家學을 두루 익혔다. 그러나 朱子學에 대해서는 상대적인 수용 태도를 지니고 있었다. 신흠은 時勢의 변화를 극히 중시했으며, 易學으로 익힌 치세인식을 世務와 政事에 적용, 확장하였다. 『雜著』, 『彙言』, 『求正錄』 등 그의 숱한 저술은 천지의 世運, 國家의 흥망성쇠, 歷代의 治亂, 인물의 善惡, 錢穀과 甲兵의 제도 변천, 당대 정치 현실에 대한 비판 등을 주제로 삼아 이루어졌다. 여기서 世務·政事의 기본 원칙으로 신흠이 견지했던 것은 '執簡御煩'이었다.[69] 老莊의 기풍을 지니면서도, 법가적 발상이 내재하고 있음을 살필 수 있다.

요컨대, 京畿南人의 주요 학인들의 사유의 기저에는 邵雍의 象數學的 세계관, 인식론이 자리잡고 있었다. 그것은 북인계의 知的 傳統에 영향받는 한 면모였다. 그러나 이들은 徐敬德이 그러했듯이 완전히 唯氣論의 사유체계에 빠져 있던 것은 아니었다. 여러 다양한 사유, 사상과 함께 象數學을 받아들이고 있었다.

象數學은 그들 사유의 일부분이었는데, 이들은 여기로부터 한 걸음 더 나아가고 있었다. 明代 學問의 학습과 그 적극적인 수용은 이들의 사유가 확장되는 과정에서 이루어지고 있었다. 이들은 王陽明이나 後學들의 글을 접하기도 하고,[70] 명대 학자가 남긴 논문들을 비판적으로 검토하는 등, 명대의 사상·학문에 많은 관심을 기울였다. 이 가운데 薛瑄의 학문은 이들에게 깊은 영향을 미쳐, 그가 남긴 『讀書錄』은 이들이 반드시 읽어야 하는

---

67) 金恒洙, 「寒岡 鄭逑의 學問과 『歷代紀年』」, 『韓國學報』 45, 일지사, 1986.

68) 박희병, 앞의 글, 1998 참조.

69) 『象村集』 卷30, 求正錄, 20가.

70) 이수광의 경우, 王陽明과 그 後學들의 글까지 두루 섭렵하였으며, 그 장점을 익히 수용하고 있었다. 왕양명의 言說은 佛家에서 왔으며 異說을 즐겨 세운다고 하여 그 사상의 한계를 명확히 하고 수용에 제한된 태도를 취했지만 그 받은 영향이 적지 않았다(『芝峯類說』 卷5, 儒道部, 心學 참조).

필독서, 기본도서 가운데 하나로 꼽히었다. 이러한 현상은 李睟光, 金世濂 단계에 이르러 본격화되고 있었다.

이수광이 薛瑄의『讀書錄』에 영향 받은 사실은,『薛文淸讀書錄解』를 저술한 데서 확인할 수 있다. 이 글은『讀書錄』의 중요한 구절을 箚錄하고 여기에 자신의 견해까지 붙인 것인데, 簡易 直切하며 主敬·寡慾의 방편을 절실히 제시하는 장점을 이 책은 가졌다는 것이 그의 평가였다.[71] 영남지역의 李埈[72]은 이수광의『警語新編』의 여러 글이 薛瑄의『讀書錄』의 내용을 취한 것이라고 평가하기도 하였다. 이수광의 사유를『讀書錄』이 가진 의의와 연관하여 높이는 자세였다.

薛瑄이 미친 영향은 뒷세대인 金世濂에게서도 확인된다. 김세렴은 함경도 관찰사 시절, 鄭逑가 중시하여 川谷書院에서 편찬했던 吳廷擧의『讀書錄要語』[73]가 인멸될까 걱정하며 함흥에서 다시 판각하고 유포하였다.[74] 학문함에 이 책만한 것이 없다는 것, 그래서 마치 許衡이『小學』을 神明처럼 중시하라고 했던 것처럼 이 책도 그렇게 대해야 한다는 것이 그의 생각이었다.『讀書錄』의 장점은, 그가 보기에, 마음이 중심을 잡고 群邪를 물리칠 수 있는 힘은 敬에서 나온다는 점을 밝히고 그 실천방법을 제시한 데 있었다.

이들이 薛瑄의 사상과 같은 明代 朱子學에 영향을 받은 것은, 실상 李滉學派의 학문 전통을 만나는 일이었다. 이황은 일찍이 薛瑄의 학문을 높이 평가하고 있었거니와,[75] 寒岡 鄭逑에 와서는 설선의 글이 본격 소개, 보급되기에 이른 상태였다. 정구는 薛瑄을 斯文의 正脈을 얻은 인물이라

---

71)『芝峯集』卷25, 薛文淸讀書錄解.
72) 유성룡의 제자로, 鄭經世의 동료였다. 李睟光, 鄭經世, 李埈의 절친한 관계를 확인할 수 있다.
73)『讀書錄要語』는『독서록』을 쉽게 접할 수 있도록 핵심만 추려서 만든 책이다. 김세렴은 이 책을 다시 판각하면서, 鄭逑가 永嘉本을 구입하여 보급한 적이 있다고 정리하고 있는데, 이같은 내용에서 정구와 김세렴간의 학문적 연관성을 짐작해 볼 수 있다.
74) 1642년 함흥에서 판각했다(『東溟集』卷8, 讀書錄要語拔, 8나).
75)『退溪先生言行錄』卷5, 崇正學.

하여 그의 『讀書錄』을 전폭적으로 인정하였으며 川谷書院에서 판각하여 인쇄하기도 했다.76)

이수광이나 김세렴과 같은 이들이 설선의 『讀書錄』에서 공통적으로 주목한 것은 일단은, 主敬의 학문방법과 연관해서였다. 簡易 直切하면서도 主敬의 방법, 主敬의 장점을 적절히 제시해 주는 책이 『讀書錄』이라는 것이었다. 性理學에서 제시하는 바 居敬과 窮理의 두 방법 중에서도 거경에 보다 주목하고 중시하는 면모를 여기서 확인할 수 있다. 설선의 글에서 主敬의 방법론을 주목하는 것은 아마도 李滉, 曺植이 居敬의 방법론을 중시했던 학문 전통과 맥을 같이하는 것이라 여겨진다.77)

이와 같이, 京畿南人의 연원을 이루었던 주된 인물들의 사상은 邵雍의 象數學과 明代의 학문에 영향 받으며 형성된 것으로 정리할 수 있다. 그것은 곧, 그들의 학통이 그러했듯이, 서경덕의 北人系 思想과 이황의 南人系 思想의 전통을 복합적으로 계승하는 일이었다. 이들은 邵雍의 象數學 혹은 서경덕의 학문으로부터 출발하면서도 그것만을 고집하지 않고 학문의 경계를 확대해 나갔던 것이다. 그리하여 소옹의 상수학은 이들에게 공통적으로 영향을 미쳤지만, 후기로 갈수록 명대 주자학이 더 많은 영향을 미치는 경향을 보이고 있었다. 이 같은 점은, 이들이 소옹 상수학의 특성을 유지하면서 명대 학문이 가진 요소를 적극적으로 활용, 사유의 영역을 확장했음을 의미한다. 이들에게서 나타나는 독자적 사유는 象數學과, 薛瑄으로 대표되는 명대 주자학이 가진 특성을 고루 활용하는 가운데 이루어진다 할 것이다.

---

76) 이 글에서 정구는 '설선은 斯文正脈을 얻은 이'라고 평가하고 있다. 정구는 설선의 『讀書錄』이 갖는 가치, 의미를 크게 주목하여 이를 보급하는데 적극 노력했다(『寒岡先生集』卷9, 讀書錄要語續選後, 3나~4가).

77) 李滉이나 曺植 두 사람의 학문은 많은 차이가 있다. 그러나 두 사람 모두 居敬의 방법을 중시하는 점에서는 유사하다(高橋進 著, 안병주 外 譯, 『李退溪와 敬의 哲學』, 新丘文化社, 1986 ; 蔡茂松, 『退溪·栗谷 哲學의 比較 研究』, 성균관대학교 출판부, 1985 ; 申炳周, 「南冥曺植의 學問傾向과 現實認識」, 『韓國學報』58, 일지사, 1990).

2) 自然主義 世界觀과 禮法重視論

17세기 전반 경기남인들의 세계 인식과 실천관은 象數學과 薛瑄의 사상이 가진 장점과 한계를 동시에 포괄하고 있었다. 이들은 아직 그들만의 독자적인 사상을 체계적이이고도 계통적으로 세우지는 못했지만, 양 사상이 가진 특성을 충분히 활용, 새로운 사유의 싹을 키우고 있었다.

먼저 소옹 상수학의 논리와 연관하여 그들에게서 自然主義 사고를 찾을 수 있다. 여기서 자연주의란 義理·名分과 같은 인간사회의 도덕규범보다는 자연의 객관적 질서를 보다 중시하고 여기에 절대적 의미를 부여하는 사고를 의미한다. 소옹의 논리는 바로 이 같은 특성을 가지고 있었다.[78]

邵雍은 우주 자연의 생성과 변화, 인간사회와 역사의 전개를 상수학의 체계로서 개괄하고 아울러 미래의 사변을 예측하고자 시도했으며, 그러한 변화의 전 양상을 자연질서를 기초로 파악하였다. 이 때 자연질서란 달리는 道로 표현되었는데, 도의 주 특성은 無爲性을 지닌 것으로 이해되었다. 곧 天文과 地理, 人事 삼자는 유기적인 관계망을 이루며, 자연질서 곧 道가 그 관계를 관통하여 규율한다는 이해였다.[79] 그런 까닭으로 인간사회의 질서는 자연질서에 기초하여 형성되며, 자연질서는 인간사회의 질서로 형상된다고 파악했다. 자연과 인간사회의 질서를 이와 같이 유기적으로 연관지어 생각하는 소옹의 방식은 인간보다 객관의 자연을 더 중시하고 강조하는 특성이 있었다. 소옹의 사유에서, 인간은 자연질서 혹은 運數, 度數의 규정을 받음으로써 주체가 갖는 자율성을 충분히 발휘하지 못하는 존재로 파악되고 있었다. 그러므로 소옹의 상수학에 몰입하게 되면 운명론, 결정론에 빠질 가능성이 컸다.[80] 소옹의 상수학은 또한 外在의 禮法을 중시하

---

78) 여기에 대해서는 李楠永,「宋代 新儒家 思想의 天人觀」,『哲學』 5, 한국철학회, 1971 참조.

79) 邵雍의 사상에 대해서는 다음 글들을 참고할 수 있다. 趙東元,「邵雍의 歷史觀」, 『釜大史學』 6, 부산대학교 사학과, 1983 ; 大島晃,「邵康節의 觀物」,『東方學』 51, 東京 : 東方學會, 1976 ; 三浦國雄,「伊川 擊壤集의 世界」,『東方學報』 47, 東京 : 京都大學校 人文科學硏究所, 1974 ; 廖明春 외 著, 심경호 譯,『주역철학사』, 예문서원, 1994.

80) 廖明春 외 著, 심경호 譯, 위의 책, 1994, 415쪽.

는 경향이 있었다. 여기에서는 천지자연의 運數와 度數를 인간사회에 구체적으로 실현하는 길은 그 운수 도수를 연역하여 제정된 法制의 실행을 통해서라고 이해하고 있었다. 法數, 禮數의 수는 곧 천지자연의 그것에 다름 아니었다.[81]

이와 더불어 소옹의 세계관은 또한 인식론상으로, 絶對義理를 기준으로 하는 것이 아니라, 자연질서 혹은 事實=自然에 근거하여 사건, 존재, 관계를 파악하고자 하는 태도와 논리를 가지고 있었다. 觀物論으로 명명되는 그의 인식론은 '以物觀物', '以道觀物'의 방법을 취하였는데, 이는 物을 인식의 기준, 인식의 표준으로써 설정하는데 그 특징이 있었다. '以我觀物'의 자기 중심적인 인식을 벗어나 공정하고 보편적인 이성 혹은 善을 획득하려면, 객관의 物을 표준으로 삼아야 한다는 것이었다.[82] 여기서 物은 특정한 단일의 존재로서 설정되지 않았으며, 天時・地理・人事의 다양한 방면을 포괄하고 있었다.[83] 인식의 상대성이 생겨날 수 있는 여지가 여기에 있었다고 할 것이다.

소옹에게서 觀物의 인식론은 전 사유를 지탱하는 지렛대의 의미를 지니고 있었다. 소옹은 자연의 원리, 곧 도란 마음이 가진 인식 기능으로 추리하고 증명하는 논리적 작업을 거칠 때 비로소 의미를 지니게 된다고 보고 있었다.[84] 마음이 가진 인식능력을 확장하는 일, 인식의 공정성을 확보하는 일, 인식의 근거를 마련하는 일은 모두 객관세계를 규율하는 원리[=理法]를 완전하게 이해하기 위한 전제였다. 소옹이 "先天의 學은 心法이다.

---

81) 清初의 王夫之와 같은 인물은 소옹의 사상이 행해지면서 刑名威力의 술수가 횡행했다고 비판하였다(『讀通鑑論』卷20, "邵子分古今爲道德功力之社會 帝王何促而覇統何長 覇之後又長 奚若也 泥古過高而菲薄方今 以滅生人之性 其說行而刑名威力之術進矣").

82) 『皇極經世書』, 「觀物內篇」, "夫所以謂之觀物者 非觀之以目而觀之以心也 非觀之以心而觀地以理也" ; 『皇極經世書』, 「觀物內篇」, "以物觀物 性也 以我觀物 情也 性公而明 情偏而暗".

83) 徐敦康, 『內聖外王的貫通 - 北宋易學的 現代闡釋 -』, 上海 : 學林出版社, 1997, 242쪽.

84) 廖明春, 앞의 책, 1994, 416쪽 ; 徐敦康, 위의 책, 1997, 234쪽.

그러므로 圖는 모두 안으로부터 일어나고, 온갖 변화와 온갖 일이 마음에서 생겨난다"85)고 하여 先天學이 心法의 범주에 있다고 함은 그의 상수학이 그 무엇보다도 객관세계에 대한 인식을 중시하는 사유체계임을 보여준다.86) 소옹의 인식론, 실천론이 心性上에서의 義理보다는 천지 자연의 객관세계에 대한 탐구를 보다 중시하며, 道德 名教보다는 이성적 인식을 보다 중시할 수 있는 요인이 이와 같은 데 있다 할 것이다.87)

요컨대, 邵雍의 사유체계는 객관 자연세계의 질서, 움직임을 중심에 두고 자연과 인간, 인간의 문화와 역사의 변화를 정리하고 있었다. 이는 道家의 사유와도 통했는데, 이러한 사유를 받아들인다면 특별한 초월적 원리가 아니라 自然秩序에 내재한 客觀의 法則에 기초해서 모든 존재와 관계를 이해하게 될 터였다. 이 같은 사고에서는 인간 사회를 규율하는 도덕 규범도 天地・自然이 가진 질서의 규칙성, 규범성을 곧바로 아무런 매개과정을 거치지 않고 직접적으로 유추, 연역하는 가운데 마련되고 있었다. 양자는 先後, 主從의 측면에서 기계적인 관계를 맺게 될 터인데, 그것은 朱子學에서와 같이 초월적이고 절대적인 성격을 갖는 理개념을 근거로 세계를 파악하려는 것하고는 대비되는 면모였다. 객관의 자연질서를 보다 근원적으로 생각하는 이러한 세계관은 自然主義의 성격을 강하게 띠고 있었다.

그러나 이 같은 사고가 가진 한계는 앞서 말한 대로 운명론의 요소가 강하다는 점이었다. 여기서 인간 주체는 객관의 자연질서에 압도됨으로서 그 가진 자율성, 존엄성을 잃어버리고 전 체계 속의 한 부분으로 간주되기 십상이었다. 이와 더불어 이 같은 사고에서는 정치의 시행이 刑罰에 의존하여 지나치게 각박하고도 엄혹하게 이루어질 가능성이 내재하고 있었다. 상수학적 사고로 인하여 참혹한 刑名術이 발달한다는 한 비판은88) 상수학이

---

85) 『皇極經世書』, 「觀物外篇」, "先天學 心法也 蓋圖自中起 萬化萬事 生乎心也".
86) 이를테면 周敦頤와 邵雍을 비교하면, 주돈이는 道德을 중시했으며, 소옹은 智慧를 주목하는 특성을 지니고 있었다(徐敦康, 앞의 책, 1997, 213쪽).
87) 朱熹는 邵雍의 학문이 道家의 기풍을 많이 띤다는 이유로 불만이 컸으며 宋代 性理學의 정통이 아니라고 생각했다. 『伊洛淵源錄』에서 邵雍은 빠져 있다(徐敦康, 위의 책, 1997, 248쪽).
88) 주 81) 참조.

갖는 이러한 성격을 잘 보여주는 경우라 할 것이다.

경기남인들의 明學 수용은 이 같은 한계를 극복하기 위한 측면에서 그 의미를 살필 수 있다. 明代 薛瑄의 학문은 상수학이 가진 이러한 한계를 보완하기에 적절한 면모를 지니고 있었다.

薛瑄은 理先氣後論으로 요약되는 바 주자의 理 本體論에 회의하여 理와 氣는 일체를 이루는 것으로 이해하였다. 학문·수양의 방법에서도 窮理보다는 居敬을 더 강조하였다.[89] 인간의 내면 심성에 천부의 도덕성이 내재하고 있으며, 이를 居敬의 방법을 통하여 함양한다는 논리였다. 더불어 종래 금기시 되었던 諸子百家學에 대해서도 그 가치를 인정, 학문의 영역을 넓히려는 태도를 견지하고 있었다.[90] 설선의 사상은 대체로 주자학의 외재의 定理를 강조하는 체계를 비판하며 수양주체가 가진 덕성의 자율적 발양을 강조하는 경향을 지니고 있었다. 薛瑄의 주자학에 대한 비판과 새로운 이해의 모색은 아직 주자학의 이론을 완벽히 부정하는 데까지 나가지는 않았지만 이후 주자학의 理 絕對論이 갖는 한계를 보완하고 극복함에 커다란 계기로 작용했다. 적지 않은 의미를 가지고 있었던 셈이다.[91]

薛瑄의 학문은 말하자면, 수양론과 관련하여 살핀다면 내면화를 강하게 지향함으로서 수양주체가 지닌 자율성을 보다 강조하는 특성을 지니고 있었다 할 것이다. 설선의 학문에 적극적인 이 시기 남인의 태도는 이러한 특성에 경도된 것이었다.

이와 같이, 소옹의 상수학과 설선의 학문에 크게 영향 받은 경기남인의 사유는 自然主義的 世界觀과 主敬的 修養論이 결합한 형태였다고 할 수 있다. 그러한 결합은 자연의 객관질서를 중시하면서도 인간 주체의 자율적

---

89) 葛榮晉, 「明代의 朱子學과 元氣實體論」, 『韓中實學硏究』, 民音社, 1998, 379~381쪽.

90) 『讀書錄』卷4, "諸子百家 皆有可取之言 但欲句句實用 則有不通矣 故曰 致遠恐泥".

91) 薛瑄의 학문은 전반적으로 心學化의 양상을 띠며, 왕양명의 '心學'이 배태되는 과정에서 중요한 역할을 했다고 평가된다(李東熙, 「明初 朱子學과 朝鮮前期의 朱子學」, 『東西文化』9, 계명대학교 東西文化硏究所, 1986 ; 岩間一雄, 『中國政治思想史硏究』, 東京 : 未來社, 1990).

활동, 인간 개체의 존엄성을 주목하는 사고라 할 것이다. 이로부터 경기남
인은 北人이 가진 학문적 한계를 벗어나면서 여러 요소를 융합, 새로운 학
문 경지를 개척해 나갈 수 있었다. 그러나 이들의 세계인식과 실천을 규정
하는 근본 방식은 소옹의 사유로부터 크게 벗어나지 않고 있었다. 象數學
은 이들에게서 대원칙이었다.

　이들은 자연의 질서와 인간세계의 질서를 직접 연결시켜 이해하고, 그
관계망과 관련하여 인식과 실천의 원리를 수립하려 하였다. 이들이 보기에
자연질서와 인간질서 양자는 상호 유기적으로 연결되어 있으며, 인간의 규
범은 천지 자연의 법칙에서 연역된 것이므로, 인간의 실천은 그 법칙을 인
식하고 실행하는 일에 초점이 두어져야 한다는 것이었다.

　인간사회에서의 도 개념의 적용도 그러한 자연질서의 연속선 위에서 이
루어지는 일이었다. 鄭介淸이 "天理의 節文은 自然의 節文이며 그것은 禮
義三百 威儀三千과 같은 日用의 道를 의미한다"고 파악한 것은 그 선구적
言明이었다.[92] 여기서는 일용의 도를 "禮義三百 威儀三千"의 예법 규범으
로 이해하는 특이한 모습을 보이는데, 정개청에게서 日用의 道는 고원, 不
可知의 세계에 있는 초월적인 絶對理念이 아니라, 자연의 질서 그 자체였
다. "陰陽禮樂 天與聖人 示人至敎"[93]라 함이었다. 인간의 규범적 생활이
란 초월적이며 형이상학적인 절대의 어떤 원리에 근원하여 이루어지는 것
이 아니라, '法天' 곧 자연의 질서 그 자체를 따른다는 것이었다. 앞서 본대
로, 한백겸이 箕田의 構成原理를 상수학의 힘을 빌려 자연질서로부터 연
역하고자 했던 것도 바로 그러한 사유와 연관된 일이었다. '성인의 이상'을
담고 있는 法制를 象數學의 원리로 설명하는 것은 자연의 秩序와 인간사
회의 法制를 직접적이고 무매개적으로 연결시켜 파악하는 사유방식이었

---

92) 『愚得錄』卷2, 論禮, 20가~20나, "夫人出於天而法乎天者也 故天理之節文 人亦
　　循之 太一分而爲天地 則有上下貴賤 轉以爲陰陽 則有昇降進退 變而爲四時 則
　　有往來先後 列而爲鬼神 則有屈伸同異 此皆自然之節文而人之所法者也 而人自
　　不知 聖人因人之所當行者而爲之制作 若禮儀三百 威儀三千 皆是也 所謂道者
　　…… 在於日用之間 則三百三千之外 更有所謂日用之者乎".

93) 『愚得錄』卷1, 無題, 40나.

다. 상수학의 원리가 聖人의 이상과 지향을 구체적인 三代의 法制로 파악
하게 하는 힘으로 작용함을 주목할 수 있겠다. 한백겸의 箕田論은 이후 三
代 法制에 근거하여 사회개조를 이룰 것을 구상했던 變法論者들에게 큰
영향을 미쳤다.[94] 이수광이 道는 天地로 형체화된다고[95] 파악하고, 自然
은 天道[96]라고 언명한 것도 이러한 견지 위에서였다. 그리하여 이수광이
도를 정의하여

　　道在於民生日用之間　夏葛而冬裘　飢食而渴飮　卽道也　外此而言道者
　　非矣　莊子所謂道在屎尿　雖粗說　亦有見乎此也[97]

라고 함은 도를 自然性과 연관하여 이해한 극명한 표현이었다. 곧 도는 고
원한 不可知의 세계에 있는 것이 아니라 民生日用에 있었다. 이 때의 民
生日用이란 달리는 人倫日用이기도 했는데,[98] 다름 아닌 자연의 질서에
따라 이루어진 것이란 의미였다. 이수광은 쉽게 보고 認知 할 수 있으면서
도 그러지 못하는 것이 人倫日用 간에 존재하는 道라고 이해하고 있었던
것이다. 자연질서에서 인간사회의 질서를 演繹하는 사고라 할 것인데, 인
간의 규범적 생활이란 초월적이며 형이상학적인 절대의 어떤 개념에 근원
하여 이루어지는 것이 아니라, 자연의 질서 그 자체를 따른다는 것이었다.
鄭經世는 이수광의 이러한 생각을 두고, "자연을 근본으로 삼는[以自然爲
宗]" 사고라 평가하고 있었다.[99]
　요컨대, 경기남인의 원류를 이루었던 인물들은 상수학의 자연주의 세계

94) 金容燮, 「朱子의 土地論과 朝鮮後期 儒者」, 『增補版 朝鮮後期 農業史硏究』 II,
　　일조각, 1990.
95) 『芝峯集』 卷24, 采薪雜錄, 5나, "道本無形 形之者天地也 然道在天地而天之不能
　　自行 行之者人也 行之而能盡三才之道者 其唯聖人乎".
96) 『芝峯集』 卷24, 采薪雜錄, 1가, "天以生爲德 以自然爲道 人能體天而以生爲德 則
　　天德也 以自然爲道則天道也 總而言之 則誠也 故誠則聖矣 聖則天矣".
97) 『芝峯集』 卷24, 采薪雜錄, 12나.
98) 『芝峯集』 卷29, 警語雜篇, 7나, "道本易見 而人自不見 道本易知 而人自不知……
　　若求諸人倫日用之間 則道在是矣".
99) 『愚伏集』 卷14, 李芝峰采薪錄辨疑, 12나.

관에 근거하여 세계의 구성과 운동을 파악하려 하였다. 이들은 인간사회를
규율하는 기본 원리, 곧 規範, 禮法, 制度의 근거란 자연의 질서로부터 직
접 연역한 것이라 이해하였다. 이러한 생각은 자연질서와 인간의 규범을
분리하지 않고 통일시켜 이해하는 방식이었다. 그것은 또한 세계의 중심
원리로 파악되는 道가 인간사회의 운영 원리와 연관해서는 禮法·法制의
형태로 구체화된다는 의미이기도 했다.

  자연주의 세계관에서 禮法의 규범은 자연과 인간의 관계망, 구조를 드
러내는 중요한 매개물이었다. 禮法은 자연질서를 연역하여 인간질서로 환
원시키는 가장 직접적인 중간항이었다. 예법을 지배하는 것은 道=自然秩
序이며, 도=자연질서는 또 예법을 통하여 실현되는 것으로 이해되었다. 여
기서 道는 法을 통하여 실현하고 法은 道를 실천하는 도구라는, 보다 간명
한 인식이 성립하고 있었다. 정개청의 표현대로, 法은 道로부터 직접 발현
하며 道는 法을 통하여 실현되는 관계였다.100) 이는 달리, "法行而仁義亦
行"이라는 바, 法의 실천은 仁義의 실천이라는 의미가 되기도 할 것이다.
法은 仁義를 포함하고 있으므로 그 실행은 자연 仁義를 실천한다는 의식
인 것이다.101) 道와 연관하여 法의 존재 의의를 부여하는 이 논리를 여기
서는 道法主義라 이름 붙여도 좋을 듯하다.

4. 形勢論的 治世認識과 實用學 體系

1) 法治의 강조와 形勢論的 治世認識

  초기 京畿南人들은 그들의 자연주의 세계관과 연관하여, 治國의 요체는

---

100) 『愚得錄』 卷2, 仲尼祖述堯舜章傳該內外兼本末說, 8가, "以堯舜之心 行堯舜之道
    以文武之心 行文武之法 法本於道 而道行於法也 心主於內 而道法施於外也 律
    天時者 以心而言 則順亦不已 以事而言 則泛應曲當 此所謂法其自然之運而無所
    勉强也".
101) 『芝峯集』 卷22, 條陳務實箚子 乙丑, 31나, "古之聖王 道之以德教 齊之以政刑 猶
    未足以盡天下之變 於是爲之法制 使仁義之教 寓於法制之中 法行而仁義亦行 故
    民畏之不犯 誅之而不怨 惟其法制之素明也".

법제의 실행에 있다고 생각하였다. 이들은 법제를 敎化 혹은 仁義의 부수
적이고 종속적인 것이 아니라 그것과 대등한 관계 혹은 相補의 관계에 있
다고 파악하였다. 법제나 형벌은 仁義의 정치, 敎化가 행해지게 하는 수단
전제가 되며, 또 仁義 혹은 敎化는 법제 형벌의 적절한 실행을 가능하게
하는 근거라는 견해였다.

이들의 생각은 일단은 왕도주의의 지나친 강조로 말미암아 仁義와 刑名
을 분리하여 刑名度數를 경시하는 상황을 해소하고자 하는 의도에서 나왔
던 것으로 보인다. 鄭介淸의 다음과 같은 말은 이들의 생각이 어떤 의미를
지니는지를 잘 드러낸다 하겠다.

> 恐其將歸於以刑器法度爲蒭狗之餘 以度數刑政爲仁義之判 而卒未免
> 於七賢之放曠102)

仁義와 刑名度數 또는 근본과 그 수단의 팽팽한 긴장과 통일을 놓쳐서
는 안되며, 仁義만을 강조하게 되면 자칫 竹林 七賢과 같은 일탈이 일어날
수 있다는 문제의식인 것이다. 이 때의 일탈이란 아마도 국가의 법제를 벗
어나는 생활 방식과 연관될 것이다.103) 이들의 사고는, 道德性命과 刑名度
數는 本末의 관계에 있지만, 그림자가 형체를 벗어날 수 없는 것처럼 양자
는 不可分의 관계에 있으므로 양자 모두 강조하자는 것이었다.104)

이수광 역시 앞서 본대로, "法行而仁義亦行"이라 하여 法의 실천은 仁
義의 실천이 된다고 하여 법제의 집행이 갖는 의미를 강조하고 있었다. 法
은 仁義를 포함하고 있음으로 그 실행은 자연 仁義를 실천한다는 의식이
었다.105)

---

102) 『愚得錄』 卷2, 答金士重千鎰論禮書, 21가.
103) 이 점은 이를테면, 향촌사회에서의 사대부와 국가(公權)와의 관계 나아가 중앙권
력과 향촌과의 관계를 어떻게 규정하고 조율할 것인가의 문제와도 연관된다고 할
수 있을 것이다.
104) 『愚得錄』 卷2, 答金士重千鎰論禮書, 22나, "朱子曰 道德性命與刑名度數 其精糟
本末 雖若有間 然其相爲表裏 如影隨形 又不可得以分別也".
105) 『芝峯集』 卷22, 條陳務實箚子 乙丑, 31나, "古之聖王 道之以德敎 齊之以政刑 猶

김세렴은 法制·형벌과 연관한 이 같은 생각을 보다 명료히 표현하고 있었다. 그는 정치의 요체는 무엇보다 엄한 형벌의 시행에 있다고 보았으며,106) 또한 관용 관대함보다는 위엄이 정치의 근본이 되어야 한다고 생각했다.107) 큰 일을 치르는데 작은 관용, 不忍之心은 장애가 된다는 것이었는데, 이러한 생각은 현재의 관용의 정치가 統紀를 상실케 하는 지경에 이르렀으며, 결국 간교한 土豪만 덕을 보고 平民은 아무런 정치의 실혜를 보지 못하게 되었다는 상황판단에서 오는 것이었다.108) 그는 형벌과 교화의 관계를 다음과 같이 표현했다.

修刑罰以齊衆 明教化以善俗 刑罰立則教化行矣 教化成而刑罰措矣 須曰尙德而不尙刑 顧豈偏廢哉109)

형벌이 확립되면 교화가 행해지고 교화가 완성되면 형벌을 베풀 수 있으니, 비록 덕을 숭상하고 형벌을 숭상하지 않는다 할지라도 형벌을 폐기할 수 없다는 것이 그의 생각이었다.

이들은 法制에 의한 經世가 황제나 요순과 같은 聖人·帝王의 '爲治之道'를 실현하는 것이라 이해, 그 정당성을 성인의 그것으로부터 구했다. 지극히 간편하되 번잡스럽지 아니하고 지극히 쉽되 복잡하지 않을 때 治世의 요령을 획득할 수 있다는 것이 이들 성인의 가르침이었으며, 法制는 그

　　　未足以盡天下之變 於是爲之法制 使仁義之敎 寓於法制之中 法行而仁義亦行 故民畏之不犯 誅之而不怨 惟其法制之素明也".

106)『東溟集』卷6, 居官雜記, 1나, "問 政治當明其號令 不必嚴刑以威 日 號令其明刑罰亦不可弛 苟不用刑罰 則號令徒掛墻壁爾 與其不遵而梗吾治 曷若懲其一而戒百 與其覈實檢察於其終 曷若嚴其始而使之無犯 做大事 豈可以小不忍爲心".

107)『東溟集』卷6, 居官雜記, 2가, "問 爲政者 當以寬爲本而以嚴濟之 日 某謂當以嚴爲本 而以寬濟之 曲禮謂莅官行法非禮 威嚴不行 須是令行禁止 若曰令不行禁不止 而以是爲寬則非也".

108)『東溟集』卷6, 居官雜記, 2가, "古人爲政 一本於寬 今必須反之以嚴 盖必如是矯之 而後有以得其當 今人爲寬 至於事無統紀 緩急與奪之權 皆不在我 下梢却是姦豪得志 平民旣不蒙惠 又反受其殃".

109)『東溟集』卷6, 居官雜記, 3가.

것을 가능하게 하는 수단이라는 것이었다.[110) 자연질서로서의 도의 본질이
바로 이와 같으므로 그 실현도 簡易해야 한다는 논리였다.

여기서 이들의 법 관념이 黃老學派의 法 관념, 治世 관념과 매우 유사
함을 확인하게 된다. 戰國末期~漢初 유행했던 黃老思想은 춘추 전국 시
기 이래의 黃帝學과 老子를 종합하고 노자의 사상을 발전시켜 형성된 사
유체계로, 秦代 法家의 폐단을 지양함을 그 목적으로 하였지만 통치 수단
으로서의 法을 완전히 부정한 것은 아니었다. 오히려 법을 黃老의 道 개념
을 실현하는 수단, 곧 세계경영의 핵심 수단으로 거론하고 있었다. 앞서 본
바 도가적 경향을 갖는 이들의 세계관이 이 같은 道法論으로도 연결됨을
볼 수 있다.[111)

이와 같이 국가의 경영에서 法의 실행을 핵심적인 사항으로 두는 사고
의 특성은 여러 가지 측면에서 이야기할 수 있다. 그것은 주자학과의 대비
에서 분명히 드러난다. 주자학에서는 治世의 근본 조건을 군주를 비롯한
치자 개개인의 도덕적 완성에서 구하고 있었다. 반면, 法 실행에 의한 정치
는 부차적 종속적인 것으로 간주되었으며, 天理=道의 실현은 王道主義 방
식으로 이루어져야 한다고 이론화되었다.[112) 聖學論은 그 대표적인 이론
이었는데, 여기서는 군주를 비롯한 치자 개개인에게서의 도덕성의 완성이
정치운영에서 관건이 된다는 논지를 전제하고 있었다.[113) 주자학의 인식
론·실천론을 근거 짓는 格物致知論도 이 같은 聖學論을 밑받침하는 이
론이었다. 格物致知論에 의해 聖學論이 성립하고, 聖學論에 의해 格物致
知論이 생명력을 갖는다고도 할 수 있을 것이다. 주자학의 格物致知論은

---

110)『芝峯集』卷22, 條陳務實箚子 乙丑, 33나, "易曰 易簡而天下之理得 夫帝王爲治
之道 至簡而不煩 至易而不難 得其要 則簡而易 不得其要 則煩而難 如黃帝堯舜
垂衣裳而天下治 皆得其要故也".
111) 劉澤華,『中國古代 政治思想史』, 天津 : 南開大學出版社, 1994 ; 劉蔚華·苗潤田
著, 곽신환 譯,『직하철학』, 철학과 현실사, 1995.
112) 張立文,『朱熹思想研究』, 北京 : 社會科學出版社, 1981, 158~179쪽.
113) 朱子의 君主 聖學論과 그것이 조선사회에서 기능하는 점에 대해서는, 金駿錫,
「朝鮮後期 黨爭과 王權論의 추이」,『朝鮮後期 黨爭의 綜合的 檢討』, 한국정신문
화연구원, 1991 참조.

事事物物에 내재한 理를 窮盡할 때 비로소 완벽한 지식이 이루어진다고 하면서도 그 목적을 수양주체의 덕성을 완성함에 두었다. 理에 대한 절대의 지식이 없으면 天理를 실현할 힘을 가지지 못하고 항상 사사로운 人欲에 사로잡혀 是是非非의 판별을 제대로 이루지 못하므로 이에 도덕적 결함을 갖게 된다는 논리였다. 이것은 지식을 도덕·명분으로 환원시킴과 동시에 절대화시키는 그러한 인식구조인데, 여기서 心 內部의 덕성을 완성하는 일은 모든 일의 근원, 곧 體를 확립하는 일이었다.114)

이 같은 인식론은 '君主論'과 관련하여 살핀다면, 군주의 책무와 자질을 理의 완벽한 체득과 그것의 道德 君子로서의 체현에서 구하도록 규정하는 근거논리로서의 성격을 지니고 있었다. 이 점은 『書經』 「洪範」편의 皇極에 대한 해석에서 잘 드러난다. 皇極은 「홍범」의 다섯 번째 범주로서, 經學上 군주의 성격과 위상을 규정하는 핵심 개념이었다. 황극에 대한 漢·唐代 일반의 해석은 군주란 존재는 정치의 중심, 핵심이라는 의미와 연관하여 이루어지고 있었다. 곧 皇極은 '大中'이라는 해석이 그것이었다.115) 반면 주자는 군주가 지식과 덕성의 완성을 이루어 萬民에게 도덕의 모범과 표준이 되는 것을 皇極이라 해석하였다. 皇은 군주를 뜻하며 極은 至極한 표준, 모범이라는 이해였다.116) 이것은 군주의 행동과 의식은 철저히 절대 理에 종속되고 검속되어야 한다는 생각과 연관된 해석이었다. '大中'으로 황극을 해석하던 방식이 君主라는 존재의 정치상의 '위치'만을 중시했다면, 주자의 방식은 인식과 실천상에서의 天理의 완벽한 실현을 이룬 존재를 강조한 셈이었다. 格物致知論과 분리될 수 없는 논리였다.117) 후대의 주자학에 대한 비판이 항상 격물치지론의 번잡성, 지리함과 관련하여 제기되었던 것도 절대 리에 대한 絶對 知의 확보, 곧 豁然貫通을 格物致知論

---

114) 陳來 著, 안재호 譯, 『송명성리학』, 예문서원, 1997, 262~266쪽.
115) 『尙書注疏』 卷12, 「洪範」 皇極, 注.
116) 『朱子大全』 卷72, 雜著, 皇極辯 ; 『尙書大全』 卷6, 周書, 「洪範」 皇極章의 蔡沈 註.
117) 格物致知論은 주자학 學問論의 기본 방법으로 설명되지만, 실제 그 가진 함의는 신료에 의한 군주 통제, 군주 제어를 가능하게 하는 방법이라는 성격을 지니었다 (守本順一郎 著, 김수길 譯, 『東洋政治思想史硏究』, 동녘, 1985, 97~101쪽).

이 목표로 하는 데서 나타나고 있었다.

京畿南人의 연원을 이루는 인물들이 지니고 있었던 法 重視의 이념은 말하자면 군주의 도덕 완성을 治世의 근본 조건으로 삼는 사고와는 대비되었다. 이 생각은 주자학에서와 같이, 존재의 절대 근원으로 상정한 天理에 군주의 권위를 검속하고자 하는 방향과는 거리가 멀었다. 이들의 사고는 오히려 君主와 국가 자체의 권위를 강조하는 성격이 강했다. 조선 현실에서, 군주란 외재적 규범의 권력 근원으로서의 의미를 지니고, 국가는 그러한 군주의 권위를 실현하는 治世의 場이었으므로, 법 중시의 치세론은 군주와 국가를 모든 것의 중심으로 설정할 여지가 강한 생각이었던 것이다. 法과 君主, 國家 3요소는 하나의 맥락과 계통 속에 놓여 있는 셈이었다. 법에 대한 인식, 이론화의 심화는 곧 그 근원인 군주와 국가에 대한 이론화로 연결되는 일이었으며, 군주와 국가를 강조하는 일은 그 내용을 담보하는 형식·그릇으로서의 法의 중요성을 강조하는 일이었다. 이러한 점과 연관하여 이들은 人口, 關防 등을 바탕으로 이루어지는 국가의 形勢, 그 형세의 변화를 대단히 중시하고 있었다. 국가의 존립에 이 같은 요소는 필요 불가결한 절대의 물적 요소였기 때문이었다.

歷史地理學의 개척은 이와 같이 국가와 군주의 지위를 중시하는 인식의 한 귀결이었다. 역사지리학은 역대 왕조 혹은 국가의 변화를 그 領域, 人口, 關防, 都邑의 변화 등등과 연관하여 해명하고 그 의의를 살피는 학문이었다. 역사의 이해에서 기준 범위가 되는 것은 군주 혹은 국가였다. 그런데 여기서는 도덕이나 이념보다는 국가를 구성하는 물질적인 요소 혹은 形勢의 역할, 변화에 더 주목하는 성격을 지니고 있었다.[118] 과거 국가의 정치적 맥락이 현재에 연결되는 면모를 추적하는 일도 이 같은 점들을 중심으로 이루어졌다. 그런 점에서 역사지리학은 국가 경영과 관련하여 形勢의 變化를 주목하는 학문이라고도 할 수 있을 것이다.

형성기 경기남인들은 역대 국가·왕조의 성립과 변천, 강역, 수도의 위

---

118) 鄭求福,「韓百謙의 史學과 그 影響」,『震檀學報』63, 震檀學會, 1987 ; 朴仁鎬,
   『朝鮮後期 歷史地理學硏究』, 도서출판 以會, 1995.

치 등등에 관한 문제를, 독자적인 방법과 이론으로 해명, 歷史地理學의 영역을 크게 발전시키고 있었다. 이들에게서 현 국가의 人口, 形勢, 關防뿐만 아니라 역대 국가의 영역, 인구, 遷都 사실 등등은 주요한 탐구의 대상으로 부각되고 있었다.

한백겸의 『동국지리지』119)는 이 같은 작업의 기초를 다진 저술이었다. 이수광도 비록 『芝峯類說』의 한 편목에서였지만, 남인들이 개척한 역사지리학의 주된 지식을 흡수하고 있었다.120) 이들의 역사지리학에 대한 관심과 천착은 이 시기의 특별한 학문영역의 개척으로 평가할 수 있거니와, 뒷시기 조선 학계에서 발달하는 역사학의 이론과 방법을 定礎하는 의미를 가지기도 했다.

『동국지리지』는 고조선, 고구려, 옥저, 예맥, 부여, 三韓과 四郡 二府, 삼국의 고구려, 백제, 신라, 고려의 순으로 체제를 잡고, 그 國都의 위치와 關防, 形勢를 다루고 있다. 이를 서술하며 한백겸은 『前漢書』, 『後漢書』, 『通典』과 같은 자료를 활용하여 사실을 치밀하게 합리적으로 고증하려는 자세를 보인다.

한백겸은 삼한의 위치와 그 존재시기에 대한 보다 새로운 견해 위에서 『東國地理志』의 체제를 구성했다. 삼한은 모두 한강 이남에 위치하는데, 마한은 백제, 진한은 신라, 변한은 가락으로 연결되며, 이들 국가는 北方의 예맥이나 부여와 같은 나라와 동일한 시기에 동시에 존재하였다는 것이 그의 이해였다. 문자 그대로 '南自南 北自北'의 형세를 이루며 南方의 三韓과 北方의 여러 나라가 공존한다는 것이었다. 한백겸의 이러한 견해는 崔致遠, 權近 이래의 통설을 부정하는 새로운 이해였다. 최치원은 마한, 변

---

119) 尹熙勉, 「韓百謙의 학문과 東國地理志 저술동기」, 『震檀學報』 63, 震檀學會, 1987 ; 鄭求福, 앞의 글, 1987. 정구복은, 『東國地理志』에서 이루어지는 고대국가의 강역에 대한 연구는 국가의식의 한 반영이라고 파악했다. 곧 조선전기까지의 왕조의 유지에 두어졌던 왕조 중심의 국가의식으로부터 국가와 민족으로 옮기는 현상이 나타나는데, 이러한 국가의식의 전환은 국가의 산천에 대한 연구를 촉진시켰다는 것이다. 조선후기 지도의 작성에 대한 노력도 이와 관련이 있다고 이해했다. 본고에서는 이같은 견해에 많은 시사를 받았다.
120) 『芝峯類說』의 歷史地理學에 대해서는 韓永愚, 앞의 글, 1992에 자세하다.

한을 각각 고구려, 백제와 연결시켜 파악했고, 권근은 마한을 백제와 연관시키면서도 고구려는 변한이라 이해했다. 당시 조선 지식인들의 삼한에 대한 생각은 이들의 견해를 벗어나지 않았으며, 새로이 만들어지는 史書도 이를 추종하는 형편이었다. 이를테면, 한백겸과 긴밀한 교류를 가지던 영남지역의 吳澐이 만든『東史纂要』도 구래의 통설에서 한치도 벗어나지 않고 있었다.[121]

三韓에 대한 새로운 이해를 근거로 만들어진『동국지리지』는 漢四郡을 삼한 이후에 서술한 점, 상고사에서 제외되었던 부족국가에 대한 관심을 고조시킨 점, 漢四郡의 위치를 한반도 북부와 만주지역에 설정한 점, 만주가 古代 東夷族의 주 활동 무대였다는 사실을 밝힌 점 등 주목할 만한 내용을 갖추고 있다. 역사학을 經學과 분리하여 독자의 학문으로 독립시키는 계기를 이룬 점도 이 책이 가진 의의일 것이다.[122] 그러나 어쨌든 역대 국가의 疆域, 關防, 形勢를 사실에서 접근하고 구명하고자 함은 국가의 경영에서 군주와 국가 자체를 중시하고 강조하는 사고의 귀결이라 할 것이다. 그가 역사서의 서술에서 내세웠던 점은 "其國之法制沿革 其君之政治得失"의 始終[123]을 명확히 하려는 것이었다.

한백겸의 역사지리학, 고대 국가에 대한 치밀한 고증과 그 疆域에 대한 새로운 궁구는 한백겸 개인의 성취일 뿐만 아니라, 그와 교류하는 여러 학인들이 공유하는 바였다. 우선 영남지역의 정구의『歷代紀年』에서 양자간 생각의 교류가 있었음을 확인할 수 있다.『역대기년』은 邵雍의 歷史認識, 歷史觀을 원용하여 한민족의 국가형성과 변천의 역사를 정리하고 현단계 조선의 形勢를 진단하고자 한 史書였다.

중국사와 한국사를 병렬 구조로 정리한『歷代紀年』은 중국사는 태고 반고씨로부터 萬曆 癸酉年(1573)까지, 한국사는 단군조선부터 광해군 원년까지를 기록하고 있다.[124] 이와 더불어『歷代紀年』에서 유의하고 공을 들

---

121)『久菴遺稿』下, 東史纂要後敍, 33가~38가.
122) 鄭求福, 앞의 글, 1987, 44쪽.
123) 한백겸은 吳澐의『東史纂要』에서 이 점이 매우 부족하다고 비판하고 있다.
124) 한국사의 서술 순서는 다음과 같다 : 檀君朝鮮 → 箕子朝鮮 → 衛滿朝鮮 → 三韓

인 부분은 年表였다. 여기서는 1602년을 기준으로 유사 이래의 중요한 사실들과의 연차를 계산하고 있다. 현재를 기점으로 과거를 정리하는 방식이다. 먼저 중국 역사의 연수를 계산하고,[125] 이어서 한국사를 역시 1602년을 기준으로 계산하고 있다. 단군이 즉위한 戊辰年으로부터는 3,935년이 흘렀으며, 기자가 동래한 己卯年부터는 2,744년이 지났다고 계산한다. 연표의 말미에는 이와 함께 天과 地의 넓이, 높이 등도 계산해 밝혀 놓았다.

결국 연표는 천지의 개벽과 문명의 형성 시점으로부터 작성 당시에 이르기까지 중국사와 조선사에서의 國家·王朝의 변화를 일목요연하게 정리하고 있는 셈인데, 이는 곧 전 우주적으로 전개되는 시간의 흐름 속에서 중국과 한국의 역사를 파악하는 일이었다. 소옹이 元·會·運·世의 시간 개념을 적용하여 우주와 인간사회의 변화를 정리하는 방식과 크게 다르지 않다.[126]

『歷代紀年』에 나타난 이러한 역사 인식과 정리는 邵雍의 이해가 그러하듯이, 현재의 역사적 위치·단계를 道=自然秩序의 추이 속에서 파악하는 일에 초점이 맞추어져 있었다. 1602년 조선사회가 처한 형세, 문화적 수준, 국가의 내력을 邵雍의 역사인식을 빌어 정리하고 있는 셈이다. 대체로, 국가·사회 운영에서 군주의 주도적 역할을 인정하고, 覇道적인 治世 방식을 긍정하며, 자연질서=도의 회복을 지향하는 의식이, 짧지만 압축적인 형태로 정리되어 내재하고 있다고 할 수 있을 것이다.[127]

→ 四郡二府 → 新羅(新羅末 참위 궁예 견훤) 高句麗 百濟 駕洛國 → 高麗 → 朝鮮. 이전의 모든 사서에서 三韓을 四郡 二府의 뒤에 둔 데 비하여 『歷代紀年』에서는 삼한을 사군 이부의 앞에 배치하였다. 주목되는 점은 기자 조선의 歷年이 馬韓으로 연결된다는 인식이었다. 이는 기자조선이 馬韓으로 계승된다는 고대사 인식의 반영이었다(김항수, 앞의 글 참조).

125) 연표에 의하면, 1602년부터 우주가 생긴 開闢까지는 2,762,083년이 되고, 하늘이 열린 天開까지는 70,145년이 된다고 한다. 그리고 唐堯가 즉위한 甲辰으로부터는 3,959년이 지났으며, 禹 8년 甲子로부터는 3,820년, 공자가 세상을 떠난 周 景王 壬戌年으로부터는 2,081년이 지났다고 계산한다.

126) 조금 뒷시기에 만들어진 申翊聖의 『皇極經世書東史補編』 역시 소옹의 역사관에 기초하여 우리 역사를 정리했다.

127) 이러한 역사인식은 주자학에서 절대 이념, 곧 理를 기준으로 역사를 평가하고 현

『歷代紀年』을 밑받치는 주된 생각은 국가의 영토, 법제, 형세, 관방, 인구와 같은 국가를 구성하는 제반의 기본적인 요소가 차지하는 중요성을 인식하고 그 내력을 살피는 일이었다. 그리하여 단군조선으로부터 광해조까지의 역대 국가와 왕조의 변천사실을 정리하는 가운데, 비록 소략하고 특별히 새로운 설을 제기하거나 고증한 것은 아니었지만, 移都의 사실, 國都의 위치, 小國들의 위치를 다른 내용에 비하여 비교적 자세히 밝히려 하였다

韓百謙과 鄭逑 두 사람이 이러한 문제를 놓고 직접 토론한 흔적은 보이지 않지만, 양자는 상호 영향을 긴밀히 주고받았던 것으로 보인다. 특히 三韓을 四郡二府보다 앞서 다룬다거나, 국가의 변천을 강역의 변동과 연관하여 정리하는 방식은 상호 일치하는 점이다.128)

이수광도 한백겸의 三韓에 대한 이해를 폭넓게 수용하였으며, 뒷시기 유형원도『東國輿地志』에 한백겸의 견해를 직접 반영하였다.129) 한백겸의 작업이 실학의 새로운 역사학의 기초를 다진 것이라는 평가도 바로 이러한 점들과 연관하여 이루어질 터인데, 어쨌든『동국지리지』는 국가의 존재를 시야에 넣고 학문의 주된 대상으로 강조하여 탐색하려는 이 시기 남인들 일반의 사고를 집약한 결과물이라 할 것이다.

결국 이 시기 경기남인은 조선의 군주, 조선의 국가가 갖는 절대성을 그 무엇보다도 주목하였으며, 역사지리학은 그 같은 생각을 현재화하는 중요한 성과의 하나였다. 여기서 법 중심적 治世認識은 조선국가의 法制와 形勢, 關防을 되돌이켜 보게 하는 인식상의 중요한 요인이었다고 할 것이다. 이들은 조선의 국토, 조선의 역사를 깊이 천착하여 자신들의 주요 학문 영역으로 개척하였으며, 그것은 하나의 전통으로서 굳어져 갔다. 이 시기 국가, 민족에 대한 관심이 크게 일어나고 그 중요성을 강조하는 현상은 임진

실의 정치는 그 天理가 온전히 실현되던 三代社會로의 복귀를 지향해야 한다고 주장하는 방식에 비하면 아주 큰 차이를 갖는다고 할 수 있다. 절대이념으로서의 리에 기초한 名分보다는 形勢를 중시하는 측면을 확인할 수 있겠다.
128) 김항수, 앞의 글, 1986 참고.
129)『磻溪雜藁』, 與朴進士自振論東國地志 42쪽.

왜란을 경험하고 동북아시아의 국제 관계가 복잡하게 전개되는 상황 속에
서 자연스럽게 나타나는 일이었다. 국가 사회의 정상적인 운영을 생각하는
官人 儒者들은 누구나 이 문제를 염두에 두었고 나름대로 그 해결 방안을
생각하던 상황이었다. 여기에는 여러 이론, 방법이 모색되었지만, 京畿南
人들은 국가의 制度, 形勢와 같은 문제를 천착하는 데로 관심을 집중하고
있었다. 한백겸이『동국지리지』를 편찬하고, 이수광이 여러 지방의 읍지를
편찬하고 또 類書인『지봉유설』을 만든 것은 우연이 아니었다. 이들은 모
두 이러한 관심과 관점에서 조선국가의 과거와 현재를 정리하고, 민족의
정체성과 문화적 자존성을 확인하고 정리하고자 했다. 그리하여 과거와는
전혀 다른 형태로 사실들을 새로이 해석하고 구명하였다. 인식의 지평이
확대되었으며, 동시에 朝鮮民族, 朝鮮國家에 대한 생각도 보다 더 두터워
져 갔다.

　국가의식의 성장도 이 과정에서 두텁게 일어나고 있었다. '君子 利國論'
은 이 시기 이들의 생각을 핵심적으로 드러내는 논리라 할 것이다. 이들은
군자는 소인과 달리 國家의 利益을 도모하는 존재로 파악했다. 덧붙여서,
그럴 경우 군자가 추구하는 利는 利가 아니라 하여 利를 국가의 차원에서
적극 긍정하였다.

　　一身之利無謀也 而利國家則謀之 君子之用心也 國家之利無謀也 而利
　　一身則謀之 小人之用心也 …… 利其國者 不念一身之利害 而其國治安
　　身亦興亨 則爲利大矣 是故君子不以利爲利[130]

　이들의 작업이 의미 있는 것은, 중세 보편이념으로서의 주자학이 절대화
되는 한편으로 조선국가, 조선민족의 현실이 이것에 비해 오히려 부차적인
존재로 위치지워지고 인식되는 상황이 펼쳐지고 있는 속에서, 국가와 민족
자체를 강조하고 절대시하려고 시도했기 때문이었다. 이 점은 이들 사고의
특징을 명징하게 드러내 보이는 부분이라 할 것인데, 뒷시기 京畿南人들

---

130)『芝峯集』卷24, 采薪雜錄, 9가~나.

은 이를 학문상의 중요한 과제로 계승, 발전시키고 있었다. 아직 완전히 그 내용을 갖춘 것은 아니었지만, 중세적 이념의 綱縛을 벗어나, 민족 또는 국가를 근본에서 그 자체 절대 독립한 존재로 파악하려는 노력의 일단이라 할 것이다. 京畿南人들의 사유에서 나타나는 중세 극복의 싹은 무엇보다 이러한 점과 연관하여 형성된 것이었다.[131]

2) 事天心學과 實用學의 진전

禮法의 시행을 통해서 普遍秩序를 수립할 수 있으며, 그것이 자연법칙, 곧 도를 실행할 수 있다고 보는 생각은 세계의 운영과 治世에서 군주와 국가의 역할을 중시하는 시각과 연관되어 있었다. 이것은 결국 주자학의 왕도주의에 대한 비판과도 통했는데, 京畿南人들은 이에 걸맞은 인식론, 실천론을 나름대로 모색하고 있었다. 그 중요한 것은 다음과 같이 정리할 수 있다.

17세기 전반 京畿南人들이 가지고 있었던 인식론의 기본 전제는 知識의 習得・확대와 德性의 完成은 별개의 사항이라는 점이었다. 주자학에서와 같이 객관세계에 대한 지식이 반드시 絶對 理의 해명으로 총결되고, 心에 內在한 理를 밝히는 것으로 귀결되어야 한다고 이들은 생각하지 않았다. 天地自然의 道의 실현이 心上의 理의 절대적 실현에 달려 있는 것이 아니었기 때문이다.

그들이 보기에 事理와 物理에 대한 바른 이해는 인간사회를 원활히 운영하기 위한 필수 전제였다. 인간이란 우주 공간에서 만물의 도움을 입으며 살아가는 유기적인 존재이며, 그러기에 인간만이 독립해서 독자적인 생존을 이룰 수는 없다는 것이 이들의 생각이었다. 우주적 질서에 동참하고

---

131) 뒷시기 李瀷이나 丁若鏞에게서, 조선을 獨自性, 個體性의 차원에서 파악하려는 시각을 확인할 수 있는데, 이는 이 시기 京畿南人들의 생각을 계승, 발전시킨 것이라 할 수 있다(鄭昌烈, 「實學의 歷史觀」, 『茶山의 政治經濟 思想』, 창작과비평사, 1990). 그런데 조선의 독자성・개체성을 발견하는 것은 인간과 사회를 규율하는 원리를 중세적 세계를 규율하는 보편원리, 곧 天理・道에서 직접 구하는 것이 아니라 국가를 매개하여 모색한다는 의미가 될 것이다.

그것을 온전히 유지하는 일은 그런 측면에서 인간 삶의 절대 조건이었다. 그 과정은 곧 천지자연이 가진 '生物之心'으로서의 仁의 덕성을 모범으로 하여, 인간이 그 품부받은 仁心을 천지의 규모로 擴充함으로써 천지 자연의 질서를 구현한다는 것이었다. 이러한 仁의 실현은 천지질서를 인간이 활용하며, 天・地와 人間이 공존하는, 이른바 '參三竝立'의 실제를 완성하는 일이었다.[132]

이와 같이 자연질서에 참여하고 그를 잘 이용한다는 것은, 자연과 인간 사회에 대한 올바른 지식, 物理와 事理에 대한 합당한 지식을 근거로 그것을 적절히 잘 이용한다는 생각에 다름 아니었다. 이제 지식은 지식 그 자체로서 추구되었으며, 그러한 지식을 획득하는 일은, 이수광의 말대로 眞儒・眞士로서의 자격을 갖추는 것이었다.[133]

형성기 京畿南人들에게서 모든 존재와 사건이, 心性에서의 절대 도덕성의 완성이란 과제로 수렴되지 않은 채, 그러한 일과는 상대적인 거리를 유지하는 인식, 탐구의 대상으로 부각되었다. 그리하여 이들이 추구했던 지식이 여전히 중세적 성격을 벗어나는 것은 아니었지만,[134] 天文과 人文, 地理 등에 관한 탐구와 그로써 획득한 지식은 그 자체 가치를 지니고 있었다. 지식의 폭이 넓어지게 되는 것은 당연한데, 이와 같이 되면서 實務, 實事, 實際로서의 그 가진 實用의 의미도 훨씬 비중이 커졌다. 이 같은 사실은 韓百謙이나 鄭逑, 鄭介淸의 다양한 학문세계에서 확인할 수 있거니와, 이수광의 『芝峯類說』에서 그 극명한 모습을 볼 수 있다. 『芝峯類說』은 중

---

132) 『愚得錄』 卷1, 上思菴, 24나, "蓋仁者天地生物之心 而人物所得以爲心者也 則天地人物 本無彼此之間 但物則蔽於氣而性不全 惟人也得其秀而最靈 故能擴充此心而與天地同其大 此其所以參三竝立之實也".

133) 『芝峯集』 卷31, 剩說餘篇 下, 4나, "學不究天人 不足稱眞儒 識不通古今 不可謂眞士";『芝峯集』 卷28, 秉燭雜記, 7나, "通天地人謂之儒 儒之道大矣 而後之儒者 不能盡儒之道 故有章句之儒 有文史之儒 其名不一 於是人之視儒 藝之而已".

134) 이를테면 다음과 같은 언급은 수시 성찰하여 획득하는 지식이 天理, 곧 중세적 윤리규범과 연관되는 것임을 보여준다(『芝峯集』 卷30, 剩說餘篇 上, 5가, "天地之間 日用事事 莫非天理之流行 人當隨時省察 動靜合宜 則便是天理 外此而言天者 坐矣").

국에서 오래 전부터 발달했던 類書를 원용하여 만들어진 것이라 할 수 있
지만, 실제로는 이 시기 京畿南人들의 학문성과를 집약하고 있는 점에서
기념비적인 저술이었다.

『芝峯類說』에서는 天文, 地理, 人事, 經書, 文章의 다섯 부류로 체계를
잡고, 25부 82항목에 걸쳐 天文, 時令, 災異, 地理, 諸國, 君道, 儒道, 經書,
文章, 人物, 性行, 言語, 人事, 技藝, 植物, 草木, 禽蟲 등 인류 생활에 관계
되는 天地間의 주된 사항을 견문 한대로 수록하고 있다.[135]『天主實義』,
『坤輿萬國全圖』, 영국, 포르투갈, 이탈리아 등 서양의 종교와 국가, 과학
기술 등 중국에 소개되었던 서양과 관련한 지식도 아무런 편견, 거리낌없
이 소개되었다. 博物志, 百科全書로서 여실한 구색이었다.

이 책을 만든 이수광의 마음가짐은 아마도 天·地·人의 세계에 두루
통한 眞士, 眞儒의 자격을 갖추고자 하는 열망이었을 것이다.[136] 그리고
그것은 또한 1625년 이수광이 萬言箚子에서 이야기한, "實心으로 實政을
행하고 實功으로 實效를 얻으며, 생각마다 實事를 생각하는"[137] 그러한
학문태도의 산물일 것이다.

『지봉유설』을 만든 이수광의 인식론은 크게 두 내용을 전제로 구성되어
있었던 것으로 보인다. 하나는 인식의 능력과 관련해서인데, 그는 至靜의
상태에서 인식 능력의 극대화가 이루어져, 이 상태에 이르면 '酬應萬變'할
수 있게 된다고 보았다.

造化一於靜 故能發育萬物而不息 人心一於靜 亦能酬應萬變而不窮 是
故君子爲學 以靜爲本[138]

主靜의 공부는 그러므로 학문의 근본이 되는 방법인데,[139] 이와 같이 靜

---

135) 「凡例」에 의하면, 이 책은 조선을 비롯한 여러 나라의 348명의 저서를 참고하였으
며 2,265명의 인물을 소개하고 3,435개 조항을 다루었다.

136) 『芝峯集』 卷31, 剩說餘篇 下, 4나.

137) 『芝峯集』 卷22, 條陳務實箚子 乙丑, 13나.

138) 『芝峯集』 卷24, 采薪雜錄, 13가.

139) 『芝峯集』 卷28, 秉燭雜記, 5가, "諸葛孔明曰 學須靜也 才須學也 非學無以廣才

한 상태에 이르렀을 때 인식 능력이 극대화할 수 있음은, 모든 장애를 걷어 내고[140] 心에 내재된 神性이 충분히 발휘될 수 있는 상태이기 때문이었다.[141] 이 때의 신성이란 인식능력이면서 선천적으로 획득한 靈明性일 것이다. 이수광은 이같이 인식 능력이 극대화한 경지에 오른 것을 비유하여 장자의 庖丁이 칼을 잘 쓰는 것과 똑같다고 하였다.[142]

이 같은 능력의 획득, 배양은 靜坐法을 통해서 가능했다. 정좌법은, "夫謂靜坐者 存心定意 不起忘念之謂"[143]하는 것으로 정의되는데, 도가의 靜坐調息法과도 통했으며, 主敬工夫의 다른 방법이기도 했다.[144] 存心의 요체는 持敬工夫에 있다함이었다.[145] 居敬, 謹獨을 통하면 '神自靈'의 공효가 자연 드러나고 인식력이 절로 확대된다는 것이었다.[146] 이수광은 이를 "自古聖賢學問事業 自謹獨中出"[147]이라고 하여 성현이 실현했던 학문의 핵심이라고까지 단언하여 강조하였다. 그것은 荀子의 말을 빌리면, "能定而後能應 …… 眞積力久則入"[148]하는 면모이기도 했다. 실제 이수광은 靜

非靜無以成學 又謂學以主靜爲本 若孔明者 可謂知爲學之本矣";『芝峯集』卷30, 剩說餘篇 上, 2나, "人心靜則一 不靜則二 故以主靜爲要".

140)『芝峯集』卷29, 警語雜篇, 2나, "心體本靜 能守此心 不與物俱往 則不爲形氣所累";『芝峯集』卷29, 警語雜篇, 8가, "此心廓然 本與太虛同體 其不能然者 以有物障碍故也 唯去其障碍 則廓然矣".

141)『芝峯集』卷27, 秉燭雜記, 13가, "心者神之舍也 心之神 發乎目而能視 目視則心動 心動則神移 故曰 目不亂視 神返于心 神返于心 乃靜之本".

142)『芝峯集』卷28, 秉燭雜記, 9나, "邵子曰 人之精神 貴藏而用之 苟衒於外則 鮮有不敗者 愚謂此與庖丁善刀而藏之同意 養生書云 藏精於晦則明 養神於靜則安 晦以蓄用 靜以應動 善蓄者不竭 善應者不窮 是也".

143)『芝峯集』卷30, 剩說餘篇 上, 3가.

144)『芝峯集』卷27, 秉燭雜記, 14가, "養生書曰 心靜則息自調 靜久則息自靜 又曰心主乎息 息依於心 又謂靜坐調息 於修養法中 實係主敬工夫 故程朱二子 皆有取焉 不宜以外道視之".

145)『芝峯類說』卷5, 儒道部, 心學.

146)『芝峯集』卷24, 采薪雜錄, 12가, "道書有云 身不動精自固 心不動氣自靜 意不動神自靈 愚謂此可謂吾儒靜坐之法 然其機在眼 制其心者 必先制眼 故君子非禮勿視".

147)『芝峯集』卷29, 警語雜編, 3가.

148)『芝峯集』卷28, 秉燭雜記, 11나, "荀子曰 能定而後能應 又曰 眞積力久則入 此言

坐法을 통하여 오랫동안 이해하지 못하던 글을 쉽게 파악할 수 있는 힘이 생기는 현상을 체험하기도 했다.149) 정좌법은 인식능력을 배양함에 효용성이 큰 방법이었다.

이같이 心이 가지고 있는 神性의 확대를 主靜·主敬工夫와 연관하여 이해하는 이수광의 생각은 매우 독특하다. 主敬이란 禮 실천의 기본이 되는 자세였다. 이런 점에서 南人들이 主敬을 강조한 의미가 어디에 있는가를 유추할 수 있거니와,150) 일단은 心이란 곧 神이 내재하고 있는 집, 荀子가 말하는 바 인식 주관자로서의 天君,151) 性情을 일관하며 그를 主宰하는 존재152)로서 파악하고 있음을 주목해야 할 것 같다. 심이란 '神明不測'한 존재였는바,153) 그 神은 心에 대해 主의 관계에 있었다.154) 이것은 荀子의 인식론을 적극 원용하는 모습인데, 객관 세계에 대한 인식과 덕성의 함양을 상대적으로 분리하며 새로운 학문론을 구상함에, 荀子의 논리를 빌려 心의 인식 능력에 관한 이론을 포착하고 있다고 보아야 할 것이다.155) 이 점은, 조선후기 유자들이 주자학을 비판하고 극복하는 과정에서 荀子의

佳".

149)『芝峯集』卷29, 秉燭雜記, 10가, "余嘗閑居村舍 廢絶人事 試行靜坐存心之法 一兩月後 看得文字 向來未通處 頗覺開透 少所窒礙 若久久行之 必有良效".

150) 敬을 중시하는 태도와 예법의 외재 규범을 강조하는 것은 직접 통하는 자세이다. 이 시기 남인들의 학문 자세를 규정하는 공통의 특징을 敬에서 구한다고 할 때, 그것이 성장 발전하는 방향을 우리는 이같은 점에서 구해 볼 수 있겠다(『禮記』, 「曲禮」, "禮無不敬").

151)『芝峯集』卷27, 秉燭雜記, 13나, "心爲天君 其說本出荀子".

152)『芝峯集』卷24, 采薪雜錄, 14가, "寂然不動者 謂之性 其發動者謂之情 心則貫動靜而爲之主宰 故曰心統性情".

153)『芝峯集』卷24, 采薪雜錄, 7나, "神明不測者之爲心".

154)『芝峯集』卷24, 采薪雜錄, 8가, "皆心者身之主 神者心之主".

155) 순자의 사상에서 心에 대한 사유는 매우 독특하다. 순자는 心을 인식능력을 가진 身의 主宰者라 파악하며, 虛·壹·靜의 상태에 이르면 모든 편견과 패색을 깨치고 우주의 이치를 통달하여 天地의 化育에 참여할 수 있고, 모든 변화에 대처할 수 있는 능력을 지니게 된다고 이해했다. 그리하여 인간이 관심을 두어야 할 것은 천지의 도와 같은 고원한 것이라기보다는 治心의 문제에 있다고 강조하였다(金勝惠,『原始儒敎』, 民音社, 1990, 246~255쪽).

생각, 荀子의 학문론을 발굴하고 계승하려는 면모가 이수광의 인식론에서
도 나타나고 있음을 보여준다.156)

이수광 인식론의 두 번째 내용은, 천하사물의 理를 通觀하여 인식할 수
있는 조건은 無私의 상태에 있다고 파악한 점이다. 인식의 公正性과 客觀
性에 관한 문제였다.

> 以己之知爲知 以己之見爲見者 衆人也 唯君子 不以己知爲知 而以天下之
> 知爲知 不以己見爲見 而以天下之見爲見 故於天下事物之理 無所不知 無所
> 不見 以其無私故也157)

無私의 인식이란, 자신의 견해를 버리고 천하의 견해를 따를 때 이루어
지는 일이었다. 그것은 자신을 떠나 人·物의 견해에 자신을 맞추는 일이
기도 했는데, 그러할 때 大公廓然의, 天地와 일치하는 인식이 가능했
다.158) '思無邪'의 경지도 인식 주체가 我를 떠날 때 일어나는 일이었
다.159) 인식에서 주체의 사사로움을 배제한다는 것은 다른 의미로는 사사
로운 욕심을 없앤다는 것이기도 했다. 無慾, 寡慾이 중시됨은 자연스런 일
이었다.160)

인식과정에서 인식주체의 私見을 배제해야 비로소 천하의 리를 인식할
수 있다는 생각은 실상 소옹의 '以物觀物'의 觀物論에 충실한 것이었다.

---

156) 조선후기 荀子學 또는 先秦儒學의 재인식과 그것의 적극적 활용상에 대해서는
　　보다 깊은 천착이 필요한데, 그간의 연구에서 17·8세기 京畿南人系 儒者의 사상
　　에서 荀子學을 수용하고 있음이 확인된 바 있다(정호훈, 「尹鑴의 經學思想과 國
　　家權力 强化論」, 『韓國史研究』 89, 1995 ; 원재린, 「星湖 李瀷의 天人論과 人間
　　觀」, 『學林』 19, 1998).

157) 『芝峯集』 卷24, 采薪雜錄, 12나.

158) 『芝峯集』 卷24, 采薪雜錄, 7나, "公於己者 公於人 公於人者 公於物 是之謂大公
　　廓然 與天地一矣".

159) 『芝峯集』 卷24, 采薪雜錄, 6가, "以物觀物而不役於物 則吟詠在物 而不在我 所謂
　　思無邪者也".

160) 『芝峯集』 卷27, 秉燭雜記 10나, "老子所謂損之又損 而至於無 此言甚善 可謂學
　　者寡慾之方也".

소옹은 사물에 대한 올바른 인식은 '以我觀物'의 방식을 떠나 '以物觀物'하게 될 때 가능하다고 하여 인식에서 사적인 이해와 견해를 떠날 것을 요구하고 있었다. '以物觀物'의 방법은 理로써 事物을 파악하는 것이므로 객관무사의 공정한 인식을 할 수 있다는 것이었다. 이수광은 소옹의 관물론을 소화하며 자신의 인식론을 마련한 것인데, 그 풍부한 내용과 체계, 새로운 성격도 모두 여기에 힘입고 있었다.

'以物觀物'의 관물론은 인식을 公正하게 하는 점과 더불어, 인식과 실천이 人倫 日用의 비근한 경지에서 이루어져야 한다고 인식하게 하는 근원이었다. 이수광은 천지간의 日用事事에 天理가 유행하지만, 이를 성찰하여 動靜이 合宜하게 되면 곧 천리가 된다거나, 인륜 일용의 사이에 도가 존재한다고 하여 도·천리의 비근함을 적극 강조하였다. 관물론은 道·天理가 이와 같이 간이하게 비근한 곳에 존재한다고 인식할 수 있게 하는 이론이었다. '觀物'은 하나의 마음에서 천지의 마음을 보고, 하나의 몸에서 천지의 이치를 보게 하며, 一世로 萬世를 보게 하는 방법이었기 때문이다.

　　邵子觀物篇曰 能以一身觀萬物 一物觀萬物 皆萬物之理 具於吾身[161)

　　物有彼我而理無彼我 時有古今而道無古今 故曰 以一物觀萬物 一世觀萬世 推是以反之於身心 無不同者 故曰 以一心觀萬心 一身觀萬身[162)

　이러한 인식론은, 천지만물의 리가 내 몸에 구비되어 있으므로 만물의 이치는 만물에서가 아니라 나로부터 궁구할 수 있다는 언명과 관련하여, 양명학의 '致良知論'으로서 이해될 수 있는 측면이 있었다.[163) 그러나 觀

---

161)『芝峯集』卷24, 采薪雜錄, 25나.
162)『芝峯集』卷27, 秉燭雜記, 3가.
163)『采薪雜錄』을 읽은 후 鄭經世가 "만물의 이치가 모두 나에게 갖추어져 있음으로 만물에서 理를 구할 것이 아니라 나의 마음에서 理를 구해야 한다."는 구절은 致良知說과 유사하다고 의심하자, 이수광은 邵雍의 「觀物篇」에서 취한 말이라고 하며 왕양명의 心學과 소강절의 心法이 상이함을 강조했다(『芝峯集』卷24, 采薪雜錄, 25나).

物은 "反觀萬物之理"함이었다.164) 곧 一心, 一身, 一物의 비근한 곳에서
확인한 客觀의 理를 미루어 만물의 理를 확인하는 방법이 觀物論이었다.
心을 理로 파악하고 '致良知'의 학문론을 제기하는 主觀 唯心主義의 양명
학과 다를 수밖에 없었다. 관물론은 주자의 格物致知論과도 일치하지 않
았다. 격물치지론은 萬事萬物에 대한 엄정한 이해를 거쳐 豁然貫通의 완
벽한 인식이 이루어진다는 논리 하에 성립하였으며, 그것은 절대 의리·절
대 명분의 획득을 위한 방법적 근거였다. 이에 반해 觀物論은 客觀 對象
에 대한 올바른 이해를 전제하면서도, 部分의 인식은 곧 全體의 認識과 통
한다고 파악하여 인식의 성립과 확산을 부분과 전체의 전 관계망 속에서
파악하고 있었다. 숱한 範疇를 설정하고 그를 근거로 사물의 특성을 파악
하는 소옹의 방식은 이를 극명히 보여준다 하겠다. 하나의 범주를 통하여
여러 이치를 인식할 수 있는 방법이 '以物觀物'의 인식이었던 것이다. 簡易
하면서도 卑近하며 客觀的인 성격의 인식과 실천이 성립될 수 있는 요인
이 여기에 있다 할 것이다.

결국 이수광의 인식론은 心에 내재한 인식능력으로서의 神性을 강조하
는 한편으로, 간이하면서도 공정하게 객관 대상·세계를 파악할 것을 추구
하는 구조를 갖추고 있다고 요약할 수 있는데, 心이 가진 측량할 수 없는
神明 혹은 인식 능력의 확대를 강조하고 단순명쾌하게 객관세계의 이치=
천리를 인식할 것을 주장하는 특성을 갖는다. '心要常活'165)의, 심의 활발
발한 활동을 기대하는 모습인 것이다. 주자학에서와 같이 객관세계에 대한
광범위한 窮理를 心性에서의 도덕성 확립으로 환원시키는 것과는 성격을
달리한다고 하겠으며, 天文·地理·人事의 모든 존재들을 존재 그 자체로
서 인식하게 하는 방법적 근거가 이로서 마련된다고 할 수 있을 것이다.

이 같은 성격의 인식론은 事天學, 事天心學의 학문 속에서 나온 것이었
다. 이수광이 心의 靈明性, 인식능력을 강조한 것은 인식론 차원의 문제를

---

164) 『芝峯集』 卷24, 采薪雜錄, 25나, "邵子觀物篇曰 能以一身觀萬物 一物觀萬物 皆
萬物之理 具於吾身 所謂觀物者 反觀萬物之理也 愚之所言 本出於此 而來喩所
論 專在致知上 豈高明有未深察乎此耶".
165) 『芝峯集』 卷31, 剩說餘篇 下, 1가, "心要常活 以理義養之則活 無以養之則不活".

넘어 세계에 대한 태도, 세계관에 연관된 문제였다. 그에게서 心은 객관의
天을 내재한, 또 하나의 독립한 天이었으며, 神은 그러한 세계의 主體로
파악되었다. 神은 心의 主宰이자 곧 天의 主宰이기도 했던 것이며,166) 달
리 心의 神은 天의 神이기도 했었다.167) 이수광은 이 같은 心, 天, 神을 중
시하고 이 같은 자세를 일컬어, "事心如事天 存心以尊神"라 하였다.168) 종
교적 경건성이 배어있는 事天學, 事天心學으로서의 면모이다. 인간과 천
과의 通交를 종교, 신앙의 차원에서 상정하는 모습이라고도 할 수 있겠다.
　事天學, 事天心學은 인간만으로서의 고유한 특질과 인간의 능동성을 강
조하는 성격을 지닌다고 할 수 있다. 인간이 동·식물이나 여타 자연과는
구별되는 것은 神性과 靈明性을 지니고 있기 때문인데, 이러한 성질을 가
짐으로 해서 인간은 자연이면서도 자연질서에 지배되지 않는 능동성을 가
진 존재로서 살아갈 수 있게 되는 것이다. 이수광은 '天人相與'의 관계 속
에서 인간의 위치를 파악하여, 天人의 단절, 分二는 있을 수 없다고 강조
하면서도169) 事天學을 통하여 그 질서를 수동적으로 추종하지 않는 주체
의 모습을 확인하고 있는 것이다. 이수광 事天學이 가진 의의일 터인데,
이는 소옹의 觀物論을 수용하면서도 소옹의 사유가 갖는 결정론의 성격에
사로잡히지 않는 요인이기도 했다. 이를테면 소옹이 "천하가 장차 다스려

---

166) 『芝峯集』 卷24, 采薪雜錄, 8가, "凡人之心 卽天也 心之神 卽天之神也 皆心者身
　　之主 神者心之主".
167) 『芝峯集』 卷26, 題蔡自履中庸集傳贊後 附管見, 8나, "邵康節云 凡人之善惡 形於
　　言 發于行 人始得而知之 但萌諸心 發于慮 鬼神已得而知之 蓋心者神之所舍也
　　人心之神 卽天地之神 詩曰 上帝臨汝 無二爾心 …… 戒愼之愼與愼獨之愼 其意
　　一也". 이러한 생각은 邵康節의 事天心法을 실마리로 해서 얻어진 것이었다. 이
　　수광의 이같은 견해는 또한 愼을 "獨者人所不知而己所獨知之地也"와 관련하여
　　주석한 朱子의 이해를 벗어나는 길이도 했다. 뒷날 윤휴에게서 나타나는 事天學
　　의 면모는 바로 이러한 이해와 통한다 하겠다.
168) 『芝峯集』 卷24, 采薪雜錄, 8가, "凡人之心 卽天也 心之神 卽天之神也 皆心者身
　　之主 神者心之主 …… 故君子 事心如事天 存心以尊神也".
169) 『芝峯集』 卷24, 采薪雜錄, 4가, "六經中言天者 大抵以理而言 …… 事事物物 無
　　一物不系於天 故古昔帝王 法天而行道 奉天而行事 敬之而不敢忽 體之而不敢違
　　天人相與之際 可謂至矣 後世不明此理 乃以天爲高遠 慢天而不省 背天而不顧
　　天與人 遂分而二矣".

지려면 義를 숭상하고 천하가 어지러워지려면 人心은 利를 숭상한다"고
한 말에 대해 "義를 숭상하기 때문에 다스려지는 것이고 利를 숭상하는 것
이기 때문에 어지러워지는 것이다. 邵子의 말은 대개 天地氣數로서 말한
것이다"170)라 하여 소옹을 비판하고 있었다. 이수광은 소옹 사유에서의 결
정론적인 성격을 예리하게 파악하고 있었으며, 인간의 주체적 능동적 활동
을 통해서 세상의 변화를 엮어 낼 수 있다고 여겼다. 이것은 아마도 소옹
상수학에만 근거하고 있던 북인의 학문단계에 비하면 한 걸음 진전한 모
습이라고 해야 할 것이다.171)

  이수광의 인식론은 主靜・主敬論, 觀物論을 활용하며 이루어진 것이었
으며, 그런 점에서 그것은 이 시기 京畿南人들이 공유하던 지적 풍토를 자
양분으로 하여 이루어진 것이라 할 것이다. 절대의리・명분의 획득과 객관
세계에 대한 실제적인 지식의 탐구를 분리하는 이 같은 인식론은 주자학
의 학문론, 방법론을 핵심에서 무너뜨리는 요소를 담고 있었다. 세계관에
서는 여전히 중세적 틀을 벗어나지는 못하고 있었지만, 지식과 명분을 일
치시켜 파악하려는 주자학의 방식은 붕괴하고 있는 것이다. 이수광에게서
집약되어 나타나는 17세기 전반 京畿南人의 이러한 모습은 이후 지속적으
로 발전하여, 주자학적 세계관과 정면으로 배치되는 생각들을 수용할 수
있게 되기에 이른다. 형성기 京畿南人이 가지고 있는 사고의 적극적인 의
미를 여기서 충분히 확인할 수 있다.

  요컨대, 17세기 전반 경기남인의 禮法을 중시하는 사고는 독특한 인식
론, 실천론을 매개로 성립하고 전개되었다고 할 수 있겠다. 事天學, 事天心
學의 세계관과 연관된 이 같은 인식론은 인간 마음 속에 내재한 神性 혹은
靈明性을 중시하는 한편으로, '以物觀物'의 객관적이고도 간이한 인식법을

---

170) 『芝峯集』卷28, 秉燭雜記, 12가.
171) 事天心學은 禮法과 같은 外在規範, 事理와 物理에 대한 이성적 인식을 중시하는
   사고에서 올 수 있는 주체의 공허함을 방비하는 의미도 있었다. 在京南人의 생각
   에서 문제가 될 수 있는 것은, 외재적 규범의 내용을 실천 주체가 절실하게 여기
   지 않는다면 그것은 한낱 虛文에 지나지 않을 가능성이 생기는 점이었다. 수양 주
   체의 엄격한 자기수양, 자기통제가 필요한 것이었다. 事天心學은 바로 이러한 문
   제를 해결하고자 하는 의도도 있었다.

활용하고 있었다. 여기서 주목되는 것은 인식 주체의 德性의 涵養과 객관 사물에 대한 지식의 획득 문제를 분리하여 병렬적으로 파악하는 점이다. 이제 지식을 도덕으로 환원하지 않음으로써 事理와 物理를 보다 실질적이고 사실적인 차원에서 인식할 수 있게 되었다. 이와 더불어 인식주체는 주체적 통제를 통하여 자신이 가진 덕성의 실현과 확충을 이룰 수 있는 존재로 이해되었다. 개별 주체가 가진 덕성의 자율적인 자기 실현이었다.

이와 같이 살피면, 京畿南人의 인식론 실천론은 禮法과 같은 외재적 규범을 중시함과 동시에 개별 주체의 자율적인 노력을 중시하는 병렬적인 구조를 갖추고 있다고 할 수 있을 것이며, 絶對 理의 道德과 客觀世界에 대한 지식을 분리시켜 보려는 특성을 갖는다고 할 수 있을 것이다. 조그마한 변모지만, 형성기 京畿南人들에게서 주자학의 논리와 방법을 벗어나는 모습을 확인할 수 있다.

5. 君主의 政局 主導論과 富國強兵策

1) 君主의 政局 主導와 消朋黨論

16세기 말에서 17세기 초반에 걸친 시기는 내외적인 어려움이 가중되는 시기였다. 일본의 침략, 북방 여진족의 압박이 계속 일어나고 있었으며, 前期『經國大典』의 법 체계가 붕괴하고 있었다. 국가는 국가대로, 일반민인들은 민인들대로 고통을 감수해야 했으며, 질서의 재구축이 요구되고 있었다. 정치 사상계의 움직임도 이러한 국가질서의 재구축을 위한 이념과 정책의 마련, 실행을 중심으로 이루어지고 있었다. 여러 정파간에 이루어지는 알력과 대립, 정국 주도권의 획득과 상실을 규정하는 것도 이와 같은 점들이었다.

형성기 경기남인의 정치론에서 핵심을 이루는 것은 군주의 정국 주도론이었다. 논자에 따라 주장하는 바의 근거나 내용에서는 조금씩 차이가 있었지만, 이들은 대체로 군주가 가진 권한과 위세를 강화하고 이를 바탕으

로 정국을 장악, 신료들을 통제하며 정국을 주도해 나가야 한다는 입장을
견지했다. 自然主義 世界觀과 禮法의 실천을 중시하는 治世認識에 연원
하는 논리라 할 것이다.

군주 중심의 정국 주도론은 일찍이 정개청으로부터 나오고 있었다. 君師
論은 그 주된 논리였다. 그는 天이 聰明 叡智의 聖人을 億兆의 君師로 삼
아 모든 사회 구성원들이 氣質에서 오는 惡의 가능성을 제거하고 本然의
德性을 획득하며 살아갈 수 있도록 하였다고 생각하였다.172) 君師는 달리
표현하여 首出의 聖明이라 할 것인데, 다음의 언급은 君師의 責務가 어떤
지를 잘 보여준다.

> 惟天生聰明 治之而民協于中 敎之而人歸有極 使之全其性盡其職 是知
> 君師之責 重且大如此173)

곧 군사는 敎化와 政令의 책임자로서, 민인의 덕성을 완성시키고 그 직
무를 다할 수 있도록 하는 존재였다. 君師論이란 결국은 현실의 군주가 갖
는 역할과 위상을 교화와 정령의 양 측면에서 통일적으로 규정하고 이해
하는 논리였다. "建中建極"의 의미도 군주가 가진 이러한 역할과 연관하여
구할 수 있는 셈이었다.174) 여기서 君師의 역할을 강조하는 정개청의 발상
은 개별 주체의 자율적인 노력보다는 군주 또는 국가의 역할을 중시하는
방향으로 편향되어 있었다. 이를테면, 君師의 敎化가 없다면, 민인은 스스
로 수련할 능력을 갖지 못하여, 性情의 올바름을 잃게 된다는 것이 그의
생각이었다.

> 苟非君師之敎化 不能自察自修 而或失其性情之正175)

---

172) 『愚得錄』 卷3, 第一疏, 3나, "天必以聰明叡智之聖 命爲億兆之君師 使之治而敎
之 使人人各得其本然之性而無有氣質之偏 以安其生".

173) 『愚得錄』 卷3, 23가.

174) 『愚得錄』 卷1, 大道之要, 37가~37나, "商湯周武之爲君所以汲汲於建中建極者
亦以此事 夫建中于民者 因天錫之勇智 而以義制事 以禮制心而得也 皇建其有極
者 受丹書之敬義 以祗順五行敬用五事而得也".

결국 君師論은 예법을 중시하는 道法主義의 君主論, 治國論이라 할 것인데, 수양 주체들의 개별적 차원에서 문제를 풀어 가자는 방식이라기보다는 군주의 정치적 역할, 군주에 의해 실행되는 禮法의 역할을 보다 더 강조하는 방식이라 할 것이다. 군주는 敎化와 政令의 통일적 주체로서 사회를 운영해 나가는 주체였던 것이다. 그것은 실상 군주가 우주 질서에 참여하여 그 질서의 집행자로서 그 질서의 완벽한 체현을 이룸으로써 民人들의 원활한 삶의 재생산을 도모하는 일, 곧 財成輔相의 길을 다한다는 의미이기도 했다.[176]

君師論은 전통적인 군주관을 배경으로 하고 있다. 이 점에서 이는 새삼스러운 생각이라고 할 수 없겠다. 그러나 군사론은 주자학의 군주론과는 여러 모로 대비되며, 주자의 그것과는 다른 정치론을 펼치는 단서가 된다는 점에 그 의의가 있었다. 정개청의 君師論은 정령·교화를 실천하는 주체로서 군주의 위상과 역할을 파악하되, 이를 존재 그 자체로서 인정하고 있었다. 그러나 주자학에서는 현실의 군주와 이상의 군주상을 분리하여 설정하고, 현실의 군주는 끊임없이 이상의 군주상에 접근하도록 노력해야 한다고 강조하고 있었다. 三代 시절의 聖人 君主는 道學과 政事를 일치시켜 王道政治를 펼쳤으나, 삼대 이후로는 그것이 분기되어 군주는 政事만을 담당했을 뿐이고 道統은 학문을 닦은 道學者에 의해 명맥이 유지되어 온 까닭에 왕도정치가 제대로 이루어지지 않는다는 것이 이유였다.[177] 주자학에서는 君主에게 주어진 가장 큰 책무는 修身을 통하여 도학과 정치의 일치를 실현할 수 있는 전제를 마련하는 것이라고 끊임없이 강조하였다. 군주란 인류 도덕의 표준이 되도록 노력해야 한다는 군주론은 그러한 논리의 귀결이었다. 조선 시기 주자학자들의 정치사상도 이러한 점을 그대로 계승하고 있었는데, 16세기 중반 조광조가 至治主義를 주창한 이후로 이

---

175) 『愚得錄』 卷3, 9가.
176) 『愚得錄』 卷3, 15나, "是故天之降生蒸民 必有首出之聖明 爲君師 責以致敎 而極財成輔相之道 使人人各盡敬義 莫不與能於天地之間 三代以上之久 未有不盡其職者也".
177) 張立文, 앞의 책, 4장과 11장 참조.

생각은 보다 강화되고 있었다.[178]

이 같은 사고는, 군주와 道統의 관계를 일치시키지 않음으로 해서 종래의 군주가 갖던 권위를 약화시키며 그를 통제할 수 있는 지렛대를 학문적으로 확보하는 것이라고 할 수 있을 것이다. 군주의 권위, 위세는 天理 혹은 道의 統緖에 귀속, 규정되도록 되어 있었다. 그러므로, 君師論을 통하여 교화와 정령의 주체로서의 군주상을 강조하는 일은 군주의 권위를 강조하고, 정치운영이 君權을 중심으로 이루어져야 한다는 생각의 반영이었다. 그것은 동시에, 추상의 고원한 天理 혹은 絶對의 道德名分의 확립을 중심적인 문제로 생각하는 것과는 다른 차원에서 사회를 운영하는 방법을 모색한다는 의미이기도 했다. 앞서 본 바 禮法의 실천은 보다 간단하고 편이하게 道를 실천하는 일이었다.

정개청의 君師論은 李睟光의 논리에서는 다른 형태로 살아나고 있었다. 이수광에게서 군주는 天과 인간 세계를 가교하는 존재로 인식되고 있었다. 군주는 天命을 부여받고 天位에 오른 존재였으며, 天과 교통하는 존재였다. 군주는 늘 上帝의 감시를 받았으며, 그 一心의 善惡은 하늘의 賞讚과 懲戒로 직접 나타났다.[179] 군주에게 주어진 책무가 말할 수 없이 광대하며 그를 적절히 수행하기 위한 노력이 얼마나 커야 하는지 충분히 상상할 수 있다. 畏天과 事天의 정성과 노력[180]이 요구되는 존재가 군주였다. 이수광은 군주의 역할을 제대로 하기 위해서는 聖學의 근본, 곧 聖賢의 근본 가르침, 帝王의 도리, 天理 人欲의 변별, 知行을 精一하게 하는 방도 등을

---

178) 金駿錫, 앞의 글, 1991.
179) 『芝峯集』 卷22, 條陳務實箚子 乙丑, 17나, "抑臣聞張栻之言曰 人君不可以蒼蒼者爲天 當求之念慮之間 一念纔是 便是上帝之鑑示 一念纔不是 便是上帝震怒 蓋人主之心 卽天也 至於動作語默 無非天也 所謂善惡 上與天通 故吉凶休咎 各以類應 一念之善 景星慶雲 一念之惡 烈風疾雨 若不求在己之天 而欲責諸在天之天 則末矣".
180) 『芝峯集』 卷22, 條陳務實箚子 乙丑, 17가, "伏願殿下 體天之行而無敢惑怠 畏天之威而無敢不敬 無災則懼天之所以忘予 遇災則思天之所以儆予 內以反省於身心 外以修行於政治者 無一毫之不失而必合乎天心 則仁愛之天 寧有不格之理乎" ; 『芝峯集』 卷22, 條陳務實箚子 乙丑, 17가, "今殿下承天命 踐天位 其於事天之道 靡所不至 而和氣未應".

깊이 반복하여 參究할 뿐만 아니라 群臣의 賢否, 政事의 得失, 歷代의 治亂, 生民의 利病을 講明하고 실정을 얻도록 실행해야만 한다고 하였다.181) 自新과 新民의 일을 성취하거나, 大公至正한 마음을 갖추는 일도 모두 이러한 학문을 통해서였다.

요컨대 이수광에게서 군주는 그 지위와 역할로 보아서 아주 특별한 존재였으며, 그 갖추어야 할 자격도 일반 학문으로는 성취할 수 없는 측면이 있었다. 이수광은 "帝王의 학문은 본래 經生 下士와는 그 규모에서 구별"182)되는 일이라 하여 군주와 일반 사대부의 학문의 성격, 내용을 분리하여 이해하였다. 주자학에서 군주나 신료의 학문은 그 방법과 목표가 동일하다는 전제 하에 군주 성학론을 이해하던 것에 대비되는 일이라 하겠다.183)

정개청이나 이수광의 군주론은 주자학의 군주론과는 달리, 敎化와 爲政에서의 군주의 독존적 지위와 역할을 상정하고 있었다. 이들은 신료들이 벌이는 파당적 행위나 신권의 압도에 의한 君權의 약화 현상에 대해 지극히 비판적이었다. 정개청이 저술했던 '東漢晋宋所尙不同說'184)은 신료들의 公論에 기초한 정치행위에 얼마나 부정적이었던가를 잘 보여준다. 이 글에서 그는 後漢 말기 太學에서의 儒生들의 節義 崇尙을 비판했다. '庶人議政'의 전형적인 사례로 파악되는 이 사건을 문제삼는다 함은 그의 정치론이 尊王의 입장에 서 있었음을 입증한다 하겠다.185)

이수광은 治國의 요체는 군주가 자신의 威勢를 잃어버리지 않는 일, 곧

---

181) 『芝峯集』 卷22, 條陳務實箚子 乙丑, 14나, "凡聖賢之旨 帝王之道 理欲危微之辨 知行精一之方 沈潛玩索 反復參究 以至群臣之賢否 政事之得失 歷代之治亂 生民之利病 皆必講明 而行之以實 則日用酬應之間 無非爲學之實地 而自新新民 專在此矣".

182) 『芝峯集』 卷22, 條陳務實箚子 乙丑, 13나, "帝王之學 固與經生下士 規範自別".

183) 錢穆, 「朱子の四書學」, 『朱子學入門』(朱子學大系 第1冊), 東京 : 明德出版社, 1974, 195~207쪽 ; 佐野公治, 『四書學史の硏究』, 東京 : 創文社, 1983, 157~195쪽.

184) 『愚得錄』 卷1, 38~39쪽.

185) 東漢의 黨錮의 禍에 대해서는 柳宗賢 外, 『儒學』, 成都 : 四川人民出版社, 1993, 302~305쪽 참조.

權柄을 摠攬하고 威福의 權限이 아래로 내려가지 않게 하는데 있다고 보았다. "百職修擧 頹綱自肅"의 기풍은 기강이 올바로 선 데서 가능하며 그 기강을 세우는 일은 바로 군주에게 달려 있다 함이었다.[186]

이수광이 당시 붕당의 파쟁에 대해서 부정적인 것은 자연스런 일이었다. 이수광은 '君子爲朋 小人爲黨'으로 이루어지는 군자 소인의 결합은 부득이한 현상이며 군자가 소인을 공척하는 것은 공변된 일이라는 견해를 지니었다. 그러면서도 그는 붕당의 폐습을 들어 "以異同爲善惡 以好惡爲用 捨 擯斥忠良 斲喪國脈"에 있다고 진단하였다. 漢·唐에서와 같이 국가적 화란이란 모두 붕당에서 온다는 인식이었다. 이수광은 이러한 붕당이 없어지기 위해서는 군주의 建極과 동시에 관료 임용에 賢否를 변별하는데 노력해야 한다고 보았다. 이에 오랜 시간의 노력을 들이면 군신이 화협하고 平平蕩蕩의 場으로 들어오게 된다는 것이었다.[187]

요컨대, 京畿南人의 연원을 이루는 인물들의 정치론은 군주에 의한 정국 운영과 군권의 강화 논리를 중심으로 정리해 볼 수 있다. 이들은 군주의 위치와 역할을 자연과 인간을 매개하는 지위를 가진 인물로 파악하고 그 독존성을 강조하였다. 이것은 신료 중심의 정국 운영론과는 대비되는 생각이었는데, 이들은 그 연장선에서 붕당의 존재를 부정적으로 파악하였다.

2) 『經國大典』體制의 補修와 富國强兵策

京畿南人의 연원을 이루는 인물들은 이 시기 조선사회가 가진 위기와 과제를 해결하고자 함에 적극적이었다. 이들은 내외로 닥치는 국가의 위기를 극복하기 위해서는 새로운 정책과 법제의 마련이 꼭 필요하다고 여기

---

186) 『芝峯集』卷22, 條陳務實箚子 乙丑, 22나, "綱不能以自立 而人主之心術公平正大 然後紀綱有所繫以立 然則 整頓朝綱 雖責之大臣 而轉移振作之機 實在於上 伏願殿下 以大公至正之心 立萬事之綱率 勵群下之倦怠 洒濯前日之昏穢 申嚴宮禁 必使內外肅然 摠攬權柄 勿令威福移下……仍飭大臣 董正庶官 以復檢下之風 以振一世之氣 則百職修擧 頹綱自肅".
187) 『芝峯集』卷22, 條陳務實箚子 乙丑, 25가~27가.

고 있었다.

이들의 생각은 대체로 北人이나 南人들의 그것과 큰 차이를 보이지 않는다. 이들은 당시 조선사회에는 변통이 필요하며 이를 위해 비상한 노력이 경주되어야 한다고 여기고 있었다. 이를테면 韓百謙의 경우에서 볼 수 있듯, 箕田의 존재에 주목하고 그와 연관하여 토지제도 개혁에 관한 문제를 고민하기도 하였다.[188] 이들의 생각은 그러나 종래 조선사회의 법제의 틀을 뛰어넘는, 변법적인 것은 아니었다. 이들은 『經國大典』의 법제를 새로이 손질하고 보수하는 가운데 조선사회가 당면한 과제를 풀어 나갈 수 있다고 여기고 있었다. 여기에는 『경국대전』에 실렸지만 유명무실해진 법제를 재차 실행한다거나, 운영상 많은 폐단이 일어나는 제도는 새로운 형태로 개변하는 형태가 있었다. 이수광의 다음과 같은 언급은 이들의 이 같은 생각을 압축하는 것이라 하겠다.

   至於大全續錄 宜令廟堂 詳加刪定行之 無弊者 遵而勿失 其有窒礙者
   變而通之 酌寬猛之中 爲畫一之法 俾人人知畏 而自不爲非 則瞻聆一新
   國家可治矣[189]

나라를 다스림에 법은 반드시 필요한 것인데, 『경국대전』「대전속록」의 修明과 실행은 그 무엇보다도 중심이 되어야 한다는 것이었다.

이들이 실현하고자 했던 사회경제 정책은 크게 보아 國富의 增大, 軍事力의 강화에 초점을 두고 마련되고 있었다. 富國强兵을 지향하였다 할 것이다. 이 같은 과제를 실현하는데는 여러 방책이 있을 수 있겠으나, 이들은 대체로 貢納制를 개혁하고, 號牌法을 실시하며, 상품 화폐경제를 진작시키는 방향에서 그 해결책을 구하였다.

공납제의 개혁문제는 16세기 이래로 조선사회가 안고 있던 주요 과제의 하나였다. '貢案의 개정', '防納의 근절' 대책은 이 과정에서 제시된 핵심 내

188) 韓百謙의 箕田論이 갖는 역사적 의미에 대해서는 『久菴遺稿』上, 箕田遺制說 ;
    金容燮, 앞의 책, 1990 참조.
189) 『芝峯集』卷22, 條陳務實箚子 乙丑, 33가.

용이었다.190) 京畿南人의 연원을 이루었던 인물들의 의견은 시기에 따라, 논자별로 다양하게 나타난다. 韓百謙의 경우, 임진왜란 때 柳成龍이 발의하여 시행한 바 있는 收米法의 원리를 적극 활용하고자 했다. 軍餉米의 확보와 연관하여 1595년(선조 28)에 시행된 이 제도는 전국의 토지에서 結當 2두씩 수취하도록 했었는데, 공납의 원리와 시행방법을 획기적으로 바꾼 것이었다.191) 그러나 대토지 소유자·지주들이나 공물 방납주인들의 반대가 심했고, 三南地方이나 먼 거리의 공물을 운송하는 과정에 많은 문제가 발생하고 있었음으로 계속되지 못하고 중지되었다. 광해군 때에 들어 이 문제는 다시 거론되는데, 본격적으로 이를 제기한 인물이 한백겸이었다.

한백겸은 收米法이 가진 단점을 해소하면, 공납제 개혁에 적극 활용할 수 있다고 보았다. 한백겸은 수미법 시행시 戶曹佐郎으로 재직하여 그 법의 전말을 소상히 파악하고 있었다. 그가 제시한 방법은 첫째, 田結當 米 2두씩을 받아들이되, 이에 구애받지 말고 浦口로부터의 원근에 따라 차등을 두며, 해상 교통으로 서울에서 2일 行程 이상 떨어진 山郡은 米에 준하여 作木[准米作木]하도록 하여 민간의 고통을 줄이고, 둘째, 소요되는 모든 물품은 市價보다 더 나은 값에 防納의 무리들이 중간에서 주선하여 貿遷할 수 있도록 함으로써 그들에게 이익을 부여하자는 것이었다. 각 지역의 형편을 고려하여 민의 부담을 조절, 일률적인 법 집행을 피하고, 방납 상인들의 역할을 적극 활용하자는 안이었다. 한백겸은 이러한 방법은 종래 수미법에서 軍餉 확보에 치중하여 '調均民役'을 하지 못한 점과 吏曹가 물품의 매매를 직접 수행하여 市民들에게 원성을 사던 문제를 해소할 수 있게 한다고 보았다.192) 한백겸의 방법은 방납 상인에 대한 국가의 통제를 인정하면서도 현실의 상업 발달상, 유통 질서를 유연하게 활용한 것이었

190) 高錫珪, 「16·7세기 貢納制 改革의 方向」, 『韓國史論』 12, 서울대학교 국사학과, 1985.
191) 金昊鍾, 「西厓 柳成龍의 국방사상」, 『退溪學』 2, 안동대학교 퇴계학연구소, 1990 ; 李樹健, 「西厓 柳成龍의 社會經濟觀」, 『대구사학』 12·13합집, 대구대학교 사학과, 1977.
192) 『久菴遺稿』 下, 貢物變通疏, 2가~5가.

다. 곧, 그는 국가의 공적 기구를 통하여 공납의 폐단을 적절히 해소하고 유통과정에서 형성되는 이익을 정부가 어느 정도 흡수함과 동시에, 상인의 자율적인 이익 추구를 허용하고자 했던 것이다.

한백겸이 제기했던 이 법안은, 경기도에 한정되었지만 이원익의 적극적인 지원에 힘입어 시행될 수 있었다. 이원익 역시 田結에서 米를 거둔 후 이를 防納人에게 지급하여 進上 貢物을 貿納하게 하되 선혜청에서 이를 관리함으로써 가격폭등의 길을 방지할 수 있을 것이라 하여, 이 방안의 실행을 적극 추진하였다.[193] 정부에서는 宣惠廳을 설치하고 경기도에 이를 시행하며, 그 성과를 보아 점차로 시행 범위를 확대하기로 하였다.

이수광의 공납제에 대한 의견은 한백겸보다 뒤에 나타나며, 그 접근 방식은 한백겸과는 조금 구별된다. 이수광은 1604(선조 37)의 貢案 改正 후 100년에 걸친 고통과 병폐는 일단은 다 해소되었다고 보고 있었다. 반면, 문제가 되는 것은 防納 기蹬의 폐단이 더욱 심해지는 것이었는데, 그는 이 폐단이 기강의 해이와 연관하여 나타나는 것이므로, 국가의 기강을 바로 잡을 때 그 가진 문제를 해소할 수 있을 것이라 보았다.[194] 이것은 韓百謙이나 李元翼과 같이 상업적 방식을 확대하여 문제를 풀어 가는 대신에 胥吏나 勢家의 모리행위를 法, 紀綱으로 해결한다는 방식이었다. 임진란, 광해조 정권을 거치며 나타나는 사회 형세의 여러 변화를 紀綱의 解弛와 연관지어 판단하는 사고의 연장에 서는 생각이었다.

租稅를 비롯한 경제 정책에 관한 이수광의 발상은 대체로 國法의 엄격한 시행을 통하여 廉恥를 바로 잡거나 국가가 經濟秩序에 보다 적극적으로 개입하여 국가의 역할을 강화하자는 내용을 지니고 있었다. 이 점은 한백겸에 비해 조금 경화된 태도로 보이는데, 화폐 유통을 통하여 國富를 증대할 것을 구상한 것은 그 대표적인 예였다.

富國之術 在於錢幣 …… 蓋錢幣行 則國用自裕 …… 用錢之議 起於先王末年 延臣獻言 皆以爲可行而事竟寢[195]

---

193)『光海君日記』卷4, 光海君 卽位年 壬辰.
194)『芝峯集』卷22, 條陳務實箚子 乙丑, 22가 ;『芝峯類說』卷3, 君道部 制度.

화폐 유통이 國富 증대를 위한 중요한 수단이 된다는 이 같은 생각은 실
상 이 시기 북인계 학인·관료들이 공통으로 지니고 있었다. 이지함이나
李山海, 柳夢寅, 李德泂 등 북인계 관료들은 당시 국가적 위기를 극복하는
데 가장 필요한 일은 商業의 진흥이며, 이를 위해 국가가 상품의 생산과
유통에 적극 介入하고 干與해야 한다고 구상했다. '利權在上' '貨權在上'과
'務本補末' '以末補本'의 논리는 그 과정에서 제시된 주된 내용이었다. 法
定 화폐의 획정과 그것을 통한 유통경제의 활성화는 이 같은 목표를 실현
하기 위해 제시된 대책의 하나였다. 유통경제에서 생기는 이익을 법정 화
폐를 통하여 어느 정도 수렴하고 그로써 국가의 재정을 풍부하게 할 수 있
었기 때문이었다. 국가의 유통경제 참여론은 유례 없이 발전하는 상품화폐
경제를 국가경영에 적극 활용함으로써 유통경제로부터 형성되는 財富를
국가가 적극적으로 수용하겠다는 것이었는데 이는 또한 상품화폐의 발전
을 통하여 형성되는 서울 중심의 전국적 유통망, 서울 중심의 사회경제적
통합상을 정책으로 반영하여 전국을 일원적으로 통괄 통치하고자 하는 전
망을 내포하고도 있었다.196)

어쨌든 법정화폐의 필요성을 강조했던 이수광의 생각은 상품화폐 경제
의 움직임에 國家가 보다 적극적으로 干與해야 한다는 발상을 전제로 하
고 있었다고 할 것이다.

號牌法의 실시에 대하여 남인들의 견해는 대체로 일치하고 있었다. 호
패법은 民數와 양역부담자를 정확히 파악하고 민의 遊離逃散을 방지함으
로써 軍額을 확보하려는 강제성이 강한 법제였다.197) 이 법은 宣祖 말년이
나 광해조 초기, 그리고 인조 대 초반에 적극 시행하려고 했으며, 이후에도

195)『芝峯類說』卷3, 君道部 制度 ;『芝峯類說』卷3, 君道部 賞功. 화폐 유통의 필요
    성을 이수광은 "我國無金錢寶貝 天下之貧國也"이라는 말로도 표현했다.
196) 이 시기 北人의 商業觀, 商業政策論에 대해서는 백승철, 「16·7세기 새로운 商業
    觀의 대두와 상업정책론」,『國史館論叢』69, 국사편찬위원회, 1996에 잘 정리되어
    있다.
197) 申正熙, 「五家作統法小考」,『大邱史學』12·13, 대구대학교 사학회, 1997 ; 吳永
    敎, 「朝鮮後期 五家作統制의 구조와 전개」,『東方學志』73, 연세대학교 국학연구
    원, 1991.

계속 그 시행이 논의되었다. 호패법은 民을 규율하고 파악하기에 적합한 내용의 법제로, 당시 비판론자들은 이 제도의 시행을 들어 민을 法으로 검속하고 통제하려는, 王安石의 新法에 버금가는 조치라고 비난하고 있었다. 호패법은 오래 실행되지는 못했지만, 民數를 정확히 파악하고 良役 부담자의 수를 늘리는 효과를 가져와, 倭亂을 겪고 북방 이민족의 침략 위협을 받는 상황에 처했던 조선이 효율적으로 체제정비를 하는 데 많은 도움이 되었던 제도였다.

한백겸의 경우, 호패법의 시행에 반대한 것은 아니었지만, 그 시행 과정에서의 폐단을 들어 부정적인 태도를 취하고 있었다. 광해군 3년, 강원도 按撫使에 임명되어 호패법의 시행을 감독하라는 임무를 받았을 때, 한백겸은 호패를 모든 사람이 차는 것은 적절하지 않으며 많은 민폐를 낳을 공산이 크다는 이유를 들어 안무사를 사직하였다.[198]

이수광은 호패법의 시행에 보다 적극적이었다. "병졸을 풍부히 할 수 있는 대책은 號牌에 있다. …… 號牌가 행해진 즉 幸民이 없어질 것이니 그 이익이 반드시 클 것이다"[199]라는 것이 그의 생각이었다. 이수광은 閑丁에게 호패를 다는 방식을 사족 서얼 서인으로 삼등분하여 시행, 각각 신분에 맞게 군역을 지울 수 있다고 보았다.[200]

호패법을 긍정하는 발상은 영남 지역의 南人들에서도 공통으로 찾을 수 있다. 仁祖 초년 호패법 시행이 적극 논의 될 때, 鄭經世나 李埈은 모두 찬성하는 태도를 취하였다. 이준에 의하면 호패법은 "提綱挈領 守約御煩"[201]하는 극히 효율적인 법제였다. 정경세는 이를 "必可行之良法"이라 평가하였다.[202] 이 지역 남인들의 경우, 국가의 은광 개발이나 商業에의 간여를 '與民共利'의 원칙을 깨뜨리는 일이라고 비판하고 있었지만, 이 법

---

198) 『久菴遺稿』下, 6나~7가.
199) 『芝峯類說』卷3, 君道部 制度.
200) 『芝峯集』卷22, 條陳務實箚子 乙丑, 28나, "號牌閑丁 亦分三等 士族則自前不定 賤役 宜屬武學 或徵布給軍 庶學則試才 或武學或軍保 庶人則定相當役".
201) 『蒼石集』續集 卷3, 請行號牌疏, 3가, "人君以一人之身 不出乎庭 苟不有以提綱 而挈領 守約而御煩 則幅員之廣 逃民之衆 其何以周知而徧及 用寡而制衆乎".
202) 『愚伏集』卷8, 宣惠號牌便否議, 2나.

에 대해서는 이구동성으로 찬성하였다. 호패법을 찬성하는 모습에서 京畿
南人과 영남남인의 사고가 상호 교통하는 면모를 엿볼 수 있겠다.

호패법 시행에 적극 찬성하는 이들의 태도는 붕괴된 군사력의 기반을
시급히 복원하자는 것, 곧 強兵策을 지향하는 것이었다. 強兵의 육성과 國
防力의 강화는 실로 이 시기 복잡 다단한 국제 정세와 외적의 침입에 맞서
조선 국가를 유지할 수 있는 가장 확실한 방법이었는지도 모른다. 그러나
이 정책은 覇道的 경향이 아주 강했으며,203) 그 점에서 당시로서는 사류의
전폭적 지지를 받지는 못하고 있었다. 국방력 강화의 필요성을 크게 느끼
면서도 대다수 관인 유자들은 그 실행에 대해서는 적극적인 태도를 보이
지 않고 있었다. 강병책을 긍정하는 사고는 북인들에게서 일반적으로 나타
나고 있었다. 柳夢寅이나 許筠과 같은 북인계 주요 사상가들의 사고에서
이 점을 확인할 수 있다. 이를테면 허균은 管子나 商鞅 혹은 韓非의 사상
과 문장을 매우 긍정했으며, 이들의 사유를 기반으로 하여 富國強兵論을
적극 주장하기도 했다.204)

이수광의 구상은 경기남인을 이루는 인물들이 국방력 강화의 필요성에
대해 갖는 생각을 잘 보여준다. 이수광은 兵曹正郎 兵曹參議 등 兵政 國
防 계통의 관직을 여러 차례 맡아 실무 경험이 풍부했으며,205) 自衛 自强
의 능력을 갖추고 국가를 경영하는 문제에 대해 깊은 관심을 기울이고 이
를 역사적으로 성찰하고 있었다.206) 그는 養兵은 養民을 전제로 해야 함을

203) 조금 뒷시기이긴 하지만 현종대 西人들은 號牌法과 鄕約의 성격을 대조적으로
    이해하고, 號牌法을 통한 富國強兵의 추구는 覇道이므로, 대신에 鄕約을 시행할
    것을 주장하였다. 이유태의 말을 통해 이를 볼 수 있다(『顯宗實錄』 卷1, 卽位年
    12월 辛卯, "且爲國之道 必知民數 然後事乃可爲 呂氏有鄕約而朱子增損之 我國
    先正臣李珥 亦嘗論此矣 苟能申明乎此 不必號牌爲也 富强之術 雖是覇道 我國
    則欲行王道 亦當因此增損").
204) 허균이 특히 주목한 것은 管子, 商鞅으로, 그는 이들과 같은 인물을 얻어 부국강
    병을 이루었으면 좋겠다는 강한 열망을 지니고 있었다(『惺所覆瓿稿』 卷13, 文部,
    讀).
205) 이수광은 이 글에서 "선조 23년 병조에 근무한 이래 佐郎 1번, 正郎 2번, 參知 4
    번, 參議를 12번이나 지냈다"고 밝히고 있다(『芝峯集』 卷15, 騎省漫詠幷序, 1가).
206) 『芝峯類說』 卷3, 兵政部 兵制.

강조하되,[207] 강병을 위해서는 다음과 같은 점이 시행되어야 한다고 보았다. 우선, 화포, 전함 등 병기의 확충을 주장하였다.[208] 임진란 때 일본에 참패한 이유 중의 하나가 일본이 조총과 같은 발달한 무기를 쓴 데 있다는 인식[209]과 상통하는 생각이었다. 이와 더불어 이수광은 당시기 군정이 가진 문제를 고치는 일이 무엇보다 중요하다고 여겼다. 軍政과 民政을 모두 守令에게 귀속시킨 제도는, 軍·民 二政을 수령이 장악하고 있으므로 업무량이 지나치게 많아져 특히 군정을 겸찰하기에 역부족 현상이 일어나기 때문이었다. 이에 이수광은 중국의 제도를 본따, 治民의 일은 수령에게 맡기고 摠兵의 일은 무신에게 맡겨야 할 것으로 주장했다.[210]

이상에서 살핀대로 16세기 말~17세기 초반에 활동했던 경기남인들의 시국인식과 정책관은 부국강병을 지향하는 것이었다. 자연주의 세계관과 법 중시의 치세 인식을 지니고 있던 이들은 풍부한 실무 경험 위에서 당대 조선사회가 필요로 하는 과제를 해결할 방도를 구상하였다. 이들의 구상은 『경국대전』 체제를 보수하는 위에서 사회 경제상의 문제를 해결해 나가되 국가의 역할을 보다 강조하는 경향을 보였다. 이 같은 생각은 이 시기 儒者·官人이라면 누구나 갖는 부국강병의 필요성을 공유한 것이라 할 것이지만, 대체로 북인계의 사유에 영향받은 면모가 많았다.

6. 結語

이상으로 조선후기 京畿南人의 정치사상을 그들의 學統이 갖추어지는 시기를 중심으로 살펴보았다. 京畿南人의 중심 세력은 북인계 학문의 전통을 계승하며 주자학을 상대화할 수 있는 학문론을 마련했다는 점을 요

---

207) 『芝峯類說』 卷3, 兵政部 兵制, "養兵以養民爲本".
208) 『芝峯類說』 卷3, 兵政部 兵器.
209) 『芝峯類說』 卷3, 兵政部 兵器, "鳥銃出於西域 用以捕雀 而倭奴學得其於呂宋之
   國 壬辰之變 始爲兵器 …… 倭奴雖慣戰輕進 其取勝實在於此".
210) 『芝峯集』 卷22, 條陳務實箚子 乙 28가.

지로 논지를 구성하였다. 검토한 내용을 정리하면 다음과 같다.

京畿南人의 연원을 이루던 인물들이 활동했던 시기는 16세기 말에서 17세기 초반이었으며, 韓百謙, 李睟光, 金世濂 등이 그 중심을 이루었다. 이들은 북인계 사상을 계승하는 가운데 明代의 다양한 사조를 적극 수용하며 학문의 폭을 확장했다. 또한 영남 지역의 남인들과 활발히 교류하며 영남의 학문 전통을 북인의 그것과 접목시키는 역할을 하기도 했다. 이들의 활동은 북인계와 남인계의 학통을 가교 하는 한편으로, 16세기 후반 사상계와 17세기 후반의 사상을 접맥시키는 역할도 수행하고 있었다.

京畿南人의 연원을 이루었던 주된 인물들의 사상은 明代 初期의 변화된 주자학과 邵雍의 象數學 두 요소가 근간이 되어 형성된 것으로 정리할 수 있다. 초기 京畿南人들은 邵雍의 象數學만을 고집하는 것도 아니고 또 주자학의 경화된 논리에만 사로잡혀 있지도 않았다. 이들은 서경덕의 학문에서 많은 영향을 받으면서도 거기에만 머무르지 않고 학문 영역을 크게 확장해 나갔다. 그러나 이들의 사고를 핵심에서 규율했던 것은 邵雍의 사유체계였다. 이들에게서 明學에 대한 학습과 이해는 邵雍의 학문세계를 부정한다기보다는 그 의미를 확장하고 보강하는 의미를 지니고 있었다. 이들은 근본적으로 소옹의 논리를 빌어 世界를 이해하고 실천하려고 하였다.

이들은 소옹의 사유가 그러하듯이, 특별한 초월적 원리가 아니라 自然秩序에 내재한 客觀의 法則에 기초해서 모든 존재와 관계를 이해하려고 했다. 이 같은 사고에서는 인간사회를 규율하는 도덕 규범도 天地 · 自然이 가진 질서의 규칙성, 규범성을 곧바로 아무런 매개과정을 거치지 않고 직접적으로 유추, 연역하는 가운데 마련하고 있었다. 양자는 先後, 主從의 측면에서 기계적인 관계를 맺게 될 터인데, 그것은 주자학에서와 같이 초월적이고 절대적인 성격을 갖는 理 개념을 근거로 세계를 파악하려는 것하고는 대비되는 면모였다. 객관의 자연질서를 보다 근원적으로 생각하는 이러한 세계관은 自然主義의 성격을 강하게 지니고 있었다고 할 수 있다.

京畿南人들은 이 같은 자연주의 세계관과 연관하여 예법의 규범을 중시하였다. 이들에게서 禮法은 자연질서를 연역하여 인간질서로 환원시키는 가장 직접적인 중간항이었다. 예법을 지배하는 것은 道=自然秩序이며, 도=자연질서는 또 예법을 통하여 실현되는 것으로 이해되었다. 여기서 道는 法을 통하여 실현하고 法은 道를 실천하는 도구라는, 보다 간명한 인식이 성립하고 있었다.

이러한 논리 위에서 京畿南人들은 治國의 요체는 법제의 실행에 있다고 생각하였다. 이들이 보기에, 법제는 敎化 혹은 仁義의 부수적이고 종속적인 것이 아니라 그것과 대등한 관계 혹은 相補의 관계에 있었다. 법제나 형벌은 仁義의 정치, 敎化가 행해지게 하는 수단 전제가 되며, 또 仁義 혹은 敎化는 법제 형벌의 적절한 실행을 가능하게 하는 근거라는 견해였다.

이와 같이 국가의 경영에서 法의 실행을 핵심적인 사항으로 두는 사고의 특성은 여러 가지 측면에서 이야기할 수 있지만, 그것은 주자학과의 대비에서 분명히 드러난다. 주자학에서는 治世의 근본 조건을 군주를 비롯한 치자 개개인의 도덕적 완성에서 구하고 있었다. 반면, 法 실행에 의한 정치는 부차적 종속적인 것으로 간주되었으며, 天理=道의 실현은 王道主義 방식으로 이루어져야 한다고 이론화되었다.

京畿南人의 연원을 이루는 인물들이 지니고 있었던 法 重視의 이념은 군주의 도덕 완성을 治世의 근본 조건으로 삼는 사고와는 대비되었다. 이 생각은 주자학에서와 같이, 존재의 절대 근원으로 상정한 天理에 군주의 권위를 검속하고자 하는 방향과는 거리가 멀었다. 이들의 사고는 오히려 君主와 국가 자체의 권위를 강조하는 성격이 강했다. 조선 현실에서, 군주란 외재적 규범의 권력 근원으로서의 의미를 지니고, 국가는 그러한 군주의 권위를 실현하는 治世의 場이었으므로, 법 중시의 치세론은 군주와 국가를 모든 것의 중심으로 설정할 여지가 강한 생각이었던 것이다. 法과 君主, 國家 3요소는 하나의 맥락과 계통 속에 놓여 있는 셈이었다. 법에 대한 인식, 이론화의 심화는 곧 그 근원인 군주와 국가에 대한 이론화로 연결되었으며, 군주와 국가를 강조하는 일은 그 내용을 담보하는 형식·그릇으로서의 法의 중요성을 강조하는 것이었다. 이러한 점과 연관하여 이들은 人口, 關防 등을 바탕으로 이루어지는 국가의 形勢, 그 형세의 변화를 대단히 중시하고 있었다. 국가의 존립에 이 같은 요소는 필요 불가결한 절대의 물적 요소였기 때문이었다. 歷史地理學의 개척은 이와 같이 국가와 군주의 지위를 중시하는 인식의 귀결이었으며, 한백겸의『동국지리지』, 이수광의『지봉유설』편찬은 그 연장에서 이루어진 성과였다.

京畿南人들이 가지고 있었던 인식론의 기본 전제는 知識의 習得·확대와 德性의 完成은 별개의 사항이라는 점이었다. 주자학에서와 같이 객관세계에 대한 지식이 반드시 絶對 理의 해명으로 총결되고, 心에 內在한 理를 밝히는 것으로 귀결되어야 한다고 이들은 생각하지 않았다. 天地自然의 道의 실현이 心上의 理의 절대적 실현에 달려 있는 것이 아니었기 때문이다.

형성기 京畿南人들에게서 모든 존재와 사건은, 心性에서의 절대 도덕성의 완성이란 과제로 수렴되지 않은 채, 그러한 일과는 상대적인 거리를 유지하는 인식, 탐구의 대상으로 부각되었다. 그리하여 이들이 추구했던 지식이 여전히 중세적 성격을 벗어나는 것은 아니었지만, 天文과 人文, 地理 등에 관한 탐구와 그로써 획득한 지식은 그 자체 많은 가치를 지니고 있었다. 지식의 폭이 넓어지게 되는 것은 당연한데, 이와 같이 되면서 實務, 實事, 實際로서의 그 가진 實用의 의미도 훨씬 비중이 커졌다. 이 같은 사실은 韓百謙이나 鄭逑, 鄭介淸의 다양한 학문세계에서 확인할 수 있거니와, 이수광의『芝峯類說』에서 그 뚜렷한 모습을 볼 수 있다.

한편, 17세기 전반 경기남인의 정치론에서 핵심을 이루는 것은 군주의 정국 주도론이었다. 이들은 대체로 군주가 가진 권한과 위세를 강화하고 이를 바탕으로 정국을 장악, 신료들을 통제하며 정국을 주도해 나가야 한다는 입장을 견지했다. 그리하여 이들은 신료들이 벌이는 파당적 행위나 신권의 압도에 의한 君權의 약화 현상에 대해 지극히 비판적이었으며, 朋黨의 존재를 긍정하지 않았다.

형성기 京畿南人은 내외로 닥치는 국가의 위기를 극복하기 위해서는 새로운 정책과 법제의 마련이 꼭 필요하다고 여기고 있었다. 이들은 조선사회의 경제구조, 계급구조를 전면적으로 변화시킬 수 있는 방안을 구상하기도 했다. 이를테면, 韓百謙의 箕田에 대한 관심과 이론적 해명은 그러한 태도의 일환이었다. 그러나 이들은 대체로 『經國大典』의 법제를 새로이 손질하고 보수하는 가운데 조선사회가 당면한 과제를 풀어 나갈 수 있다고 여기고 있었다. 이들이 실현하고자 했던 사회경제 정책은 크게 보아 國富의 增大, 軍事力의 강화에 초점을 두고 마련되고 있었다. 富國强兵을 지향하였다 할 것이다. 이들은 대체로 貢納制를 개혁하고, 號牌法을 실시하며, 상품화폐경제를 진작시키는 방향에서 그 해결책을 구하였다. 여기서 이들이 견지했던 정책의 기본 방향은 사회·경제적 현안에 대하여 국가가 적극 개입, 국가가 가진 힘을 최대한 활용하여 문제를 풀어간다는 방식이었다. 사회 운영의 중심으로 법을 설정하는 생각이나 군주의 정국 주도를 인정하는 방식과 상통하는 그러한 논리였다. 어쨌든 이들은 『경국대전』 체제를 보수하는 위에서 사회 경제상의 문제를 해결해 나갈 것을 구상하되 그 주도적 역할을 국가가 담당해야 할 것으로 인정하고 있었다.

이상과 같이 살피면, 17세기 전반 京畿南人의 학문론, 사유체계는 다음과 같은 특질을 갖는 것으로 살필 수 있다. 이들은 객관적 규범으로서의 법과 그러한 법 체계를 형성시키고 발현시키는 공간인 국가를 강조하고 주목하는 논리를 적극 모색하였다. 이것은 治者 個人의 道德性의 완성에 기초하여 국가와 사회를 운영한다는 논리와는 성격을 달리한다 하겠다. 이들에게서 학문, 인식의 주 대상은 國家와 國家 法制, 制度와 같은 것이었다. 實事, 實務, 實用, 實質에 대한 관심이 증대하는 것이라 할 것이다.

형성기 京畿南人은 주자학의 방법, 주자학의 논리를 전면적으로 부정하지는 않았지만, 새로운 형태의 사유를 개척하고 있었다. 天理의 極尊無對性을 인정하지 않는 자연주의적인 세계 이해, 格物致知論에 대한 부정과 事天學的 認識論의 개척, 道法主義와 국가 형세의 중시 등등은 이전 시기에는 볼 수 없던 새로운 면모였다. 이들에게서는 아직 주자학에 대한 전면적 비판 위에서 새로운 사유구조, 새로운 國家論을 모색하는 모습을 확인하기 어렵지만, 한 세대를 지나면 質의 轉化를 이루어 尹鑴나 許穆, 柳馨遠과 같은 학자들은 反朱子의 經書解釋과 國家論을 구성하기에 이른다.

17세기 후반부터 18세기 초반에 나타나는 南人의 實學 思惟는 당시의 현실에 대한 비판적이고도 변혁적인 인식을 기반으로 성립, 발달했던 것이지만, 그 인식의 연원은 앞 시기 경기남인의 사상에 있었다.

형성기 京畿南人들이 국가를 중시하는 사고는, 17·8세기 주자학의 道統主義化, 絶對主義化가 강화되고 절대 이념 天理가 강조되는 현실에 맞대응 하는 개념으로서 '국가'를 재발견하고 부각시키게 한 연원이었다고 평가할 수 있다. 유형원의 公田制에 근거한 국가 구상이나 李瀷, 丁若鏞의 개혁국가 구상은 모두 극단의 양상이었지만, 사회 제 규범과 존재의 근거를 '국가'에서 찾는 특성을 갖고 있다. 이들이 생각했던 '국가'는 사회평등을 가능하게 하며 諸신분 계급간의 갈등과 분쟁을 조절하고 해결하는 絶對善의 이념을 지닌 면모를 보이고 있었다. 형성기 京畿南人들에게서 아직 이 같은 요소는 드러나지 않으며 한 단계 더 질의 변화를 필요로 하지만, 禮와 法 혹은 國家의 형세를 중시하는 면모는 그를 예비하는 모습이라 할 수 있을 것이다.

(『東方學志』111, 2001. 3)

許穆의 禮樂論과 君主觀

金 駿 錫

1. 머리말

14세기 말 조선왕조의 지도이념으로 수용된 朱子學은 그 후 자기 발전을 거듭해 갔다. 훈구세력과 사림세력의 갈등, 또 뒤이은 사림세력의 분열 과정은 결과적으로 주자학의 이론적인 세련화와 사회적 확산을 촉진시키고 있었던 것이다.

그런데 이러한 주자학의 발전은 곧 도교·불교뿐만이 아니라 같은 유학의 여러 流派들조차도 경원, 배격함으로써 그것이 유일한 사상, 배타적인 이념으로 고착화되어 가는 과정이기도 하였다. 말하자면 朱子學이 곧 儒學이며 유학의 이해는 주자를 통해서만 가능하다는 편견을 일반화시켜 가고 있는 것이었다.

日本·淸과의 전쟁을 거듭 치른 후인 17세기에도 주자학적인 유학의 심화 현상은 의연 지속되었다. 그러나 그와 동시에 다른 한편에서는 朱子學=儒學이라는 통념을 거부하고 주자를 통한 공맹의 이해, 주자학만을 절대시하는 학문태도에 반대하는 새로운 학풍이 일어나고 있었다. 이는 무엇보다도 양란을 기점으로 시작된 중세사회체제의 동요, 붕괴현상과 밀접한 관련

속에서 전개되는 인식·사유 방식의 변화라고 할 수 있는 것으로서 이른 바 '反朱子學'의 등장이었다.

이 때의 反朱子學에는 대체로 서로 다른 두 가지 경향이 있었음을 보게 된다.[1] 첫째는 주자의 經傳註釋이나 그 서술 자체에 직접 반론을 제기하는 경우이다. 이 반론·비판은 유학의 테두리 안에 있으면서 자기류의 새로운 해석일 수도 있고, 주자학과 다른 學理·學說을 채용하는 방법이기도 하였다. 다음은 朱子學, 즉 주자의 경전과 직접 관련 없이 한·당 이전의 유학으로서 古學·古制·古禮에 접근하거나 역사·지리·博物學 등 非經學 방면에 관심 영역을 확대시키는 경향이었다. 이 흐름은 학문의 방법과 대상에서 주자학과 대립하지 않으면서도 그 성과가 구체화되어감에 따라서는 朱子流의 사유·인식태도에서 점차로 이탈해갈 수 있었다. 이와 같이 두 계통으로서 형성되어 가는 反朱子學은 현실과 괴리되어 가는 이념으로서의 朱子學을 극복하기 위한 사상운동이었다. 또 그것은 유학의 근본정신을 재확인하는 과정 속에서 전개되는 것이기도 하였다.

본고에서도 敍上한 제2류 반주자학자의 한 사람으로서 眉叟 許穆(1595~1682)에 주목해 보려고 한다. 17세기 禮訟期의 정치사를 논하는 경우, 南人禮論의 중심인물로서 허목이 늘 거론되게 마련이었는데, 최근에는 그를 사상사의 측면에서도 주목하게 되었다. 六經 위주의 古文으로 돌아가려고 했던 文學論이나,[2] 神話·古朝鮮을 중시하는 등 『東事』에서의 역사 인식태도[3]를 통해서 그를 反朱子學者로 규정하는 견해들이 그것이다. 또 그의 학풍은 영남 남인들의 경학중심의 경향과 기호남인 중심의 실사구시의 학풍에 가교적 역할을 했다고 지적되기도 하였다.[4] 이렇게 보면 허목의

---

1) 李乙浩 교수는 反朱子學의 유형을, ① 陽明學的 입장 ② 朱子論旨에 대한 부분 비판 ③ 정면적 직선적 주자공격 ④ 철저한 독창적 입장 등의 4가지 형태로 분류하고 있다(『韓國改新儒學史試論』, 박영사, 1980, 87~89쪽). 그런데 ①, ②, ③은 주자학에 대한 직접 비판에 해당하므로 본고에서는 모두 제1류에 포함시키고 ④ 만을 제2류의 일종으로 파악하기로 한다.

2) 鄭玉子, 「眉叟 許穆硏究 - 그의 文學觀을 중심으로 - 」, 『韓國史論』 5 , 서울대학교 국사학과, 1979.

3) 韓永愚, 「許穆의 古學과 歷史認識 - 『東事』를 중심으로 - 」, 『韓國學報』 40, 1985.

사상 내용과 그 의의는 어느 정도 파악된 셈이다.

그럼에도 그의 사상과 태도에는 재론되어야 할 여지가 아직 남아 있다고 본다. 禮訟에서 허목이 전개한 禮論은 壬亂 이후의 이완된 국가 체제의 정상화를 둘러싼 정치이념의 표출이었다고 보고 차제에 이의 재검토를 통해서 그러한 논리에 도달하게 되는 과정과 그 의의를 밝혀 보려는 것이다. 여기에는 두 단계의 파악과정이 있겠다. 먼저 허목이 기존의 주자학적인 학문과정을 답습하기를 거부하고 독자적인 방법을 모색함으로써 주체적 사유를 관철해 가는 과정을 파악하고, 다음은 회복된 주체성, 자아발견의 시각을 통해서 현상 인식의 준거와 문제해결의 방법을 어떻게 설정하는가를 살피는 것이다. 이는 허목의 공부가 古學=六經學에 치중해서 유학 원래의 정신에 주목하고 六經學 가운데서도 특히 孔子의 禮樂論의 시각을 확립하게 되고 그 결과 禮論을 통해서 군주중심론을 펴게 되는 사정을 살피는 순서로 이루어질 것이다.

이렇게 정리해 가면, 17세기 제2류 反朱子學의 사상내용과 그 계통을 세우는 작업에 일조가 될 수 있을 것으로 생각한다. 그리고 이미 지적된바 이 시기 禮學·禮論의 分立 경향이[5] 단순한 學理·學說上의 대립이 아니라 사유방식, 나아가서는 그 정치이념의 분리 현상임을 확인할 수 있기도 할 것이다.

2. 反朱子學的 思惟의 成立

허목의 관심은 古文과 古學=六經學이었던 것으로 이미 설명되고 있다.[6] 그러나 그는 오히려 이것을 하나의 과정이나 방법으로서 채용했던 것

---

4) 李佑成, 「해제」, 『국역 미수기언』 I, 1978 ; 李佑成, 「韓國 儒學史上 退溪學派의 形成과 그 展開」, 『韓國의 歷史像』, 창작과비평사, 1982.
5) 黃元九, 「李朝禮學의 形成過程」, 『東方學志』 6, 1963 ; 崔完秀, 「秋史書派考」, 『澗松文華』 19, 간송미술관, 1980.
6) 鄭玉子, 앞의 글, 1979 ; 韓永愚, 앞의 글, 1985 참조.

으로 생각된다. 그의 궁극의 관심은 자신의 표현대로 '古人'을 알고 古人의
경지에 이름으로써 현실을 직시하고 그 타개방안도 그 차원에서 마련되어
야 할 것으로 믿었던 점에 있다고 보여진다.

古學=六經學은 곧 古人之學이었고 그 古人은 孔子였음을 알 수 있다.
그는 古人이라는 표현을 즐겨 쓰고 孔子와 그 學問을 흠모하여 마지않았
다. 孔子가 轍環天下하며 온갖 비방 속에서도 세상을 구제하려는 一念을
견지한데 감동을 받았고[7] 또 孔子가 넓고 평탄하고 높고 광대한 道德境界
를 펼쳐 보여준 데 감사하기도 하였다.[8] 그래서 허목은,

넓고 큰 聖人의 교훈 너무도 좋아하여
평생토록 읽은 것이 孔子의 글
몸이야 늙건 말건 아랑곳없이
죽은뒤에라야 그만두리라.[9]

라고 읊었던 것이다. 이는 그가 88세로 세상을 떠나기 1년전의 일이었다.
그러나 한때는 그것이 어렵고 먼 길이라는데 좌절을 느끼고,

내가 애써서 古人에 미치려 했다가 미치지 못했는데 또 어찌 古人이 하
기 어려웠던 바를 바랄 수 있을까.[10]

라거나 또는,

마음으로는 古人의 남긴 교훈을 따라 항상 스스로를 지켜 몸에 허물을
적게 하고자 하였으나 그렇게 하지 못했다.[11]

---

7) 『記言』 卷63, 拾遺, 賦 抽懷, 4ㄴ, 영인본 : 世音社刊.
8) 『記言』 卷63, 拾遺, 賦 感遊, 3ㄱ.
9) 『記言』 卷57, 散稿續集, 詩 觀書三首, 3ㄴ.
10) 『記言』 卷21, 中篇, 答從兄書(又一書), 4ㄴ.
11) 『記言』 卷67, 自序續編, 許眉叟自銘, 12ㄴ, "心追古人餘敎 常自守 欲寡過於其身
而不能也".

라고 솔직히 자신의 부족함을 탄식한 때도 있었다.12) 그럼에도 불구하고
우리는 여기에서 두 가지 사실을 분명히 확인하게 된다. 먼저 그의 철저한
孔子 존숭태도를 들 수 있다. 孔子의 학문, 즉 古人을 닮아 가고 古人의
心法, 古人의 경지에 접근해 가는 일이 그토록 힘든 일임을 알지만 그는
이 일을 포기하는 것이 아니라 거기에서 목표와 가능성을 발견하고 스스
로 그 길에 매진하고 있음을 긍지롭게 생각하는 태도이다.

다음은 그가 공자를 존숭하는 점에서는 일반의 儒者·朱子學者들의 그
것과 다를 것이 없으면서도 그 표현은 달리 쓰고 있는 점에서 그의 주체적
인식태도를 보여준다는 사실이다. 즉 '古人'이 공자를 가리키는 말이라고
할 때 '古人之道', '古人之學'은 곧 '古學'인 것이고 곧 儒學이다. 朱子學者
들이 말하는 聖學·聖敎·斯文·斯道가 이것임은 두말할 나위도 없는데
그는 굳이 古人之學·古學이라고 부른다. 孔子를 聖人이라고만 하지 않고
古人으로 부르기를 즐겨하는 것처럼 ……. 여기에 그의 思惟와 학문이 지
니는 하나의 특징을 보게 된다. 더욱이,

　　異端을 물리치고 輕薄과 誇張을 억누르며 古人이 남긴 실마리[遺緖]를
　　찾아 미루어 나가기를 부지런히 해서 주림과 추위조차 잊고 늙어 죽음에
　　이르러서도 후회하지 않을 것이니 장차 온 세상이 나를 들어서 한 사람
　　[一人]이라 일컬어 주어도 나는 과히 사양하지 않으려 함이다.13)

라고 한 데서 그의 학문에 대한 자부심과 확신을 재확인하게 된다. "古人
이 남긴 실마리를 찾아 미루어 나가기를 부지런히 했다"은 말에서는 默守
·模倣하는 공부가 아니라 懷疑·摸索하는 주체적 사유의 자세였음을 볼
수 있다. 단순한 오만이나 자기 과시가 아니다. 또 온 세상이 자기를 '한 사

---

12) 허목이 처음부터 古人之學에 확신을 가졌던 것은 아니었다. 젊은시절 "古人은 노
　　력해서 될 일이 아니라"고 하여 百家之學을 섭렵하는 등 오랜 방황과 갈등의 과
　　정을 거친 귀착점으로서 古人之學에 돌아왔음을 술회하기도 하였다(『記言』卷5,
　　上篇, 答客子言文學事書, 5ㄴ~6ㄱ).
13)『記言』卷5, 上篇, 答朴德一論文學事書, 5ㄱ, "詆誹異端 抑絶浮誇 尋追古人遺緖
　　兀兀忘飢寒 迨老死而不悔者 將舉一世而稱我一爲人 穆不必多讓".

람[一人]'이라고 칭송해도 크게 사양할 게 없다는 것이다. 一人이란 독립한 一人, 個性을 지닌 한사람이라는 의미일 것이다. 여기에서 허목이 자신을 古人과 대등한 人格的 주체로 인식함을 보게 된다. 곧 自我의 발견이기도 한 것이다. 古人, 孔子는 그러한 自我實現의 하나의 모범이 되고 있는 것이다. 聖人을 神格化・偶像化하거나 絶對視하는 것이 아니라 聖人을 통해서 自我・主體를 확인하며 자신을 高揚시켜 가고자 하는 것이다.

그런데 허목의 이러한 自我에 대한 自覺, 주체적 사유의 도달과정에는 종래 朱子學者들이 주력했던 공부방법이나 내용과는 다른 몇 가지 특징이 있었을 것이 당연히 예상되는 것이고 또 실제로 그 점이 확인된다. 우선 그는 후대에 와서 程朱의 經傳註釋을 지나치게 尊信하는 대신 그 原典인 六經古文을 敬遠하는 경향에 반대하고 있다.

> 뒷날의 文學을 논하는 자들이 "진실로 程朱를 배우지 않고서 文學을 말하는 것은 儒者로서 理勝한 文章이 아니며 六經古文은 한낱 오활하고 진부한 말"이라고 하나 내 생각에는 儒者들이 높이기는 堯・舜・孔子만 한 이가 없고 그 말의 理勝하기로는 易經・春秋・詩經・書經만한 것이 없는데도 오히려 그와 같이 말하는 것은 古文에는 거의 미칠 수가 없고 註釋家의 開釋이 이해하기 쉽기 때문이 아닐까.14)

여기에서 주목되는 점은 그가 이해의 쉽고 어려운 관점에서 程朱의 文과 古文을 논하는 것이 아니라 程朱의 註釋에만 의존하다 보면 堯・舜・孔子의 眞意를 先入見없이 주체적 태도로서 이해하지 못하게 되리라는 암시를 던지고 있는 점이다. 또 한 가지 허목은 程子・朱子를 단순히 '註釋家'로서 부르는 데서 당시 정통주자학자들이 朱子를 聖人視하며 주자의 주석과 저작 자체를 經典의 위치에 올려놓는 태도와는 크게 대립된다는 사실이다.15) 朱子를 '註釋家'라고 지칭했을 때 허목 자신도 한 사람의 주

---

14) 『記言』卷5, 上篇, 答朴德一論文學事書, 4ㄴ.
15) 그 대표적인 경우가 宋時烈(1607~1689 : 尤庵)이었다. 그는 『朱子大全』과 『朱子語類』를 經典의 위치에 추대하고는, "사람을 敎導하는 점에서 이 책 『朱子大全』은 四書 六經보다 아래 있는 것이 아니다"고 하였다(『宋子大全』卷25, 假注書宋

석가일 수 있는 것이며 여기에 朱子와 허목은 다 같은 한 사람의 儒者임을 규정하는 상대성이 인정되는 것이다.

그렇다고 허목이 程・朱의 經典註釋이 古文의 이해에 크게 기여함을 결코 과소 평가하는 것은 아니다. 즉,

> 송나라 程氏 朱氏의 학문이 六經의 깊고 섬세한 뜻을 천명함이 모두 간곡 분명하며 절실하게 거듭 풀어놓았으되 번거롭고 산만한[煩蔓]을 병통으로 여기지 않았으니 이는 …… 學者로 하여금 분명히 알아서 의심나고 애매한 곳이 없게 한 것이다.16)

라고 한 것이 그것이다. 이렇게 朱子의 빈틈없이 자상한 주석의 공로를 인정한다고 해서 그 자신의 독자적인 古文인식의 의미가 약화되는 것은 아니었다. 오히려 程朱의 주석을 십분 수용하고 이를 극복하는 방법으로서 직접 六經古文에 뛰어들고 있는 것이다. 이러한 태도는 學理・學說의 개별성을 인정하면서 적극적으로는 정통주자학과의 정면대결을 회피하고 스스로의 학문세계를 확보할 수 있는 길이었을 것이다. 이는 허목이 제2류 반주자학파의 계열에 드는 하나의 특징이 되는 것이기도 하다.

또 이 점은 당시 제1류 反朱子學 계열의 학자로서 宋時烈로부터 斯文亂賊으로 규정 당하고 있던 尹鑴(1617~1680, 白湖)17)의 朱子批判에 대해서 허목 역시 부정적인 반응을 보였던 데서도 잘 나타난다. 그는 일찍부터 윤휴의 학문태도의 단점을 지적하고 있었다.18) 그 후에 윤휴가 「堯典」・「

相琦傳諛後書啓(丙寅 4월), 26ㄱ・ㄴ) ; 三浦國雄, 「十七世紀 朝鮮における正統と異端 - 宋時烈と尹鑴 - 」, 『朝鮮學報』 102, 1982, 203~204쪽 ; 金駿錫, 「17세기 畿湖朱子學의 동향 - 宋時烈의 '道統'계승운동 - 」, 『孫寶基博士停年紀念韓國史學論叢』, 지식산업사, 1988.

16) 주 9)와 같음.

17) 尹鑴의 학문 성격에 대해서는 韓㳓劤, 「白湖 尹鑴硏究」, 『歷史學報』 15・16・19, 1961~62 ; 李乙浩, 「白湖 尹鑴 人性論 硏究」, 『韓國改新儒學試論』, 박영사, 1980 ; 尹鑴의 朱子批判에 대한 정통주자학과의 反批判에 대해서는, 주 10)의 三浦國雄의 논문 참조.

18) 『記言』 卷3, 上篇, 答希仲, 1ㄴ, "그 보는 것은 높고 그 말은 너무 쉬우며 高爽함

洪範」과 『中庸』의 의심나는 점에 새로이 考定을 가해서 의견을 물어 오자, "程朱氏가 古文二典을 따른 것이 잘못이겠느냐"[19]고 반문하고, 이어서,

> 經文을 헐어 고친다는 것은 前古에 듣지 못했으니 聖人의 말씀은 畏敬해야 할 것이언정 어지럽혀서는 안 된다.[20]

라고 엄히 책망하였다. '古文二典'이라함은 「堯典」·「洪範」이 속해 있는 『書經』과 「中庸」이 들어 있던 『禮記』라고 생각된다. 그러므로 허목은 程朱의 經傳 이해에 큰 오류가 없을 것임을 말하고 텍스트 자체의 眞僞를 의심하는 태도에는 완강히 거부 반응을 보임으로써 尹鑴의 지나친 독단과 朱子批判을 견제했던 것이다.

다음 허목은 文章·文體에 대한 견해에 있어서도 정통주자학자들의 그것과 대립되는 성격을 보인다. 그는 程朱註解 위주의 경전이해에 불만을 갖는 같은 맥락에서 그 문체에 폐단이 있음을 지적하는 것이다. 앞서 본 것처럼 그들의 註文이 "懇懇複繹 不病於煩蔓"함으로써 "自與古文不同"하게 되었다[21]는 주장이 그것이다. 또 "註疏起而古文廢"[22]라는 말에서도 朱子註를 포함한 註釋文에 대한 부정적 自覺은 분명하다.

그는,

> 속에 蘊蓄된 것은 德行이 되고 밖에 베푸는 것은 事業이 되며 표현한 것[發之]은 文章이 된다.[23]

라든가,

은 넘치고 謙約은 부족하며 剛勇은 넘치는 대신 謹厚함이 부족하다".
19) 『記言』卷3, 上篇, 答堯典洪範中庸考定之失書, 3ㄱ.
20) 『記言』卷3, 上篇, 答堯典洪範中庸考定之失書, 3ㄴ~4ㄱ.
21) 『記言』卷5, 上篇, 答朴德一論文學事書, 4ㄴ.
22) 『記言』卷5, 上篇, 答客子言文學事書, 7ㄱ.
23) 『記言』卷5, 上篇, 答朴德一論文學事書, 4ㄱ.

天地의 文이 사람에게는 文章이 되므로 道가 일어나면 文 역시 융성해
지고 道가 쇠퇴해지면 文 또한 타락한다. 文이란 天地의 文이므로 一藝
에 그칠 수 없다.[24]

라고 '文', 文章의 의미를 정의한다. 文을 文藝의 일환, 즉 才·技·藝의
차원을 넘어서는 보다 근원적인 것, 道와 일치시키고 있다. 文=道이어야
한다면 이 文은 聖人의 文, 六經·古文일 수밖에 없다. "聖人之文 天地之
文"[25]이라 했고 六經은 聖人의 말씀(글)이기 때문이다. 다음 말에서도 그
점이 분명히 드러난다.

孔子가 堯·舜·文王·武王·周公의 道를 서술해서 후세에 전한 것이
文이며 聖人의 글은 天地造化와 같으니 聖人을 어떻게 감당할 것인가.[26]

그러므로 文章·文體는 聖人의 道와 그 心法을 전달해 주는 도구라는
점에서 그 일차적인 의의가 있는 것이고 '道文一致'란 바로 이런 의미로
허목은 파악하고 있는 것이다. 그가,

나는 처음에 文章짓기를 배우지 않고 다만 뜻을 크게 가져 古人의 말을
외우고 말하며 날마다 古人의 글을 읽었다.[27]

고 함도 聖人의 道, 孔子의 宗旨를 체득하기 위함이었지 文章공부가 목적
이 아니었음을 말해 준다. 물론 그가 六經·古文을 통해서 '奇崛宏肆'와
'秀古之氣'를 추구했고, 그래서 文章으로 一家를 이룬 것은 사실이지만 이
는 그의 經學에 대한 관심에 비하면 餘事로 보아도 좋을 것이다.[28]
허목은 唐·北宋代 文體改革運動의 대표적인 인물이었던 韓愈와 柳宗

24) 『記言』卷5. 上篇, 答客子言文學事書, 6ㄴ.
25) 『記言』卷5, 上篇, 文學(序), 1ㄱ.
26) 주 19)와 같음.
27) 『記言』卷5, 上篇, 答朴德一論文學事書, 3ㄱ.
28) 鄭玉子, 앞의 글, 1979, 219~230쪽.

元이[29] 古文·古氣의 전통을 이어 文章의 기교가 뛰어남을 인정하면서
도[30] 그들이 聖人의 心法을 체득하지 못함으로써 道德과 文章과의 거리
를 萬里나 벌려 놓았다고 비판하고 있다.[31] 이는 朱子가 그들 韓·柳의,
古文, 聖賢文章에의 관심이 그 道學을 본받는데 있었던 것이 아니라 聖人
의 名文을 익혀서 세상의 칭송이나 얻는데 있었다고 비난한 사실과도 일
치한다.[32] 그런데 허목은 그 朱子의 文體를 다시 비평했던 것이다. 이것은
무엇을 의미하는 것일까. 朱子가 六經의 奧纖을 易曉하고 理勝한 文體로
開釋했다고 하나 이것이 곧 후세의 儒者들을 古文과 분리시켜 놓은 결과
가 되었다는 것이고 그래서, "古道旣不復見於今"하게 되었다고 보는 것이
다.[33]

요컨대 허목은 朱子의 눈을 통해서가 아니라 學者 스스로의 눈(마음)으
로 聖人의 가르침을 直視하도록 촉구하는 것이다. 여기에 허목이 文體論
을 통해서 주장하는 反朱子學的 사유의 일면이 있는 것이다.

한편 허목은 儒者의 입장에서 老莊을 포함한 諸子百家의 學에 넓은 이
해를 가지고 있었음을 주목하게 된다. 당시로서는 異端으로 배격되고 있었
지만, 그는 諸子의 결점은 결점대로 두고 그 긍정적인 측면을 높이 평가함
으로써 학문의 상대성을 인정하고 자율적인 사고의 영역을 확대시켰던 것
이다. 그는 이미 젊은 시절에 百家를 섭렵했을 뿐만 아니라[34] 46세 때는
諸子百家의 말과 博物을 抄寫해서 50권의 『文叢』을 만들면서,[35] "모두 孔
子의 學術보다 유익함은 없지만 天下의 變故를 널리 모은 利點이 있음"[36]
을 스스로 자부하기도 했다. 그러나 老莊의 虛無, 楊朱의 爲我, 墨翟의 兼
愛, 韓非의 慘礉, 管子의 功利 등 諸家들은 "各自爲道 爭高競是" 했지만

29) 『アジア歷史事典』 3책, 古文項, 平凡社, 1960, 420쪽b.
30) 『記言』卷5, 上篇, 文叢序, 3ㄴ.
31) 주 16)과 같음.
32) 林田愼之助, 「朱子の文藝論」 『朱子學入門』, 1974, 393쪽.
33) 주 22)와 같음.
34) 주 7)과 같음.
35) 『眉叟許先生年譜』 卷1, 庚辰條, 3ㄴ(이하 『年譜』로 略記한다).
36) 『記言』 卷5, 上篇, 文叢序, 1ㄴ.

聖人의 精微한 心法을 求하지는 못했다고 그 결점을 분명히 지적하였
다.37) 그가 老子의 행적을 밝혀 적고38) 또 「淸士列傳」에서 金時習·鄭磏
등 道家 취향의 人物傳記를 짓고 있는 점에서 보면 道家에 대해서는 특히
관심이 컸던 것으로 보인다.39) 그러나 그 관심은 그들의 道家風이 儒家와
별개의 것이어서가 아니라 오히려 列傳의 주인공들의 행적이 성인, 즉 공
자의 말씀에 합치하는 점이 있기 때문이었다.40) 또 老子의 傳記를 적은 것
도 儒者입장에서의 老莊에 대한 관심 이상의 것은 아니었다고 생각된다.
그런가 하면 三皇과 皇帝·少昊·顓頊·帝嚳 등 上古의 전설적인 인물들
의 일을 기록하고 있음은 중국의 制作과 禮樂의 기원이 멀고 다양한 제요
소를 융합하고 있다고 보기 때문일 것이다.41) 이와 같이 神話的 사실일지
라도 나름대로의 합리적 체계와 기원을 가질 수 있다는 이해의 시각은, 그
가 『東事』에서 우리나라를 중국과 다른 별개의 天下秩序로 파악하고, 또
역사의 첫머리에 檀君世家를 설정한 것과도 일치하는 태도인 것이다.42)

佛敎 역시 허목의 관심에서 예외는 아니었다. 그는 佛僧 正凝과의 親交
를 뒷날 회고하면서, 그 따르는 道는 다르더라도 그것을 즐기는 경지가 같
을 수 있음을 말했다.43) 이렇게 방법은 달라도 목적이 같을 수 있음을 들
어 佛法을 승인하면서도 자신은, "萬物과 一體가 되어서 그 가운데 可함
도 없고 不可함도 없는" 경지에 도달해 있음을 말한다.44) 儒術이 佛法보
다는 한 차원이 위라는 입장에 서 있는 것이다.

요컨대 허목은 諸子百家를 관심 영역에 두고 道·佛을 긍정하였지만 그

---

37) 『記言』 卷5, 上篇, 答朴德一論文學事書, 4ㄱ.
38) 『記言』 卷59, 續集, 古人諸子, 2ㄱ ; 『記言』 卷61, 續集, 古人三子, 6ㄴ~8ㄴ.
39) 韓永愚, 앞의 글, 1985, 47~50쪽.
40) 허목은, "그 몸을 조촐히 하고 스스로 廢하는 것이 權道에 맞을 때 (身中淸 廢中
    權)는 聖人도 許與하였다"고 말한다(『記言』 卷11, 中篇, 淸士列傳, 1ㄱ). 儒者인
    허목의 편견 없는 태도를 알 수 있다.
41) 『記言』 卷61, 續集, 上古古事, 10ㄴ~17ㄱ.
42) 韓永愚, 앞의 글, 63~71쪽.
43) 『記言』 別集 卷8, 贈浮屠正凝師序, 10ㄱ~11ㄱ.
44) 위와 같음.

것은 어디까지나 儒者의 입장에서 儒學을 宗本으로 하고 諸家를 支末로 하는 이해 방식이었다. 이것은 中國의 先進思想·文化에 압도되어 그것을 답습 모방하기에 급급한 태도가 아니라 자기류의 儒家인식의 폭과 깊이를 확대하기 위한 하나의 방법을 주체적으로 채용하고 있음을 의미한다. 이렇게 보면 허목의 모색하는 자세는 정통주자학자들이 朱子의 視角에 서서 道·佛을 위시한 諸家를 거의 무조건·무비판적으로 배격하는 태도와는 그 지향점을 달리하는 것이었다고 하겠다. 이렇게 그의 思惟方式의 전환이 가능할 수 있었던 것은 古人·孔子를 자신도 추구해 갈 수 있는 이상적인 人間象임을 발견하고 그 실천방법으로서 직접 六經 古文의 세계에 뛰어들 수 있었기 때문이다. 그 결과 朱子學的인 편견 고정관념에서 해방될 수 있었고 곧 自我의 실현에 접근할 수 있었다고 하겠다.

3. 禮樂論的인 政治觀

許穆이 학문의 목적과 방법에 관해서 주체적인 사색을 시작한 유학자였음은 앞서 살핀바와 같다. 그런데 그는 이러한 思惟의 태도를 개인의 내면적 세계의 성취에 머물게 두지 않았다. 회복된 주체의식·비판정신을 사회·국가운영상의 현실과제에 확대시켜 가려고 하였다. 그것은 정치운영의 목표와 그 원리에 관한 것으로 집약되기 마련이었다.

허목의 학문이 孔子學, 곧 六經學이었음은 앞에서 말했다. 이제 그 六經學에서 스스로 찾으려고 한 것이 무엇이었는지를 보기로 하자.

허목은 유학자이므로 유교의 經典인 六經을 존중하는 것 자체는 조금도 이상스러울 것이 없다. 통념상 없어진 「樂經」을 뺀 나머지를 「五經」으로 부르기 마련인데 그가 굳이 「六經」이라고 말하는 것은 원래 「六經」이라는 용어가 지니는 의의에 주목하기 때문일 것이다. 또 의례히 '四書三經'이라고 불려지는 바와 같이 「四書」가 우선 꼽히게 되고 다음에는 「五經」이 아닌 「三經」을 드는 것이 순서였다. 이러한 통념은 물론 朱子學의 학문 분위기 탓이었지만, 허목은 「四書」를 말하는 경우는 거의 없고 오직 「六經」을

강조한 것이었다. 그 六經의 실제적인 의의는,

　　周秦의 즈음에 王道가 쇠퇴하고 六經의 다스림이 없어지자 詖行邪說
이 서로 일어나 人心을 타락시키고 大義를 어지럽혀서 나라도 따라서 망
하게 되었다.45)

　　虞·夏·殷·周의 융성함은 六經의 다스림 때문이었다.46)

　　幽王·厲王이 周나라를 망치고 平王·桓王이 떨치지 못한 것은 聖人
의 敎化가 피폐하고 六經의 다스림이 문란해진 때문이었다.47)

라고 한 데서 설명된다. 王朝의 흥망성쇠가 六經의 다스림 여하에 달려 있
었다는 주장이다. 그는 또 정치와 文章은 그 성쇠를 함께 하는 것이라는
관점에서 秦漢 이래 宋明에 이르기까지의 그것이 모두 六經의 원칙에서
어긋났다고 평론하기도 했다.48) 孔子의 儒學을 천여 년 후에 재흥시켰다
고 후대의 儒者들이 찬양해 마지않는 宋代의 학문도 六經의 기준에서는
만족할 것이 못된다고 말한다. 허목이 오로지 六經을 말하는 이유는 그것
이 특히 政治·文化의 준거가 된다고 생각한 데 있었음을 알 수 있다.
　허목은 『經說』 20편을 지으면서 자신이 인식한 六經 하나 하나의 의의
와 특징을 지적하였다. 經傳의 부분적인 인용을 곁들여 간략하고 단편적인
평론으로 전개한 것이지만 儒者들의 통상적인 讀書記나 箚錄類와 달리
일정한 經學觀이 표출되어 있다. 그는 "미비한 대로나마 古人之旨를 열거
했다"49)하고, 이것은 "平生篤好古書 說讀五十年"50)한 성과라고 자랑스럽
게 말한다. 또 그는 이 글을 『東事』와 함께 국왕 숙종에게 올리기 위해 "發

---

45) 『記言』 卷1, 上篇, 釋亂, 3ㄴ.
46) 『記言』 卷1, 上篇, 釋亂, 4ㄱ.
47) 위와 같음.
48) 『記言』 卷58, 散稿續集, 自評, 5ㄱ.
49) 『記言』 卷31, 內篇, 經說序, 1ㄱ.
50) 위와 같음.

憤忘寢食"했음을 말하고, 다시,

    敎訓은 말속에 깃들어 있고 道는 사물 가운데 있으니 學은 이것을 배움
    이며 덕은 이것을 체득함인데 옛 뭇 聖人의 글에 이것이 모두 실려 있습
    니다.[51]

라고『經說』을 짓는 이유를 밝혔다. 이『經說』은 곧 六經에 대한 그의 확
신에서 나온 것이었다.

  『易經』의 변화,『禮經』의 儀則,『樂經』의 調和,『詩經』의 風化,『書經』
의 政事,『春秋』의 義理로 규정함에서는[52] 六經이 각기 서로 다른 성립
배경과 의의를 지니는 것이지만, 그것이 정치·문화의 준거라는 점에서 서
로 불가결한 보완관계에 있음을 생각한 것이었다. 이러한 허목의 六經論
은 유학이 人間과 社會를 이끌어 가는 정치사상의 성격을 특징으로 하는
점에서, 또 허목이 철저한 유학자인 점에서 당연한 일이기도 하다. 六經을
현실의 정치·문화적 준거로 보는 발상은 분명히 復古的 경향을 띠는 것
이지만, 후술될 바와 같이 그가 현실분석의 준거를 어디에서 구해야 했을
것인가를 고려한다면 六經에의 지향이 곧 復古 그 자체가 아니라 강한 현
실지향의 반영임이 자명해진다고 하겠다.[53] 그리고 이것은 四書를 중심으
로 한 朱子學的인 인식으로부터의 分離에서 비롯되는 것임도 알 수 있다.
  허목은 六經 가운데서도 禮·樂·春秋에 관심이 더 높았다.「禮樂制度
」라고 통칭되는 바와 같이 특히 孔子의 禮樂論에 특히 주목하고 있었다.
먼저 禮의 기능에 대해서 그는, "백성의 도리[民彝]와 사물의 법칙[物則]은
禮가 아니면 설 수 없다"[54]하고, 또 "等威를 엄격히 하며 親疎를 매기며
同異를 구별하며 嫌疑를 판결하는 것도 禮"[55]라고 말한다. 이는『禮記』의

---

51) 위와 같음.
52)『記言』卷51, 續集, 春秋之義勉學子, 13ㄱ;『記言』卷66, 自序二, 7ㄱ.
53) 明末淸初 社會변혁기에 있어서 黃宗羲가 그의 주체적 學問 태도로서 六經에 대
   한 재인식을 시도했음은 허목의 思惟방식의 전환을 이해하는 데 좋은 시사를 준
   다고 생각된다(狩野直喜,『中國哲學史』, 1953, 516쪽).
54)『記言』卷31, 內篇, 禮說一 禮統, 19ㄱ.

말을 차용해 온 것인데 禮를 도리와 법칙, 판별의 기준으로 이해하고 있음을 말해 준다. 주지하는 바와 같이 禮는 개인의 행동규범을 의미하면서도 上下·尊卑·貴賤의 관계와 그 分限을 규정하는 점에서는 사회질서의 필수조건이 되어 있기도 한 것이었다. 그러므로 유교의 신분제사회에 있어서는 禮의 儀則에 의해서 정치의 紀綱을 세우고 사회의 통제를 실행해 가게 마련이었다. 禮의 사회적 실행이 곧 정치였던 셈이다.56) 허목이 禮에 관심을 갖게 되는 것도·禮의 정치적 기능에 주목하기 때문이라고 보여진다. 그가 天下 國家는, "禮治則治 禮亂則亂 禮亡則亡"하게 된다는 말을 인용하는 데서도 그 점이 분명히 드러난다. 六經을 국가사회의 治亂興亡에 직결된다고 했음은 앞서 보았거니와 그것은 곧 禮가 政治의 要道임을 전제로 한 말이었다고 하겠다.

禮가 사회질서·정치원리로서 기능할 수 있으려면 그 유래와 내용이 보다 근원적으로 설명되어야 할 것이다. 허목은 禮를 '天秩天序'라고 하는데 동의하였다. 인간은 자연의 所産이므로 그 攝理에 따라 살아가야 하며 禮는 그 섭리를 따르는 방법이라고 생각하였다. 아래 그의 '天地變化'說의 일단에서 피력된다.

> 만물[品物]은 구별이 있으되 그 變化됨은 모두 같다. 일마다 실마리[緒]는 다르나 그 道는 같다. 天命이 流行하고 만물이 다 함께 그로 말미암아 제 本性을 다하면서도 스스로 알지를 못한다. …… 禮란 이것을 실천함에서 생기는 것이요, 樂은 이것을 따름에서 일어나는 것이다.57)

사람은, "나면서부터 良能이 있어서 날마다 써도 다함이 없다"58)라든가, "禮는 人間의 본성에서 나왔으므로 強制될 것이 아니다"59)라고 말하는 의

---

55) 『記言』卷52, 續集, 進德禮政刑箚, 2ㄱ.
56) 津田左右吉, 「儒敎の禮樂說」, 『東洋學報』 19-1·2·3·4, 1931~1932. 특히 제6장 「政治的意義に於ける禮樂」 참조.
57) 『記言』卷1, 上篇, 天地變化一, 1ㄴ.
58) 위와 같음.
59) 주 10)과 같음.

미도 이것이다. 인간의 作爲에 의한 사회질서·정치기강을 이같이 自然法則의 연장으로 이해하고 있는 것이다. 이는 유학의 天命說이나 天人合一觀의 표현이기도 한데, 그 자신이 朱子의 말에서 인용하는바, "禮者 天道之節文 人事之儀則也"[60]로 요약됨에서는 朱子의 이해와도 一致를 구하는 것이라고 하겠다.

허목의 禮 이해는 이렇게 儒學 일반의 원론적인 데서부터 시작했지만 여기에는 그 나름대로의 몇 가지 특징이 발견된다. 우선, "禮 自履此(天命·本性 : 필자)生 樂 自順此(前과 同一함)生"[61]이라고 한 바와 같이 禮와 樂의 불가분한 관계를 말한다. 또,

> 옛적 聖王이 天産으로써 陰德을 이루되 禮에 맞게 제어하고 地産으로써 陽德을 이루되 樂으로 화합하고 조절했으니 이것이 禮와 樂의 근본이며 天地의 造化에 합치하는 것이다.[62]

라고 해서 禮와 樂의 조응관계를 天과 地, 陽德과 陰德으로 대비시켜 설명하기도 한다. 『禮記』의 「樂記」편은 禮와 樂의 관련을 누누이 설명하고 있는 만큼 허목도 역시 「樂記」편의 취지를 적극 인정하고 있는 것이다.[63] 「經說」의 「樂說」에서는 樂義·樂術·樂變·原樂·樂通 등 5편으로 나누어 樂을 敷衍하였는데, 그것은 다름 아닌 樂의 유래와 원리·구성을 말하여 樂과 禮, 樂과 政治의 관련을 밝히려고 한 것이었다.

禮가 道德·人倫을 통해서 질서를 유지하는데 주력하는 것이라면 樂은 인간의 情操를 기르고 감정의 융화를 꾀함으로써 禮와 樂은 함께 儒家의 理想政治를 위한 필수 조건으로 인식되어 왔음은 두말할 나위도 없다. 조선의 儒者들 역시 禮樂, 禮樂制度 등으로 익히 竝稱하게 마련이었음은 그

---

60) 『記言』 卷31, 內篇, 禮說一 禮統 18ㄴ.
61) 주 13)과 같음.
62) 『記言』 卷31, 內篇, 樂說(五篇) 樂義, 20ㄴ, "古者 聖王 以天産作陰德 制之以中禮 以地産作陽德 節之以和樂 此 禮樂之本 而合天地之化者也".
63) 실로 「樂記」편 말고 樂에 대해서 典據할 더 오랜 기록은 없기도 하다. 荀子의 「樂論」도 그 전거가 「樂記」에 있었다고 알려져 있다.

때문이었다. 그러나 실제 문제에 들어가서는 樂은 흔적도 없이 사라지고 오직 禮의 儀則이라고 하는 형식을 내세우는 논리만이 전부였던 것이 사실이다. 이는 朝鮮朱子學이 지니는 하나의 특질이기도 한 것이다. 아무튼 일반 儒者들이 별로 언급조차 하지 않는 樂에 허목이 이렇게 비중 높은 관심을 보이고 있는 점에 그의 禮說이 朱子學的인 禮說과의 다른 면을 말해 주는 것이기도 하다. 허목은 禮가 規範·準則이라는 이유 때문에 지나치게 엄격하고 고정화되어서는 안 된다고 생각했던 그만큼 禮의 可變·調和가 樂에 의해서 보완되지 않으면 안 된다고 보았던 것이다.64) 허목은 禮와 樂의 均齊·伴行을 강조하고 있었다.

다음 禮는 法治·刑律보다 절대 우위에 있어야 한다고 생각하였다.

> 禮로써 질서를 세우고 樂으로 조화시키며 政治로 공평히 하며 刑罰로 하나가 되게 한다.65)

고 말하는 데서는 도덕 규범으로서의 禮의 기능을 樂의 정서적 조화나 政治·刑律에 의한 강제력의 행사와 함께 질서로서의 상호 보완관계, 대등성을 수긍한다. 그러나 허목은 「經說」의 11편 속에서 「刑說」과 「政說」을 설정하고 統治의 실제문제에 대해서 六經과 『論語』·『孟子』의 말을 원용하면서 政·刑에 대한 禮의 절대 우위이어야 할 이유를 설명하고 있다. 예컨대,

> 정치에 法을 내세우게 되면 爭民이 禮儀를 버리고 法만 따르게 된다.66)

---

64) 예컨대 禮가 하늘에서 나와서 聖人에 의해서 완성된 것이지만 五品=五倫의 常道와 같이 不變하는 것도 있고 風俗이나 氣質에 따라서 可變될 수 있는 것이 禮라고 했다(『記言』卷31, 上篇, 禮說— 禮統, 19ㄱ).

65)『記言』卷65, 續集, 春秋災異跋, 25ㄱ ;『記言』卷52, 續集, 復推言德禮刑政再上箚, 5ㄱ, "法者禮之通 刑者法之用 禮無法則不行 刑無法則不中";『記言』卷31, 內篇, 經說 刑說, 30ㄱ ;『記言』卷52, 續集, 進德禮政刑箚, 3ㄱ, "禮以敎之 政以齊之 刑以一之 刑亦末也".

66)『記言』卷31, 內篇, 經說 刑說, 31ㄱ.

든가,

> 政治와 刑罰로써 백성을 罪에서 멀어지게 하는 것이 德과 禮로써 백성
> 을 스스로 알지 못하는 사이에 날로 善에 옮겨가도록 하는 것만 같지 못
> 하다.[67]

고 말한다. 이에 따르면 秩序·紀綱의 확립은 늘 정치의 당면과제로 되는
것이지만 그것이 刑律의 적용을 통해서가 아니고 禮원리의 확립, 즉 禮教
를 통해서 이루어져야 한다는 것이다. 이 점은 전형적인 儒者의 刑律論이
아닐 수 없다.

이렇게 허목이 제시하는 禮와 樂의 均齊, 禮의 刑政에 대한 절대우위론
은 단적으로, 孔子가, "禮樂不興則刑罰不中 刑罰不中則民無所措手足"[68]
이라고 한 말로 집약될 수 있을 것이다. '禮樂不興'이란 人倫秩序와 分限
이 문란해진 현상이기도 하고 治者계층이 도덕적으로 타락해서 禮樂에 의
한 정치를 수해하지 못한다는 의미이기도 하다. 이런 상태에서는 정치는
刑罰의 강압수단에 의존하게 마련이고 그 刑律은 公正性을 잃고 民을 桎
梏하게 될 것은 말할 나위도 없는 일이다. 허목이 禮教·禮樂의 절대성을
주장하는 이유가 여기에 있음을 알 수 있다. 허목이 孔子와 六經學을 자신
의 태도와 방법으로 수용한 이상 孔子가 해체되어 가는 周王朝의 支配秩
序를 禮教를 통해서 수습해 보려고 했던 것처럼[69] 그 역시 禮教를 재천명
해서 당시의 정치 사회현실에 대처하려 했음은 결코 이상할 것이 없다고
하겠다. 그의 六經學-禮樂論은 이래서 제기되고 있는 것이었다.[70]

---

67) 『記言』卷31, 內篇, 經說 政說一, 政術, 33ㄴ.
68) 『論語集註大全』卷13, 子路편 3章.
69) 宋榮培, 『中國社會思想史』, 한길사, 1986, 40~64쪽.
70) 허목의 이러한 禮 이해의 입장이, 克己復禮(『論語』顔淵편 1장)나 博文約禮(『論
　　語』雍也편 25章) 등으로 표현되는바, 禮를 仁義를 실행하기 위한 방법, 즉 修己
　　的·道德的 차원에서 보기를 부정하는 것은 결코 아니다. 다만 "禮 國之幹也"
　　(『左傳』卷13, 僖公 11년 ;『左傳』卷40, 襄公 30년 秋 7월)나 "禮 王之大經也"
　　(『左傳』卷47, 昭公 15년 12월)라고 하는 바와 같이 禮를 질서나 紀綱이라고 하는

孔子의 禮樂論·禮敎主義71)를 주장하는 허목의 현실적인 동기가 보다 구체화 되어감을 볼 수 있다.

禮가 政治의 要道로 되는 이유는 앞서 본 바와 같이 두 가지 측면이 있었다. 개인과 사회에 秩序·分限을 규정해서 신분·계급의 차등관계를 뒷받침해 주는 한편, 治者 계급에 대해서는 정치수행에 따르는 도덕적 책임을 요구하는 점이었다. 그러므로 治者 계급이나 君主의 입장에서는 어떠한 禮를 수립하며 그 도덕성을 어떻게 실현하려고 하느냐가 그들의 정치방향과 성격을 규정하는 관건이기 마련이었다. 허목이 禮樂論을 펴고 있는 관점 역시 이와 같다고 생각된다. 17세기의 정치·사회현실에 즉해서 말한다면, 그는 君主·君權의 절대적인 앙양을 통해서 방만해진 집권양반세력을 상대적으로 제약할 뿐만 아니라 地主制의 확대와 收取體系의 문란으로 인한 民에의 지나친 강제와 수탈을 절제해야 한다고 생각한 것이다. 또 문란해진 신분질서나 정치기강도 이로써 정상을 되찾을 수 있다고 예상한 것이다. 허목의 禮樂的 정치론은 君主·君權 앙양론으로 구체화되고 있는 것이다.

허목은 숙종에게 「禮로써 할 것을 進戒하는 글」에서, 君主와 禮와 國家의 관계를,

> 君位는 지극히 높고 君禮는 지극히 엄한 것입니다. 君主가 엄하지 않으면 國威도 重하지 않게 됩니다. 그렇기 때문에 君道가 엄하지 못하면 나라를 쇠망하게 하는 정치입니다.72)

라고 하고 또,

> 君主는 스스로 높을 수 없고 禮로 말미암아 높아집니다.73)

治人的·公理的 차원에 더 중점을 두는 것이라고 해야 할 것이다.
71) 李乙浩, 「禮 槪念」, 『茶山學의 理解』, 현암사, 1975, 122~125쪽.
72) 『記言』別集 卷4, 以禮進戒箚, 13ㄱ·ㄴ, "君位至尊 君禮至嚴 君不嚴則國不重 故君道不嚴 衰國之治也".
73) 『記言』別集 卷4, 以禮進戒箚, 13ㄴ, "君不自尊 由禮而尊".

라고도 말한다. 君主를 높이는 것은 國家·國威를 높이기 위해서라고 했다. 그러나 君主가 높아지기 위해서는 禮를 통하지 않으면 안 된다는 것이다. 이것은 君主 자신이 禮의 의의를 바로 알고 禮를 옳게 실행할 의지를 가져야 하며 필요하면 스스로 그러한 禮를 수립해야 한다는 충고를 내포하고 있는 것이다. 그는 이어서 大義·名器·等威·誅罰·勸賞이 모두 禮에서 나오는 것임을 말하고는,

> 道德과 仁義, 君臣과 父子도 禮가 아니면 설 수 없고 피폐한 정치와 무질서해진 法, 흩어진 백성과 혼란한 나라도 禮가 아니고서는 평정할 수 없습니다.[74]

라고 하였다. 君主가 "禮로 말미암아 높아질 수 있기 위해서"는 禮가 무엇을 규정해야 하는가를 말한 것이다. 즉, 이념[大義]과 제도[名器]를 만들고 위계질서를 세우기 위한 형벌과 褒賞을 바로 해야 할 것을 권고하고 있다.

> 君主는 하늘을 대신해서 萬物을 다스리고 만물로 하여금 각기 제자리를 얻도록 해야 한다.[75]

는 것이 이것이다. "만물로 하여금 제자리를 얻도록" 한다는 것은 허목의 의도로서는 "흩어진 백성과 무너진 나라를 다시 일으켜 세우는 일"이었다.

한편 군주가 이렇게 높고 위엄이 있는 것이면서도 동시에 무거운 책무를 지지 않으면 안되기 때문에 군주에게는 탁월한 능력, 즉 非凡함과 도덕적 자기완성을 지향하는 의지가 있어야 하며 그것을 행동으로 보여줄 것이 요구되기도 했다. 허목이『上古古事(七帝世紀)』를 지어 중국의 전설적 帝王의 神聖함과 超人的 능력을 들어서 事實化하고 있는 것,[76] 親耕·親蠶禮를 거행해서 帝王으로부터 公, 卿, 大夫, 士, 庶人에 이르기까지의 功

---

74)『記言』別集 卷4, 以禮進戒箚, 13ㄴ.

75)『記言』卷62, 續集, 春秋災異跋, 25ㄱ, "人君 代天理物 使萬物得所".

76)『記言』卷61, 續集, 上古古事, 10ㄴ~17ㄱ.

의 上下와 節度·禮數의 差와 田事·길쌈의 중요함을 드러내 보이도록
숙종에게 진언한 것,[77] 또 萬邦이 새로워짐은 君德에 달렸고 君主의 中心
은 도리를 지키고 하늘을 대신해서 만물을 새롭게 하는데 있다 하여「君德
日新箴」을 지어 올린 이유가 여기에 있었다.[78]

허목은 君主를 높이기 위해서 禮樂·禮敎論을 채용하고 있었다. 백성과
나라를 일으켜 세우기 위한 禮敎의 근본정신은 尊君을 통해서만 실현할
수 있다는 생각에서였다. 이 점은 그의『春秋』에 대한 이해에서 더욱 분명
해진다. 예컨대,

> 春秋에서는 먼저 大一統을 말해서 仁義의 道를 밝혔다. 君主를 높이고
> 臣下를 낮추며 王道를 행하여 人倫紀綱을 바로잡고 善을 표창하고 邪를
> 규탄하여 亂臣賊子로 하여금 奸肆하지 못하도록 하는 것이 春秋의 가르
> 침이다.[79]

라고 하였다. 또,

> 남의 臣下된 자가 不忠不嚴하여 朋黨을 만들어 서로 감싸고 悖道蔑法
> 하여 私欲대로 하는 것은 春秋에서 금지한다.[80]

고도 했다. 亂臣賊子를 경계하고 臣下들의 派黨을 배격하는 이유가 '尊君
卑臣'에 있음을 주장한다. 王道政治도 바로 尊君에서부터 시작되는데 지
나지 않는다는 것이다. 그래서 허목은『春秋』를, "仁義를 닦고 人道를 밝
히는 大倫"[81]이라든가 "禮義와 義理의 大宗"[82]으로서 찬양하여 마지않는

---

77)『記言』卷49, 續集, 親耕議·親蠶議, 8ㄴ~11ㄱ ;『記言』卷54, 續集, 親蠶箚·親
    耕序·親耕頌, 1ㄱ~4ㄴ ;『記言』卷66, 自序二, 14ㄴ~18ㄱ.
78)『記言』卷54, 續集, 進君德日新箴仍進乞歸箚, 5ㄴ~7ㄱ ;『記言』卷66, 自序二,
    13ㄴ~14ㄱ.
79)『記言』卷51, 續集, 春秋之義勉學子, 12ㄴ ;『記言』卷66, 自序二, 6ㄴ.
80) 위와 같음.
81)『記言』卷31, 內篇, 經說 春秋說, 9ㄴ, "春秋者 修仁義 明人道之大倫".
82)『記言』卷51, 續集, 春秋之義勉學子, 13ㄱ ;『記言』卷66, 自序二, 7ㄱ, "春秋者

것이다. 大宗·大倫이라 함은『春秋』에서는 義理, 즉 天理人性에 입각한 道理·人道에 근거해서 일의 是非를 가리고 있다는 의미일 것이다.

『春秋』는 통상 '春秋大義'로 표현되는 바와 같이 尊王攘夷·華夷之別을 세우고 君臣上下之分을 바르게 할 것을 천명한 것임은 주지하는 바이다. 그런데 이러한 春秋觀은 宋代 性理學의 발달과 더불어 확립된 경향이었다. 처음 孔子가『春秋』에서 밝히려고 한 것은 周王室의 쇠퇴와 諸侯들의 不服을 개탄하고 正名論에 입각해서 君臣之分을 바로 잡으려고 하는, 尊周大義였다. 이것이 遼·金 등 북방 민족의 위협에 대항해야 할 宋王朝의 이념으로 받아들여지면서는 性理學者, 특히 朱子에 의해서 尊王論이나 攘夷·華夷論에 그치지 않고 復讐論으로까지 발전하고 있었다.[83] 허목이 받아들이는『春秋』는 尊周大義的인 尊王論이었음은 말할 것도 없다. 이는 그의 六經論의 관점에서도 당연한 일이었던 것이지만, 그 시기 다같이『左氏傳』에 입각하면서도 對淸關係와도 관련해서 宋時烈 등이 攘夷論·華夷之別을 우선 내세웠던 입장과도 대조적인 것이었다.[84]

禮가 君主을 높이는 것임을 강조하는 만큼, 허목은 君主가 禮를 스스로 무너뜨리게 될 것을 경계하기도 하고,[85] 社稷을 잃어버린 諸侯, 德을 갖추지 못한 天子나 諸侯는『春秋』에서도 깎아 내렸다고 상기시키기를 잊지 않았다.[86] 그러나『春秋』를 통해서 尊君卑臣을 주장하는 주된 의도는 현실적으로 침체된 君主·君權을 고양시키는데 있었으므로 君主의 능력과 책임을 강조하기보다도 臣下된 者의 自肅과 절제를 훨씬 강하게 요청하고 있다고 생각된다. 말하자면 君主 스스로가 효과적으로 君權伸張을 도모하기보다는 臣權의 自己規制가 더 절실하다고 보았는지 모른다. 이는 肅宗代의 격화된 黨派間의 대립과 빈번한 政權交替가 있었던 사실과도 결코

禮義之大宗也".
83) 鎌田正,「朱子と春秋」,『朱子學入門』, 明德出版社, 1974, 248~261쪽.
84) 宋時烈의 華夷觀에 대해서는, 유근호·박충석,『조선조의 정치사상』, 평화출판사, 1980, 126~141쪽 ; 李迎春,「尤庵 宋時烈의 尊周思想」,『淸溪史學』2, 1985 참조.
85)『記言』別集 卷4, 以禮進戒箚, 13ㄴ~14ㄱ.
86)『記言』卷31, 內篇, 經說 春秋說, 9ㄱ.

무관한 것이 아니라고 하겠다.[87]

4. 經禮說과 君主中心論

君權을 강화하고 君主를 중심으로 한 정치질서를 수립해야 한다는 허목의 생각은 顯宗代(1659~1674)의 2차에 걸친 服制論爭에서 적극적인 君主中心論으로 제기되었다.

이른바 「己亥・甲寅禮訟」으로 불리는 논쟁에 대해서는 우선 한두 가지 의의를 지적해 둘 필요가 있겠다.[88] 즉 禮訟은 朞年說을 내세운 西人측과 三年說로 맞서는 南人측과의 단순한 견해 차이에서 출발한 듯 했으나 논쟁이 진행되는 동안 양측의 학문경향・정치이념의 차이를 뚜렷이 부각시켜가게 되었다는 점, 논쟁이 15년 이상 계속된 결과 仁祖反正後 50여년 동안 이어져 온 西人政權이 무너지고 소수파인 南人系가 정치주도권을 장악하게 된 점, 또 이와 관련해서 禮訟은 당시의 學界・政界를 망라한 거국적인 쟁점이었음에도 그 이론가로서는 西人의 宋時烈과 南人의 許穆과의 논쟁으로 압축되었다는 점 등을 들 수 있을 것이다. 服制論爭은 유교사상을 원리로 하는 조선왕조 정치에 있어서 결국 體制論爭의 성격을 띠어가고 있었다.

허목은 3年服(齊衰服)의 합당성을 주장하는 이유로서,

---

87) 숙종대 전반기 王權과 臣權, 臣權 상호간의 권력균형, 정치운영을 둘러싼 대응관계와 그 추이에 대해서는 다음의 논문이 참고가 된다(洪順敏, 「肅宗初期의 政治構造와 '換局'」, 『韓國史論』 15, 서울대학교, 1986, 168~195쪽).

88) 禮訟의 전개과정・내용에 대해서는 다음 논고가 참고된다. 玄相允, 『朝鮮儒學史』, 民衆書館, 1949, 197~213쪽 ; 黃元九, 「所謂己亥服制問題에 대하여」, 『延世論叢 - 社會科學篇 - 』 2, 1963 ; 姜尙雲, 「禮訟과 老少分黨」, 『亞細亞學報』 5, 1968 ; 姜周鎭, 「禮訟과 禮論政治思想」, 『韓國思想大系Ⅲ - 政治・法制思想篇 - 』, 성균관대 大東文化研究院, 1979 ; 李乙浩, 「己亥禮論의 反論」, 『韓國哲學研究』 中, 韓國哲學會, 1977.

孝宗은 先王의 嫡子로서 이미 宗社를 계승했고 臣民에게 臨했는데 그
服이 오히려 가벼울 수 있느냐.[89]

는 것과,

무릇 3년의 喪服을, 아비를 위해서 입음은 아비가 至尊하기 때문이고
임금을 위해서 입음은 임금이 至尊이기 때문이며, 長子를 위해서 입음은
祖禰의 正・體로서 장차 자기를 대신해서 宗廟의 주인됨을 소중히 여기
기 때문이다.[90]

는 점을 들었다. 3년복이 되어야 할 이유를, 효종이 大統을 계승한 嫡子라
는 데서 찾고 있는 것이다. 이는 宋時烈의 "無二統不貳斬"의 원칙과 "體
而不正"論, 즉 소현세자가 돌아갔을 때 이미 長子服으로 喪을 치렀으므로
孝宗이 비록 왕위를 계승했지만 그를 위해서 長子服을 다시(두 번째로)
입을 수 없다는 주장에 반대한 것이었다. 한편 尹鑴가 齊衰服보다 더 무거
운 斬衰說을 내세우자, "아들이 부모를 위해서 입는 服보다 더 무거운 服
을 부모가 입을 수는 없다"는 점을 들어 역시 반대하였다.[91] 말하자면 효
종이 嫡長子냐 아니냐에 초점을 맞추고 있는 송시열의 생각이나, 왕위를
계승했으면 무조건 가장 重한 服을 입어야 한다는 윤휴의 주장이 다 같이
잘못되었음을 지적하고 있다. 그가,

소중한 것은 祖禰를 계승하는 正・體(嫡子로서 宗統을 계승함 : 필자)
에 있는 것이지 長子를 위해서 참회복을 입는데 있지 않다.[92]

라고 함이 그것이다.

服制를 단순하게 보면 死者와 服喪者 사이의 尊卑・親疎에 따른 情誼

---

89) 『記言』 卷64, 拾遺, 三疏(追正喪服失禮疏), 31ㄴ.
90) 『記言』 卷64, 拾遺, 追正喪服失禮疏, 25ㄴ.
91) 『記言』 卷49, 續集, 答希仲, 7ㄴ ; 『記言』 卷66, 自序二, 3ㄱ.
92) 『記言』 卷64, 拾遺, 再疏上喪服圖, 27ㄱ.

의 표시 정도에 차등을 둔다는 측면만 고려되기 쉽지만, 한편으로는 服制
를 통해서 親族秩序를 확인하기도 하므로 실제는 宗法질서의 유지·계승
과 嫡庶의 峻別이라는 기능이 더 중시되기 마련이었다. 더구나 王家의 경
우에는 이것이 嗣王의 宗統, 즉 王位계승의 정통성을 확인하는 절차이기
도 하기 때문에 私家의 服制와는 또 다른 의미를 지니는 것이었다.93) 허목
이 服은 禮에 부합해야 된다고 하면서 正體·傳重說을 근거해서 齊衰服
을 주장하는 이유가 여기에 있었다.

服制에 내포된 宗統과 傳重의 의미를 한층 부각시킴으로써 君主를 높
이고 王家의 위엄을 보이는 점에서 허목의 주장은 理路 정연한 바가 있었
다. 반면 송시열은 그 과정에서 자신의 소신을 견지하는 일관성은 과시했
지만, 그 주장의 의의가 무엇인지에 대한 설명은 결핍되어 있었다.94) 오히
려 그는 '二宗卑主'라든가 '宗統紊亂'이라는 등 王統을 능멸·부정하려는
저의가 있었다는 비난을 받기까지 하였다.95) 결국 허목의 논리는 효종이
仁祖의 뒤를 이은 嗣王이니 만큼 그 상복 역시 大統계승자에 대한 禮로써
입어야 하고 그럼으로써 효종의 정통성, 나아가서는 君主의 존엄성을 확인
하자는 데에 초점이 맞추어진 것이었다.

仁祖 - 孝宗 - 顯宗의 정통성이 光海朝의 大北政權을 축출하고 성립된
西人政權에 의해서 확립되어 왔음을 감안할 때 南人과의 정권교체는 현종
으로서도 중대한 결단이었을 것임은 쉽게 짐작할 수 있다.96) 禮訟을 통해

---

93) 이 점은 張維(1587~1638 : 谿谷)의 다음과 같은 宗統·宗法觀에서도 잘 나타난
다.
『仁祖實錄』卷24, 仁祖 9年 2월 壬寅, 34冊 414쪽, 上ㄱ ;『谿谷集』卷18, 典禮問
答(영인본), 33ㄱ·ㄴ, "夫國之有宗統 猶家之有宗法也 然私家宗法則無論尊卑貴
賤 只以祖考子孫爲繼承之序 故雖高曾爲公卿 祖禰爲士庶 不害其相承也 若夫帝
王宗統 異於是 必踐其位 然後承其統 不然 雖世適元子 亦不敢與於大統 非可以
私恩厚薄 有所與奪於其間也".
94) 그는 "君主의 至尊함으로도 人倫을 떠날 수 없다"는 禮의 형식론에 집착한 나머
지 "帝王家自有別禮"라는 표현과도 같이 禮의 時宜變用이라는 측면을 고려하지
못했던 것이다(玄相允,『朝鮮儒學史』, 1949, 212쪽).
95) 成樂薰,「韓國黨爭史」,『韓國文化史大系Ⅲ - 政治·經濟篇 -』, 고려대학교 民族
文化硏究所, 1965, 296쪽.

서 나타난 西人들의 禮인식은 그만큼 조선 왕조의 전제군주제에 대한 침해, 위협으로 받아들여질 수 있었던 것이다.[97] 그리고 허목은 그러한 君權 의식을 일깨우게 한 장본인이었던 셈이다.

위에서 본 바와 같이 服制說을 통해서 나타난 허목의 君主・君權 尊崇 의식은 六經學＝禮樂論 중심의 思惟과정에서 나온 것이었다. 그와 동시에 그의 禮學이 金長生(1548~1631, 沙溪)연원의 西人系禮學과 명확히 입장을 달리하는데서 비롯된 것이기도 하였다.[98] 허목은 鄭逑(1543~1620, 寒岡)의 禮學을 계승하고 있었다.[99] 정구는『朱子家禮』一尊의 禮의 慣行秩序에 이의를 제기해서 天子・諸侯의 禮와 士大夫의 禮를 구분하려고 시도한 인물이었다.

『朱子家禮』는 조선 초기 이래 王室이나 私家를 막론하고 권장, 準用되어 왔다.[100] 朱子學에 의한 정치・사회질서의 수립이라는 대전제에 부응해서였다. 그러나 王室과 양반사대부의 私家에서 같은 家禮를 供用하게 됨에는 문제가 있었다. 이는 "帝王家 自有別禮"라는 원칙에 위배되기도 하는 것으로서 公家인 王室과 士大夫의 私家에 있어서 그 家格을 同質視

---

96) 仁祖反正後 西人중심의 정치적 안정을 이룩한 것은 사실이지만, 그 반대급부로서 王權의 상대적 약화현상은 농후했다. 反正 직후 仁祖가 功臣들에게, "하루에 몇 번씩이라도 만나 주겠다"고 파격적인 태도를 취했던 사실에서 그 후 君臣間의 사정을 다소 짐작하게 된다(『仁祖實錄』卷1, 仁祖 원년 3월 庚戌, 33책(영인본), 511下, ㄱ쪽).

97) 李佑成,「해제」,『국역 미수기언』1책, 1978, 3쪽.

98) 조선시기 禮學의 경향을, 主理派系(주로 南人)의 禮學과 主氣派系(주로 老少論)의 禮學으로 구분하는 견해가 일찍이 있었고(黃元九,「李朝禮學의 형성과정」,『東方學志』6, 1963, 248쪽), 西人系 禮學은『朱子家禮』에 치중하는 입장이고 南人系(특히 허목)는 古禮에 입각하고 있었다는 견해도 제시되어 있다(鄭玉子, 앞의 글, 1979, 209쪽).

99) 李佑成,「韓國儒學史上 退溪學派의 形成과 그 展開」,『韓國의 歷史象』, 창작과 비평, 1982.

100) 稲葉岩吉,「麗末鮮初에 於ける家禮傳來及び其意義」,『青丘學叢』23, 1936 ; 梶村秀樹,「'家族主義'의 形成에 關한 一試論 - '文公家禮'受容のしきさつ-」,『朝鮮近代史料研究集成』2, 友邦協會, 1959 ; 池斗煥,「朝鮮初期 朱子家禮의 理解過程 - 國喪儀禮를 중심으로 -」『韓國史論』8, 서울대학교 국사학과, 1982.

할 소지가 있는 것이었다.101) 15세기 후반에는 『國朝五禮儀』를 集成해
서102) 國家=王家禮로서의 五禮體系와 私家禮로서의 四禮=朱子家禮體
系가 형식상 확립되었지만 禮에 대한 관심과 典據로서의 비중은 의연히
『朱子家禮』 우선이 아닐 수 없었다. 말하자면 國禮=五禮에 관한 천착된
연구와 체계화 노력보다도 『朱子家禮』를 주석·부연하는 작업에 치중하
는 경향이었던 것이다.103) 이러한 禮인식 태도는 대체로 西人系 禮學者들
에 의해서 주도되고 있었다.104) 이 시기 禮學의 특징이나 편향적인 분위기
는 뒷날 丁若鏞(1762~1836, 茶山)의 다음과 같은 지적에서도 쉽게 드러난
다. 즉,

　　家禮라는 것은 一家의 禮를 밝히는 것일 뿐 天下 萬國의 禮는 아니다.
　　그런데도 오늘날의 禮를 말하는 자들은 모두 家禮로써 禮學의 으뜸으로
　　삼고 있다.105)

라거나,

---

101) 柳正東, 「禮論의 諸學派와 그 論爭」, 『韓國哲學硏究』 中, 韓國哲學會 편, 1978,
　　　357쪽.
102) 鄭鎭弘, 「『國朝五禮儀』의 宗敎性」, 『道原柳承國華甲紀念論文集』, 종로서적,
　　　1983.
103) 16세기 이후 禮書의 편찬·저술내역은 다음 黃元九, 「李朝禮學의 形成過程」 『東
　　　方學志』 6, 연세대학교 국학연구원, 1963, 부록Ⅱ「李朝時代 主要禮書一覽表」 참
　　　조. 조선후기 禮書, 禮學에 관한 思想史的 연구는 앞으로의 과제로 남아있다고
　　　하겠다.
104) 17·18세기 西人系의 家禮註釋의 대표적인 예를 들어보면, 家禮輯覽(金長生) -
　　　家禮源流(兪棨) - 四禮便覽(李縡) - 家禮增解(李宜朝)로 이어진다. 또 朱子에게는
　　　家禮·鄕禮·學禮·邦國禮·王朝禮로 분류되는 『儀禮經傳通解』가 있음에도 불
　　　구하고 이들은 유독히 그 가운데 家禮에 대한 관심만이 고조되었음은 음미해야
　　　할 문제라고 하겠다. 한편 이것은 17세기 이후 宋時烈 연원의 儒者들이 『朱子大
　　　全箚疑』, 『朱子言論同異考』 등으로 나타난 바, 朱子의 저작·論旨에 관한 본격
　　　적인 고증, 註釋작업을 전개했던 사정과도 밀접한 관련이 있다고 보겠다.
105) 『與猶堂全書』 1집 卷12, 羅氏炅家禮輯語序, 1책(영인본), 261下ㄴ쪽.

　　四禮는 私家의 禮이다. …… 四禮의 명칭은 朱子家禮에서 나온 것이
　　다.106)

라고 한 것이 그것이다.

　　여기에 이의를 갖고 새로운 體裁에 의한 禮書를 편찬하고 있는 學者가
退溪學派의 鄭逑였던 것이다. 그는『禮記喪禮分類』나『家禮輯覽補註』·
『五服沿革圖』·『冠儀』·『婚儀』·『葬儀』·『契儀』등 喪服禮를 중심으로
한 여러 편의 禮書 편집물을 만드는 가운데 특히『五先生禮說分類』에 주
력한 것으로 보인다.『五先生禮說分類』의 단적인 특징은 天子·諸侯禮로
서의 五禮와 士大夫禮인 四禮를 峻別하고 있는 편성원칙에서 드러난
다.107) 정구는 이를 위해서 性理學의 창설자인 二程子, 그리고 朱子를 포
함한 5명의 宋儒(나머지 두 사람은 張載와 司馬光임)의 禮에 관한 說을
발췌 수록하고 있다. 이는 그들 宋儒의 말을 통해서 古禮 본래의 정신을
재확인하려는 의도일 뿐인 것으로서 실상은 당시『朱子家禮』중심의 禮學
에 반대해서 王家禮와 私家禮의 차이를 밝히려고 했던 것 같다.108) 이렇
게 함으로써 200여 년동안 默守되어 온『朱子家禮』중심의 禮의 行用秩

---

106)『與猶堂全書』1집 卷25, 小學珠串, 1책,. 537上ㄴ.

107) 여기에서의 五禮는 吉·凶·軍·賓·嘉로 분류되는『國朝五禮儀』의 형태가 아
　　니고 冠·婚·喪·祭·雜禮로 구분되는 점에서 四禮=家禮의 類別방식과 별 차
　　이가 없음을 볼 수 있다. 이는 그「五禮」는 雜禮를 뺀 四禮 자체에 있어서도 私家
　　의 四禮와는 그 내용에 차이가 있는, 王室의 四禮임을 보이기 위한 것이라고 생
　　각된다.

108) 이 점은 정구의 다음과 같은 태도에서도 확연히 유추된다. 즉『五先生禮說分類』
　　가 隨時問答한 내용을 편집한 것이기 때문에 중복·누락·산만 등의 흠이 있으므
　　로, "若使家禮 隨門類入則 節目咸備 次第靡闕 亦可以據而行之 豈不爲禮家之完
　　書哉"(五先生禮說序) 않겠느냐는 당시의 論評에 대해서 정구는, "若家禮之書 夫
　　旣盛行於當世矣 家無不有人無不講 今復取而編入 則豈不爲重複而煩猥者哉 況
　　家禮旣爲一部成書 此書當不過考證羽翼而已 尤不合破彼而補此 此所以欲入而
　　還止者也"(위와 같음)라고 하면서『朱子家禮』의 體例에 따르기를 거부하고 있는
　　것이다. 또『朱子家禮』에 대한 정구의 소극적인 태도는 金長生계통의 禮연구가
　　대개『朱子家禮』를 立綱分目해서 古今之說을 逐條之下에 덧붙이고 있는 편찬방
　　식을 취하는데 대해서도 기본적으로 동의하지 않기 때문이라고 보겠다.

序를 수정해서 私家·王室·邦國에 각기 적용되는 禮의 格式體系를 세울 수 있을 것이었다.109)

허목은 이러한 鄭逑의 禮思想을 자신의 禮인식 기반으로 수용하고 있었다.110) 그 자신은 禮書로서『經禮類纂』을 편집하고 있다. 冠·婚·喪·祭와 朝聘·燕射·巡狩·征伐·學校·養老·邦國·王朝·士大夫의 禮에 이르기까지 13편 10권으로 계획한 것이었는데 우선 喪禮 4권과 祭禮 1권이 완성되었다. 나머지 11편이 끝내 완성을 보지 못했음은 1881년(고종 18년)에 5권 4책으로 간행된 木板本에서 확인된다. 許傳(1797~1886, 性齋)는 그 서문에서 허목이,

　　　三代之治에 뜻을 두고 三禮의 喪祭禮 가운데 千餘條를 채록했음111)

과,

　　　禮는 古今과 風俗에 따라 異同이 있으며 王侯에게 쓰이는 禮가 大夫와 士에게 쓰일 수 없고 大夫와 士의 禮가 王侯의 禮로 될 수 없다.112)

---

109) 허목은『五先生禮說分類』의 편찬동기를 다음과 같이 보았다.『記言』卷39, 東序 記言, 文穆公壙銘 11ㄱ.ㄴ, "篤於好古 謂天敍天秩之典 在禮儀威儀三百三千 周 公儀禮 戴氏禮記 殘缺雖多 參之以歷代損益 質之以宋儒諸說 此五先生禮說 所 以作也".

110) 허목이 1617년(23세 때) 星州로 鄭逑를 찾아가 師事했으나 3년 후에 정구가 돌아 갔으므로 그 가르침을 받을 기회가 많지는 않았을 것이다(『年譜』卷1, 丁巳條, 1 ㄴ). 그러나『五先生禮說分類』는 1611년에 간행되었고 허목이 정구를 만난 것은 그 보다 6년 후인 1617년이므로 禮說에 관한 의견교환은 있었으리라 생각된다. 또 그 보다 앞선 1615년(21세 때) 鄭彦宪(號 : 蔥山)에게서「檀弓」편을 배웠다고 특 기하고 있으므로(『年譜』卷1, 乙卯條, 1ㄴ ;『記言』別集 卷20, 蔥山先生墓碣, 35 ㄱ) 古禮에 관한 허목의 관심은 일찍부터였다고 보겠다. 다만,『五先生禮說分類』 를 입수해 본 것은 중년 이후의 일로 생각된다(『記言』別集 卷10, 題五先生禮說 後, 17ㄴ~18ㄱ).

111)『年譜』卷1, 己丑條, 4ㄴ.

112)『經禮類纂』序, 서울대학교 도서관(奎 : 12300).

고 보았기 때문에 이를 參酌修潤해서 上下·貴賤을 辨別하고 民志를 안정시키려 했다고 그 편찬의도를 밝히고 있다. 이는 허목의 의중을 잘 설명했다고 생각된다. 『經禮類纂』은 『五先生禮說分類』처럼 編次에서부터 天子·諸侯의 禮와 大夫·士의 禮를 구분하는 대신 儀則의 細目을 설명하는 가운데 필요할 때마다 君·大夫·士에게 각각 儀章度數의 차이를 明示하는 방법을 택하고 있다. 이 점에서 두 禮書는 그 편찬의도는 같으면서 편차방식에서만 차이가 있음을 알 수 있다.

허목의 처음 구상이 四禮=家禮에 그치지 않고 朝聘·巡狩·征伐·邦國·王朝禮 등의 公禮에 관한 것까지를 망라하는 것이 있었음을 볼 때 그의 禮인식은 이미 『朱子家禮』의 범위를 훨씬 넘어서고 있었던 것이다. 「家禮」가 아니고 「經禮」라는 표현을 썼음은 그 단적인 표현이기도 한 것이었다. 허목이 독자적인 체계의 禮書를 만든 것은 『朱子家禮』 자체를 輕視하거나 否定하려는 의도에서 였다기보다도 公禮=邦國·王朝禮의 필요성을 절감했기 때문이라고 해야 할 것이다. 君主·王室의 尊嚴性을 禮制의 체계화를 통해서 강화하는 일이었다.

『朱子家禮』 중심의 西人系 禮學에 대해 古禮를 원용하는 허목류의 禮學의 특질은 분명해진 셈이다. 허목이 六經學에의 새로운 인식을 통해서 孔子의 禮樂論과 尊君論을 자신의 정치이념으로 확립하게 되었음을 앞서 살핀 바이다. 그것은 각기의 分限과 기능의 均分을 통한 전체로서의 조화를 이상으로 하는 古禮의 정신을 재확인하는 것이었다. 현실태로서는 무엇보다도 특권양반층의 자기규제를 통한 君權의 회복과 民生의 안정을 도모하는 일이었다. 『朱子家禮』는 이를테면 허목의 이러한 인식에 부응될 수 없었던 셈이다. 『朱子家禮』는 六經學보다 四書學을 중심으로 하는 朱子學이 南宋士大夫禮學의 지도이념으로 되는 것과 똑같은 역사적 조건 하에서 성립되었음을 감안하면[113] 六經學的 입장의 허목으로서는 당연한 일이기도 하였다.

---

113) 黃元九, 「주자가례의 形成過程」, 『人文科學』 45, 연세대학교 인문과학연구소, 1981.

宋代社會의 소산인 『朱子家禮』의 '家禮'라는 제한된 기능으로서는 17세기 조선사회의 禮운영의 전반적 준거가 될 수는 없었던 것이다.114) 바꾸어 말하면 朱子一尊의 태도를 고수하는 한에서는 朱子를 통해서 당면한 사회태세를 내다보게 마련이고 이러한 인식태도로서는 전제 君主를 정점으로 한 집권체제 하에서 『朱子家禮』 중심의 일방적인 禮운영이 가져오게 될 마찰과 모순을 타개할 수가 없게 되리라는 것이었다. 禮訟에서 제시된 西人系, 특히 宋時烈의 朞年說이 君主의 존엄성, 효종의 大統계승의 의의를 看過해 버렸던 것은 이러한 『朱子家禮』 一遵에서 오는 불가피한 인식의 한계이기도 하였다. 실로 허목의 禮樂論에 입각한 열려진 視角에서만이 私家禮=四禮의 틀에서 벗어나 王家禮・國禮=公禮의 불가결한 의의를 인식할 수 있었다. 禮訟에서 보여준 君主尊崇논리 역시 여기에 근거하고 있었다.

5. 맺음말

허목은 추구해야 할 이상적인 인간상을 공자에게서 발견했다. 그 실현방법으로서 古文・古學=六經學에 직접 뛰어들어서 유학 원래의 정신을 확인할 뿐만 아니라 道・佛 등 百家之學을 섭렵함으로써 자신도 공자와 마찬가지로 한 사람의 인격적 주체임을 깨닫게 되었다. 그는 이러한 모색과 자각, 자아실현의 자세로써 정통 주자학자들이 주자의 視座에서 경전을 이해하며 공자와 주자를 절대시하는 몰주체적인 인식태도로부터 탈출하고 있었다. 이 점에서 그의 학문 방법은 反朱子學적인 것이었다.

허목은 자기발견에 도달하는 과정에서의 학문, 즉 六經學을 통해서 내면적 성찰의 자세는 물론, 현실을 직시 비판하고 그 타개안도 마련할 수

---

114) 朱子의 禮인식은 孔子의 禮樂・禮敎論의 天下・國家的인 면모를 축소, 관념화
    시켜 둔 채 冠・婚・喪・祭를 중심으로 한 私家禮의 儀式的 範疇만을 확장시켰
    다는 지적을 받고 있기도 하다(李乙浩,「禮槪念」,『茶山學의 理解』, 玄岩社, 1975,
    130~134쪽).『朱子家禮』는 그렇게 狹隘해진 禮인식의 소산인 셈이다.

있는 준거를 얻게 되었다. 그것은 공자의 禮樂論・禮敎主義에 되돌아가는 일이었다. 그는 禮樂論의 정신에 비추어 現實態는 君主・君權을 핵으로 한 정치원리의 재정립이 절실히 요청된다고 생각하였다. 春秋大義를 들어서 '尊君卑臣'을 주장한 것, 三年服說을 내세워서 효종의 宗統 계승의 의의를 천명한 것, 또『經禮類纂』을 통해서 王家禮와 私家禮의 等値관념을 타파하고 나아가서는『朱子家禮』적인 예 인식의 편견을 극복하게 한 것 등은 모두 禮樂論에 입각한 君主尊崇・君權 中心의 정치사상의 표현이었다.

허목은 이렇게 주체적 사유를 통해서 원리로서의 禮樂論과 방법으로서의 君主中心論을 확립함으로써 그 시기 정치운영에 일관된 비판을 가하고 그 나름의 정치소신을 견지할 수 있었다.

허목의 예악론적인 정치이념은 현실적으로 君主와 治者階層 전체가 정치수행상의 도덕적 책임을 자각할 필요성에서 제기되고 있었다. 즉 양반 집권층의 각성과 자기 절제를 통해서 아래로는 서민층에 대한 과도한 수찰과 강제를 완화하여 민생을 향상시키고, 위로는 군주의 절대권을 보증해서 유교정치 원래의 기능을 회복해야 한다는 것이었다. 허목의 생각에는, 17세기 당시의 집권층은 分限 이상의 특권을 행사하며 그 私的 基盤의 확대에만 몰두함으로서 국세는 피폐하고 민심이 이탈해 가는 원인이 되고 있었다. 이것은 그가 집권당파의 정책 수행에 대해서 가차없는 비판을 가하고 있는 데서도 여실히 드러난다.

예컨대, 서인과 남인에 의해서 國是化되고 있던 北伐策에는 先內修 後征伐論의 차원에서 반대한 것, 屯田의 확대와 군영증설은 집권층의 土兵化・致富의 수단임을 누누이 지적한 것, 또 戶布制가 백성의 부담을 가중시키고 身分 等威를 문란시킨다는 이유로 극력 반대한 것 등이다. 公家보다는 私門을 앞세우며 군주의 위엄보다 신하의 특권을 확보하기에 바쁜 집권층의 정치 운영자세를 규탄하는 것으로 일관하고 있는 것이다. 신하가 임금을 높이고 임금에게 충성으로 복무하는 것이 위계질서와 정치기강을 바로 잡는 길이며, 정치의 주도권을 특권층 아닌 君主에게 되돌아가게 할 수 있는 첩경이라고 보기 때문이다. 또 이래야만 君主 중심의 집권 정치체제의 정상화가 달성될 수 있다고 생각하기 때문인 것이다.

허목의 정책 비판의 기본이 이렇게 설정되는 것이고 보면 집권세력이 자신의 黨與인지 반대당인지를 가릴 것이 없었다. 그가 숙종 초 남인집권기에 許積(1610~1680, 默齋)과 尹鑴를 중심으로 추진된 紋上의 제반 시책을 반대하는 태도는 오히려 서인에 대한 비난 이상의 것이었다. 여기에는 西人黨의 정책과 이념적으로 달라진 것이 없는 남인당의 정책, 즉 臣權의 자제와 君權 伸張의 측면이 간과된 것에 대한 불만과 회의가 내포된 것일 수도 있었다. 그가 극심한 당쟁의 소용돌이 속에서도 반주자학적인 사상경향을 기반으로 하여 禮訟과 宋時烈의 처벌문제를 두고 가장 강경한 입장을 견지했음에도 南人黨의 실각 후에도 심한 보복을 받지 않았음은 서인 측의 관용에서가 아니라 독자적인 정치이념과 정계에서의 거취가 그만큼 보편타당성을 보였기 때문일 것이다.

결국 허목이 집권층 전체에 대한 비판적 태도를 견지했었음은 유교정치의 기본원리인 禮樂·禮敎論을 기반으로 해서 君主·君權의 존엄성을 고양시킴으로써 이 시기 국가체제의 정상화, 민생의 안정을 실현할 수 있다고 굳게 믿었기 때문이었다. 이러한 그의 정치론은 주자학적인 고정관념을 스스로 극복해 갈 수 있었던 결과로서 얻어진 것이기는 하다. 그러나 허목의 사유와 실천이 소박한 전제군주제의 향수를 버릴 수 없었으며 그러한 군주제의 실현을 禮敎에 입각한 신분·위계질서의 공고화와 分限의 差等化라는 범주에서 구하고 있음은 그의 현실 비판의 기준, 현상 타개의 방법이 지니는 한계임에는 틀림없다. 다시 말해서 그의 禮樂論·君主中心論은 반상으로 차별되는 사회신분제와 私的 大土地所有에 입각한 地主佃戶制를 근간으로 하는 集權的 封建制 社會를 유지해 가기 위한 개선·개량론의 차원에 머무는 것이었다.

그럼에도 불구하고 허목이 열어놓은 先秦儒學에의 길, 특히 古禮에의 관심과 君主 中心의 政治論은 중세사회 해체기의 구조적인 모순에 대한 비판적 인식의 출발점이 되고 있었다. 이것이 그와 동시대의 柳馨遠(1622

~1673, 磻溪)이나 한 세대 뒤의 李瀷(1681~1763, 星湖)의 단계에서 실증적·체계적인 현실 비판의 방법론이나 구체적인 제도 개혁안을 수립하는 데 있어서 일정한 방향을 제시해 준 이정표가 되었음을 간과해서는 안될 것이다.

(『東方學志』54·55·56합집, 1986. 6)

제2부

실학의 정치사상과 개혁론

柳馨遠의 變法觀과 實理論

金駿錫

1. 머리말

　조선후기에는 朱子學의 절대화 흐름에 맞서서 새로운 학문·사상운동
이 여러 갈래로 전개되었다. 그 가운데서도 許穆(1595~1682, 眉叟·臺嶺
老人)은 특히 주목할만한 경우였다. 그는 禮樂·禮敎說과 春秋義理說에
근거하여 尊君卑臣의 정치질서 확립, 양반 지배층의 각성과 절제를 주장
하고 兵事·戶布·屯田을 중심으로 한 군사·재정정책과 北伐運動을 비
판 반대하였다. 이는 兩亂을 치른 후인 17세기 중엽의 피폐한 현실이 결국
체제의 붕괴를 초래할 것으로 우려하고 그 수습을 위한 사회·정치개혁,
즉 적극적인 農民保護對策을 강조한 것이었다.[1]
　물론 이러한 현실인식과 대응자세는 주자를 聖人視하고 四書를 우선 내

---

[1] 허목의 정치·사회사상에 관한 기왕의 연구로서는 鄭玉子,「眉叟 許穆 硏究 - 그
　의 文學觀을 중심으로 - 」,『韓國史論』5, 서울대학교 국사학과, 1979 ; 韓永愚,
　「許穆의 古學과 歷史認識 -『東事』를 중심으로 - 」,『韓國學報』40, 1985 ; 金駿
　錫,「許穆의 禮樂論과 君主觀」,『東方學志』54·55·56합집호, 1987 ; 金駿錫,
　「許穆의 反北伐論과 農民保護對策」,『島巖 柳豊淵博士 回甲紀念論文集』, 1991,
　참조.

세우는 正統朱子學의 학문방법에서 나온 것이 아니라 六經을 본위로 하는
先秦 이래 漢唐의 유학, 즉 古學에 근거한 정치·사회론이었다. 말하자면
허목은 정통주자학자들과 달리 학문적 관심을 육경·고학에 확대함으로써
주자학에의 沒入을 극복하고 주체적인 思惟方式을 실현할 수 있었던 것이
고 그 결과로서 새롭고 적극적인 사회 정치적 견해를 세우게 된 것이었다.

　이토록 주자학의 인식논리를 벗어나서 열려진 시각과 입장에서 현실에
대처하게 되었지만 그 나름의 명백한 한계가 있었다. 사회·국가제도 전반
에 걸쳐 통일된 이념과 목표를 설정하고 이에 입각한 개혁안을 체계적으
로 제시하는 일이었다. 柳馨遠(1622~1673, 磻溪)은 바로 허목의 한계를
극복하여 이러한 과업을 수행해 낸 在野 儒者였다. 이 때의 論者들이 대체
로 學淵·黨派나 현실의 利害關係를 반영하면서 개별 제도의 운영상의
改善論 혹은 부분 改革論을 變通·更張이라는 이름으로 제시하는 수준에
머물렀던데 대해서 그는 이 시기 여러 가지 모순현상을 실증적으로 분석
비판하는 위에서 田制·貢賦·學校·科擧·官制·兵制 등 조선왕조 集
權體制의 근본 法制에 대한 전면개혁안을 마련하였다. 『磻溪隨錄』은 바로
이를 집약한 것으로서 그 개혁안의 進步性·變法性은 이미 확인되고 있는
터이다.2)

　그런데 『반계수록』이 지향하고 있는 새로운 사회의 모습이 그처럼 개혁
적이고 변법적인 차원의 것이라면 이제 문제는 그것을 뒷받침하고 있는
變法理念, 정치·철학사상이 무엇인지를 확인할 필요가 있을 것이다. 사실
보수 개량적인 정치사상에 대응해서 진보 개혁사상이 分岐 발전하는 과정
을 분명히 설명하고 나아가서 조선후기 정치·사회사상의 발전과정에서
'실학'사상의 위치를 정당하게 설정할 수 있기 위해서는 유형원의 변법사
상을 구조적으로 밝히는 것이 불가결한 일이기 때문이다. 그래서 본고에서

---

　2) 유형원의 사회사상에 대해서는 千寬宇, 「磻溪 柳馨遠 硏究」, 『歷史學報』2·3,
　　1952~3,(『近世朝鮮史 硏究』, 일조각, 1979, 再收) ; 鄭求福, 「磻溪 柳馨遠의 社會
　　改革思想」, 『歷史學報』45, 1970 ; 정성철, 「류형원의 철학 및 사회정치사상」, 『실
　　학파의 철학사상과 사회정치적 견해』, 사회과학출판사, 1974(한마당, 1989) 등 참
　　조.

는 특히 유형원이 취한 현실의 입장, 학문의 태도와 방법,『반계수록』에 관
철되고 있는 개혁의 원리와 목표, 그리고 朱子 性理說에 대치할 독자적인
인식논리를 實理論으로 성립시켜 가는 과정을 주목하게 될 것이다.

2.『磻溪隨錄』의 이념과 방법

1)'實事求是'·古典主義의 채용

하나의 사회·정치적 견해가 '改革思想'으로 되기 위해서는 그 전제로서
認識論理의 적극적인 전환이 필요하였다. 改革理念을 조직해 낼 수 있는
인식의 전환이란 일단 因習과 固定觀念을 청산해서 主體的 思惟를 실현
하는 일일 것이다. 즉 自己變革을 추구하는 일이었다. 무엇보다도 이 시기
普遍論理로 되어 있는 正統朱子學의 思惟方式에서 벗어나는 일이었다.
동시에 현실의 존재조건, 말하자면 자신의 사회·경제 환경을 스스로 변화
시키는 일도 당연히 여기에 수반되어야 했다. 유형원은 이 두 가지 조건을
충족하기 위해서 실로 어려운 결단을 내려야만 했다.

우선 京華兩班이라는 기왕의 정치·사회 기반을 포기하고 궁벽한 田野
인 扶安으로 퇴거 낙향한 일이었다.3) 이로써 중앙의 政界·學界로부터 인
연을 스스로 단절한 것이었다. 이 시기는 이른바 '禮訟' 문제를 둘러싼

---

3) 유형원은 그 本家는 물론 外·妻家 모두 비록 名門은 아니어도 대대로 仕宦이 그
치지 않은 서울의 전형적인 士族 출신이었다. 그의 本貫은 文化, 우의정 寬의 후
예로서 조부 成民은 副護軍(贈兵曹參判), 父 欽은 說書를 지냈다. 母 驪州李氏는
右參贊(贈領議政) 志完의 女, 伯舅 元鎭은 參議를 지냈고 星湖 李瀷의 從叔이
된다. 妻 豊山沈氏는 우의정 守慶의 曾孫女이다(『萬姓大同譜』上, 驪州李氏, 119
ㄴ~120ㄱ ;『萬姓大同譜』下, 文化柳氏 10ㄱ·ㄴ ;『萬姓大同譜』下, 豊山沈氏,
130ㄴ). 姻戚關係로 보아도 그의 黨色은 일찍이 南人으로 확정된 것 같다. 32세
때 率家 移居하게 된 扶安縣 愚磻洞은 그의 王父가 胡亂 때 피난했던 연고지로
서 物産이 풍부한 그 지역환경에 힘입어 生活資料를 自足할 수 있는 여건이었던
것으로 보인다(「磻溪先生年譜」崇禎 10년 丁丑, 孝宗 40년 癸巳條,『磻溪隨錄』,
경인문화사 영인본 所收 566·568~569쪽. 이하『영인본』및「年譜」로 略記함).

西·南政爭이 치열해지는 가운데 宋時烈(1607~1689, 尤庵·華陽洞主)이 尹鑴(1617~1680, 白湖·夏軒)를 '斯文亂賊'으로 破門하는 등 朱子道統派의 '正學'守護運動이 한창 강화되어 가는 시점이었다.4) 그러므로 그의 退去는 현실의 도피·은둔이 아니라 黨爭과 士禍 등 현실참여에서 당하게 될 時流의 外風을 거부하기 위한 적극적인 선택일 수 있었다.5) 대신 集權體制의 모순, 피폐한 농업·농민현실을 直視하기 위한 學問環境을 조성하는 길이 될 수도 있었다.

다른 하나는 批判的이며 實證(典據)主義的 학문태도를 수립하는 일이었다. 이것은 朱子學의 思惟方式을 극복하는 문제이기도 했다. 먼저 유형원은 내세울 만한 師承關係가 없었고 또 스스로 그것을 구하지 않았다는 점을 들 수 있다. 특별히 私淑한 先儒도 없었다. 그의 학문방법이 그러했던 것이다. 이를테면 그는 "吾少時 不得賢師 枉費工夫 年來讀書 漸知其味"6)라고 자신의 학문이 獨學自成한 것임을 말했고 또 그 子弟들에게도, "비록 名門의 師에게서 受業傳道하지 못해도 道가 내 몸에 있고 聖賢 經傳에 갖추어져 있으니 진실로 스스로 구하면 그 이치를 깨닫지 못할 것이 없었음"7)을 확인시키고 있었다. 師門의 敎示에 의지하거나 그것을 傳授하기보다는 實在하는 事物에 나아가(그는 이를 '吾身'으로 표현한다) 스스로 理致를 증험·체득하고 이로써 經傳의 그것과 一致를 구해야 할 것으로 생각한 것이었다. 이를 더 명확히 지적한 洪啓禧(1703~1771, 淡窩)의 말을 빌리면 "前人의 논설을 死守함이 없이 반드시 지금의 일로 헤아려 보고 옛 일로 고증하며 마음으로 理會하고 實事에 나아가 참작하며 생각하고 또 생각해서 그 精微함을 다하도록 연구"8)하는 공부였다. 특히 "前人

---

4) 金駿錫, 「17세기 畿湖朱子學의 동향 - 宋時烈의 '道統' 계승운동 - 」, 『孫寶基博士 停年紀念 韓國史學論叢』, 지식산업사, 1988.

5) 「年譜」에 의하면 그는 33세 때 進士試에 等第한 후 9번 京師에 出入했으나 결코 다시 應擧한 일이 없으며 國舅 閔維重의 천거 등 몇 차례의 仕宦기회를 단호히 거절한 것으로 보인다.

6) 梁溳撰, 『文化柳氏夏亭公派家乘譜』 所收, 「磻溪柳先生(馨遠)行狀」, 『영인본』 590쪽.

7) 위와 같음.

의 말[語言]을 死守하지 않았다"는 것은 적어도 특정한 先儒·師門의 敎
說을 墨守·추종하거나 異說이라고 해서 무조건 배격하지 않았다는 의미
일 것이다. 스스로 靜坐·體認을 통해서 진실[明理]에 도달하고 이를 실천
에 옮기는 태도였다.9)

이러한 학문태도는 師承·道統을 절대시하고 異說·新論을 異端邪說
로 斷罪하기를 주저하지 않는 正統朱子學의 학문 자세와는 결코 병행할
수 없었다. 예컨대 宋時烈이 朱子를 聖人視하고 그 言說의 無謬性을 절대
확신했던 태도나 韓元震(1682~1751, 南塘)이 '守師門說'을 公言하면서 師
門으로부터 "自庸學以下 至宋儒諸書 無不逐段受讀 如小兒授書樣"10)한
것을 자랑스럽게 강조하는 사실이 그것이었다.

학문의 의의는 師門說을 傳授하기보다는 自家說의 新創에 있다고 믿는
유형원의 인식은 이 시기 許穆의 그것과도 상통하는 바가 있었다. 사실 허
목은 유형원이 師生의 禮로써 종유했던 유일한 선배였다고 생각된다. 물
론 李瀷(1681~1763, 星湖)은 일찍이, "先生之學 源於太湖"11)라 하여 李
元鎭(1594~?, 太湖)과의 師生관계를 강조하였다. 유형원은 5세 때부터 12
세 때까지 伯舅인 李元鎭과 姑母夫인 金世濂(1593~1646, 東溟)에게 受學
했으므로 幼年期의 기초과정이 그 두 사람에 의해서 형성되었다고 볼 수
있을 것이다.12) 그러나 뒷날의 經世觀·變法思想과 관련해서도 그들의 영

---

8) 『磻溪隨錄』附錄, 傳, 2ㄱ~ㄴ(이하 『隨錄』으로 줄임).
9) 「磻溪柳先生行蹟」『영인본』, 608쪽, "學問之道 無他 但靜坐澄心 體認天理 用力
  不已 則自然漸明" ; 「磻溪柳先生(馨遠)行狀」『영인본』, 590쪽, "所貴乎學者 要在
  明理實踐耳 言語之學 都不濟事".
10) 『經義記聞錄』序, 1ㄱ.
11) 『星湖先生文集』卷50, 「磻溪柳先生傳」, 24ㄱ.
12) 「年譜」, 天啓 6년 丙寅, 崇禎 원년 戊辰, 同 4년, 辛未條, 565~566쪽 ; 이원진은
  벼슬이 監司에 이르렀고, 濟州 牧使 재임 시에는 Hamel 漂流사건을 처리한 일이
  있으며(『孝宗實錄』卷11, 孝宗 4년 8월 戊辰, 35책, 645上ㄴ~下ㄱ), 『耽羅志』를
  편찬했다고 한다. 김세렴은 判書 벼슬에 이르고 日本을 왕래한 通信使로서 『海槎
  錄』과 詩文集으로 『東溟集』을 남겼다(『仁祖實錄』卷47, 仁祖 24년 1월 己丑, 35
  책, 255下ㄴ~256上ㄱ). 특히 古文體의 文章·詩調에 뛰어났던 것으로 보인다
  (『記言』卷5, 東溟哀悼文, 8ㄱ~ㄴ). 이원진은 李瀷의 再從叔이 되므로 磻溪-星

향을 받았다고 할 수 있을지는 의문이다.

유형원과 허목의 만남은 鄭東稷(生沒年 未詳, 聽泉)의 주선에 따른 것이었다. 정동직은 유형원이 그의 兄 東益(生沒年 未詳, 字 伯虜)·裵尙瑜(1610~1686, 晩學堂)[13]와 함께 道義相許하는 知己의 한 사람으로 理氣·人心道心 문제에 대해서 심각하게 相論한 사이이기도 하였다.[14] 또 그는 허목이 가장 믿고 기대하는 後進이기도 하였으나 불행히도 젊은 나이로 病死하였다.[15]

정동직의 요절을 애도하는 허목의 만사에서는 특히, "나와 柳君이 서로 만나 본 일이 없으나 그대의 오랜 친구로 익히 알고 있네. 이제 柳君이 온다 하니 꼭 가서 서로 만나 그대를 이야기하며 그대의 부탁을 전하고 서로 울며 슬퍼하겠네"[16]라고 '柳君'에 대해 언급하고 있다. 柳君은 말할 것도 없이 유형원이었으며 정동직은 죽기 직전 허목에게 유형원을 간곡하게 소개한 것이었다. 이는 그 후에 허목이, "오호라, 文翁(정동직 : 필자)이 생전에 浪州(扶安 : 필자) 柳君의 所請이라면서 내게 古文을 구했었네. 나는

湖로 이어지는 '實學'의 형성·발전과정에서 그의 역할을 생각할 수 있겠다. 이익은 이 점을 크게 의식했고 그래서 유형원에 대한 관심이 그의 저술문자에 자주 보이게 되었는지도 모른다.

13) 배상유는 유형원과 학문 사상적으로 깊이 공감, 그 교류관계를 각별히 하였으며 유형원이 죽은 후에 당시 남인의 관인 유자들에게 『磻溪隨錄』을 소개함으로써 남인정국과 영남학계에 일정한 영향을 끼칠 수 있었다(李樹健, 「晩學堂 裵尙瑜 研究 - 磻溪 및 葛庵과의 관계를 중심으로 - 」, 『嶠南史學』 5, 영남대학교 국사학과, 1990 참조).

14) 「年譜」, 570~571쪽 ; 『磻溪雜藁』, 72~107쪽 참조(驪江出版社 영인본, 이하 『雜藁』로 略記함). 유형원은 長女를 정동직의 次子에게 출가시켜서 査頓을 맺기도 하였다.

15) 허목은 鄭東稷 형제들의 父와 親交했던 사이로서 그들 5형제 모두에게 字를 지어 주며 학문을 勸勉한 바 있었다(『記言』 別集 卷11, 鄭君兄弟字說, 1ㄱ~ㄴ). 특히 정동직의 학문태도를 '可謂善學'이라고 칭찬하였고(『記言』 別集 卷5, 與鄭東稷文 翁, 1ㄴ) 또 그의 죽음을, "以君淸明之氣 篤厚之行 不怠之學 所立者正 所履者順 庶幾古人之大方 不幸窮夭而不長此命耶 定耶 以吾衰死無友 自君之亡 此路茫然 心事盆孤 良自悲也"(『記言』 別集 卷13, 挽鄭文翁, 5ㄱ)라고 애도한 바와 같이 크게 충격을 받고 있었다.

16) 『記言』 別集 卷13, 挽鄭文翁, 5ㄴ.

문웅에게 그대(유형원 : 필자)의 소문을 들은 지 오래고 서로 만나 보자고
해 놓고는 내 게으른 탓에 응하지 못했네. 문웅이 병중에 보내 온 편지에
'멀리 있는 사람(유형원 : 필자)의 부탁을 잊지 말라'고 했는데 …… 오래지
않아 문웅은 죽었으나 그 죽음이 애석하여 그 부탁을 더욱 잊을 수가 없으
니 …… 원컨대 서로 한번 만나게 되면 문웅을 본 것 같겠네"17)라고 유형
원에게 준 편지에서 확인된다. 유형원은 '倉頡古法'으로 알려진 허목 특유
의 古篆體 글씨 한 폭을 구하기 위해 정동직을 통해 부탁한 것이다.

이번에는 허목의 요청에도 불구하고 그 만남이 금방 이루어진 것은 아
니었다. 그들은 생애에 두 차례 相面하였다.18) 그러나 그들의 "講論道理
商確古今"하는 진지한 토론은 數日씩이나 계속되는 것이었다.19) 그들은
현실인식 태도나 학문방법에서 크게 공감했던 것이다. 이 때 허목은 유형
원을 '王佐才'로 평가하고 있었다. 허목은 朱子의 『四書集註』보다도 六
經·古典에 주목하고, 이를 통해서 古文·古學論을 내세웠다. 이 시기 새
로운 사상·학풍의 선도자였다. 또 그는 顯宗代와 肅宗初의 仕宦에서 南
人, 특히 淸南세력의 중심인물로 떠오르는 가운데 양반 地主層의 사회·
정치적 각성과 君權中心政治論을 전개한 정치가이기도 하였다.20) 현실의
정치참여는 그 자체가 인식의 한계요인이 될 수 있었지만 그의 古典主義
방법론과 인식태도는 유형원에게 여러 가지로 영향을 주었다고 생각된다.
물론 이 때의 유형원은 그 생애의 말년에 가까운 40代 중반의 나이였고
『磻溪隨錄』의 작업 역시 종결단계였으므로 전혀 새롭고 결정적인 示唆를
받았다고 보기는 어려운 일이다. 다만 기왕의 인식방법과 그 실천문제에서
자신의 입장을 재확인하는 계기는 되었을 것이다. 두 사람의 경우야말로
부단한 自己變革을 시도하는 主體的인 지식인의 학문 교류 형태였을지도

17) 『記言』別集 卷6, 與柳馨遠德夫, 12ㄱ~ㄴ.
18) 「年譜」에 의하면 유형원이 허목을 찾아가 만난 것은 정동직이 죽은 지 7년 후인
1665년(44세 때)이었고 다시 3년 후인 1668년(47세 때)에는 고모부 김세렴의 文集
序文과 碑文을 허목에게 청하기 위해서 두 번째 往訪한 것으로 되어 있다(「年譜」
573~574쪽 ; 『記言』別集 卷8, 東溟金學士遺卷序(丁未), 16ㄴ 참조).
19) 「年譜」, 574쪽 참조.
20) 이에 대해서는 주 1)의 논문 참조.

모른다. 그런 의미에서 學淵·師承관계에 깊숙이 결부됨으로써만 현실참
여의 길을 모색하려 했던 이 시기 일반의 儒者, 즉 俗儒들의 知的 存在方
式과는 근본적으로 다른 것이라 하겠다.[21]

학문방법과 관련해서 유형원의 태도에서 보이는 또 하나의 특징은 朱
子·朱子學을 결코 직접 비판대상으로 삼지 않았다는 점이다. 그는 특정
의 敎說이나 이론에의 추종을 일체 거부했던 것과 마찬가지 태도로 또 그
것을 무조건 비판 배격하는 데도 동의하지 않는 입장이었다. 그런 만큼 자
신의 論旨를 스스로 세워야 했고 그러기 위해서는 이를 입증, 보강할 수
있는 객관적 典據를 치밀하게 마련해야만 되었다. 그가 六經과 漢·唐 이
후의 典故를 광범하게 섭렵했던 것은 이 때문이었다.[22] 그리고 이와 관련
되는 한 朱子의 言說·文字에서도 적극 채용하였다. 말하자면 六經·典故
에 접근하는 방법으로서 朱子의 선행업적을 비판적으로 取捨 선택하되 朱
子의 論旨 자체를 문제로 삼지는 않았던 것이다.[23] 이렇게 함으로써 獨自
的인 論旨를 객관화할 수 있었을 뿐만 아니라 尹鑴(1617~1680, 白湖·夏
軒)나 朴世堂(1629~1703, 西溪·潛叟)의 경우와 같은 保守朱子學派와의
정면충돌을 야기하지도 않았다.[24] 이것은 그가 타협적인 의도를 갖고 있었
기 때문이 아니었다. 사회·정치운영에 관한 變法的 改革을 최우선의 實

---

21) 學淵·師承을 내세우지 않고도 그 이념을 계승하는 자세는 '實學'者들 공통의 현
   상이었다. 安鼎福(1712~1791 : 順菴)도 李瀷과의 17년 간 從遊를 통해서 생전에
   단 4차례 직접 상면이 있었을 뿐이다(『順菴先生文集』 卷16, 函丈錄, 1ㄱ).
22) 그는 이에 대해서 별도의 논설을 가하지 않았으나 『磻溪隨錄』의 모든 論次에는
   반드시 '攷說'을 설정하고 六經과 漢唐 이후 역대의 典故를 인용, 本論의 내용을
   강화하고 있다. 인용과정에서 문헌의 비판·검증을 거치고 있음은 물론이다. 그러
   므로 이는 '典故'의 實事·實用에의 응용이고 이론과 실천의 일치를 지향하는 태
   도라고 볼 수 있다.
23) 그는 '攷說'에서 朱子言說을 수없이 인용하고 있을 뿐만 아니라 따로 『朱子纂要』
   (15권)라는 편집물을 작성하고 있었다(『星湖先生文集』 卷50, 「磻溪柳先生傳」, 24
   ㄱ). 어느 儒者 못지 않은 관심을 가지고 朱子를 집중연구했다고 봐야 할 것이다.
24) 유형원은 윤휴에게, "人之持身 處世不密 則悔不可追 云云"이라는 충고를 하고
   있다(「年譜」, 576쪽). 『中庸』 朱子註에 대한 윤휴의 비판이 학계의 물의를 빚고
   있는데 대한 반응이었을 것이다.

事・實務로 파악하는 그의 인식논리에서 오는 자연스러운 귀결이었다고
해야 할 것이다.

　주체적인 인식태도와 비판적・실증적인 학문방법으로의 전환은 필연적
으로 識者・儒者로서의 道理와 分을 자각하고 이를 實踐에 옮기는 태도
로 직결되었다. 유형원은 우선 선비[士]로서 자신의 입장과 포부를,

　　조상이 끼쳐 준 덕으로 衣食을 누리고 있으니 公侯의 樂이라 하겠다.
　　나는 세상에 아무런 功德도 없으니 죽지 않고 사는 것만으로도 이미 過
　　分한 노릇이다.[25]

라거나,

　　하늘이 士農工商의 四民을 냈으니 저마다 職分이 있다. 나는 조상의 음
　　덕으로 편히 놀고 먹으니, 이는 天地 사이에 한 좀벌레이다. 마땅히 先王
　　의 道를 강구하여 내 선비[士] 된 자 本分[道理]을 다할 뿐이다.[26]

또는,

　　오늘 하루가 또 헛되이 지나가 버렸구나. 義理는 無窮한데 살 날[歲月]
　　은 한정이 있도다. 古人은 무슨 精力으로 성취함이 그토록 뛰어났던 것일
　　까.[27]

라고 술회하였다. 다소 감상적인 감이 있지만 양반사대부층으로서 누리는
사회적 특권에 대한 自責感, 士의 직분과 사명, 그리고 끊임없는 自己 鍊
磨에의 각오가 피력되고 있다. 그가 일찍이 四箴을 지어 "自警操存 省察
內外"[28]에 힘쓴 일이나 『陶靖節集』을 編修하고 「歸去來辭」에 次韻하게

---

25) 「磻溪柳先生(馨遠)行狀(梁曻撰)」, 『영인본』, 589쪽.
26) 『隨錄』 附錄, 傳(洪啓禧撰), 2ㄴ.
27) 「磻溪柳先生(馨遠)行狀(梁曻撰)」(영인본), 584쪽.
28) 그의 '四箴'은, "① 夙興夜寐 未能也 ② 正衣冠 尊瞻視 未能也 ③ 事親之際 和顔

되는 소이도 여기에 있다 할 것이다.29)

이러한 맥락에서 볼 때 이 시기 儒者들의 태도는 잘못된 것이었다. 유형원은 그들의 存在方式을 크게 두 가지로 나누고 그 오류를 지적하였다. 즉,

> 관직에 있는 자들은 이미 과거시험을 통해서 벼슬에 나왔으므로 오직 世俗을 따르는 것이 편리한 줄만 알고 草野의 선비는 혹 스스로 학문을 닦는 일에 뜻을 두더라도 經世의 實用에 대해서는 생각이 미치지 못하고 있다. 이 때문에 세상이 제대로 다스려질 날이 없고 生民의 災禍는 그칠 줄을 모른다.30)

라고 함이 그것이다. 현실참여와 그 旣得權에 안주하는 官人儒者들의 태도나 도덕적인 內面世界의 추구에 沒入되어 世情·實務에 어두운 儒者들의 현실방임은 다같이 儒者로서의 本分을 放棄한, 腐儒·俗儒이거나 迂儒의 태도로 간주한 것이다.

이로써 그의 입장선택은 명백해지게 되었다. 그것은 일단 『大學』의 학문론, 즉 '修己治人'의 의미를 스스로 실천하는 일이었다. 그는 적어도 『大學』 공부의 의의를 "格致誠正 爲治平之本 治國平天下 爲格致之用"이라는 體用論의 차원에 두고, "정치하는 방도[治道]가 心學 가운데서 나오는 것임에도 이를 나누어 두 가지[格致誠正과 治國平天下, 즉 本(體)과 用]일로 함으로써 私私 家門이나[在家] 나라 정치에서나[在邦] 일에 당해서는 서로 어긋나고 뒤틀리게 되는 까닭을 모르는 세상의 학문하는 자"31)들의 오류를 스스로 극복하고 있었다. 이것은 그가, "君子之爲天下 非有爲而

色 未能也 ④ 居室之間 敬相對 未能也"였다. 그는 특히, "志於道而未能立者 志爲氣惰也"라 하여 道의 실천을 위한 志氣의 강화를 위해서 이같은 箴言을 마련한 것이었다(『隨錄』 附錄, 傳(洪啓禧), 1ㄴ).

29) 「年譜」, 566·568·574쪽 참조.

30) 『隨錄』 卷26, 書隨錄後, 26ㄱ~ㄴ.

31) 『隨錄』 附錄, 京外儒生進士盧思孝等疏(甲戌 三月 封進), 13ㄱ, "世之爲學者 不知治道 自心學中出來 岐而二之 故在家在邦 當事齟齬".

爲 自是天理合 如此"라고 요약하는 말과 일치한다고 생각된다. 儒者의 道理=使命을 天理의 실현으로 본 것이다.[32] 또 李瀷이 유형원을 가리켜,

　　학문은 天人에 관통했고 道德은 群生을 포용했으니 단 한 사람의 지아비가 그 살아갈 방도를 잃는 것도 선생은 부끄럽게 여겼다. 그래서 몸은 비록 匹夫에 머물렀지만 그 뜻은 民生[物]을 구제하는 데서 벗어난 적이 없었다.[33]

라고 평론한 것은 바로 이를 말함이었다.

『磻溪隨錄』은 바로 이러한 認識論理에서 성립된 것이었다. 스스로 執權圈으로부터의 疎外를 선택한 그의 입장에서는 오직 현실운영의 구상, 社會改革案을 마련하는 일만이 그가 다짐하는 바 儒者의 도리, 나아가서는 義理를 밝히고 天理에 合致하는 길이었을 것이기 때문이다. 『磻溪隨錄』은 후대의 論者들로부터, "規模의 광대함과 條例의 縝密함은 前賢들이 미처 발휘하지 못한 바로서 이제껏 우리 東方에 없던 저술"[34]이라거나, "진정 天理를 운용해서 萬世토록 太平時代를 열어 놓을 책"[35]이라는 등의 지지와 찬사를 받아왔다. 그러므로 유형원 스스로 『磻溪隨錄』을 가리켜 "隨得錄之"한 데 지나지 않으며, "此非立言於世也 乃私爲箚記 以自考驗也"[36]라고 말한 것은 단순히 謙辭였음을 알 수 있다.

2)『磻溪隨錄』의 變法理念

『磻溪隨錄』에 나타난 유형원의 구상은 사회·정치의 전반에 걸친 '法制의 改革'에 있었다. 그는 표면상 급진적인 개혁의 추진에는 반대했지만 그

---

32) 李佑成,「初期實學과 性理學과의 關係 - 磻溪 柳馨遠의 경우 - 」,『東方學志』58, 1988, 19쪽.
33)『星湖先生文集』卷32, 磻溪隨錄序, 29ㄴ.
34)『隨錄』附錄, 行狀(吳光運撰), 11ㄴ.
35)『順菴先生文集』卷18, 磻溪年譜跋(乙未), 37ㄱ.
36)『隨錄』卷26, 書隨錄後, 26ㄴ.

의 改革論이 조선왕조 集權體制의 基本構造를 문제삼고 있는 이상 그 기
초에는 확고한 變革·變法이념이 전제되지 않을 수 없었다. 그 變法理念
은 물론 六經을 포함해서 漢 이후의 典故와 朱子學의 認識論 등 '儒敎' 정
치사상의 주요한 개념들을 채용해서 조직한 것이었다. 이 점에 주목하면서
그 특징을 몇 가지 측면에서 살펴보기로 하겠다.

첫째, 유형원은 改革事目의 형태로서 制度·規式을 마련하되, 그 논리
근거로서 體用論, 혹은 道器論을 수용하였다. 道器論은 '道體器用'·'道本
器末' 등으로 표현되듯이 理氣·陰陽論과 함께 그 學說史的인 전개 과정
이 논의되게 마련이었다. 여기에서는 우선 『磻溪隨錄』의 序文을 道器論의
관점에서 작성하고 있는 吳光運(1689~1745, 藥山)의 견해로부터 간취할
필요가 있다.[37] 그는 『易經』의 "形而上者 謂之道 形而下者 謂之器"[38]를
전거로 해서 "道는 圓하고 器는 方한 것", 즉 道는 天에 있고 器는 地에
있는 것으로 생각하였다. 같은 논리에서, "道德은 天에 근본하고 政治와
法制는 地에 근본하는 것"[39]이라고 했다. 말하자면 그는 天地가 그러하듯
이 道德과 政制는 道와 器의 관계로서 서로 分離될 수 없음을 분명히 하
였다. 또 道의 不變·不滅性에 대해서 器의 可變·有限性을 인정함으로
써 道의 先次性·우월성을 일단 승인하지만 器가 전제되지 않는 道의 독
자성을 부정하고 있으므로 이 점에서는 '器'根源論의 가능성도 배제되는
것은 아니다.[40]

---

37) 吳光運은 18세기 중엽 少論과의 협력관계 속에서 英祖의 '蕩平'정책에 적극 협조
   했던 淸南系 門外派의 중심인물로서 許穆의 학문 연원을 이어 正祖代의 南人 領
   相 蔡濟恭을 門人으로 두었다. 그는 특히 戶錢論을 적극 내세워서 英祖代 '緩論
   蕩平' 세력이 추진했던 良役 이정정책을 주도한 인물이기도 했다(유봉학,「18세기
   南人분열과 畿湖南人 學統의 성립」,『한신대학교 논문집』1, 1983, 11쪽 ; 朴光用,
   「蕩平論의 展開와 政局의 變化」,『朝鮮時代 政治史의 再照明』, 범조사, 1985,
   326~335·362~365쪽 참조).
38) 『周易傳義大全』 卷22, 繫辭 上傳, 12章, 95ㄱ.
39) 『隨錄』, 序(吳光運), 1ㄱ.
40) 이러한 이해 방식은 道를 形而上의 원리·법칙으로, 器는 形而下의 形象·實體
   라는 대응관계로 상정하는 한에서는 朱子의 理氣論·道器觀과 다른 것은 아니다.
   그러나 道器의 先後·本末관계에서는 道本器末·道先器後를 명백히 하는 朱子

역사적으로 보면 三代時期는 道器가 一致하고 制度로서 실현되었으나 孟子로부터 秦漢 이후로는 王道가 쇠퇴하자 道器도 따라서 나뉘어 무너졌다는 것, 세월이 흐르면서 道는 그래도 文字나 사람들의 精神 속에 전해졌지만 器는 더욱 흩어져 찾아볼 수 없게 되었다는 것, 또 그렇기 때문에 '程朱의 大賢'으로도 道를 바로 세우는 일에 우선했던 나머지 器를 회복할 겨를이 없었다는 것, 그 사이 수많은 識者들이 있었지만 오직 柳馨遠에 이르러 井田制度를 구상함으로써 비로소 器가 制度로서의 형태를 갖추어 道器의 일치를 再現하게 되었다는 것이다.[41] 이는 유형원의 개혁이념을 유구한 유교정치이념의 발전과정 속에서 파악하되 井田制 원리의 도입에 그 획기적인 의의를 부여하고 道器論을 통해 그 정당성을 입증하려고 한 것이라고 하겠다.

이렇게 유형원의 개혁안이, "器를 떠나 독자적으로 운행할 수 없는 道"[42]의 실현을 가능하게 했다는 오광운의 논리는 적어도 두 가지 상반되는 의미를 내포하는 것이기도 하다. 즉 유형원의 학문이 오로지 朱子學을 계승해서 그 완성을 지향했다는 것, 말하자면 그의 개혁이념이 전혀 程朱의 인식체계를 벗어나지 않았음을 강조하는 것이라고 볼 수 있다. 이는 正統朱子學으로부터의 공격에 대비하는 의도일 수 있었다. 다른 하나는 朱子가 井田制의 實現可能性에 대해서 회의적인 입장이었다는 사실과도 관련해서[43] 유형원이 朱子의 인식논리를 극복하고 독자적인 思惟體系를 추구했다는, '혁신성'을 강조하는 의도가 된다. 오광운은 아마도 후자의 관점이었다고 생각된다.

變法思想의 道器論的인 관점은 유형원 자신의 말을 통해서도 분명히 확인된다. 즉,

의 견해와 차이가 있게 된다(朱子의 道器論에 대해서는, 張立文, 『朱熹思想硏究』, 北京 : 中國社會科學出版社, 1981, 240~244쪽 참조).

41) 『隨錄』, 序, 1ㄱ~2ㄱ.

42) 『隨錄』, 序, 2ㄱ, "道 何嘗離器 而獨行哉".

43) 金容燮, 「朱子의 土地論과 朝鮮後期 儒者」, 『朝鮮後期農業史硏究』 II(增補版), 서울 : 일조각, 1990 ; 張立文, 앞의 책, 1981, 124~130쪽.

天地의 理는 萬物에 依着하는 것이므로 物이 아니면 理가 依着할 곳이 없게 되고 聖人의 道는 萬事에 실행되지만 事가 아니면 道가 행해질 곳이 없게 된다.[44]

고 함이 그것이다. 이 때의 理·道는 朱子의 이른바, "道라 함은 하늘과 사람의 性과 命의 理(致)이며 事物의 당연한 法則(道理 : 필자)이며 修身齊家와 治國 平天下하는 방법[術]"[45] 이라고 할 때의 理이며 道였다. 이는 말할 것도 없이 道器의 道이며 萬物·萬事는 器에 대응하게 된다. 이것은 이를테면 (天地의) 理=理法이 萬物을 통해서 나타나 듯이 (聖人의) 道=王道는 萬事=制度와 規式에 의해서 具現되어야 함을 말해 주는 것이다. 『隨錄』의 내용에서 法制의 大綱과 細目에 典據와 해설을 자상하게 붙이고 있는 것은 器의 복원을 통한 道=王道의 실현을 지향하는데 있었다. 그러므로 유형원이 비록 "凡事有本有末 本擧則末自正"[46]이라 하여 (支)末에 대한 (根)本으로서의 道의 중요성을 강조하고 있지만, 그것은 器의 완성, 즉 制度·規式의 완벽한 실현을 위해서는 道가 전제로 되어야 하기 때문일 뿐 理·道 자체를 物·事 보다 더 근원적인 것으로 인정하기 때문은 아니었다.

둘째, 變法思想의 기저에는 天理人欲說의 논리가 깔려 있다. 天理란 글자 그대로 '하늘의 이치', 혹은 '하늘이 사람에게 부여해 준 이치'로서 善이면서 公이다. 人欲은 이에 反하는 惡이자 私로 간주된다. 朱子學에서는 도덕의 관점에서 人性을 논하고 性善을 강조하므로, '天理를 보전하고 人欲을 제거하는 일[存天理 遏人欲]'은 修養·修道의 핵심과정이 되게 마련이고 이 때문에 天理人欲說이 발전해 온 것이다. 유형원은 法制·規範의 모순·폐단을 비판하고 그것을 개혁하는 근거로서 天理·人欲說을 원용하였다. 그는 우선,

44) 『隨錄』 卷26, 書隨錄後, 27ㄱ.
45) 『隨錄』 卷11, 敎選攷說 上, 三代敎人取士之法, 7ㄴ.
46) 『隨錄』 卷4, 田制後錄 下, 國朝名臣論弊政諸條附, 23ㄱ.

무릇 天下의 온갖 일에는 다만 두 가지 실마리가 있으니 天理와 人欲
일 뿐이다. 가깝게는 한 마음의 작은 것으로부터 멀리는 天下의 큰일에
이르기까지 그 이치는 한가지다. 사람이 진실로 天理를 보존하면 人欲이
저절로 물러가서 命을 따르고 吉하게 되어 이롭지 않음이 없을 것이다.
어찌 天理를 보존하고서도 그 몸을 병들게 하는 자가 있겠는가.47)

라고 일[事]의 吉凶 成敗가 天理와 人欲의 선택 여하에 달린 것으로 생각
하였다. 그리고,

대개 '公'과 '私' 두 글자는 天理와 人欲이 나누이는 갈림길이다. 더구나
국가를 경영하고 法制를 수립하는 데는 '私'자가 털끝만큼이라도 용납되
어서는 안 된다.48)

고 한 바와 같이 公과 私의 구분 여하에 따라 政治와 法制운영의 성패가
걸리게 마련인데 그것이 바로 天理·人欲의 分界라고 보았다. 그의 이러
한 인식은,

君子는 항상 無用之物이 되어 왔고 小人은 오래도록 방자하기를 마지
않았다. 마침내 그 禍가 天理를 混滅하고 私欲을 북돋아 주고 生民은 흩
어져 죽는데 떨어지고 오랑캐[犬戎]가 주인 노릇하게 되었다. 이것은 어
찌된 까닭인가. 반드시 그 由來가 있어서 그런 것이다.49)

라고 단정하는 것처럼 당시의 時代相을 나름대로 분석해서 얻어진 것이었
다. 그도 일단 유학자였으므로 사회·역사 현상을 君子와 小人, 文明[中
華]과 야만[犬戎=夷狄]의 二元的 대립 관계, 天理와 人欲의 消長으로 보
는 한계를 벗어날 수는 없었다.
　　그러나 유형원은 개인 각자 모두에게 道德的 修養으로서 '存天理遏人

---

47)『隨錄』卷2, 田制 下, 田制雜議附, 17ㄱ~ㄴ.
48)『隨錄』卷19, 祿制, 外官祿, 16ㄴ.
49)「年譜」, 顯宗 12년 辛亥條, 575쪽.

欲'을 요구하는 것이 아니었다. 사회 정치운영의 실재에서 公道가 확립되어야 할 당위성을 강조하는 선에서 그것을 거론하고 있었다. 예컨대, "聖人이 주장하는 바는 한가지로 天理일 뿐이다", "天理가 所在하는 바(公益이 걸린 일 : 필자)에는 비록 刑罰(誅殛)과 討伐의 괴로움이 따르더라도 이를 辭避할 수 없다"[50]거나 "무릇 法을 제정하는 사람이 털끝만한 私私의 뜻을 품어도 만사가 그 올바름[正]을 잃게 된다"[51]고 함이 그것이다. 聖人＝帝王, 作法者＝治者에게는 公益을 위해 私私를 배격해야 할 책임이 따르게 된다는 주장이다. '私'는 자기의 욕망을 채우려고 타인의 욕망을 무시하거나 해치는 것, 즉 '利己'를 뜻한다. 그러므로 識者(儒者)·治者로서는 결코 私意에 얽매여서는 안 된다는 말이었다. 그것이 儒者의 道理이자 分을 다하는 일이기 때문이었다.

天理와 人欲의 대응은 이것으로 끝나지 않았다. 法制의 정신에서 보면 三代의 法과 後世의 法은 天理와 人欲의 차이가 있는 것이었다. 이를테면,

> 三代의 法은 모두 天理를 따르고 人道에 순응해서 만든 제도로서 그 요점은 사람들로 하여금 반드시 각자 살아갈 바를 얻게 하여 太平聖代를 이룩하는데 있었다. 그러나 後世의 法制는 한결같이 人欲에 이끌려 구구한 편리를 위해 만든 것으로서 人類로 하여금 부패타락에 빠지게 하고 天地가 막히게 하였으니 옛 法制와는 진정 相反되었다.[52]

는 것인데, 이렇게 三代法을 理想視하고 대신 後世法은 私利私欲에 이끌린 非法·弊法으로 보는 지적은 『隨錄』의 도처에서 그치지 않는다.[53] 法制를 天理人欲說에 결부시키는 유형원의 관점에 따르면 古法·古制, 예컨대 井田制(均田制), '以田爲本'하는 貢賦, 貢擧制는 天理에서 나온 法制이고, 私田制(地主制), '以人爲本'의 貢役制, 科擧制는 人欲에서 비롯된 제

---

50) 『隨錄』卷2, 田制 下, 田制雜議附, 17ㄴ.
51) 『隨錄』卷19, 祿制, 外官祿, 16ㄴ.
52) 『隨錄』, 書隨錄後, 27ㄴ.
53) 『隨錄』卷25, 續編 上, 女樂優戲, 29ㄴ ;「年譜」, 顯宗 12년 辛亥條, 575쪽.

도, 즉 非法・弊法이였다. 그러므로 그러한 非法・弊法에 因習・因循해서 改法을 거부하는 것은 당연히 人欲이 된다.[54]

天理人欲說을 근거로 한 三代와 後世의 相反관계는 이제 法制의 문제 범위를 넘어서 王道와 覇道, 封建과 郡縣의 대응관계에 이르기까지, 理念과 體制문제에서도 三代(王道・封建)는 天理로 後世(覇道・郡縣)는 人欲으로 대별하기에 이르렀다. 그리하여 三代 시기는 지향해야 할 완벽한 사회・역사상으로 그려지고 후세는 그것을 위해 전면 改革되어야 할 대상으로 인식될 뿐이었다. 바꾸어 말하면 현실의 制度改革을 위한 이상적인 모델을 三代의 그것에서 찾아야 할 필연성이 여기에 있었다. 朱子學・儒敎를 인식논리로 하는 유형원의 입장에서는 그것만이 최선의 방법이었던 셈이다.

결국 유형원의 天理人欲說에 대한 관심은 儒者層의 道理와 分, 즉 公益을 내세워 私欲을 부정하는, 사회 정치적 책임을 강조하고 나아가서는 국가 사회제도의 變革・變法原理로 援用하는데 이르고 있었다. 이러한 태도는 天理人欲說을 三綱五倫이라는 개인의 윤리규범, 修身齊家의 근거논리로 원용함으로써 엄격주의적인 社會紀綱의 철저화를 지향했던 송시열 등 正統朱子學의 입장과는 근본적으로 다른 것이었다.[55] 이것은 일단 朱子의 認識論理에서 출발했으면서도 朱子學의 修養論・人性論의 觀念論的인 한계를 스스로 극복하고 있음을 말해 주는 것이라 하겠다. 그리고 이러한 인식론적인 전환이 가능했던 것은 實事・實際에 즉응하는 그의 주체적 사유・비판, 실증주의적인 학문태도에서 비롯된다고 할 수 있겠다.

셋째, 古法主義를 지향한 일이다. 유형원은 法制를 匠人의 繩尺이나 治人의 模範에 비유하면서[56] 사회・정치운영의 필수 準據라고 생각하였다.

---

54) 그는 특히, "大抵 樂因循而憚改作 常人之情 而我國尤甚"(『隨錄』卷8, 田制後錄 攷說 下, 附楮幣, 21ㄱ)이라 하여 그 시기 爲政者들의 守舊安逸하는 태도를 비판하고 있다.

55) 金駿錫, 「17세기 正統朱子學派의 政治社會論 - 宋時烈의 世道政治論과 賦稅制度 이정책 - 」, 『東方學志』 67, 연세대학교 국학연구원, 1990.

56) 『隨錄』卷4, 田制後錄 下, 國朝名臣論弊政諸條附 23ㄴ, "大抵 法者 猶匠人之繩尺也 猶治人之模範也".

그러므로 사회개혁의 출발도 그 올바른 준거, 즉 새로운 法制의 마련에 있게 되고 이 때 援用해야 할 모범은 바로 古法에 있었던 것이다. 그는 이미 三代를 '天理의 시대'로, 後世를 '人欲의 시대'로 간주했듯이 天理를 회복하고 人欲을 제거하는 일을 사회 정치적 측면에서 보면 곧 古法을 복원하여 後世法을 철폐하는 일이었다.

그는, "道의 用은 事物을 통해서 실행되고 心의 발동은 政治에서 나타나게 된다"거나, "治世와 亂世는 때에 따라 바뀌지만 道에는 古今이 없는 것"이라면서,

> 설령 三代의 시기라 하더라도 後世의 정치처럼 했다면 三代 역시 後世나 다를 바가 없다. 진실로 今世로 하여금 三代의 정치를 본받게 할 수 있다면 今世라도 또한 三代가 될 수 있다. 안타깝도다. 폐단으로써 폐단을 이어온 것이 이미 오래 되었구나.57)

라고 후세의 지향해야 할 바가 일단 三代의 法制와 政治에 있음을 굳게 확신하였다. 그것은 "무릇 古人이 事物의 節度를 制定함은 지극히 정당하지 않음이 없었으니 物理를 정밀히 하여 그 理致에 깨달음이 있지 않고서는 이를 말로 옮기지 않았다"58)든가, "三代의 樂師들은 본시 모두 有識者들이었으니 有識하지 않고서는 (音)樂을 잘 알 수 없었기 때문인데 後世의 음탕한 음악, 천박한 무리들 같은 것과는 비교될 바가 아니었다"59)든가, 또는, "古人의 法制는 한결 같이 모두 簡要하여 폐단이 없었으나 구차스럽고 폐해가 많은 것은 바로 後世의 法이었다"60)고 평하는 데서도 알 수 있듯이 古人 古制에 대한 무한의 신뢰에서 비롯되는 것이었다.

그러면 그같은 확신, 신뢰는 어디에서 오는 것일까. 유형원은 古今을 막론하고 通義·通法이 있다는, 즉 "時有治亂 道無古今"61)이라고 생각했다.

---

57) 「年譜」, 顯宗 12년 辛亥條, 575쪽.
58) 『隨錄』 卷10, 敎選之制 上, 貢擧事目, 20ㄱ.
59) 『隨錄』 卷10, 敎選之制 上, 鄕飮酒禮節目附, 42ㄴ.
60) 『隨錄』 卷10, 敎選之制 上, 貢擧事目, 30ㄴ.
61) 「年譜」 顯宗 12년 辛亥條, 575쪽.

그것은 '道'였다. 三代의 古制 古法은 '道'가 관철되고 있음에서, 또 古人들은 道에 근거해서 制法했으므로 신뢰할 만한 것이었다. 그리하여,

> 예나 지금이나 이 天地에 이 사람이 있으니 先王의 政治는 한 가지라도 실행하지 못할 것이 없다. 저들이 古今에 따라 時宜와 서로 맞는 것이 있고 맞지 않는 것도 있다고 말하는 것은 망령된 일일 뿐이다.[62]

라고 하듯이 道가 일관되는 것이라면 古今이나 時宜를 따질 이유가 없었다. 그런데 그 '道'란 특별한 어떤 것이 아니었다. 유형원이, 古今의 制法은 모두 '以道揆事'했기 때문에 '簡易易行'할 수 있음에 비해 後世의 그것은 대개 '緣私爲法'한 것이라서 '百般防巧 只益紊亂'하게 되었다고 단정하는 바와 같이[63] 天理에 따른 것이면 有道로 人欲에 흐른 것이면 無道로 간주되는, 그러한 '道'였다. 이를테면 聖人之道·王道였다.

이렇게 보면 그가 말하는 三代는 後世와 時間의 先後關係에서 문제되는 三代, 역사적 實在로서의 三代라기보다도 人欲과 私와 非法에 대항하는 天理와 公과 正法으로서의 三代였던 셈이다. 後世, 말하자면 現實은 三代라는 이상·이념에 의해서 극복되고 대치되어야 할 대상이었다.

이러한 의미의 古法主義는 단순히 復古主義와 동일시될 것이 아니었다. 복고주의란 대체로 과거시대의 文物制度나 體制를 理想化하고 그 재현을 추구하는 非歷史的인 관념이라 하겠는데 그것은 자칫 현실을 否定 放棄하거나 새로운 思潮나 外來文物을 무조건 거부함으로써 결과적으로는 당면한 현실, 사회적 과제를 호도 엄폐하는 자기모순에 빠지는 논리로 될 우려가 있었다. 유형원은 엄격한 批判意識을 통해 현실을 직시하고 그 문제점을 실증적으로 제기하는 태도를 견지했던 바와 같이 古制·古法에 대해서도 그것을 맹목적으로 이상화하는 것이 아니라 오히려 그 실현가능성을 검증하고 평가하는 자세로 일관하려 한 것으로 보인다.[64] 또 그는 古法의

---

62) 『隨錄』 附錄, 傳(洪啓禧撰), 3ㄱ.
63) 위와 같음.
64) 그의 학문태도가, "前人의 學說을 死守하지 않았고 현재의 사실에 批定해 보는

理念을 추구하고 이와 일치하는 法制體系의 실현을 목표로 했지만, 古法制 자체를 결코 고집한 것은 아니었다. 이를테면, "三代가 三代로 되는 까닭은 그 禮制가 잘 갖추어졌기 때문"[65]이라고 三代시기 禮制의 完備를 동경하면서도 禮樂制度의 개혁과 관련해서는,

　비록 後世의 聖人이 일어나서 옛 禮樂을 다시 회복한다면 마땅히 그 大體의 변할 수 없는 것을 근거해서 정리하되 細細한 節目에서는 반드시 添削을 가해서 고치는 바가 있어야 할 것이다.[66]

라 하였고 다시,

　古禮의 節目 가운데는 혹 마땅히 變通해야 할 곳도 있다. 그러나 그 '誠敬'의 實은 大體가 의거하는 바이다.[67]

라고도 하였다. 大體는 곧 法制의 기본이념이나 정신을 담고 있는 大綱이 되므로 달리 변경해서는 안되지만 그 節目이나 細則에서는 時宜에 맞게 변통해야 한다는 것이었다.

　결국 유형원에게는 古法·古制야말로 道와 器, 體(本)와 用(末)에서의 道·體이며 天理와 人欲에서의 天理와 같았다. 그러므로 古法을 통해서 추구해야 할 大體·大綱, 즉 기본이념은 道器論의 그것과 마찬가지로 王道政治나 封建制度 같은 것이었다.[68] 王道·封建에 대한 구체적인 언급

　…… 것이었다"는 洪啓禧의 지적은 바로 이 점을 말한 것이라 하겠다(『隨錄』附錄, 傳(洪啓禧撰), 2ㄱ~ㄴ).

65) 『磻溪雜藁』, 政敎, 132쪽.
66) 『隨錄』卷10, 敎選之制 下, 鄕飮酒禮節目附, 43ㄱ.
67) 『隨錄』卷10, 敎選之制 下, 鄕飮酒禮節目附, 42ㄱ.
68) 후세의 論者들이 『磻溪隨錄』에 대해서, "古制 則大綱僅存 而其目缺 暴秦以來 循欲而已 於是稽遺經而得聖人之意 原人情而闡天理之正 推是發之 因存以補缺 因略以致詳"(「磻溪柳先生(馨遠)行狀(梁選撰)」,『영인본』, 585쪽)이라거나, "包大小兼體用 天德之粹然者 自完於王道"(『雲湖集』)라고 높이 평가하는 것은 바로 유형원의 이러한 古法精神을 긍정하기 때문일 것이다.

이 없지만, 그는 『禮記』・『周禮』를 치밀하게 분석 연구하였으므로 그 과정에서 古制・古法의 大綱을 재확인하고 이에 입각한 細目절차가 어떻게 마련되어야 할 것인가를 구상하기에 이르렀다고 생각된다.[69] 말하자면 유형원은 『周禮』를 중심으로 한 古典의 政治・法制體系를 복원하고 있었던 셈이다.

넷째, 『經國大典』의 體制를 전면 수정하는 입장이다. 유형원의 變法論은 요컨대 17세기 중엽 조선왕조 집권 체제의 法制・規式에 대한 비판의식을 반영하는 것이었다. 『磻溪隨錄』을 내세우는 여러 찬사 가운데는, "先王의 法을 취하고 歷代의 得失을 증거하였으며 국가의 法典憲章을 參用했음"[70]을 특기하는 경우도 있었다. 三代의 法制理念, 역사적 典故와 함께 『經國大典』은 『磻溪隨錄』의 성립에 중요한 기초가 되었다는 것이다. 실재로 유형원은 『隨錄』의 도처에서 『經國大典』의 내용을 그대로 인용하거나 자주 典據로 제시한 것은 사실이었다. 그러나 그러한 원용은 『경국대전』의 체제와 이념에 공감하고 그 法典的 기능을 인정하기 때문은 아니었다. 오히려 철저한 비판과 극복을 위해서였다.

『隨錄』을 통해서는 국가 법전의 不備와 漏脫, 모순점이 지적되고 그 改廢방안이 누누이 제시되었다. 우선,

생각하건대 王道가 무너지고 막히면서 萬事가 기강을 잃었다. 처음에는 私意로 法制를 만들기 시작하다가 마침내는 戎狄이 中國을 어지럽히는 데 이르렀다. 우리나라의 경우에는 固陋하고 變通하지 못한 것이 많음으

---

69) 古法・禮制에 관한 유형원의 관심은 그의 六經觀에서도 드러난다. 본시 六經이란 三經(『詩經』・『書經』・『周易』)에 『禮記』・『春秋』・『樂記』를 포함한 것으로 朱子學에서 四書와 함께 주로 五經(三經과 『禮記』・『春秋』)을 꼽는 것과는 대비가 된다. 六經에는 『禮記』 대신 『周禮』를 넣는 경우가 있는데 유형원은 六經을 꼽되 『禮記』와 『樂記』를 빼고 『周禮』와 『儀禮』를 포함시키고 있었다(『隨錄』 卷 10, 敎選之制 下, 貢擧事目, 4ㄴ). 六經에 禮書를 두 가지나 포함시키고 있는 점에서 그의 '禮' 인식에 특징이 있음을 보게 된다. '士大夫禮'・'邦國禮'・'鄕黨禮' 등 주로 法制 혹은 公禮에 주력한 것이다. 이는 許穆 이래의 實學派 禮 認識의 전통이기도 하다.

70) 「磻溪柳先生(馨遠)行狀(梁瑆撰)」(영인본), 585쪽.

로 인해서 쇠퇴에 쇠퇴를 거듭한 결과 졸지에는 커다란 치욕[大恥, 즉 淸朝에의 군사적 굴복 : 필자]까지 당했으니 천하 국가가 모두 이 지경에 이른 것이다. 무너진 법[廢法]을 變革하지 않으면 政治를 돌이킬 길이 없게 된다.71)

는 현실비판에서 보듯이 兩亂으로 인한 파괴와 좌절, 이와 관련한 구래 사회 경제관계의 동요 등 17세기 중엽 集權體制의 내부모순을 法制의 붕괴와 혼란에서 기인하는 것으로 보고 있었다. 이 시기 집권체제의 危機局面을 『經國大典』體制의 모순으로 파악하는 것이다. 그러므로 이러한 현상 극복의 방안 역시 廢法의 變革에 있다고 보고 國家再造의 방략을 '變法'의 차원에서 모색함이었다.

그는 이 시기의 法制를, "수백 천년 동안 폐단에 폐단이 쌓이고 오류에 오류가 이어져, 마치 얽히고 설킨 실타래와 같다"고 비유하면서 "그 근본을 연구하여 뒤엉킨 것을 풀어야만 바로 잡을 수 있다"72)고 생각하였다. 그리고 이 관점에서 구래의 官制·貢賦·祿俸·兵制 등 일체의 국가법체계의 문제점을 지적 비판하였다. 이를테면, 外官의 常俸이 지나치게 낮게 책정되고 吏胥의 경우 아예 稟料의 지급 규정조차 없음으로써 농민들에게 苟且聚斂하는 폐단을 가리켜 "法典之大有闕脫"이라고 하였다.73) 또 工匠의 경우 定稅가 없이 隨聞勸使하면서 보수나 使役價의 지불이 없기 때문에 百工製造가 침체된다면서 이를 "我國法制不明 而以力爲制"한다고 지적하기도 하였다.74)

이러한 法制의 脫漏·不備 등의 현상은 그의 말에 의하면 "法의 大體에만 의존해서 條緖와 節目이 그 適宜함을 잃어버린 것"이거나,75) "大經大法으로부터 一事之微에 이르기까지의 制度規式이 완비되지 못한 탓"이었다.76) 사실 "일에는 先後緩急이 있어 두루 다 실행할 수도 없고 또 한가지

---

71) 『隨錄』 卷26, 書隨錄後, 26ㄱ.
72) 위와 같음.
73) 『隨錄』 卷22, 兵制後錄, 郵驛, 31ㄴ.
74) 『隨錄』 卷25, 續篇 上, 製造, 50ㄴ.
75) 『隨錄』 卷26, 書隨錄後, 27ㄴ.

일에도 端緖條目이 수없이 많기 때문에 이럴수록 條例를 마련하지 않으면 그 일의 得失을 따져서 밝혀 볼 수가 없는 것"이었다.[77] 유형원이 『磻溪隨錄』에서, "古聖王의 뜻을 연구하고 今世의 實態를 헤아려서[究古意揆今事] 그 節目까지를 상세하게 만든 것"[78]도 말하자면 그러한 『經國大典』의 不備를 극복한다는 의도였다.

이렇게 보면 유형원이 지적하는 국가 法典體制의 문제점은 法制의 기본이념이 일관성을 결여한 데 있었다. 道·體와 器·用의 先後 本末관계를 想定하면서도 그것의 本末一致論的인 관점을 견지하는 그의 인식태도에서는 그 기본이념, 즉 法制의 大體·大綱이 명백하게 제시되어야만 했다. 이 점은 그가,

天下를 다스림에 公田制로 아니하고 貢擧制를 아니한다면 모든 것이 구차스러워질 뿐이다. 公田制가 한번 실행되면 백 가지 제도가 모두 실행될 것이다. 그리하여 貧富가 저절로 안정되고 戶口가 저절로 밝혀져 軍制 역시 절로 정돈될 것이니 오직 이렇게 된 다음에라야 敎化가 실행되고 禮樂이 일어날 것이다. 그렇지 않다면 大本(大體·大綱, 즉 田制 : 필자)이 이미 문란해졌으니 다시 더 논할 것이 없게 될 것이다.[79]

라고 하는 데서도 알 수 있다. 그가 볼 때 國家의 法制는 公田制·貢擧法·學校·兵制가 하나로 통일된 大綱과 細目의 체제로 짜여져야만 했었다. 『經國大典』은 이러한 기대에 전혀 부응할 만한 것이 못 되었던 것이다. 그것은 다름 아닌 王道·公田制 이념의 결여 때문이었다.

사실 조선왕조의 집권 체제는 왕조의 성립이래로 사회 정치제도의 운영 방식을 둘러싼 이상과 현실 사이에서 적지 않은 갈등을 겪고 있었다. 즉 유교정치이념을 표방한 만큼 王道政治와 公田制의 일치를 추구해 가야 할 당위성에도 불구하고[80] 현실적으로는 自營小農經營을 外廓으로 한 大土

---

76) 『隨錄』 卷26, 書隨錄後, 27ㄴ.
77) 『隨錄』 卷26, 書隨錄後, 26ㄴ.
78) 『隨錄』 卷26, 書隨錄後, 28ㄱ.
79) 『隨錄』 附錄, 傳(洪啓禧撰), 3ㄱ~ㄴ.

地所有의 경제관계, 地主佃戶制가 의연 강화되어 갔고 이러한 경제적 기
초 위에서 君主의 專制權을 강력히 견제하는 士大夫 輿論·臺諫制度 중
심의 정치운영방식이 士禍와 黨爭을 촉발시켜 가는 사정이었다. 사회정치
운영의 이 같은 실태가 국가의 統治法典에 반영되지 않을 수 없었고[81] 그
것은 유형원이 지적하는 바 法制의 폐단, 즉 弊法·非法相으로 나타났던
것이다. 아무튼 『磻溪隨錄』은 그러한 당시 法典體制의 모순을 극복하기
위한 變法이념 위에서 성립되고 있었다.

　다섯째, '變法'으로 표현되는 바 체제개혁운동은 君主와 士大夫層이 그
추진 주체로 되어야 했다. 유형원은 法이 비록 完備되어도 그것이 저절로
시행되는 것이 아니고,

　　人君이 먼저 賢臣을 얻어서 左右에서 보필하도록 하고 널리 俊乂의 人
　才를 구해서 여러 職分을 각각 책임 지운 다음에라야 비로소 法이 실행
　될 수 있다.[82]

고 하였다. 法制의 수립과 그 實行主體는 당연히 君主를 중심으로 한 卿
大夫, 즉 양반층이라는 관점을 명백히 하고 있다. 그도 일단, '同是天民'[83]
이라 하여 人間의 生來的인 平等性은 인정하였다. 그러나 "治於人者 食人
治人者 食於人"이라는 『孟子』의 유명한 명제를 天下의 通義라 하고,[84] 또

---

80) 왕조의 성립 과정에서 구체적인 국가운영을 조직해 내었던 鄭道傳의 경우, 三代
　　의 정치이념을 표방하고 『周禮』에 의거해서 統治權力의 分立과 均衡, '計民受田'
　　에 의한 均田·制産을 규정했던 것은 왕조의 기본이념이 일단 三代之治의 실현
　　을 목표로 했기 때문이었다(韓永愚, 『鄭道傳 思想의 硏究』, 서울대학교 출판부,
　　1973, 제3장 5절, 4장 2절 참조).
81) 조선왕조의 성립과 함께 착수된 法典의 정비작업은 90여 년이 지나서야 일단락되
　　었다. 법전의 거듭된 改修 改撰은 일단 開國功臣·勳舊勢力과 君主權의 대항관
　　계로 설명되지만 그 배경에는 다시 公田制와 私田制(地主制)의 대항이라는 근본
　　문제가 깔려 있는 것이기도 하였다. 『經國大典』의 성립 改修과정에 대해서는, 朴
　　秉濠, 「經國大典의 編纂과 頒行」, 『한국사』 9, 국사편찬위원회, 1981 참조.
82) 『隨錄』 卷4, 田制後錄 下, 國朝名臣論弊政諸條附, 23ㄴ.
83) 『隨錄』 卷9, 敎選之制 上, 學校事目, 34ㄴ.
84) 『隨錄』 卷19, 祿制, 京官祿磨鍊, 2ㄱ. ; 『孟子集註大全』 卷5, 滕文公章句 上, 4章.

"士와 民의 구별이 있는 것은 卿·大夫·士는 모두 斯民을 다스리는 자이기 때문"[85]이라 하여 유교의 전통적인 四民觀을 긍정함으로써 일단 身分差別意識의 한계를 드러내었다. 다만 身分과 불가분의 관계에 있는 '名分'에 대해서,

> 곧 天地自然의 理法이니 어찌 엄중하지 않을 수 있겠는가. 소위 名分이란 본시 貴賤의 等級에서 나온 것이고 貴賤은 賢愚의 分等으로부터 생겨난 것이다.[86]

고 하여 名分의 규정요소인 上下·貴賤·尊卑는 生來的인 것이 아니라 成就的인 것, 말하자면 人品·資質의 高下·賢愚에 의해서 결정되어야 한다는 입장을 취했다. 世襲身分으로서의 士大夫=士族을 배격하고 獲得身分의 士族을 상정하는 점에서 종래 儒者들의 身分觀·士族觀과는 달리 진보적인 입장을 보이고 있었다. 이를테면 '科擧士族'制에서 '貢擧士族'制로의 전환을 모색하고 變法은 바로 이러한 貢擧士族이 이끌어 가는 社會의 실현을 예정하는 것이었다.[87]

이처럼 종래의 身分差別觀과 새로운 획득(성취)형 신분론과의 결합형태라는 점에 유형원 신분관의 특징이 있는 것인데, 이는 士大夫·士族의 道理와 職分을 한층 강화하기 위한 근거 논리이기도 하였다. "士大夫가 (功)利는 알면서 義(理)를 모른다면 天下의 일은 어떻게 해 볼 수 없을 것"[88]

---

85) 『隨錄』 卷9, 敎選之制 上, 學校事目, 34ㄴ.
86) 『隨錄』 卷10, 敎選之制 下, 貢擧事目, 5ㄴ.
87) 당시의 양반사대부·사족은 일반적으로 과거제도를 통해 그 신분을 획득, 유지해 갈 수 있었다. 또 學識·德望, 그리고 地主的 경제기반 등 보족적 수단·장치들을 이용하여 그 세습적 경향을 강화시켜 갈 수 있었다(李成茂, 『朝鮮初期兩班研究』, 일조각, 1980 ; 韓永愚, 「朝鮮初期 兩班研究의 理況과 問題點」, 『朝鮮前期社會經濟研究』, 을유문화사, 1983 참조). 그러므로 유형원의 구상대로 貢擧制가 실행된다면 科擧制와 달리 일체의 補足 수단에 의한 신분적 특권은 폐지될 것이고 또 신분의 세습성도 거의 사라지게 될 것이다. 여기에 지배 신분층으로서 '士族'의 성격을 科擧士族과 貢擧士族으로 대별해서 말할 수 있을 것이다.
88) 『隨錄』 卷22, 兵制後錄, 郵驛, 31ㄴ.

이라고 했다. 士大夫가 사회·정치운영에서 실행해야 할 사명을 강조한
말이었다. 또 崇儒重道·養賢을 거듭 강조하였고 '鄕飮酒禮'·'鄕射禮'의
중요성을 인정하여 상세한 典據의 인용과 설명을 베풀었다. 이는 모두 修
己治人을 위한 士大夫의 存在樣式을 禮法·制度의 차원에서 확립하려는
의도로 보아진다.[89] 그러나 變法의 추진은 현실적으로 君主의 意志와 決
斷에 의한 실현가능성이 가장 컸던 것이므로 유형원은 이에 관한 군주의
태도를 여러 가지로 규정하였다. 우선 임금은, "君主와 師傅의 책임을 함
께 짊어진 자"로서 "成天下之治 濟天下之務"[90]해야만 되었다. 그러므로,
"人主가 먼저 뜻[志]을 세우지 않으면 萬事는 처음부터 論할 여지가 없
다"[91]고 하였듯이 군주의 '立志'는 정치의 성패가 걸린 일로 생각되었다.
이를테면 公田制의 실현가능성은, "단지 군주가 능히 一己之私를 제거하
고 一心之德을 밝힐 수 있는지의 여부에 달린 일"[92]이라 하고, 또 "大臣을
선택하는 근본은 一心之德을 밝히는데 있으며 그 마음을 밝히는 방법[明
心之要]은 오직 聖學에 있을 뿐"[93]이라 함은 바로 君主 立志의 중요성을
강조한 것이었다.

　'立志'·'明一心之德'·'去一己之私' 그리고 그 방법으로서 聖學을 거론
한 것은 논리상 송시열의 君主修身論·聖學論과 일치하는 바가 있었다.
유형원 역시 朱子學의 방법론에서 출발하고 있기 때문이었다. 그러나 송
시열의 聖學論은 군주의 책무, 솔선수범을 강조해서 君主權의 제약, 나아
가서는 世道政治의 不可避性을 제기하는 인식논리가 되는 것이었지만[94]
유형원의 그것은 오히려 "當剛建明斷 而行之不疑"[95]하는 君主專制權의
합리적·실질적인 행사를 기대해서였다고 볼 수 있다. 강력한 군주권에 의
한 決斷을 통해서만 公田制의 실행이 가능했기 때문이다. 또 卿·大夫·

89) 『隨錄』卷9·10,「學校事目」·「鄕飮酒禮」참조.
90) 『隨錄』卷11, 敎選攷說 上, 後賢所論述, 40ㄴ.
91) 『隨錄』卷10, 敎選之制 下, 貢擧事目, 27ㄱ.
92) 『隨錄』卷2, 田制 下, 田制雜議附, 18ㄱ.
93) 『隨錄』卷4, 田制後錄 下, 國朝名臣論弊政諸條附, 23ㄴ.
94) 주 55)의 논문 제3·4장 참조.
95) 『隨錄』卷10, 敎選之制 下, 貢擧事目, 27ㄱ.

士에게는 治者의 道理를 자각하고 군주를 보필하도록 요구했던 점에서도
그러하였다.

결국 變法을 통해서 지향하는 사회는 역시 治人者, 즉 군주와 士大夫가
정치운영의 주체가 되어 '爲民'을 실현하는 사회였다.[96) 그것은 요컨대,
"단지 田地의 境界를 바로잡아 貧富를 고르게 하고 人口數를 밝혀서 賦役
을 공평히 함으로써 백성들로 하여금 恒産을 누리며 각기 그 分限을 지키
게 하는 일"[97)이었다. 그런데 이 때 '恒産'과 이에 기초한 '各得其分'이라는
점에 유의할 필요가 있다. 만약 恒産이 전제되지 않는 '各得其分'이라면
이는 士·農·工·商의 四民이 현실의 사회적 경제적 不平等을 자신의
'分'으로 받아들이고 이에 自足해야 한다는 논리로 되기 때문이다. 그러나
유형원의 恒産은 均田·均産에 기초한 均富를 지향하는 것인 만큼 비록
四民觀이 전제되는 各得其分이라 할지라도 恒産을 누리는 四民身分 사이
에는 經濟的 不平等이 거의 해소되는 것이었다. 더구나 이를 그의 성취형
신분제론과 관련해서 보면 恒産을 누리며 各得其分하는 四民신분은 大土
地所有制=地主佃戶制가 관철되는 世襲身分으로서의 四民과는 질적으로
성격을 달리하는 것이라 하겠다. 요컨대 유형원의 恒産을 목표로 하는 公
田論은 不平等身分關係의 기본전제인 경제적 지배예속관계, 즉 지주전호
제를 해체함으로써 平等社會로의 문을 열어 놓는 구상이었음을 알 수 있
다.

한편 유형원은,

옛 聖人은 하늘을 대신해서 백성[人]을 다스렸으니 그 法制를 만드는
바가 모두 道로써 일[事]을 規範하며 백성[萬物]들로 하여금 저마다 그
살아갈 바를 얻게 한 것이었다.[98)

---

96) 이를테면 "盖 王者 設官分職 只是爲民也"(『隨錄』卷15, 職官之制 上, 1ㄱ)란 이
를 요약한 표현이었다.
97) 『隨錄』卷2, 田制 下, 田制雜議附, 18ㄱ·ㄴ, "只是要正地界以均人 明人數以均
役 使之有恒産 各得其分耳".
98) 『隨錄』卷17, 職官攷說 上, 秦漢以後職官之制, 17ㄴ.

라는 말로 古法의 의의를 요약하였다. 그리고 이렇게 백성으로 하여금 恒
産을 누리고 '各得其所'하게 하는 古法制의 표상이 바로 '封建'制라고 이
해하였다. 三代의 古法[聖王之典]이 封建制였으며 이에 대치된 秦漢 이후
의 弊法은 郡縣制에 기인했다는 인식이었다. 이는,

　　周나라가 쇠퇴하자 온갖 官位와 職任이 문란해지고 戰國이 서로 다투
　며 싸우는 사이에 더욱 변질되었으나 그래도 아직 周나라의 제도를 襲用
　하는 바가 있었다. 秦나라가 天下를 아우름에 이르러서는 皇帝의 名號를
　세워 先王의 典章을 없애 버렸으며 封建을 파기하고 郡縣을 설치하였
　다.99)

면서 封建, 즉 '設官分土'야말로 "天下를 經理하는 大綱 大紀"100)라는 주
장에서 확인된다. 결국 "萬人으로 하여금 無不各得其所"하는 새로운 사회
의 실현을 위해서는 군주와 사대부가 變法을 통해서 '封建'으로 상징되는
古法의 이념을 체현해 가야만 하였다.

3. 理氣觀의 轉回 : '實理'論의 성립

　『磻溪隨錄』은 兩亂 후의 國家再造를 지향하는 變法理念에 의해서 작
성된 것이었다. 유형원은 그 典據로서 三代의 古制·古法, 즉 王道·井田
·封建 등을 내용으로 하는 三代의 정치이념과 그 制度를 원용해 왔다. 그
리고 다시 道器(體用)論·天理人欲說·修己治人論에 의해서 그 정당성을
뒷받침하고 있었다.
　그런데 여기에는 그의 실증적·비판적인 학문방법과 自己變革=主體性
의 확립을 위한 부단한 모색이 전제되는 것이었다. 이를테면 田野生活을
통해 治者·官人的 체질로부터의 탈피를 시도한 것이라든가, 농업·농민

---

99) 『隨錄』 卷17, 職官攷說 上, 秦漢以後職官之制, 17ㄴ.
100) 위와 같음.

현실과 사회이념·제도운영과의 乖離를 직시함으로써 그 모순성을 非
法·弊法으로 규정 비판한 것은 그러한 모색의 일환이었다고 생각된다.
그것은 요컨대 현실의 변화를 긍정하고 "不變하는 원리에 의해서 변화하
는 현실을 설명할 뿐만 아니라 그 대응방안을 원리로부터 이끌어 내야 한
다"고 믿는 사유양식의 일대 전환이었다.[101]

이제 그러한 自己革新·變法論=制度改革論의 근거논리를 확실히 세우
기 위해서, 말하자면 당시 正統朱子學의 改良主義的인 更張·變通論理에
대항해서 變法路線을 견지하기 위해서는 종래 朱子學의 理氣·人性論을
그 나름의 관점과 논리에 따라 비판 정리하지 않으면 안 되었다. 즉 "理論
과 現實을 分介함으로써 그 괴리를 심화시키는" 오류를 벗어나서 "현실인
식을 통해서 추구한 것이 진정한 이론"이라는 自覺을 철학적으로 整合하
는 일이었다.[102] 이론과 현실의 일치는 그의 표현을 빌리면 '實事'·'實用'
이었으므로 이를 구래 朱子學의 理氣·人性論에 대치해서 설명하는 일이
었다.

유형원의 理氣觀은 『磻溪隨錄』을 작성하는 과정에서 크게 전환되었던
것으로 보인다. 주로 鄭東稷과의 辨論을 통해서 정리되어 가고 있었는
데[103] 처음에는 主氣論의 입장에서 '實事'의 본질을 추구하다가 마침내는
'實理'論을 성립시키게 되는 것이다. 그는 특히 '實事'를 내세우고 있었으므
로 종래 先儒들의 理氣說은 그 어느 것에도 쉽게 공감할 수 없었을 것이다.
그의 인식논리가 그만큼 달라져 있는 것이었다. 그래서 다만 여러 論者들
의 견해를 두루 섭렵하고 이를 자신의 관점에 따라 재정리함으로써 일단,

---

101) 柳仁熙, 「實學의 哲學的 方法論(1) - 柳磻溪와 朴西溪, 李星湖를 중심으로 - 」,
    『東方學志』 35, 연세대학교 국학연구원, 1983, 196쪽 참조.
102) 柳仁熙, 위의 글, 198쪽.
103) 유형원의 理氣說에 대한 관심은 『理氣總論』(1권)·『論學物理』(2권)·『經說』(1
    권) 등과 같은 저술로 집성되었던 것으로 보이나 모두 失傳되고 오직 그의 「年
    譜」(柳發 草錄·安鼎福修輯)에 그 단편이 전해질뿐이었는데 최근 李佑成 교수가
    理氣人性說을 집중거론한 書札을 포함한 詩·辭·說 등 몇 편의 遺文을 발굴 정
    리하여 『磻溪雜藁』로 간행하였다(驪江出版社, 1990). 본 절의 작성은 거의 이 자
    료에 의존하였다(이하 『雜藁』로 줄임).

天地 사이에 가득찬 것은 氣 아님이 없다. 그 往來 升降 闔闢 聚散하는 것은 氣이고 그 往來 升降 闔闢 聚散하는 까닭[所以]은 理이다. 비록 氣 를 가리켜 理라고 해서도 안되지만 그러나 氣를 떠나서는 理도 없다. 요 컨대 理는 단지 氣의 理일 따름이다.[104]

라는 이해방식을 형성하고 있었다. 이는 철저한 主氣論, 혹은 唯氣論으로 서 주로 羅欽順(1465~1547, 整庵, 江西泰和人)·徐敬德(1489~1546, 復 齋·花潭)의 견해를 수용한 것으로 보인다. '湛然一氣'를 내세운 서경 덕[105]이나 '理只是氣之理'·'器外無道 道外無器'[106]를 주장한 나흠순의 견해는 당시 그가 원용할 수 있는 中國과 朝鮮의 대표적인 主氣論들이었 기 때문이다.

아무튼 이러한 理氣觀에 의하면 氣는 時空을 초월한 우주만물의 근원이 며 理는 단지 氣가 운동변화하는 일정의 條理·秩序로 되는 것이었다. 그 래서 유형원은 이를 物事에 나아가 증험해 보았을 때 "그 所以然으로서 至順한 理가 있고 그 所當然으로서 至善한 道가 있음을 확인할 수 있었으 며 '性命之理'란 이러할 뿐인 것으로서 여러 經書에 상고해 보아도 그 不 合理함을 찾을 수가 없다"고 하였다.[107]

그럼에도 불구하고 그는 종래 理氣문제에 대한 명확한 자기 견해를 세 울 수가 없었다. 의문과 불만 가운데서 오히려 서경덕·나흠순의 主氣論 을 주로 비판하게 되었고 朱子의 主理的인 理氣說에 대해서는 "直是 可 疑者多"[108]라 하여 더욱 論外로 간주하고 있었다. 主理·主氣 혹은 理氣 二元論, 그 어느 견해에도 동의할 수 없는 유형원의 고민은 독자적인 理氣 觀을 수립하는 과정이었다고 보아진다. 처음에 그는 '實事' 자체를 物質과 同一視하고 그 원리로서 氣를 상정함으로써 '物質的인 氣의 聚散을 秩序

---

104) 『雜藁』, 與鄭文翁東稷論理氣書, 72쪽(이하 '鄭'으로 줄임).
105) 李丙燾, 『韓國儒學史』, 아세아문화사, 1987, 179~181쪽 참조.
106) 裵大洋 主編, 『中國哲學史便覽』, 청해인민출판사, 1988, 427~430쪽 참조.
107) 『雜藁』, 鄭, 72쪽.
108) 『雜藁』, 鄭, 72·73쪽 ; 『雜藁』, 與鄭文翁東稷論理氣書, 別紙, 86쪽(이하 '鄭, 別' 로 줄임).

지우는 원리로서의 理'를 상정하는 朱子의 입장에 반대하고 '氣 자체로서
合理的인 法則性이 내재하는 것'으로 생각하는 張載(1020~1077, 橫渠, 陝
西眉縣人)나 나흠순·서경덕의 主氣說에 더 이끌린 것이 아니었을까. 그
렇다면 그의 理氣이해에는 문제가 있는 것이었다.

　사실은 理도 氣도 다같이 物質·事物현상을 설명하는 원리였을 뿐 그
어느 것도 實事·物質(운동·변화·質量 등) 그 자체는 아니었다. 그런가
하면 理는 絶對善·純善이 그 본령으로서 性善을 설명하는 원리이기도
하였다.109) 말하자면 理는 彝倫·綱常과 같은 人間의 道理, 즉 人倫道德
을 조직하고 설명하기 위한 최선의 원리로 되어 있었다. 그런데 유형원은
制度·法規 등 實事의 원리를 구하고 있었으므로 이러한 도덕원리로서의
理를 그대로 적용할 수가 없는 일이었다. 처음 그의 主氣論的인 입장은 그
래서 불가피한 선택이었던 셈이다. 이 같은 유형원의 태도는 實事와 그 원
리를 추구하는 과정에서 형성된 것으로서 결국 이제까지의 理氣인식에 새
로운 전환점을 마련하는 계기가 되고 있었다. 世界·物質의 始源과 人倫
道德의 원리는 별개의 문제로서 分離되지 않으면 아니되는 단계에 이르고
있는 것이었다.110)

　理氣문제에 관한 유형원의 회의와 모색은 바로 이러한 사정에서 비롯하

---

109) 주지하는 바와 같이 '性則理'는 人間의 性善을 절대 긍정하고 이를 하늘(天 ; 자
　연·물리적인 天이 아니고 造物主·원리·형이상학적인 天)이 부여해 준 것으로
　이해, 天理·天命·所賦之理로 상정함으로써 인간의 도덕 윤리적 완성을 지향하
　고 이 도덕성의 근원을 天의 권위에 의탁하려는 의도를 반영하는 주자학 인성론
　의 대명제였다. 그러나 이 논리에 의하면 현실의 인간은 도덕적 完成態가 아니라
　善惡·正邪·賢愚가 복합된 差別相으로서 존재할 수밖에 없으므로 이를 설명하
　기 위해서는 本然之性에 대한 氣質之性, 그리고 天理·道心·四端에 대한 人欲
　·人心·七情을 상정하게 되고 이것은 결국 人性의 二元的 이해, 思辨과 推論에
　의한 인간상을 만들어 내게 마련이었다(狩野直喜,『中國哲學史』, 東京 : 岩波書
　店, 1953, 384~387쪽 참조).
110) 朱子學에서는 理氣說과 人性說이 하나로 결합된 일관논리로 성립하고 있었다.
　이것은 세계의 시원과 그 구성원리를 인간사회 원리와 동일시하는 것이며 그러므
　로 天地自然의 法則, 理法의 이름으로 인간 各個의 道理·分限을 규정해 왔던
　것이다. 봉건윤리도덕의 기원과 본질이 여기에 있었다.

였고 主氣的 관점에서 主理의 입장으로 전환하게 되는 까닭도 여기에 있었던 것으로 생각된다. 그 전환의 핵심은 요컨대, 理는 결코 '理只是氣之理'·'氣外無理', 즉 氣의 條理로서 부속(종속)되거나 氣를 전제로 하는 理가 아니라 "理只是實理"111)라는데 있었다. 유형원이 말하는 理는 단순히 氣에 대응하는 理가 아니라 '實理'였다. 이 때 實理의 '實'은 "此理甚實"·"若非至實 無以爲理"112)하는 實이었다. 이를테면,

> 대개 理와 氣는 渾融하여 간격이 없다. 비록 氣를 떠나서는 理가 없으나 그러나 理가 氣로 말미암아 있게 되는 것은 아니다. 대개 "저 높은 하늘의 일은 소리도 없고 냄새도 없다"지만 그 진실함을 誠이라 하고 그 總合을 太極이라 하고 그 條理를 理라 하니 그 實相은 하나[一]이다.113)

라는 것이었다.114)

이제 '實理'를 구체적으로 살피기 전에 그가 보는 理와 氣의 관계에 우선 주목해 둘 필요가 있을 것 같다. 유형원에 의하면, 氣란 '物之所由成者'이고 理는 '物之所以成者'로서 造化의 流行이나 品物의 生息에서는 理와 氣가 渾融無間하게 보이기 때문에 氣를 理로 잘못 알게 된다는 것이고 그렇지만 理와 氣의 辨別은 본래부터 저절로 분명한 것이라고 하였다.115) 그는 理를 氣의 理로 보는 것과, 氣를 理로 잘못 이해하는[以認氣爲理] 것과

---

111) 『雜藁』, 鄭, 別, 79쪽.

112) 『雜藁』, 鄭, 別, 81쪽.

113) 『雜藁』, 鄭, 73쪽.

114) '實理'에 대해서는 일찍이 金時習(1435~1493 : 梅月堂, 淸寒子 등)이, "性與理 都無兩般 先儒云 性卽理也 天所命人所受 而實理之具於吾心者也"(『梅月堂集』 卷17, 雜著, 性理 第三, 15ㄱ)라 했고, 그 후 許穆은 心體·性·敬·四德 등 유교의 수양론에 관해 언급하면서, "心體本虛 其理則實 感通無窮 皆實理 虛者 實之體 實者 虛之用", 혹은 "誠者 實理 故曰 不誠無物 實理無物不在 其感通流行者 誠也 敬者 所以存性也"(『記言』 別集 卷5, 答許汝沃, 3ㄱ)라고 하였다. 특히 허목의 '實理'는 그 개념에서 유형원의 그것과 일치하는 것으로 볼 수 있겠다.

115) 『雜藁』, 鄭, 別, 80쪽.

를 同一視하고 있었다. 아마도 자신이 앞서 主氣說을 내세웠던 사정을 말하는 것이겠다.

그러나 그도 '理는 단지 氣의 理'라는 견해를 전면 부정하지는 않는다. 다만 그러한 氣 중심의 이해방식[氣邊意思·氣字爲主]은, "天道의 本然, 聖人의 本意에 어긋나서 道를 올바로 보지 못하고 그 意思가 凝滯되거나"116), "理의 本源을 벗어나 理를 한갓 隨氣之物로 간주해 버릴 뿐 그것이 결코 本然의 實相이며 性命의 근원임을 깨닫지 못하게 된다"117)는 점을 지적할 뿐이었다. 말하자면 그가 主氣的인 관점을 포기하고 '實理'를 내세우게 된 것은 이렇게 天道와 聖人, 本然과 性命의 本意를 올바로 파악하기 위함이라는 것이다.

그리하여 氣에 대한 理의 先次性·主宰性을 강조하고 나아가서는 實理에 의한 氣의 완전한 포섭을 지향하였다. 우선 '理의 本然한 純善', '理와 氣의 合一한 妙'를 인정하고 '有此理 故有此氣'라는 인식에까지 이르고 있었다.118) 완전한 理先氣後說이라고 할 수 있는 것이었다. 이는,

> 事物이 그 현상으로 나타나 있는 점[已然者]에서 보면 理는 단지 氣의 理로서 氣 밖에서 달리 理가 없지만 그 사물의 본질이라는 점[本然者]에서 보면 그 理가 있음으로서 그 氣가 있는 것이다.119)

라 하고 또 "氣가 往來 闔闢하는 것은 반드시 그 所以然이 있어서 그런 것인데 이것이 이른바 理"라고 분명히 하는 데서도 확인된다. '본질·본원에서의 理 우선'임을 재확인한 것이다. 여기에서 유형원은 已然者(현상·실재)와 本然者(본질)라는 理와 氣의 先後관계를 다시 '實理'라는 하나의 기준으로 통일하였다. 氣에 대한 實理의 포괄성·절대성을 확립하기 위해서였다. "氣를 떠나서는 다시 理가 없지만 그러나 理는 스스로 實理[理自

---

116) 『雜藁』, 鄭, 74쪽.
117) 『雜藁』, 鄭, 別, 80쪽.
118) 『雜藁』, 鄭, 別, 76쪽.
119) 위와 같음.

是實理]”[120]라든가, 理와 氣는 渾然한 가운데서도 不相離·不相雜하는 것
이 분명하므로[121] 오히려 理氣관계를 ‘一而二 二而一’하는 것으로 논할 필
요가 없고[122] 다만 ‘理一’일 뿐이라고 믿음으로써 그것을 뒷받침하였다. 아
무튼 實理는 氣를 포섭하는 理, 唯一한 理가 되었다.[123]

그러면 實理는 구체적으로 어떤 성질의 것일까. 유형원은, “造化之爲造
化 莫非實理也”[124]라 하고, “造化가 없을 수 없는 것은 일체 자연이 원래
그러한 것이기 때문”[125]이라고 하여 천지만물의 造化를 實理의 반영으로
생각하였다. 그리고 實理를 所以然·所當然과 관련해서는,

　　본래 이 理[是理]가 있기 때문에 物에는 所以然이 있고 事에는 所當然
　이 있으니 이것은 理가 至實함이다. 하늘이 하늘되고 땅이 땅되고 사람이
　사람된 것, 이 모두 實理 아님이 없다. 이것을 따르기를 지극히 하면 盡性
　이요 이것을 體得해서 세우면 立極이 된다.[126]

고 하였다.

實理는 道·誠·太極·條理로서의 理였다. 또 天地가 정해지고[位], 日
月이 밝고[明], 鬼神이 어둡고[幽], 사람과 만물이 생겨나[生]는 까닭[所以]
으로서의 理였다. 性命과 仁義, 禮·樂·刑·政의 일도 이 理아님이 없었
다.[127] “禮義 3백 가지나 威儀 3천 가지도 모두 實理가 형태로서 드러난
것”이었다.[128] 이 實理는 멀리 우주·자연법칙에서 구하려고 할 것이 아니

---

120) 『雜藁』, 鄭, 別, 76쪽.
121) 『雜藁』, 鄭, 別, 78쪽.
122) 『雜藁』, 鄭, 74쪽.
123) 유형원의 理氣·人性觀, 性理學的인 견해에 대해서는 앞의 柳仁熙·李佑成의 글
　　과 安在淳, 「柳磻溪 實學思想의 哲學的 基調」, 『東方思想論攷』, 柳承國博士華
　　甲紀念論文集, 1983이 참고된다.
124) 『雜藁』, 鄭, 別, 82쪽.
125) 『雜藁』, 鄭, 別, 76쪽.
126) 『雜藁』, 鄭, 別, 78~79쪽.
127) 『雜藁』, 鄭, 73쪽.
128) 『雜藁』, 鄭, 別, 83쪽.

라 만 가지의 무궁한 妙理가 갖추어져 있는 나의 身心 가운데서 터득되어
야 하는 것이었다. 그리하여 天下의 義理는 구태여 安排하지 않아도 事物
에 접하면 그 때마다 沛然히 실행되지 않음이 없게 되는 그러한 理였
다.129)

이렇게 보면 實理란, 유형원이 "만약 理를 氣의 理라고 한다면 仁義는
氣나 理 가운데 어느 쪽인가"를 반문하면서,

　仁義는 곧 '人之理'이다. 그런즉 理는 당연히 '物之理'라고 해야지
'氣之理'라고 하면 옳지 않다. 그래서 이제 理의 本體는 粹然하여 氣와
혼잡되는 것이 아님을 알 수 있다.130)

고 스스로 해명하는 바와 같이 氣에 대응해서 氣를 타거나[乘] 主宰하는
理, '氣之理'가 아니라 각 事物의 속성·본질을 규정하는 理, 즉 '物之理'였
다.

종래의 理氣說이 主理·主氣, 혹은 一元·二元論을 막론하고 그것이
한결같이 세계·사물현상을 抽象·思辨에 의해서 법칙적으로 설명하려는
개념이었던 것과는 전혀 다른 성질의 것이었다. 그러므로 이는 유형원의
관심이 世界의 始原, 사물현상에 관통하는 보편원리로서의 理에 있다기보
다도 자연현상·사회 정치제도 등 개별 사물 저마다의 존재원리와 그 의
의를 파악하는데 있음을 말해 주는 것으로 볼 수 있다. 또 그가, "天下의
事物은 實事가 아닌 것이 없고 存養이라는 것도 바로 實事"131)라 하여 자
연의 객관 사물이나 윤리 도덕의 수양 등 관념가치를 모두 '實事'를 강조하
는 것도 이와 맥락을 같이 하는 것으로 생각된다. 實事의 理가 바로 實理
이기 때문이다.

이리하여 종래 理와 氣의 分介에 의해 思辨·推論 중심으로 이루어지

---

129) 『雜藁』, 鄭, 74~75쪽.
130) 『雜藁』, 鄭, 別, 80쪽.
131) 『雜藁』, 鄭, 74쪽, "何處下手 可以見天下事物 無非實事 而所謂存養者 方是實事
　　也".

던 사물의 이해방식은 지양되고 實事의 현상과 본질을 實理라는 차원에서 관찰·분석하는 방식으로 전환해가게 되었다. 말하자면 사물현상을 관념 사변의 세계로부터 현실 경험의 세계로 이끌어 내온 것이었다. 여기에 理와 氣의 통일에서 성립되는 유형원 實理論이 주목되어야 할 이유가 있었다.[132]

이제 그 實理論이 내포하는 몇 가지 특징과 의의를 지적해 봄으로써 유형원의 사회정치개혁론의 인식기반을 분명히 규정할 필요가 있겠다.

첫째, 實理의 理와 관련해서 道와 誠을 통일적으로 이해하였다. "經書(三代 : 필자)에는 道에 관한 언급이 많은데 程朱 이후에는 理에 대한 논의가 많았다"면서 "理가 곧 道[理只是道]"라고 주장하였다.[133] 종래의 論者들은 道를 그 本體로, 理를 그 條理의 理로 상정하여 理와 氣의 관계로 이해함으로써 道와 理의 관계를 分解하기가 더욱 어렵게 되고 논쟁이 분분해졌다는, 말하자면 후대에 오면서 理氣관계의 지나친 分析이 道와 理의 일치관계에 혼란을 초래했다는 비판이었다. 그리하여 그는 '理則道'라는 관점에서,

'道'字에 대해서 본다면 (本)性대로 따르는 것을 道라고 함이 저절로 분명하니 이는 道路의 道와 같은 것으로서 사람을 위주해서 말한 것이다.

---

132) 유형원의 實理論은 오랜 모색과정을 거쳐서 성립된 것인데, 이는 『周易』의 「繫辭傳」을 經典 근거로 하는 諸先儒들의 理氣說을 면밀히 연구한 결과이기도 하였다. 비판적 검토의 주된 대상은 말할 것도 없이 朱子의 그것이었고 朱子·二程子의 논설에서도 여러 가지 시사점을 발견한 것으로 보인다. 특히 邵雍에 대해서는, "自不覺其可喜 似有秩然者"(『雜藁』, 鄭, 別, 72·83쪽 참조)라고 한 것을 보면 그의 先天象數學에 크게 공감했던 것으로 보인다. 또 유형원이 36세 때 丹法·修鍊術·參同契에 관해 토론한 바 있는 權克中의 理氣說과도 일정한 관련이 있다고 생각된다(「年譜」 효종 8년 丁酉條, 569쪽 참조). 권극중은 存在를 本體와 現象의 별개 차원으로 구분하는 방법으로 理氣說에 접근하여 理先氣後의 필연성, 理氣合一로서의 太極, 理와 氣의 중간자로서 先天一氣 등을 주장함으로써 朱子·徐敬德·李珥의 理氣說에 맞서는 입장을 세우고 있었다(崔一凡, 「靑霞子 權克中의 性理說에 관한 小考」, 『朝鮮儒學思想의 探究』, 여강출판사, 1988 참조).

133) 『雜藁』, 鄭, 別, 76쪽.

形而上의 것을 道라 하고 一陰一陽하는 것을 道라 하니 이것은 오로지 그 本體를 가리키는 것으로서 하늘을 위주해서 말한 것이다. 그러므로 그 實相은 한 가지이다.[134)

라고 하였다. 이렇게 보면 道는 道路·人道의 道, 우주 자연의 운행법칙으로서의 道, 天道와 같은 것이므로 이는 實踐·實行을 의미하는 구체적인 道이며 實理와 일치하는 것이 된다. 道理란 이러한 道와 (實)理의 결합, 일치라고 생각한 것이 아닐까. 예컨대,

　　道는 처음에 天과 人에 구별이 있지 않았다. 人之民이 바로 天之物이었으니 人의 사업은 곧 天이 造化를 이룩한 功이었다.[135)

고 하는 데서 그러한 확신을 읽게 된다.

　그런가 하면 程朱로부터 인용하는 바, "天地의 道는 단 한 마디의 말로 다할 수 있다"하고, "誠이 아니면 (事)物이 없으니, 무릇 이와 같음을 알게 된 다음에라야 道의 넓고 넓음도 알 수 있다"[136)는 말에서는 道와 관련해서 誠의 중요성을 발견하게 된다. 유형원에 의하면, "太極의 動靜, 天命의 流行은 모두 운동[動]이고 이 운동에 의해서 造化가 이루어지게 되는데. 造化는 實理가 아닐 수 없다"고 하였다. 이 때 그는 動靜·流行 등 운동이 오로지 '지극한 誠'에 의해서만 가능한 것이라고 하여 造化에 이르는 과정과 결과가 誠에 달렸다고 이해한 것이다.[137) 그래서 道와 理와 誠의 관계를,

　　誠은 內外의 道를 合一한 것이다. 誠이 아니면 (事)物이 없으니 理氣의 實(相)은 誠일 뿐이다.[138)

---

134)『雜藁』, 鄭, 別, 77쪽.
135)『雜藁』, 鄭, 別, 81쪽.
136)『雜藁』, 鄭, 74쪽.
137)『雜藁』, 鄭, 別, 76쪽.
138)『雜藁』, 鄭, 別, 84쪽.

라고 말했을 것이다.

　사실 『中庸』에서,

　　誠은 하늘의 道이고 誠하게 하는 것은 사람의 道이다. 힘쓰지 않아도
　的中하며 생각하지 않아도 얻게 되며 조용히 道에 합치하여 聖人이 된다.
　誠하게 하는 자는 善을 택하여 굳게 지키는 자이다.[139]

라고 한 바와 같이 誠은 하늘의 道[天道]로서 최고의 경지이고 사람의 경
우[人道] 聖人의 단계로 간주된다. 修身論에서 誠을 중요시하는 까닭을 알
수 있는 일이다. 그런데 유형원은 ‘誠則動’이라 했으므로 이것은 識者・儒
者에게 君子로서의 道理를 깨닫고 實踐窮行하도록 강조하는 것이라고 할
수 있다. 말하자면 道와 實理와 誠으로 이어지는 인식과 실천의 통일이 성
립되는 것이라 하겠다.

　둘째, 理氣문제에 대한 종래 儒者들의 번쇄한 추론・사변의 태도에 반
대하였다. ‘理固是實理’[140], ‘理則道’, ‘誠則動’ 등으로 집약되는 논리과정을
통해서 현실(현상)・實事・實踐의 원리로서 實理를 상정하게 되었기 때문
이다. 이를테면 理는 道와 일치하는 것인데도 이를 理氣의 문제로 한정함
으로써 이해하기가 더 어렵게 되었다는 그의 지적은 이미 본 대로다. 즉,
“古人들은 道를 분명히 보았기 때문에 다만 항상 事物의 마땅히 실천[行]
할 바에 대해서 말했을 뿐이고 그래서 理(致)가 그 가운데 있게 마련이었
는데 후세인들은 理와 氣를 對擧함으로써 分看・合看의 경우에 一體・無
別의 혼란에 빠지게 되었으니 설명은 많아졌으나 그 의미는 더욱 애매하
게 되었다”는 것이다.[141] 또 理氣에 관해서는 古聖人들도 혼잡함이 없이
一陰一陽의 道나 形上・形下의 道器로서 말했을 뿐이고 孟子도 오직 ‘性
善’ 한 구절을 강조했을 뿐이라는 것이었다.[142] 이것은 朱子가 理氣를 지

---

139) 『中庸章句大全』, 20章.
140) 『雜藁』, 鄭, 別, 81쪽.
141) 『雜藁』, 鄭, 別, 86쪽.
142) 『雜藁』, 鄭, 別, 83쪽.

나치게 極本窮源한 나머지 그 先後 分合의 관계문제에서 오히려 명확한
定論을 세우지 못하게 되었음을 지적하는 의도였다.[143]

유형원은 분명히 實理論의 입장에 섬으로써 理氣의 對擧·先後·分合
관계에 沒入해 버린 공부방법을 지양할 수 있었다. 종래 正統朱子學의 理
氣 이해방식으로부터의 탈피였다.[144] 이러한 인식태도는 하나의 학풍을 형
성하면서 그 후 실학자들에게 당연히 계승될 것이었다.[145]

셋째, 實理論에 입각한 人性觀을 발전시킴으로써 '性則理說'을 극복하
여 관념 속의 도덕·윤리적인 인간 대신에 살아 있는 인간의 욕망과 감정
을 긍정하고 이를 통해서 이상과 현실, 규범과 정서의 조화를 모색하는 人
間像을 설정하게 되었다.

종래 朱子學에서는 理氣二元論을 人性論에 적용하여 人性의 善惡, 正
邪, 賢愚, 尊卑, 貴賤의 대립, 差等性을 정당시하였다. 實理論의 관점에서
는 이러한 二分法的·二元論的인 人性觀에 그대로 동의할 수 없었다.

유형원은 우선 理氣와 人性의 관계를,

---

143) 『雜藁』, 鄭, 別, 82~83쪽.
144) 理氣의 지나친 分析을 거부하고 渾融無間의 상태에서 '實理'를 착안한 유형원의
    태도는 한원진의 道統的인 理氣이해와 크게 대비된다. 한원진도 渾融·渾淪을
    긍정하여 후래 유자들의 自意的인 分析을 적극 비판하였다. 그러나 그것은 朱子
    -栗谷의 分析을 절대시하여 他派·他說의 분석을 일체 부정함으로써 道統·師
    門 옹호의 방편으로 삼았던 점에서(『南塘集』 卷35, 雜識, 內篇 上, 5ㄴ~6ㄴ ; 金
    駿錫, 「韓元震의 朱子學認識과 湖洛論爭」, 『李載龒博士還曆紀念 韓國史學論
    叢』, 1990) 유형원의 渾融說과는 근본적으로 다른 것이었다.
145) 李瀷의 경우, 先儒들의 이 방면 논쟁이 겨우 '無極而太極'의 다섯 글자에 맴돌았
    을 뿐임을 지적하고(『星湖僿說』 卷19, 太極說, 50ㄱ) 理氣四七(人心道心)說이 결
    코 학문의 緊切한 것이 아니라고 후진에게 충고하기도 하였다(『星湖先生文集』
    卷14, 答安百順(癸酉), 40ㄴ). 丁若鏞은 退·栗의 理氣四七說에 대해, 그들 각자
    는 持論에 차이가 났을 뿐 서로 他說을 부정하는 獨善이 아니었음을 상기하면서
    후래 유자들의 지나친 師說 옹호를 비판함으로써 理氣論을 둘러싼 空論·黨派主
    義의 폐단을 지적하였다(『與猶堂全書』1집 卷12, 理發氣發辨一, 17ㄴ~18ㄱ ; 千
    寬宇, 「韓國實學思想史」, 『韓國文化史大系』 Ⅵ(宗敎·哲學史), 1970, 1012~1013
    쪽 참조).

　　대개 理와 氣는 처음부터 不相離이고 스스로 不相雜이기 때문에 性으로 말하면 本然之性과 氣質之性, 心으로 말하면 道心과 人心, 情으로 말하면 四端과 七情이 있지만 性도 하나[一]이고 心도 하나이고 情도 하나이다. 다만 그 가운데에 理와 氣의 分辨이 있을 뿐이다.146)

라고 생각하였다. 그리고 性・心・情은 각기, "(天)命이 나에게 있는 (부여된) 것이 性, 내 몸에 主하여 知覺하는 것은 心, 性이 發하여 運用하는 것은 情"이라는 관계에 있으므로 결국 여기에서 '心統性情之實'을 볼 수 있다고 하였다.147) 理氣의 不雜不離하는 특성이 性・心・情의 二元的 성격에 그대로 적용되는 것을 인정하지만, 그러나 性・心・情이 각기 두 가지가 아니라 사실상 한 가지[一]임을 강조하는 점에 주목할 필요가 있다. 그의 관심은 實理論에 근거해서 人性을 一元的으로 이해하는데 있었기 때문이다.

　　예컨대, "道心과 人心이 純善과 不善, 至公과 偏私의 차별이 있는 까닭은 그것이 각기 生命과 形氣에서 생겨나는 것이고 또 (마음 가운데서) 同時에 일어나는[發] 것이기 때문"148)이라는 종래의 二元論에 반대함이 그것이었다. 우선 人心道心이란 마음[心]을 나타낼 때 理와 氣에 人字와 道字를 덧붙인 데 불과하다는 것, 理・氣가 分離 夾雜할 수 없고 어느 한쪽도 제거될 수 없듯이 人心과 道心은 서로 同體가 되면서도 동시에 서로 有別한 관계에 있다는 것,149) 또 그것은 '有物有則', '人是物 道是則'이듯이150) 道心은 當然之則이 되어 人心 가운데서 發하게 되는 관계라는 것이었다.151) 말하자면 人心道心은 同體이자 別個로서 物과 則의 관계라는 이해방식이다. 理는 본래 實理이고 實事에 卽應하는 본질개념으로서 氣를

146)『雜藁』, 又論人心道心書, 又別紙, 102쪽(이하 '論, 又別'로 줄임).
147)『雜藁』, 論, 又別, 103쪽.
148)『雜藁』, 又論人心道心書, 86~87쪽(이하 '論'으로 줄임).
149)『雜藁』, 論, 91쪽, "人心道心之爲同體 愈益分明 其爲同體分明而其爲有別 自愈益分明".
150)『雜藁』, 論, 88쪽.
151)『雜藁』, 又論人心道心書, 別紙, 95쪽(이하 '論, 別'로 줄임).

포괄하듯이 현실의 마음[心]은 곧 人心으로서 여기에는 道心이 同時에 내포되어 있다는 주장이다.

유형원이 人心道心에 대한 종래의 通說이 잘못된 것임을 가리켜,

> 人心과 道心을 나누어 말하기 때문에 비록 그 心이 두 가지가 아님을 안다 할지라도 오히려 竝立雙行의 폐단을 면하지 못하게 된다.[152]

고 지적하면서, "道心은 단지 人心이 있음으로써 發現되고 만약 人心이 없다면 道心 역시 (實)行할 곳이 없게 된다"[153]거나, "人心道心은 均是已發이나 道心의 覺은 곧 人心의 則이다"[154] 또는 "道心은 여기에서 主人이 되고 人心은 저기에서 (道心으로부터) 聽命하니 모두 一項事이다"[155]라 하여 道心을 人心의 '當然之則'으로 규정하는 까닭이 여기에 있었다.

人心道心에 대한 유형원의 이 같은 이해는 四端七情論에도 그대로 관철되었다. 즉, '四端은 道心이고 七情은 人心'이라는 견해에 일단 동의하면서도[156] "四端은 理에서 發하고 七情은 氣에 發한다"고 단순히 분리 정의하는 통설에 대해서 다음과 같이 반론하였다.

> 情은 진정 性의 發이다. 그러나 性은 스스로 發하는 것이 아니라 心이 知覺함으로써 發하는 것이다. …… 四端은 性理에 말미암아서 發하는 것이고 七情은 形氣에 이끌려 發하는 것이다. (그런데) 四端과 七情은 두 가지[兩]情이 아니다. 그 情은 곧 하나[一]인데 理와 氣의 辨別이 있을 뿐이기 때문에 四端은 단지 七情 가운데서 發現하는 것이다.[157]

---

152) 『雜藁』, 論, 90쪽.
153) 『雜藁』, 論, 88쪽.
154) 『雜藁』, 論, 89쪽 ;『雜藁』, 論, 別, 95~96쪽. 이 때 道心이 人心의 則이 되는 까닭을, "理는 至實해서 하늘이나 사람, 未發이나 旣發에 아무런 차이가 없어서 비록 知覺에서 發하더라도 理氣의 實은 하나이고 그렇기 때문에 道心의 覺은 人心의 則이 된다. 즉 그 표준이 밖에 있는 것이 아니라 그 이면의 理에 있는 것이다"라고 말한다.
155) 『雜藁』, 論, 89~90쪽.
156) 『雜藁』, 論, 又別, 99, 102쪽 참조.

理인 性은 스스로 발현하지 못하고 氣(形氣)인 情의 매개를 통해서 발한다는, 즉 道心이 人心을 통해서 실행되듯이 "四端行於七情之中"158)임을 분명히 하였다.

또 天理와 人欲은 그것이 '同行異情'이라는데 동의하면서159) 人心이 곧 人欲은 아니지만 道心의 命을 듣지 않고 欲望에 흐르게 되면 이것이 人欲이라 하여 天理는 道心에, 人心은 人欲에 一致되는 것으로 이해하였다. 예컨대, 飮食·男女와 같은 본능적인 욕망도 節制하여 정당하게 발현된다면 道心, 곧 天理라고 하였다.160)

결국 "道心 只在人心中發見"161)이나 "四端 只在七情中發見"이라는 말에서 간취되듯이, 유형원이 人性이해에서 주목하는 바는 道心·四端과 같은 도덕적 이상형을 개관적으로 그리는 것이 아니라 人心(人欲:욕망)·七情(감정)에 이끌리고 번민하면서도 그러한 도덕적 이상에 부단히 접근을 시도하는 實在로서의 人間이었다. 말하자면 道心·四端의 기준에서 인간을 차별·규제하는 것이 아니라 人心·七情을 인간의 참[實際]모습으로 인정하고 이를 매개해서 표출되는 道心·四端의 가치를 발견 확대시키는 일이었다. 이것은 유형원이 사람의 마음[心]은 "形氣의 物理界와 義理의 道德界"162)라는 두 개의 인식대상을 하나의 원리로 파악하고 있음을 의미하는 것이었다. 그의 人性 이해가 實理論의 연장선상에서 人心과 道心의 "竝立雙行之弊"를 발견하고 이를 극복하는 방법으로서 성립되는 까닭이 여기에 있었다.

實理論이 그러하듯이 이 역시 일단 「虞書」163)나 『中庸』首章 등 經書를 虛心玩讀하면서 여러 先儒들의 諸說을 검증·비판하는 가운데서 도달한 결론이었다. 그는 자신의 理氣 이해방식이 栗谷의 그것에 가깝다고 하

---

157)『雜藁』, 論, 又別, 100쪽.
158)『雜藁』, 論, 又別, 101쪽.
159)『雜藁』, 論, 別, 99쪽.
160)『雜藁』, 論, 別, 98쪽.
161)『雜藁』, 論, 別, 93쪽.
162) 柳仁熙, 앞의 글, 1983, 205쪽.
163)『尙書』卷3, 舜典.

면서도164) 그 人心道心說에 대해서는 반대하고 있었다.165) 또 退溪의 견
해는 朱子와 相同하지만 다같이 '竝立雙行之弊'에 빠질 우려가 있음을 지
적하였다.166) 그러나 오직 유일하게 韓百謙의 人心道心說에 대해서는,
"最明白得聖賢之本旨"167)라고 적극적인 공감을 표시하였다.168)

　이렇게 유형원이 朱子와 退·栗 등 先儒들의 人性說에 회의하고 그것
이 모두 舜의 本意에서 벗어났다고 비판한 것은 그의 人性이해가 '性則理'
에 기초하는 朱子學的인 人性論으로부터 이탈, 새로운 단계를 지향해 가
고 있음을 의미하는 것이었다.169) 이를 집약하는 표현이 "其理唯一", 혹은
"其理之一常在分殊之中"이었다.170) 즉 '理一'이기 때문에 사람은 누구나
堯舜이 될 수 있고 分殊이기 때문에 上智와 下愚의 차별이 있게 마련이라
는 자기 나름의 '理一分殊說'을 제시하면서 성인이 다시 나와도 이 말을
긍정할 것이라고 확신해 마지않았다.171) 아무튼 유형원은 道心·四端으로
객관·관념화된 인간이 아니라 人心·七情을 가진 實在·實相으로서의
인간을 實事의 차원에서 추구함으로써 實理論과 일치하는 一元的 방법에

---

164) 『雜藁』, 答裵公瑾, 108쪽.
165) 『雜藁』, 論, 別, 93쪽.
166) 퇴계는, '氣發而理乘之'(七情)·'理發而氣隨之'(四端)를 취하는 입장인데, 이는 人
　　心과 道心을 두 마음[兩心]으로 인정하여 각기 理·氣를 具有하는 것으로 된다
　　(『雜藁』, 論, 別, 93쪽 ; 『雜藁』, 答裵公瑾, 108쪽).
167) 『雜藁』, 論, 別, 94쪽.
168) 한백겸은 箕子井田의 實在를 인정하고 그 의의를 추구함으로써 조선후기 土地制
　　度改革論의 이념적 기초를 제공하였다(金容燮, 「朱子의 土地論과 朝鮮後期 儒
　　者」, 『增補版 朝鮮後期農業史硏究』II, 일조각, 1990, 411~413쪽). 유형원의 토지
　　개혁 구상이 井田制의 정신을 재현하자는 것이었고 여기에 한백겸의 토지론과 일
　　치하게 되는 사정을 고려하면 유형원이 한백겸의 人心道心說을 그토록 찬성하는
　　사실을 범상하게 보아 버릴 수 없는 까닭이 있다고 하겠다.
169) 유형원은 程子(頤)의 性則理說과 朱子의 이에 대한 剖析을, "千萬世 說性之根
　　基"라고 최대의 찬사를 보내면서도, 다시 "却疑伊川此語 有所未盡 朱子亦恐說得
　　太過 難爲心信也"(『雜藁』, 雜錄, 118쪽)라고 비판 부정의 단서를 붙이는 데 주저
　　하지 않았다.
170) 『雜藁』, 雜錄, 120쪽.
171) 『雜藁』, 雜錄, 120~121쪽.

의한 인간 해명이 가능해진 것이었다.

넷째, 實理論은 理氣論과 經世論을 이론과 실천의 관계, 사물과 法則의 관계로 통일함으로써 변법적 사회개혁론의 근거논리가 되었다. 앞서 본 바와 같이 유형원은 道心·四端·天理는 각각 人心·七情·人欲 가운데서 발현된다고 주장하였다. 이것은 감정·욕망을 가진 인간의 객관적 존재[實相]를 긍정하고 이 實相=實體를 전제하지 않는 도덕적 가치나 법칙[道理]의 의의를 부정하는 관점이었다. 즉 事物(인간)과 法則(도덕), 物理界와 價値界(精神界)가 별개의 독립된 관계로 존재하는 것이 아니라 한 가지 사물과 그 법칙은 하나의 實體로서만 인식되기 마련이라는 의미였다.

이러한 인식태도는 思辨·推論의 과정에서 얻어진 관념적 確論을 실재의 사물현상, 인간 사회관계에 일률 적용시키는 것이 아니라 사물 현상세계에 대한 경험적 관찰과 검증을 통해서 그 실체의 법칙·원리에 도달하는 방식이었다. 말하자면 전자가 바로 朱子學의 格物致知로서 인간의 윤리·도덕적 완성을 지향해서 인간과 사물의 가치를 도덕적으로 조직하기 위한 것이라면 후자는 반대로 實事·사물세계의 탐구를 통해서 그 법칙·가치를 實用에 적용하려는 實事求是의 방법이었다. 實事求是란 이를테면, "觀物而知其理 玩物而得其妙"[172]라거나, "이미 보고 안 것으로부터 더욱 철저히 연구함으로써 理氣之實과 心法之妙가 모두 자기에게 절실한 것임을 발견하게 되고 義理操捨의 즈음에 그 힘을 實用할 수 있게 된다"[173]는 의미의 방법론이었다. 이렇게 보면 實理論은 實事求是에서 직결되는 인식 논리임을 알 수 있다.

實事의 탐구로부터 實理에의 접근을 단적으로 예시해 주는 것이 '由靜制動'의 논리였다. 즉,

> 聖人의 井田法은 土地를 근본으로 하여 人口를 均平히 하는 것이었으니 역시 靜에 말미암아 動을 制御하는 뜻이었다.[174]

---

172) 『雜藁』, 鄭, 別, 83쪽.
173) 『雜藁』, 答裵公瑾, 108~109쪽.
174) 『隨錄』 附錄, 傳(洪啓禧撰), 2ㄱ.

고 함이 그것이었다. 이는 후세의 土地·賦稅制度의 폐단은 '以人爲本'하
는데서 기인하는 것으로 보고, "以田爲本 計田出賦 人在其中"175)하도록
되어 있는 井田法의 원리로 복귀하자는 주장의 근거였다. 말하자면 "造化
의 이치[理]는 비록 유행하기를 마지 않으나 動함과 靜함은 서로 그 뿌리
[根]가 된다"176) 하듯이 사물의 생성과 그 운동의 법칙을 陰陽動靜의 상호
작용으로 보되 "非靜無以爲本",177) 즉 '主靜論'178)을 靜=土地, 動=人口라
는 경험 가시적 사실에 적용하여 17세기 당시까지 운영되어 오던 조선왕
조 토지제도의 원리를 부정한 것이었다.

　土地分給의 원칙을 '以人爲本'으로부터 '以田爲本'으로 전환해야 할 것
을 착상하고 그 근거논리를 '由靜制動'으로 마련할 수 있었음은 유형원이
적어도 朱子學의 格物致知的인 사유방식을 답습하지 않았기에 가능한 일
이었을 것이다.179) 그가 聖人·天道·君子를 말하면서도 결코 仁義禮智
나 綱常을 논의의 주제로 삼지 않았던 것은 격물치지의 사유방식을 거부
하고 實事로부터 實理를 확인하는 사유과정을 스스로 모색해 갔기 때문이
라고 생각된다.180)

4. 맺음말

　앞에서는 주로 유형원이 마련하고 있는 제도개혁론의 이념과 목표, 그

---

175) 『隨錄』卷1, 田制 上, 分田定稅節目, 2ㄴ.
176) 「年譜」, 顯宗 10년 己酉, 574쪽.
177) 『隨錄』附錄, 傳(洪啓禧撰), 2ㄱ.
178) '主靜說'에 대해서는, 裵大洋 主編, 앞의 책, 347~348쪽 참조.
179) 허목은 法秩序의 확립을 제도개혁에 선행하는 일차적인 과제로 보고 主靜說에
　　의거하여 舊法, 즉 『經國大典』遵守論을 전개하였다. 實理說이 그러하듯이 유형
　　원의 '主靜制動'의 논리 역시 허목의 그러한 발상과 무관한 것이 아님을 알 수 있
　　다(金駿錫, 앞의 글, 1991, 712~714쪽).
180) 吳光運이 유형원의 理氣說에 관한 논문을 검토한 후, "知隨錄之有本而天德王道
　　之不二也"(『隨錄』附錄, 行狀, 吳光運撰, 11ㄱ)라고 했던 것은 『磻溪隨錄』에서
　　이같은 實事와 實理의 一致가 관철되고 있음을 확인했기 때문일 것이다.

變法原理가 어디에 근거하고 있는지를 밝혀 보려고 하였다. 이제 그 내용을 요약해 보면 대개 다음과 같다.

17세기 체제모순의 해결책을 모색해가는 과정에서 유형원은 먼저 京華兩班이라는 자신의 기득권을 포기하고 田野로 퇴거하여 피폐한 농업·농민의 현실을 直視하고 이를 자신의 현실 체험으로 받아들였다. 이것은 학문의 방법과 목적을 새롭게 다짐하는 계기와도 부합되는 것으로서 그가 『大學』의 學問·政治論에 깊이 공감하고 識者·儒者의 道理와 職分을 체현하기로 다짐한 데 있었다. 또 비판·실증하는 학문 태도를 견지하고 주자학의 사유방법에 회의하게 되는 것도 그와 같은 동기에서였다. '實事求是'란 이를 가리킨 것이었다. 이를테면 일정한 師承關係가 없었던 점, 특정한 敎說을 墨守 追從하거나 異說이라고 해서 무조건 배격함도 없이 오직 自家說의 客觀化를 통해 新創에 도달한 점, 그리고 이를 위해서 주자학의 본지를 직접 문제삼기보다는 오히려 六經과 諸子·典故에 접근하는 방법으로서 주자의 선행업적을 취사선택하는 태도 등이었다. 이러한 학문태도야말로 부단히 主體性의 실현=自己變革을 시도하는 지식인의 자세라고 할 수 있었다. 유형원은 여기에 부합될 선배 儒者로서 오직 許穆을 발견했을 뿐이었다.

『磻溪隨錄』의 내용은 유교사상의 주요개념들을 기초로 하고 17세기 당시의 실정과 제도를 감안해서 실행 가능하도록 작성되었다. 유형원은 體用(=道器)論·修己治人論·天理人欲說, 그리고 三代의 古制 등에 주목하여 개혁의 기본이념으로 원용한 것이었다.

여기에서 주목되는 바는 우선 제도개혁의 방법과 범위를 필수 불가결한 원리에 근거할 것과 非理·弊法의 改廢를 치자층의 당연한 사명으로 명시하는 점이었다. 體用說과 修己治人論이 바로 그것이었다. 도덕에 대한 政制, 王道에 대한 制度·規式의 관계는 불변불멸하는 道(體)와 가변유한한 器(用)의 관계와 같다는 것, 作法者=治者에게는 公益을 우선하여 私慾을 기꺼이 억제해야 할 책임이 따른다는 것이었다. 또 王道와 覇道, 封建과 郡縣, 三代法과 後世法, 公心과 私心을 대치시키고 후자의 것을 人欲으로,

전자의 것을 天理로 보아 전자에 의한 후자의 극복을 필연적인 것으로 강조하였다. 이 때 天理人欲說을 사회 정치개혁의 근거논리로 이끌어 온 것은 종래의 정통 주자학에서 이를 개인의 내면적·도덕적 규제의 원리로서 원용하던 한계를 뛰어넘는 것이기도 하였다.

古法·古制는 道體·天理에 근거한, 왕도정치·봉건제도의 소산이고 『禮記』·『周禮』 등은 그 구체적인 표현물이라고 할 수 있었다. 後世法=弊法이란 물론 『經國大典』을 두고 하는 말이었다. 이 시기 집권체제의 모순과 사회적 동요는 국가 법전체제의 붕괴와 혼란이기도 했으므로 이제 고법의 정신에 따라 公田制·貢擧制·學校·兵制·官制 등을 大體·大綱으로 하는 전면 개편이 단행되어야 했다. 그리고 이 變法運動은 새롭게 각성된 君主, 즉 臣權에 의해 견제받는 군주가 아니라 스스로 '立志'하여 군주전제권을 실질적·합리적으로 행사할 수 있는 군주가 결단하는 일이었다.

변법을 통해서 지향하는 새 사회는 역시 四民이 공존하는 가운데 治人者인 군주와 士族이 정치운영의 주체가 되어 '爲民'을 실현하는 사회였다. 그러나 그것은 身分等級制에 의해 世襲特權을 누리는 兩班(科擧)士大夫가 아니라 능력과 公議에 따라 선발된 새로운 貢擧士族이 均田·均賦를 실현하고 四民으로 하여금 恒産이 보증되는 위에서 '各得其分'하도록 이끌어 가는 사회였다. 그러므로 이는 종래의 大土地所有=地主佃戶制와 세습적인 신분등급제가 관철되는 것과는 차원을 달리하여 점차 불평등신분관계를 해체시킴으로써 마침내는 사회·경제적 平等에 이르도록 그 문호를 열어 놓고 있다는 점에 진보적 특징이 있었다.

한편 유형원은 종래 주자학의 理氣人性論에 대신하는 새로운 인식논리를 수립하였다. 실증·비판의 학문태도를 통한 자기변혁, 주체성의 확립을 위해서도, 나아가서는 당시의 정통주자학에서 제기하는 保守·改良的인 更張·變通論理에 대항하여 改革·變法路線을 견지하기 위해서도 그것은 필요한 일이었다. 그것은 현실과 이론의 일치를 철학적으로 整合하는 일로서, 세계·물질의 始原과 人倫·道德의 원리를 새로운 차원에서 포괄하는 개념의 모색이었다. 특히 정통주자학에서는 인간존재의 當爲를 인륜·도덕에서 구하고 이를 이기인성론에 귀결시키는데 대해서 유형원은 實事·實用을 그러한 인륜·도덕에 대치시키고 있었으므로 그 설명방법 역시 새롭게 달라질 수밖에 없었다. 여기에서 성립된 것이 '實理'論이었다.

처음에는 主氣論의 관점에서 '實事'의 본질을 추구하였는데 이는 실사 자체를 물질과 동일시하고 그 원리로서의 氣를 상정함으로써, "물질적인 氣의 聚散을 질서 지우는 원리로서의 理"를 말하는 주자의 견해보다는 "氣 자체로서 합리적인 법칙성이 내재하는 것"으로 생각하는 張載 이래의 주기론에 더 공감했기 때문이었다. 그러나 곧 主理의 관점으로 선회하여 氣에 대응하여 기를 타거나[乘] 주재하는 理, '氣之理'가 아니라 "有此理 故有此氣", 즉 已然者(현상 실재)와 本然者(본질)라는 理와 氣의 先後·本末·主從 관계를 긍정하는 위에서 "理와 氣의 合一 한 妙"를 상정하게 되었다.이것이 바로 '實理'로서 氣를 포섭하는, 유일한 理였다. 實理는 천지 만물의 조화를 반영하는 것이자 道·性·太極·條理로서의 理이며 사람과 만물이 생겨나는 까닭으로서의 理였다. 다시 말하면 사물 각기의 현상과 본질을 동시에 규정하는 理, 즉 '物之理'이고 '主靜制動의 理'였다.

이렇게 實理에 의해서 理와 氣가 통일됨으로써 객관 사물의 이해는 종래 理와 氣의 介分에 의해 관념적인 思辨과 推論을 통해 이루어지던 방식으로부터 경험과 실증을 통해 實理의 차원에서 관찰 분석하는 방식으로 전환하게 되었다. 특히 유형원은 실리설과 관련해서 '理則道'·'誠則動'이라 하여 理와 道와 誠을 상호일치의 관계, 인식과 실천의 통일관계로 이해하였다. 이것은 후대의 유자들이 理와 氣를 對擧하고 그 先後·主從·分 合의 관계에 지나친 분석과 추론을 전개한 나머지 道와 理의 일치관계, 즉 인식과 실천, 현상과 본질문제에 혼란을 초래하게 되었다는 비판이기도 하였다. 이 점은 그의 후배인 李瀷·丁若鏞 등이 理氣說을 둘러싼 번쇄한 空論이나 당파주의를 배격하게 되는 사정과 무관하지 않은 것으로서 韓元震이 朱子·栗谷의 理氣 분석을 절대시하여 他家說을 일체 배격하고 道統과 師門을 옹호한 것과는 전혀 다른 태도였던 것이다.

또 實理說에서는 '性則理說'에 의거한 구래의 人間觀을 탈피하고 있었다. 즉 性·心·情이 각기 별개의 것이 아니며 道心·四端은 각각 人心·七情을 매개로 해서 표출된다는 것, 마찬가지로 天理와 人欲도 '同行異情'이라는 관점을 세움으로써 人性의 일원적 설명이 가능해진 것이었다. 이로써 객관 도덕 규범으로 형상화한 관념적인 인간상 대신에, 살아 숨쉬며 욕망·감정을 가진 인간, 주관적으로 규범과 정서가 조화된 인간을 설정하게 되었다.

결국 주자학의 格物致知가 인간과 사물을 규범적 가치, 法則＝道理로서 설명하기 위한 사변·관념의 방법이었음에 대해서 유형원은 實事＝현상세계를 실증적으로 탐구하여 이를 實用에 적용하려는 '實事求是'의 방법을 취함으로써 마침내 理氣二元論을 극복하여 理一元의 實理論에 도달한 것이었다. 그리하여 실리론은 理氣論과 經世論을 이론과 실천의 관계, 사물과 법칙의 관계로 매개함으로써, 무엇보다도 '主靜制動'의 원리를 제시함으로써 '以人爲本'의 改良 改善論을 극복하고 '以地爲本'의 變法 改革論의 철학적 기초가 될 수 있었다.

(『東方學志』 75, 1992. 6)

柳馨遠의 政治·國防體制 改革論

金 駿 錫

1. 머리말

조선왕조 집권 체제는 16세기 중엽부터 여러 방면에서 변화 변동이 일어나고 있었다. 우리나라 중세 사회가 그 발전 과정으로서 밟아 가는 길이기도 하였다. 壬辰·丙子 兩亂의 극심한 파괴와 혼란을 겪으면서 이러한 현상은 더욱 가속되었다. 양반 지배층은 이것이 결국 체제의 붕괴를 초래할지도 모른다는 위기의식을 느끼면서 그 수습을 위한 여러 가지 방안이나 대책을 모색하게 되었다.

이 시기의 官人 儒者, 즉 양반 식자들은 대개 '變通', '更張'이라는 이름으로 정치 운영의 개선안, 혹은 사회경제 정책을 제기하고 있었다. 그들의 견해나 주장은 소극적인 現實保守論에서 적극적인 體制變革, 變法論에 이르기까지 그 입장과 내용은 편차가 매우 큰 것이었지만 그 모두가 '國家再造'의 차원에서 제시하고 있는 점에서는 한결같이 일치하였다. 그들은 그만큼 兩亂을 계기로 전개되는 사회 변동 사정을 심각하게 생각하고 나름대로는 최선의 극복 방법을 짜내고 있는 것이었다. 사실 조선후기의 격렬한 사상 이념 논쟁이나 '黨爭'이라고 불리는 바 양반관인층 내부의 정치

항쟁은 이러한 현실인식과 그 대응방식의 차이에서 비롯되는 것이기도 하였다.

잘 알려져 있듯이 柳馨遠(1622~1673, 磻溪)는 이 무렵에 國家再造論을 제출한 논자들 가운데 變法性, 진보적 성격이 가장 뚜렷하게 드러나는 정치사상가였다. 그는 『磻溪隨錄』에서 이 시기 조선왕조 집권체제의 여러 가지 폐단과 부조리한 현상을 실증적으로 추적 비판하고 田制·貢賦·商工·學校·科擧·官制·兵制 등 국가 운영 전반에 관한 근본 法制의 개혁안을 마련해 놓고 있었다. 『반계수록』에서 지향하는 새로운 국가 사회 사상에 대해서는 일찍부터 학계의 관심이 컸던 만큼 이에 관한 여러 논저가 나와 있고 또 이를 통하여 그 내용을 잘 알게 되었다.[1]

필자는 앞서 유형원의 제도 개혁론을 뒷받침하고 있는 變法理念·철학 사상을 나름대로 살펴본 일이 있다. 조선후기 正統朱子學이 주도하는 보수 개량적인 정치사상에 대응해서 진보 개혁사상이 성립 발전하는 과정을 분명하게 설명하고 이 시기 思想史의 흐름에서 '實學' 思想의 위치를 정당하게 설정하기 위해서는 개혁사상의 기본구조, 특히 정통주자학과의 분기점을 밝히는 일이 불가피하다고 생각했기 때문이다. 그리하여 『반계수록』에 관철되는 개혁의 원리, 즉 변법이념을 體用(=道器)論·修己治人論·天理人欲說·三代古法 등으로 파악하였다. 또 이를 지탱하는 인식논리로서 實理論을 제기하여 朱子 性理說에 대치시키고 있음을 확인하였다.[2]

유형원의 근본사상을 이렇게 파악하고 보면 이제는 그 기반 위에서 성립하는 제도개혁론의 성격도 재검토해야 할 필요성이 제기된다. 종래 이 방면 연구의 선구적인 업적이 있음에도 불구하고 새삼스럽게 다시 본고를 마련하는 까닭이 여기에 있다. 井田制 원리에 입각한 그의 농업개혁론에 대해서는 달리 논하기로 하고, 우선 관리 선발제도와 관련한 學制論, 통치

1) 이를테면, 千寬宇, 「磻溪 柳馨遠 硏究」, 『歷史學報』 2~3, 1952~3 (『近世朝鮮史硏究』, 일조각, 1979, 再收) ; 鄭求福, 「磻溪 柳馨遠의 社會改革思想」, 『歷史學報』 45, 1970 ; 정성철, 「류형원의 철학 및 사회 정치사상」, 『실학파의 철학사상과 사회정치적 견해』, 사회과학출판사, 1974/한마당, 1989 등이 그것이다.
2) 金駿錫, 「柳馨遠의 變法觀과 實理論」, 『東方學志』 75, 1992.

관료기구·군사제도론을 살피기로 하겠다.

2. 科擧制 폐지와 貢擧制 실행의 구상

17세기의 사회정치적 동요는 집권체제를 이끌어 가는 양반지배층의 분열과 약화에 기인하는 것이기도 하였다. 16세기 이래 거듭된 士禍와 이에 뒤이은 黨爭의 실상은 그 상징적 증거였다. 사실 집권적 정치체제는 사대부 양반층의 광범한 輿論을 수렴하는 言路제도와 科擧를 통해 선발된 官僚群에 의해서 유지될 수 있었다. 이제 그러한 지배계층 내부의 항쟁과 분열은 바로 言路의 廢塞로 건전한 정치여론의 형성이 어렵게 되고 科擧제도의 타락으로 유능한 人才의 등용이 가로막히게 되는데서 야기되는 현상이었다. 집권정치체제의 파탄, 위기상황이었다. 그리고 그것은 사회의 변동진전에 반하여 집권세력의 현실대응력이 상대적으로 약화 경직되고 있음을 의미하는 것이기도 했다.

일찍이 李珥가 科擧制는 '末世의 用人法'임을 지적하고[3] 公論에 의한 人才의 薦擧제도를 채용하자고 주장한 것도 이를테면 그 시기 정치운영상의 시급한 과제는 '得人', 즉 유능한 人才의 등용에 있음을 인식하고 관리선발제도의 개혁을 통해서 약화되어가는 集權力을 회복해야 한다는 지배층 일각의 입장을 반영한 것이었다.[4] 科擧는 정치 권력에의 참여와 지배층으로서의 신분유지에 절대조건이었기 때문에 이를 둘러싼 대립경쟁이 격화되었고 따라서 그 운영상의 문제점은 이미 15세기부터 누누이 지적되어 온 터였다.[5] 그 후 科擧制의 폐단이 더욱 악화되어 가는 가운데 그 개혁론을 제기하는 논자들도 늘어나고 있었다. 유형원과 같은 시기의 尹鑴는

---

3) "科擧用人 乃叔季之習也"(『栗谷先生全書』卷29, 經筵日記, 今上 6년 10월, 2冊 138쪽).

4) 李珥의 科擧 비판론과 薦擧制論에 대해서는, 李先敏,「李珥의 更張論」,『韓國史論』18, 서울대학교 국사학과, 1988, 250~254쪽 참조.

5) 曺佐鎬,「學制와 科擧制」,『한국사』10, 국사편찬위원회, 1981.

科擧制를 폐지하고 漢代에 '令州縣擧孝廉'하던 방식의 貢擧制를 채용하자고 건의하였다.6) 또 18세기의 李瀷은 門閥에 의한 과거독점, '修己治人之學'으로부터의 궤도이탈 현상을 비판하면서 五年大比制와 鄕擧里選之法을 병용하는 '科薦合一'의 개혁방안을 구상하였다.7)

이 시기 科擧制의 일반적인 폐단은, 記誦詞章 등 시험과목의 非實用性, 挾冊·代述·請託·臆決 등 시험장의 협잡·作奸 행위, 이로 인한 예의염치의 상실과 長才大器의 仕宦 포기, 京華門閥의 과거독점에 따른 지역간·신분간 差待의 심화, 그리고 과도한 관직경쟁과 관련한 士禍·黨爭의 유발 등등으로 지적되고 있었다. 유형원은 특히 "국가의 敎士養賢이 없어진지 이미 오래라서 登仕當路者는 모두 京華形勢家의 子弟들 뿐이고 鄕曲의 조금 재주있는 자들은 자포자기하여 학문[經術]에 뜻을 잃거나 嗜利僥倖만을 쫓는 폐습에 젖어감"을 개탄하였다.8) 그리고 '人心의 浮薄 循私' 등 일체의 혼란 부조리현상이 科擧制의 모순에서 조장되고 있는데도 국가 法制의 不備, 군주의 改革意志의 결여로 더욱 악화된다고 보았다.

그리하여 그는, "天下를 잘 다스려 가려면 반드시 먼저 學校를 일으켜서 禮俗을 이루고 鄕黨으로부터 人材를 천거하도록 해야 한다"9)는 관점에서 科擧制에 대치하는 人材養成·관리선발 제도를 구상하였다.10) 이제 유형원의 學制·貢擧案을 정리해 보면 대강 다음과 같다.

① 서울과 전국의 군현에는 邑學(京은 四學), 道에는 營學(京은 中學), 최고학부로서 서울에 太學을 설치한다.11) 학생 수는 田野頃의 면적(人口

---

6) 韓㳓劤, 「白湖 尹鑴 研究」(二), 『歷史學報』 16, 1961, 69~73쪽.

7) 韓㳓劤, 『星湖李瀷研究』, 서울대학교 출판부, 1980, 113~137쪽.

8) 『磻溪隨錄』 卷10, 敎選之制 下, 貢擧事目, 25ㄴ~26ㄱ(이하 『隨錄』으로 略記함).

9) 『隨錄』 卷14, 任官攷說, 周漢以後任官之法, 33ㄴ.

10) 이러한 學制·貢擧論과 유사한 생각은 이미 李珥의 「學校模範」을 비롯한 몇 편의 「學規」와 「選士論」에서 보이고 있다(『栗谷先生全書』 卷15, 東湖問答(己巳), 論敎人之述, 27ㄱ~31ㄴ ; 『栗谷先生全書』 卷15, 學校模範(壬午), 隱屛精舍學規(戊寅), 隱屛精舍約束, 文憲書院學規, 33ㄴ~51ㄱ).

11) 『隨錄』 卷9, 敎選之制 上, 學校事目, 31ㄱ~ㄴ(「學校事目」에 관한 것이면 이하 別註 없이 卷號와 張次만 표기한다).

數도 포함되는 것) 기준으로, 邑學의 경우 1만 頃의 縣은 20명, 2만 頃의
郡은 40명, 3만 頃의 府는 60명, 4만 頃의 府(大都護府)는 80명, 四學에는
각 100명씩으로 하되 이를 額內生(內舍生)으로 삼고 이 2배의 범위 안에
서 增廣生(額外生·外舍生)을 둘 수 있다(9-33ㄱ·ㄴ). 營(中)學의 전국
定額은 225명, 여기에서 太學에 뽑아 올리는 選士는 150명, 太學에서 다
시 조정에 뽑아 보내는 進士는 35명이다.12)

② 각급 학교에는 常祿이 보장된 學長, 혹은 敎官·敎授를 두고 종사자
로서 胥吏·僕隷를 배치하며 士生을 給養할 公糧(1人1日2升), 학교운영
비를 위한 學田을 책정하여 豊潔한 廩養之資의 官給을 보장한다(9-34ㄱ,
35ㄱ·ㄴ). 士生은 5番으로 나뉘어 교대로 학교에 寄宿한다(10-9ㄱ·ㄴ).

③ 大夫·士의 子弟로서 학문에 뜻을 둔 자, 庶民子弟 가운데 '俊秀者'
는 15세가 되면 敎官·守令의 심사·考査를 거쳐 입학한다. 이 때 工·
商·市井·巫覡雜類의 子弟, 公私賤人은 입학할 수 없다. 新入生은 增
廣生으로 外舍에 편입되고 所受田 2頃의 保布를 면제한다(10-4ㄱ·ㄴ).

④ 士生은 六德·六行·六藝를 講明하되 그것은 모두 聖經·賢傳을
통해서 '擇善修身'·'化成天下', 즉 "修身齊家 以及天下"하는 공부이다.
그러므로 그것은 詞章·利祿을 위한 敎學이 아니다(10-10ㄱ·ㄴ).13)

⑤, ㉠邑(四)學에서는 매년 春·秋 2차에 걸쳐 外舍生 가운데 材行力
學하는 자를 會坐考講하여 內舍에 들이고 所受田을 4頃으로 加給한다
(10-4ㄴ). ㉡매3년 가을에는 四學과 각 邑學에서는 德行·道藝를 고사하
여 賢者·能者를 뽑아 각각 中學과 營學에 陞級시킨다(10-13ㄴ). 이 때

12) 『隨錄』卷10, 敎選之制 下, 貢擧事目, 22ㄱ~ㄴ(이하 「貢擧事目」은 別註 없이 卷
號와 張次만 표시한다).
13) 학교의 修學 과목은 「學規」에 의하면, 『小學』·『大學』으로부터 四書·『近思錄』
·六經에 이르고 史書·性理書類를 間讀하도록 하였다(9-26ㄱ). 通讀講論의 여
가에는 習射·寫字·鼓琴·算數를 익히도록 해서(9-25ㄴ) 「六藝」의 정신을 구현
하려고 했다. 또 이러한 修學기준에 의해서 入學·陞級 때의 考査 과목은 『小學』
·『近思錄』·『朱子家禮』·『綱目』·四書·六經(그가 꼽는 6經은 詩·書·易·
春秋·周禮·儀禮의 6가지다) 가운데서 필수·지정(추첨)·선택 등으로 나뉘어
부과된다(10-4ㄴ). 이렇게 되면 조선시기 鄕校·書院의 朱子學 일변도 교수과목
과 크게 다를 바 없음을 알 수 있다. 그러나 유형원은, "文武 本不可岐而二
之"(10-13ㄱ)라고 文武並行을 강조하여 학교의 射圃 설치를 의무화하고(9-36ㄴ)
시험 同点者는 弓射점수에 따라 등위를 결정하도록 했다(10-8ㄴ).

守令·敎官은 考講성적과 鄕約·學規에 따른 鄕衆·學衆의 推擧稱譽를
존중하여 그 등급을 판정한다. ⓒ營(中)學에서는 매년 가을 역시 德行·
道藝를 고사하고 學衆의 公論을 참작하여 그 賢能을 가려 太學에 승급시
킨다(10-16ㄱ). ⓓ太學에 올라온 儒生은 '選士'라 칭하고 매년 가을 營·
中學에서 그랬던 것처럼 다시 賢者·能者를 선발하여 朝廷에 추천한다
(10-16ㄴ). ⓔ조정의 考査(公卿·臺官·侍從 등 관원의 면접과 강론)에
합격한 자들은 이제 '進士'로서 '進士院'에 入直하며 侍衛·經筵·召對·
祭禮에 참석하는 등 官人으로서의 수련을 거쳐 1년후 그 차등에 따라 官
秩을 받고 職任에 나간다(10-17ㄱ~18ㄱ).

⑥ 邑(四)學에서는 3년, 營(中)學·太學에서는 1년 이상 재학한 자라야
천거 대상자가 될 수 있고 특례를 제거하고는 40세 이전에 조정에 천거될
수 없다(10-19ㄴ~20ㄱ). 또 入學考講에서 不通이거나 입학후 行修材進
이 不良한 자는 退學·罷歸 처분하고 그를 陞級 추천한 敎官·守令·司
敎·監司·學長 등은 問罪한다.

⑦ 特薦이나 州縣 鄕官·衛士陞補者를 제외한 모든 관직은 進士院을
거친 자로 補任한다(10-18ㄱ).[14]

---

14) 이렇게 함으로써 관직수와 受職 대상자수와의 不均衡을 막을 수 있다고 보았다.
즉 太學에서 조정에 보내는 進士는 매년 35명인데 이는 당시 東西班관원 총수를
900명, 그 중 別薦者·各 州縣鄕職陞補者·武科及第者 등으로 채워지는 200명을
제한 700명을 충원하는 적정 숫자로서 산정한 것이었다(10-22ㄱ). 관원의 재직기
간을 40~70세로 잡으면 중간의 사망·질병·징벌·喪事 등의 사고로 1인 평균
재직년한은 20년 정도, 그러므로 매년 35명 정도 교체하면 된다는 계산이었다.
또 式年마다 太學에는 45명, 營(中)學에는 75명의 잔류자가 발생되고 이것이 7式
年(약 20년) 지나면 각각 465명, 750명 가운데서 105명, 150명을 선발해 올리는 것
이 되어 대개 4.5 : 1, 5 : 1의 경쟁 속에서 우수 人材를 抄選하는 계산으로 된다
(10-22ㄴ, 25ㄱ). 그런가 하면 選士(150명)는 서울과 각 道의 人口數를 고려하여
매년의 선발인원수가 배정되고 營(中)學의 그것(225명)도 똑같은 기준에서 배정
된다(10-23ㄱ,ㄴ). 이 때 選士 150명의 서울과 지방 배정비율은 8 : 142, 즉 약 1 :
8이 된다. 참고로 이를 그 시기 式年文科 33人의 합격자를 내기 위한 初試合格者
총원 340명의 서울 : 지방 배정비율이 90(館試 50, 漢職試 40) : 250 (약 1 : 2.8)이
었던 사정과(10-24ㄱ·ㄴ ; 『經國大典』 卷3, 禮典, 諸科條, 2ㄱ~3ㄱ 참조) 비교
하면 6배의 편차가 나는 것을 발견할 수 있다. 말하자면 유형원의 人口數를 고려
한 貢擧案이 실행된다면 종래 관리등용의 극심한 서울 편중 현상이 완전히 해소
될 것임을 알 수 있다(鄭求福, 앞의 글, 1970, 42~43쪽).

⑧ 守令·敎官 등 選士·進士 천거자로서 그 임무를 수행하지 않았거나 잘못 수행한 경우, 즉 闕薦者·誤薦者는 罷職하고 만약 故意性(私嫌·循私)이 드러나면 欺罔罪로 논한다. 반대로 賢能한 人材를 천거한 것으로 판명되면 표창·擢用하는데 이 모든 경우는 세월이 흐르고 遞職된 뒤라도 소급 적용한다(10-21ㄱ·ㄴ).

學校·貢擧制 운영의 구상을 이렇게 요약하고 보면 그것은 일단 詞章·製述 중심의 학교교육의 止揚과 德行·道藝 본위의 人材교육으로의 전환, 단계적·공개적인 인재 추천 과정과 철저한 사후 책임제의 도입,15) 정치·관직참여에서의 서울(門閥)과 지방의 평준화 등, 종래 科擧制度의 폐단을 전면 청산하고 새로운 관리임용제도의 정착을 기대하는 것이었다. 이제 그 중요한 몇 가지 특징과 성격을 구체적으로 지적해 보기로 한다.

첫째, 鄕(坊)庠 - 邑(四)學 - 營(中)學 - 太學으로 이어지는 4단계의 學制는 철저한 官學 중심체제를 지향하는 것이었다. 이것은 우선 書堂(家塾·黨庠) - 鄕校(四學)·書院 - 成均館이라는 당시의 3단계 방식이 사실상 鄕校와 書院, 官學과 私學의 병렬 대립관계로 이루어지던 사성과 대조적인 것이고 또 그것을 극복하기 위한 것으로 보아진다. 유형원은 均田的 受田制度와 郡縣制16)의 전면 개편을 구상했으므로 學制·貢擧案은 그것과 같은 맥락에서 마련한 것이었다. 사실 이 시기 在地의 일반 士族·中小地主層은 대개 自家의 書堂(家塾)에서 기초과정을 마치고 門閥·學淵·黨色과 밀접히 연결된 書院을 거쳐 科擧에 이르는 과정을 밟는 것이 대개의 경향이었다. 그러므로 이러한 血緣·學派·黨派的 私敎育 체계를 배격해서 초급과정을 鄕村自治的인 鄕庠에 맡기고 中等과정 이후는 官吏養成에 직결되는 국가교육체계에 흡수 통합함으로써 교육의 公有·均等化, 교육과 관리선발제도의 一元化를 추구한 것이었다. 이렇게 함으로써 行義·道

---

15) 이를테면 擧主連坐制의 규정이 그것인데 이는 같은 시기 윤휴가 주장한 바이기도 하다(韓沽劤, 앞의 글, 1961, 73쪽).

16) 그는 적정규모의 토지와 인구, 山川·風氣 등의 조건을 고려한 郡縣統廢合調停案과 그 自治운영을 위한 제도적 방안을 제시하는 '郡縣制'를 마련하고 있었다 (『隨錄補遺』卷1, 영인본 : 경인문화사 所收 참조).

德 중심의 人材교육, '俊傑'한 관리선발을 보장할 수 있고 또 지배층의 私的 農民支配의 장치이자 黨爭의 在地的 기반인 書院의 횡포와 폐단을 제거할 수 있다고 보았을 것이다.[17]

둘째, 學制와 選擧制를 一元化하는 구상은 곧 교육과 관리양성의 기능을 철저히 국가관리 하에 둔다는 것을 의미하였다. 그것은 우선 학교운영을 위한 충분한 財政의 지원, 敎官의 禮遇, 敎生의 학비면제와 생활 보장(2頃~4頃의 受田) 규정으로 나타났다. 그리고 太學을 正2品 衙門으로 格上하여(成均館은 正3品 衙門) 六曹와 동격화하고[18] 종래 從6品~從9品이던 각급 학교 敎官의 資品을 正3品~從6品까지 대폭 上向 조정한 것(9-32ㄴ), '以學行爲諸生所矜式者'로서 尊賢堂·觀光法·學賓制를 채용한 것(9-33ㄱ), 敎官考課의 기준은 엄격히 하되(10-2ㄱ) 監司·守令의 敎官禮待를 강조한 것(9-36ㄴ~38ㄴ), 또 교관으로서 '作成多士敦德達材'한 자를 擢用하고 敎官과 臺閣官員을 '混爲一途'하자는 것(10-2ㄴ) 등은 이 시기 敎授·訓導를 賤視하는 풍토와 교관의 무능 貪利행위로 인한 官學의 위축을 극복해서 그 사회적 권위와 기능을 회복하기 위한 대책이었다. 유능한 교관의 확보, 넉넉한 교육여건의 조성을 통해서만 유능한 人材를 양성할 수 있다는 인식을 분명히 하였다. 그러나 교육·관리양성제도의 정비와 이의 국가장악은 신분·권력·금력에 의한 특권층의 교육·官路독점을 억제하고 庶民層을 포함한 폭넓은 人材 등용의 통로를 보장하자는 의도였다.

셋째, 班과 常, 士類와 民庶의 신분차등은 당연히 유지되어야 하지만,

---

17) 그는 書院의 출현이, 지방향교가 '科擧聲利之場'으로 되어버린 데 있다고 그 동기를 긍정하고 그 폐단에 대해서는 다만 黨論成風이라고 간단히 지적할 뿐이었지만 그러나 學校·貢擧制가 본궤도에 오르면 書院은 鄕序으로 전환되는 등 그 폐단이 자연 해소되리라고 기대하였다(9-39ㄴ, 40ㄴ). 17세기 이후 書院의 濫設과 그 사회 정치적 관련 관계에 대해서는, 鄭萬祚, 「17·18세기의 書院 祠宇에 대한 試論」, 『韓國史論』 2, 서울대학교, 1975 ; 李泰鎭, 「士林과 書院」, 『한국사』 12(국편), 1978 ; 鄭萬祚, 「安東 金尙憲書院 建立是非」, 『韓國學硏究』 1, 국민대학교, 1985 참조.

18) 『隨錄』 卷15, 職官之制 上, 京官職, 6ㄱ.

다만 그것이 血統・門地에 따라 규정되는 것이 아니라 학교의 입학・수학 과정에서 닦여진 行義・道德에 의해서 결정되어야 한다는 것이었다. 유형원은 名分・等位・分數・貴賤 등에 의한 신분차등의 정당성을 인정하였다.[19] 그는 궁극적으로 治者와 被治者, 君子와 小人, 上典과 奴僕, 嫡과 庶의 差別관계가 불가피하다는 社會身分制 긍정의 논리를 의심하지 않았다.[20]

그러므로 전시한 바와 같이 그가 학교의 입학기준을 마련하면서 양반・士族子弟의 입학은 무조건 보장하지만, 庶民子弟는 '俊秀者'로 제한하고 工商・賤隷는 아예 입학을 不許하고 있는 것은 이러한 身分觀의 반영으로 볼 수 있다. 이는 당시의 사회・역사적 조건에서 보더라도 이상할 것이 없는 일이었다. 이렇게 일단 신분차별을 긍정하고 務本抑末論的인 발상이었음에도 불구하고 교육・관리선발과정에서 士農을 거의 同一線上에 두고 있음은 커다란 변화였다.[21] 더구나 그것이 血統・門地를 내세운 세습적 신분차등제가 아니라 개인의 能力을 본위로 한 새로운 신분관계의 지향이라는 점에서 특히 그러하였다.

유형원은 門地, 즉 門閥과 지체에 의한 名分・等位는 배격하였다. "우리나라는 오직 門地, 族世의 華楚만 따질 뿐 行義의 修否는 논외로 하여 관직과 班列이 결정되기 때문에 世道가 떨치지 못하고 人才가 일어나지 못하며 刑罰이 정숙하지 못하다"(10-5ㄱ)는 지적이 우선 그것이었다. 名

---

19) 예컨대, "聖王의 정치에 敎化는 한도가 없으나 等位에는 分數가 있으니 이는 自然의 바꿀 수 없는 이치"(9-34ㄴ)라든가 "名分은 貴賤의 等位에서 나오고 貴賤은 다시 賢愚의 分等(나누임)에서 생겨나는 것"(10-5ㄴ)이라 하고 또 名分・等位를 '天地 自然之理'・'天地의 化育이 無窮하게 되는 節度'(9-34ㄴ)이므로 이를 엄격히 하지 않으면 안 된다고 주장함이 그것이다.

20) 이 점은 그가 奴婢世傳法은 반대하였지만 犯法者・債務不履者 등의 奴婢化는 인정함으로써 결국 노비신분 자체의 존재를 부정하는 데까지 이르지 못했던 사정에서도 잘 드러난다(정구복, 앞의 글, 1970 참조).

21) 조선왕조의 法制的 신분차등규정, 예컨대 文科・生進科에서 양반의 서얼 자손, 良人 이하 신분층의 응시를 불허하고 이를 四祖單子에 의해서 확인하고 있던 사정으로부터는 주목할만한 진전이었다(『經國大典』卷3, 禮典 諸科條, 1ㄴ ; 『續大典』卷3, 禮典 諸科條, 2ㄴ, 3ㄱ・ㄴ).

分·貴賤의 차등도 門閥로써 따지는 것은 온당치 못하며 貴賤은 본시 세습되지 않는 것이 옛부터의 法이었다는 것이다(10-5ㄴ). 이는 그 시기 學淵·黨色과 함께 門地가 온갖 사회·정치적 부조리와 모순을 야기하고 있던 사정을 직시하고 그것을 비판함이기도 했다. 무엇보다도 門閥의 제한은 人才의 등용과 世上의 敎化를 가로막는 가장 큰 장애로 이해하였다.[22]

　그리하여 유형원은, "天下達尊三 德爵齒也"(9-34ㄴ)라고 하듯이 名分과 等位의 기준은 德(학식과 人品)·爵(관직)·齒(나이)에 따라야 한다고 생각하였다. 德에 의한 등위·분수의 결정이 가장 바람직하지만 당장 그 德의 우열을 논하기 곤란한 상태에서는 齒로써 따져야 할 일이었다. 예컨대 鄕黨·學校는 風俗과 敎化를 두텁게 하는 곳이므로 결코 門閥을 내세워서는 안되고 오직 '序長幼', 즉 序齒에 의한 位階秩序가 우선되어야 했다(10-5ㄴ). 그는 특히 邑(四)學의 舍內席次에서부터 序齒를 실천하도록 강조하였다(10-5ㄱ).[23]

　舍內에서부터 班常을 불문하고 序齒의 기준을 적용하는 것은 "業同則事同 事同則列同"이라는 논리를 天下의 通義로 보기 때문이었다(10-6ㄴ). 요컨대 貴賤의 名分은 엄격해야 하지만 그것이 生來的 조건인 門地에 의해서 보다도 行義와 道德, 즉 賢·不肖로써 결정되어야 한다는 것, 그런데 學校는 바로 그 行義를 연마하는 곳이므로 우선 序齒에 따른 위계질서를 준수해야 한다는 것, 그리고 그 과정을 마친 결과, 이를테면 選士·進士를 거쳐 仕宦의 길이 열리게 됨에 따라 貴賤이 나누이게 마련이어야 한다는 것이었다. 班常의 子弟가 학교에서 함께 공부하고 뒷날 그 行義·道德에 의해서 班常의 위치가 뒤바뀌게 되어도 당연한 일이었다. '公卿之子爲庶

----

22) "限以門地 而靡人才虧世敎 莫大之害也"(10-8ㄴ).
23) 그는 "學中以德義爲重 故天子諸侯之子 猶與凡民之俊選序齒 況鄕黨本以長老爲尊處乎"(9-13ㄴ)라고 한 李滉의 말을 빌려 德爵을 내놓고 序齒에 의한 鄕黨사회 내부의 上下序列體系를 마련함으로써 신분·계급적 갈등을 완충할 뿐만 아니라 양반층의 세습신분=門地에 의한 기득권 옹호의식을 약화시키려고 한 것 같다. 또 士類로서 私欲을 버리고 당연한 道理를 깨달아서 공평·진실·순수에 익숙해짐으로써 序齒를 자연스럽게 인정하고 또 身分 우월 의식을 自制할 수 있을 것으로 생각한 듯하다.

人'·'貴賤之不以世'하는 까닭이 이것이었다(10-5ㄴ).[24]

결국 名分·貴賤·等位로 표현되는 바 신분의 차등이 지금껏 世襲 門閥에 규정되던 상태로부터 이제 行義道德에 의해서 결정된다고 하면 이는 능력(人品)과 직분(지위)의 일치, 名과 實의 통일이 실현되는 것이며 이로써 인품과 능력에 기초하는 새로운 사회관계의 실현을 기대하게 되는 것이었다. 그러나 유형원은 門地를 타파하고 行義道德 본위의 貴賤 差等秩序를 세워 가더라도 종래 '士族'의 8·9할이 다시 '士類'의 범위에 들어가게 되리라고 확신하였다.[25] 그 까닭은 氣類의 差에 의해서 血統의 우열이 없을 수 없는데다가 경제형편이나 家風·教養 등 성장과정에서의 환경조건이 士·庶間에 현격한 차이가 있기 때문이라고 하였다(8ㄱ).[26] 그럼에도 불구하고 士族은 사족대로 종래의 신분적 기득권에 안주하기를 포기하고 士類로서의 지체를 유지하기 위해 분발하지 않을 수 없게 되고 民庶에게는 그 나름의 身分上昇, 사회적 성취의 기회를 보장하고 이를 촉구하게 되리라고 보았다(8ㄴ). 능력본위·능력확대에 의한 사회발전을 지향할 수 있다는 주장이었다.

이렇게 보면 유형원은 인간의 사회적 우열현상이 선천적 생물학적인 요인에 의해서 보다도 후천적·사회적 환경요인에 더 영향받게 된다는 것, 또 인간의 행동양식이나 도덕의식은 개인의 良心·本性의 문제가 아니라 社會制度와 因習에 기인한다는 것, 그러므로 法制의 합리적 정비, 사회의식의 확대를 통해서 사람들의 가치지향을 정당하게 이끌어가야 한다고 생

---

24) 이렇게 되면 여기에 반대·비판론이 맹렬히 제기될 것이 예상되기도 하지만, 한편에서는 행의도덕을 닦기에 분발하는 기풍이 일어나기도 할 것이었다. 그러므로 위 정자에게는 姑息之計를 버리고 오직 "王者行政之所當"(10-6ㄴ)을 따르는 새롭고 적극적인 자세가 요구되었다. 人才의 선발기준이 門地와 行義 어느 쪽에 있느냐에 따라 국가의 治亂, 世道의 升降이 좌우되는 때문이라고 하였다(10-8ㄴ).

25) 유형원은 士類와 士族의 개념을 분명히 구분하였다. 즉 전자는 '儒行而爲士類者', 말하자면 修行을 쌓아 行義道德을 실현한 자이고 후자는 '士大夫之子姓族屬'으로서 오직 血統·門閥에 의해 지배신분이 된 자들이었다. 士類만을 진정한 '양반'으로 인정함은 물론이었다(10-7ㄴ 참조).

26) "世族之多才 自然之勢也"(10-8ㄴ).

각한 것을 알 수 있다. 여기에서 그의 합리적이고 진보적인 현실인식을 발견하게 된다.

넷째, 學校・貢擧論은 일단 三代 시기의 教人取士之法을 기본이념으로 하고 그 실천방안은 朱子의 그것으로부터 원용한 것이었다. 유형원은 『周禮』・『孟子』 등에 보이는 教人・取士의 원리에 대해서, "不以古今而有異 不以華夷而有間者也"[27]라 하여 초역사적인 의의를 부여하였다. 그리고 "成天下之治 濟天下之務", 즉 王道政治의 실현을 위해서는 이것말고 달리 방법이 없다고 단정하기도 했다. 그의 관점이 이러했기 때문에 온갖 經傳과 역대의 法典制式을 참작하면서 학교와 공거에 관해 상세한 節目(事目)을 작성해 내었을 것이다. 그런데 학교・공거에 대해서는 그 이전의 여러 논자들이 원칙은 거론하였지만 구체적인 事目에 관한한 별다른 전거나 전례가 없었기 때문에 거의 그 자신의 창안이 되지 않으면 안 되었다고 생각된다.[28]

그럼에도 불구하고 學校・貢擧의 전제가 되고 그 기본 원리가 들어있다고 볼 수 있는 「學規」, 즉 人材양성의 목표와 방법에서는 朱子의 견해를 대폭 수용하고 있었다. 이를테면 유형원은 朱子의 「白鹿洞書院學規」를 가리켜 "聖賢敎學의 千言萬語와 經傳의 大法至要가 具在해 있다"고 강조하면서[29] 여기에 자신이 구상한 實踐條目(23項)을 덧붙여 「學規」라 하고[30] 이를 각급 학교에 공통되는 修學原則으로 제시하였다.[31] 또 그 조목에서는 "先讀小學 培其根本 次讀大學 定其規模"한 다음에 四書・『近思錄』・

---

27) 『隨錄』 卷11, 敎選攷說 上, 後賢所論述, 40ㄴ.
28) 이 점은 均田法을 규정한 '分田定稅節目'도 마찬가지였을 것이다.
29) 『隨錄』 卷9, 敎選之制 上, 學規, 24ㄴ.
30) 『隨錄』 卷9, 敎選之制 上, 學規, 23ㄱ~31ㄱ.
31) 「白鹿洞學規」는 五敎之目으로서 '五倫'을 제시하고 이어서 『中庸』(第20章)에서 인용한 爲學之事(博學・審問・愼思・明辨・篤行)를 두고, 다시 修身之要(言忠信・行篤敬・懲忿・窒慾・遷善改過), 處事之要(正其義 不謀其利・明其道 不計其功), 接物之要(己所不欲 勿施於人・行有不得 反求諸己)를 제시하였다(『朱子大全』 卷14, 雜著). 그러므로 여기에는 '五倫' 등 인간의 윤리・도덕적 修行 성취를 목표로 하는 朱子學의 교육원리・教化理念이 압축되어 있음을 알 수 있다.

六經 등을 차례로 공부하도록 규정한다든가, 立志・主敬・孝悌 등 주자학의 학문・修行 방법에 대해 누누이 설명을 가하기도 했다. 이렇게 보면 그는 분명히 朱子學의 교육이념에 적극 동의하고 주자학적인 人材養成을 목적으로 한 學制를 마련하고 있었던 것이다.[32]

사실 주자는 南宋 士大夫支配體制의 法制・정치적인 모순에 주목하는 가운데 學校・科擧制의 폐단이 가장 심각하다고 보고 그 개혁방안으로서 '鄕擧里選之法'의 채용을 생각하였다.[33] 그의 구상은 말할 것도 없이 "古者 學校選擧之法 始於鄕黨 而達於國都 敎之以德行道藝 而興其賢者能者"[34]라고 한 바와 같이 人材의 배양은 학교와 향당에서 이루어진다는 것, 그러므로 학교와 선거의 과정이 별개로 분리된 것이 아닌 하나의 일관문제라는 인식에서 나온 것이었다. 더구나 朱子는 治國의 先務가 '只是要得人'・'任賢使能'에 있음을 절실하게 생각하는 입장에서, 양심적이고 유능한 人士들의 정계진출을 가로막는 장애물로서 당시의 科擧制・蔭恩制・計資考를 비판하고 있었다.[35]

학교・선거문제에 관한 한 유형원은 주자의 이 같은 발상과 분명히 일치하는 것으로 보인다. 그런데 그는 井田制難行說을 내세운 朱子의 土地論에 반대해서 均田制的인 토지개혁안을 마련하고 있는 입장이었으므로 이 점 그 학교・공거론에서의 일치와는 논리상 서로 모순되는 것 같기도 하다. 그러나 유형원의 학교・공거는 獨立自營農 중심의 농업체제를 지향하는 均田制의 토대 위에서 시행하자는 것이므로 서민층의 교육・관직진출의 기회가 괄목하게 보장되는 방안이었다. 반대로 주자의 '鄕擧里選論'

---

32) 敎選論에서의 유형원・朱子의 일치는 '敎選攷說'의 도처에서 발견된다. 예컨대 『周禮』의 '以三德敎國子'・'敎三行'(地官, 師氏)에 대한 朱子의 해석을 길게 인용하는데서(『隨錄』 卷11, 敎選攷說 上, 三大敎人取士之法, 7ㄴ~8ㄴ), 또 『朱子大全』에서는 「學校貢擧私議」(卷69, 雜著), 「增損呂氏鄕約」(卷74, 雜著), 「揭示古靈先生勸諭文」과 「勸諭榜」(卷100, 公移)을 그대로 옮겨 싣고 있는 데서도 확인된다(『隨錄』 卷11, 敎選攷說 上, 後賢所論述, 24ㄱ~40ㄴ).

33) 張立文, 『朱熹思想硏究』, 北京 : 中國社會科學出版社, 1981, 177~178쪽.

34) 『朱子大全』 卷69, 雜著, 學校貢擧私議, 21ㄴ.

35) 張立文, 앞의 책, 1981, 171~176쪽.

은 그 기원이 비록 유형원과 마찬가지로 三代之法에서 온 것이었지만 현
실의 地主制를 긍정하는 바탕 위에서 실행하려는 것이므로 결국 士族·地
主層의 기득권 강화를 불가피하게 만드는 것이었다. 물론 朱子나 유형원
의 구상이 다같이 극심한 科弊와 소수 門閥의 권력독점 체제를 타파하려
는 의도에서는 동일하지만, 주자는 이를 통해서 구래 지배층 내에서의 교
육·관직 均霑을 의도하는 것임에36) 대해서 유형원은 차제에 종래의 門
閥·士族的인 기득권층을 상당히 견제하여 서민층의 진출을 도모하는 점
에서 근본적인 차이가 있었고 따라서 그들의 土地論의 그것과도 결국 일
치하는 것으로 되었다.37)

다섯째, 學校·貢擧制는 새로운 郡縣制와 함께 시행될 鄕約을 사회적
기반으로 하여 운영되는 제도였다. 본시 지방 郡縣의 기능은 일정한 행정
조직을 통해서 농민을 토지에 安集시키고 각종의 收取體系를 효율적으로
운영하는데 그 우선의 임무가 있었다. 유형원은 均田制의 시행, 정치제도
의 재정비에 상응해서 郡縣制를 전면 개편하고38) 여기에 기본 행정단위로
서 鄕里制를 도입하여 이를 鄕約 중심으로 運營하려는 구상을 세웠다.

이는 賦稅徵納으로 집약되는 행정중심의 鄕里制 運營은 정치의 本義
(정치와 敎化)에 크게 어긋난다는 생각에서였다. 이렇게 鄕約에 의한 自治
的 敎化 기능을 중시하는 것은 三代의 鄕黨 運營은 敎養(養民과 敎化)·

---

36) 學校·鄕約·社倉制 등을 통해서 士族·地主層 중심의 체제보수 방안을 모색한
　　주자의 사회경제론에 대해서는, 守本順一郎, 「朱子の生産論」『東洋政治思想史硏
　　究』, 東京 : 未來社, 1967.
37) 유형원은 역대의 敎選制度를 크게 3단계로 구분하였다. 즉 三代 시기는 養民(制
　　田里 平賦斂 以富之)과 敎化(立學校 明禮義 以敎之)가 일치한 시기, 漢代에는
　　養民·敎化가 이미 붕괴되고 있었으나 아직 鄕里의 輿論으로 선거한 시기, 隋唐
　　이래로는 文詞중심의 科擧로서 人材의 기준을 삼은 시기로 대별된다. 이래서 후
　　대로 내려 올수록 "治日常少 亂日常多 小人得志 戎狄亂華"하게 된 것으로 이해
　　하였다(『隨錄』卷12, 敎選攷說 下, 漢以下至今取人之法, 22ㄱ). 이에 따르면 유형
　　원은 당연히 三代의 貢擧法을 재현하려는 입장이 되고 朱子는 단지 漢代의 取人
　　法을 회복하려는 수준의 것이 된다. 選擧論에서의 이러한 입장 차이는 均田制와
　　地主制, 封建制와 郡縣制의 대응관계를 예시해 주는 것이라고 할 수도 있겠다.
38) 본고 제3장 「王權中心의 政治官僚制度 整備論」 참조.

賦役・軍旅의 기능이 통일된 하나의 체계로서 수행되었다고 믿고 그것을 재현하려는 것이기도 했다.[39] 이를테면 "敎化 政令 本非二事"(18ㄱ)라고 함은 養民・敎化를 병행하는 '王道政治'에의 이념을 집약한 말이었다.[40] 아무튼 그는 「學規」에서 그러했듯이 朱子의 「增損呂氏鄕約」을 간추려 정리한 「鄕約」과 자신이 구상한 「鄕約事目」을 제시하였다. 여기에서는 특히, ① 門閥이 아닌 行業의 賢愚・學德・才行의 有無에 의한 士・庶 구분(12ㄱ), ② 會集時의 序齒를 기준으로 한 座次(12ㄴ), ③ 종래 '洞契' 형태의 設契(14ㄴ), ④ 社倉의 設行(19ㄴ), ⑤ '賤之事貴說'에 입각한 '庶孼事嫡', 즉 嫡庶之分의 엄격화 등이 강조되었다.

朱子의 鄕約은 '지극한' 것이면서도 그것이 본시 '士類私相約束者'라는 점이 지적되었다(20ㄴ). 地主制의 유지를 위해서 地主・官人・儒士 중심으로 운영되는, 개별적인 자치기구라는 비판으로 볼 수 있는 말이었다. 이러한 비판 위에서 성립된 유형원의 향약론은 '國家申明敎條'로서 '士庶共參'하는 가운데 전국 均一로 시행되도록 한 것이므로 均田制 원리에 부합되는 수준의 자치적 敎化論일 수 있었다(20ㄴ). 이 점에서 그것이 「學規」와 마찬가지로 朱子學的인 敎養論, 人材養成論에 연결되는 한계에도 불구하고 朱子는 물론 李滉・李珥의 향약론에 대해서는 상대적 진보성이 인정된다고 보겠다. 또 이로써 "鄕約學規 實非二事"[41]라고 한 바와 같이 鄕約을 學規・貢擧에 연결되는 '敎化'의 수행장치로 파악하는 유형원 나름의 까닭이 있음을 알 수 있겠다.

여섯째, 學校 - 貢擧制는 기본적으로 人材의 기준을 德行・道藝에 두고 儒士 개인의 行實・經術(학문)・才能의 3가지를 그 수학과정에 따라 몇

---

39) 『隨錄』 卷9, 敎選之制 上, 鄕約事目, 18ㄴ(이하 張次만 표시함).

40) 더구나 三代 시기에는 敎化를 맡은 鄕老의 品秩이 賦稅收取를 맡은 大司徒 보다 상위에 있음으로써 敎化와 政治(統治)가 균형을 유지할 수 있었다고 생각했다. 말하자면 '封建'制下에서의 政・敎는 정상적으로 실현되었지만 郡縣制가 확립되면서 政治, 즉 부세수취와 농민 통제는 강화된 대신 '正人心之本'하는 敎化의 기능은 상대적으로 약화되었고 그 때문에 政治 본연의 의미가 왜곡되었다는 지적이 있다(19ㄱ).

41) 『隨錄』 卷9, 敎選之制 上, 學規, 28ㄱ.

단계로 考査하여 賢者·能者를 뽑아 장차의 官人 후보자로 천거하는 방식이었다. 儒士의 能否善惡은 평소에 鄕衆·學衆에 공개되고 평가되기 마련인데 이러한 衆議·公論에 의한 推擧稱譽의 평판은 천거책임자인 學長·監司·司敎·수령·교수가 작성한 考査성적과 함께 천거의 가부를 결정하는 근거 자료가 된다. 이 때 특히 천거인은 천거된 후의 儒士(피천자)의 수학태도와 성적, 在職時의 功過에 대해서까지 책임을 지는 擧主連坐制의 적용을 받게 되어 있었다.[42]

貢擧制의 이러한 특징은, ① 우선 鄕約 - 學規 - 貢擧가 하나의 人材養成체계로 통일되고, 뿐만 아니라 鄕衆의 교육·정치·사회적 관심과 기대가 이를 통해서 어느 정도 수렴될 수 있었다. ② 人材의 천거과정이 향당·학교 사회의 衆論에 공개됨으로써 응시자의 詞章製述 능력이나 門閥貴賤만이 고려되는 가운데 考試官과 시험성적에 의해 비공개로 登落이 결정되는 科擧制보다는 그 객관성·공정성이 월등히 뛰어나다는 것이다.[43] ③ 升士者(피천거자)의 수를 戶口·학생수를 참작 책정함으로써 과거제에서와 같은 서울과 지방, 신분 계층에 따른 교육·관직 진출의 불균형이 자연 해소되어(10-24ㄱ) 門閥타파와 함께 정치참여자의 지방분산효과를 기대할 수 있다는 것이다. ④ 같은 맥락에서 貢擧制는 用人權·관리선발권의 일부를 지방민의 여론, 학장·교수의 교권, 지방官長의 감독권 등에 分與해 줌으로써 관리임용심사제도인 署經제도가 무의미해지고[44] 무엇보다도 종래 門地·學緣·黨色으로 결집되었던 정치세력의 당파적 대결이나

---

42) '擧主連坐制度'의 적용원칙은 그 '擧狀式'으로 明文化하고 있는데(『隨錄』卷10, 敎選之制 下, 貢擧事目, 14ㄱ~ㄴ) 이는 貢擧制에서 뿐만 아니라 3式年마다 시행되는 특별 薦擧制에서도 똑같이 적용되는 원칙이었다(『隨錄』卷13, 任官之制, 薦擧, 9ㄱ~11ㄴ). 이 점에서 科擧制의 '無責任'적인 관리선발방식과는 質的으로 차이가 있는 것이었다.

43) 유형원은 天下의 일은 衆共·責實·陽明·經久이면 難私, 즉 公明正大하게 되는데 獨見·以僞·暗秘·間暫하게 처리하면 易私에 떨어진다는 대비 논리에서 전자는 貢擧制의 장점이고, 후자는 科擧制의 단점으로 규정하였다(29ㄴ).

44) 署經은 門地숭상의 폐단을 조장하고 擇賢任官의 장애요인으로 인식되었다(『隨錄』卷13, 任官之制, 薦擧, 12ㄱ).

항쟁이 사라질 것으로 예상되었다. ⑤ 또 貢擧制에서는 仕路를 지망하는 儒者들이 科擧制에서와 같은 요행수를 기대할 수 없게 되므로 행실과 능력을 연마하기에 힘쓰게 마련이고 이로써 淳厚·方正·質實·염치를 숭상하는 士風, 사회기강이 자리잡게 되리라는 것, 동시에 "科擧種子 不好"라 하듯이 과거출신관료의 科擧主司에 의한 무책임과 협잡의 악순환이 종식되리라는 것이었다(10-30ㄱ·ㄴ).

이리하여 貢擧制는 均田制의 사회 경제원리를 교육·정치운영에서도 관철시켜가기 위한 관리선발제도로 될 수 있었다. 유형원은 이것이 고대 '封建制'의 이념에 기원한 것임을 거듭 강조하였다(10-25ㄱ). 그러나 이러한 제도가 실현되기 위해서는 '古今宜異'·'時異事變'을 내세우는 俗儒들의 반대를 억누르고 變法, 즉 '復古變今'을 결단할 수 있는 明君과 이를 보필할 有爲之士가 나와야 한다고 했다.[45]

결국 貢擧制는 교육·관직진출에서 世襲門閥의 특권을 제한하고 人品과 능력본위의 관리선발을 보장함으로써 이들 새롭게 등장하는 지식층·관인층이 주도하는 사회 정치운영을 목표하였다. 이로써 17세기 科擧官僚制의 모순을 극복하고 '貢擧官僚制'에 의한 집권체제의 재건을 기대할 수 있었다. 특히 이 때의 관료는 종래의 文詞官人이 아니라 文武才德을 兼全한 實務官人이며 세습적인 門閥 士族이 아니라는 점에서 貢擧制는 점진적인 身分制解體를 지향하는 것일 수도 있었다. 貢擧制는 이렇게 均田制와 함께 구래 조선왕조 집권체제가 이행해가야 할 새로운 사회 역사 단계를 예시하는 진보사상이었다. 그러면서도 그것이 일단은 고전 유교정치사상 본래의 구도 안에서 마련되는데 따른 한계를 내포하지 않을 수 없었다. 그러나 이는 17세기 조선사회의 역사적 조건에 기인하는 것이다.

45) "事之莫善焉者 古皆行之 莫不善焉者 後世皆踏之 故取其善焉 則自爲復古 捨其 不善焉者 則自爲變今 此知者 爲能知之"(『隨錄』卷12, 敎選攷說 下, 選擧議論附, 49ㄱ). 이러한 '復古變今'의 논리는 "天理之固然 人心之所安 事勢之所形"이 그 원리에서는 萬世不變이라고 믿는데서 나온 것이기도 했다. 그러나 그 變革의 추진주체를 새로운 사회정치세력이 아닌, 昏欲之君과 諂悅之臣의 對極이 되는 明王·賢相으로 상정하는 한계를 보이기도 하였다(金駿錫,「柳馨遠의 變法觀과 實理論」,『東方學志』75, 1992, 제2절「『磻溪隨錄』의 이념과 방법」참조).

3. 王權中心의 政治·官僚制度 整備論

貢擧制를 통해서 새로운 관료집단이 형성되어 갈 것에 대응해서 정치체제 제도 개편 정비될 필요가 있었다. 그것은 대개 권력구조의 재조정, 冗官·添設官衙의 폐합정리, 宮中과 府中의 균형유지, 官吏任用체계와 그 운영의 합리화, 그리고 관리 祿俸制·재정운영체계의 정비 등 여러 방면에 걸친 일이었다. 유형원은 이러한 제도개혁의 이념을 일단 '爲民'정치, 즉 王道의 지향에 두었다. "王者 設官分職 只是爲民也"[46]라거나, "古之聖人 代天理人 其所爲制 皆以道範事 而使萬物各得其所也"[47]라고 함이 그것이었다. 그래서 당연한 일이지만 『周禮』 등 古法典章을 기본으로 하고 秦漢 이후 역대왕조의 職官制를 검토 비판하는 가운데서 자신의 관점과 구상을 세워나갔다. 그러면서도 종래의 法典體系, 즉 『經國大典』의 기본틀을 일단 수용 조정하는 선에서 새로운 관제안을 마련하고 있었다.

정치운영·권력구조의 개편에 관해서는 무엇보다도 備邊司를 폐지하여 議政府의 기능을 정상화할 것과 司諫院·讀書堂의 폐지에 의해서 言路의 확대, 黨論의 억제를 실현할 수 있을 것으로 생각하였다. 유형원은 의정부의 임무를 "總百官 平庶政 理陰陽 經邦國"이라고 한 『經國大典』의 규정을 그대로 인정하면서[48] 그 職制에서는 종래의 左·右議政(正1品)을 폐지하여 議政(正1品) 1人만의 1相制(丞相制)案을 채택하였다.[49] 이것은 유일한 丞相인 議政의 지위와 권한을 강화시키는 것이고 동시에 政務의 署事에서 3相의 合議과정이 생략됨으로써 그 책임의 소재를 분명히 하고 정무 처결의 신속성을 기대할 수 있는 일이었다.

유형원의 이해에 따르면 丞相制는 秦王朝의 "罷封建 置郡縣"하는, 周

---

46) 『隨錄』 卷15, 職官之制 上, 京官職, 1ㄱ.
47) 『隨錄』 卷17, 職官攷說 上, 經傳所論職官之制, 17ㄴ.
48) 『經國大典』 卷1, 吏典, 京官職, 7ㄱ.
49) 『隨錄』 卷15, 職官之制 上, 京官職, 2ㄴ. 그는 종래와 같은 3相制가 좋을지 1相制가 좋을지를 놓고 고심했다고 特記하였다. 1相制로 하는 대신 議政을 丞相이라 하고 貳相인 左·右贊成(從1品)과 더불어 '三公'으로 칭하도록 하고 있다.

官制가 완전히 붕괴되는 과정에서[50] 생겨난 제도였다. 그래서 이미 周官制의 변질이기는 하지만 皇帝權制와 郡縣制를 전제로 하는 통치체제라면 여기에는 丞相制의 도입이 바람직하다는 생각이었다. 승상제에 대해 그는 구체적으로 언급하지는 않았으나 권력의 분산으로 야기되는 정치의 '違戾'·'荒亂'현상을 막기 위해서는 1人의 宰相에게 정치의 專權을 위임하는 승상제가 3相 혹은 數人이 상의하는 '合坐制'보다는 낫다고 본 것이다.[51]

'丞相', 즉 議政을 중심으로 한 議政府의 位相은 무엇보다도 備邊司의 철폐에 의해서 그 정상화의 길이 열릴 수 있었다.[52] 그러나 비변사의 '堂上合坐'制度가 해소된다고 해서 의정부 본래의 署事政令權이 저절로 회복되는 것은 아니었다.[53] 그보다는 三司 중심의 言論 기능을 재조정함으로써 臺諫의 지나친 王權·宰相權 견제를 완화하고 이로써 의정부 중심의 정치운영도 실현될 수 있었다. 유형원의 司諫院省罷論은 이를 의도한 것으로 보아진다. 그는 본시 諫官이란 古制에 없었다가 漢代에 '開廣言路'를 위해 제도화한 것이었으나 후세로 오면서 그 자체의 폐단이 言路를 쇠퇴시켰음을 지적하고 우리나라의 경우도 臺諫이 淸流를 자처하여 고유의 職事와 政局의 機衡을 돌보지 않는 폐해가 크다고 비판하였다. 그래서 이제 諫爭기관을 따로 둘 것이 아니라 官人 모두를 言官化 해야 한다는 것이었

---

50) 『隨錄』 卷17, 職官攷說 上, 經傳所論職官之制, 17ㄴ.
51) 宰相·三公六職에 관한 仲長統·范氏·朱子·胡氏說이나 『唐書』의 인용에서 이 점을 간취할 수 있다(위의 글, 19ㄴ~20ㄱ, 26ㄴ~28ㄴ). 특히 1人·1相의 政專이 '專權'에 흐를 경우에도 그것은 제도의 탓이 아니라 '擇人'의 문제라는 데 공감을 표시하였다.
52) 備邊司는 1555년(명종 10), 이른바 '乙卯倭變'을 계기로 邊務·軍事임무의 신속한 수행을 위해 설치된 權設기관이었지만, 이후 內外細大事를 막론하고 일체의 朝家政令이 여기에서 裁斷됨으로써 備局은 '專主國政'하게 되는 반면 의정부는 虛設閑局의 처지에 떨어지고 있었다(『隨錄』 卷16, 職官之制 下, 職官因革事宜, 4ㄴ~5ㄱ). 조선왕조 兩班官僚制의 제도적인 모순이 노정되는 현상이었다. 비변사의 성립과 조직·기능에 대해서는, 李載浩, 「朝鮮備邊司考」, 『歷史學報』 50·51, 1971 ; 洪奕基, 「備邊司의 組織과 役割에 대하여」, 『軍史』 6, 1983 참조).
53) 양반관료제와 관련한 의정부의 기능에 대해서는 末松保和, 「朝鮮議政府考」, 『朝鮮學報』 9, 1956 ; 韓忠熙, 「朝鮮初期 議政府研究」, 『韓國史研究』 31·32, 1980 참조.

다.54)

사실 이러한 議政府强化論·諫官革罷論은 王權과 臣權, 臣權 상호 간
의 대항관계 속에서 전개되는 이 시기 집권적 관료제의 내부모순을 타개
하기 위한 방안이었다. 이를테면 西人·老論 집권세력은 의정부·재상권
의 강화, 三司 중심의 言路개방을 요구하였는데, 宋時烈(1607~1609, 尤庵,
華陽洞主)의 聖學論·世道政治論에서 보듯이55) 그것은 臣權의 王權牽
制, 혹은 군주의 신임을 배경으로 하여 특정 정치인이나 政派가 정치주도
권을 장기적으로 장악하려는 의도를 내포한 것이었다. 이에 대해서 유형원
이 추구하는 宰相權[議政權]의 강화, 言路의 다변화 방안은 쇠약해져 있는
君主權을 보강해서 尊君卑臣의 名分을 확립하고 이렇게 재확인된 군주권
을 중심으로 臣權내부의 분열과 갈등을 해소해서 이 시기 사회 경제적인
모순을 해결할 발판을 마련하자는 것이었다. 이는 그 시기의 臺諫·言論
이 표면상 淸議·公論을 내세우면서 실상은 學淵·黨派的 이해관계에 집
착한 나머지 오히려 臣僚群 내부의 분열 항쟁을 조장하고 그렇게 해서 政
務의 지체, 變通·釐正策의 폐치를 초래하고 이로 인한 사회불안을 오직
군주의 책임으로 전가하는 경향이 적지않았던 사정을 고려하면 자명해진
다. 사회개혁을 적극 주장하는 입장이라면 그 같은 파당 중심으로 운영되
는 대간제도를 폐지해버림으로써 억눌려 있던 언론, 즉 不滿階層의 현실
비판·體制抵抗論을 공개화하고 이를 통해서 그 개혁론의 실행 가능성을
높여 갈 수 있기 때문이었다. 유형원이 제기하는 議政府 丞相論이나 諫院
廢止論의 본의가 여기에 있다고 생각된다.56)

---

54) 즉 公卿輔弼之臣으로부터 草野之微에 이르기까지 隨事規諫한다면 '以諫爲名'하
는 폐단이 없는 대신에 言路가 저절로 열려서 "德無不修 事無不正"하게 되리라
는 것이 諫院폐지 주장의 이유였다(『隨錄』卷9, 職官之制 下, 職官因革事宜, 5ㄱ,
9ㄴ).

55) 金駿錫, 「17세기 正統朱子學派의 政治社會論 - 宋時烈의 世道政治論과 賦稅制
度 釐正策」, 『東方學志』67, 1990, 제3장 王權牽制意識과 君主聖學論 및 제4장
世道政治論의 형성과 전개 참조.

56) 더구나 그것은 유형원 혼자만의 구상에 그친 것이 아니라는 데에 더 큰 의의가 있
는 것이었다. 같은 시기 少論의 朴世采는 '開言路'·'復議政故制'를 함께 주장했

冗官을 汰去하고 類似官衙를 統廢合해야 할 필요성은 후세로 오면서 '官逾多 而政逾亂'[57]해지고 있다는 인식에서 비롯되었다. 즉 정치는 '爲民'에 있는데 "官이 번다해지면 일이 번거롭고 일이 번거로우면 民生을 흐트려놓기 마련"이므로 이제 官省·事省해서 백성을 맑은 곳[民淸]으로 이끌어야 한다는 것이었다. 冗官之多, 즉 관직·관인의 濫置·添設은 농민의 부세부담을 가중시킬 뿐만 아니라 官紀의 문란을 조장하고 賢才德士의 진출을 가로막는다는 지적이었다.[58] 그는 이를 위해서 대개 李珥가 마련하였던 統治機構整備案에 적극 공감하면서 자신의 구체적인 방안으로 조직해 내었다.[59]

官制의 정비는 예컨대 忠勳府·中樞院·原從功臣·忠翊府·讀書堂·耆老所·內需司 등 그 기능 자체를 완전히 폐기해 버리도록 한 것이 있는가 하면,[60] 類似한 기능을 單一化하기 위해서 義禁府·捕盜廳·典獄署·

으며(『南溪先生 朴文純公文正集』卷12, 陳時務萬言疏(癸亥 5월), 15ㄴ~17ㄱ, 18ㄴ~19ㄱ) 특히 南人의 尹鑴는 "革諫官 還宰職任"(『白湖全書』卷27, 雜著, 漫筆(中), 1125쪽)의 실현을 거듭 강조하면서 그 근거를 『周禮』의 三公六卿制(公孤職掌制)에서 이끌어 옴으로써 이 문제에 관한 한 유형원 보다 적극적인 논설을 전개하였다(『白湖全書』卷28, 雜著, 公孤職掌圖 幷序). 李瀷은 議政府의 복구와 함께 諫官制를 강화해야 할 것으로 보았는데, 그도 역시 諫官專任制가 아닌 '散諫之鼓'·'誹謗之木'과 같은 방식의 百官의 諫官化를 주장한 점에서(『星湖僿說』卷10, 諫職 ;『星湖僿說』卷11, 諫官兼帶) 유형원의 구상을 구체화하고 있었다(韓㳓劤,『星湖李瀷研究』, 서울대학교 출판부, 1980, 155~170쪽 ; 鄭杜熙,「朝鮮後期 實學者들의 臺諫論」,『東亞研究』17, 1989).

57)『隨錄』卷15, 職官之制 上, 京官職, 1ㄱ.
58)『隨錄』卷15, 職官之制 上, 外官職, 46ㄴ.
59) 李珥는 우리나라를 중국의 경우와 비교하면서, 국토·人口 규모에 비해 관아와 관원의 수가 지나치게 많고 그 때문에 "生之者寡 食之者衆"의 현상을 초래했다면서 "朝無倖位 民有餘力"하기 위해서는 冗官革去·併省州縣을 실행해야 한다고 누누이 강조하였다(『栗谷全書』卷4, 擬陳時弊疏, 20ㄴ ;『栗谷全書』卷7, 陳時弊疏(壬午), 36ㄱ·ㄴ ;『栗谷全書』卷7, 陳時事疏, 47ㄴ).
60) 內需司는 15세기 후반 南孝溫이 그 폐지론을 제기한 이래(『秋江先生文集』卷4, 上成宗大王書, 4ㄱ~5ㄱ) 16세기 후반 李珥의 폐지논의를 거쳐 17세기에 이르면 黨論을 초월해서 그 철폐를 지지하게 되었다. 그래도 혁파되지 않았음은 물론이다. 국왕은 최대의 '地主'로서 王室私有財産을 포기하기 어려웠기 때문이다. 만약

掌隷院은 刑曹에, 養賢庫는 成均館에, 藝文館·經筵은 弘文館에 흡수 통합하고, 宗親府·儀賓府·敦寧府·宗簿寺는 宗正府로, 訓練院·都摠府·御營廳·總戎廳·守禦廳은 兵曹와 五衛로, 內資寺·內贍寺·司䆃寺·司宰監·司圃署를 司饔院으로 통합 개편하는 경우도 있었다. 그런가 하면 春秋館은 修史의 기관임을 감안해서 專任史官制를 확충, 강화한다든가[61] "主田政 平賦稅"하는 戶曹의 직능 가운데 '度田土', 즉 토지측량에 해당되는 부분은 工曹에 이관하고[62] 司憲府의 財用出納에 관한 監察權을 폐지한다는[63] 등 과소·과대한 기능의 均平化도 생각하였다. 특히 貢擧·特薦制와 관련해서는 成均館을 正2品 衙門으로 승격시키고 進士院과 延英院을 신설하였다.

이렇게 보면 관제정비는 전체적으로 虛設·添設된 기관, 유사기관의 폐지·통합에 의한 축소·간소화의 원칙이 관철되었음을 알 수 있다. 특히 잡다한 宮中 관계기관이 대폭 정리되고 功·勳臣의 특례기관이 모두 폐기되었다. 물론 부분적으로는 기능의 강화·균평화가 이루어지기도 했다. 府中機構는 『周官六翼』의 정신에 입각해서 六曹 중심으로 정비되고 있음을 볼 수 있다. 여기에 새로운 均田制·貢擧制 운영이 염두에 두어졌음은 말할 나위도 없는 일이었다.

官制·職制運營 전반에 관련되는 개혁·정비안도 마련되고 있었다. 우선 各司의 提調制와 兼職制를 폐지하여 각 기관운영의 책임을 해당 부서의 官長에게 일임하도록 하였다.[64] 옛적 設官分職의 정신은 '各專其任'하는 것이었는데 提調兼職制는 여기에 위배하여 分職·專責의 실상이 없고

실행되었다면 그것은 地主制 개혁의 실마리가 될 수도 있었을 것이다. 유형원은, 府庫의 財貨가 모두 王有이므로 別蓄私財할 이유가 없다는, 王土思想을 근거로 내세워서, ① 古制와 같이 國君에게는 '十卿祿'이 보장되며, ② 御需之數는 별도의 經稅로써 劃給된다는 점을 들어 그 폐지의 당위성을 주장했다(『隨錄』 卷15, 職官之制 上, 京官職, 14ㄱ~ㄴ).

61) 『隨錄』 卷15, 職官之制 上, 京官職, 7ㄴ~8ㄱ.
62) 『隨錄』 卷15, 職官之制 上, 京官職, 5ㄴ.
63) 『隨錄』 卷16, 職官之制 下, 職官因革事宜, 16ㄱ·ㄴ.
64) 『隨錄』 卷16, 職官之制 下, 職官因革事宜, 1ㄴ~3ㄴ.

직무의 책임소재를 애매하게 만든다는 이유에서였다. 이는 이 시기 官人들의 직함 표시가 몇 줄씩 되도록 겸직하는 것을 美事로 여기는 浮華한 폐습에서 비롯된 것임을 비판하고 官位의 高下를 막론하고 모든 職事에서의 專擔責任制의 정착이 절실함을 강조한 것이었다. 또 限時的 權設기관인 각종 都監 역시 상설기관의 不實化와 濫設·冗官의 폐단을 유발한다는 이유에서, 遞兒職은 단순히 祿俸을 꾸려주기 위한 것이지만 官의 體統과 階序의 혼란을 초래한다는 이유에서 역시 폐지하도록 했다.65)

한편 地方官制에서는 均田制의 시행에 상응해서 종래의 불합리한 지방 행정제도를 전반적으로 재조정 개혁하는 방안이 마련되었다. 행정구역을 재구획 정비하는 일과 새로운 郡縣制에 적합한 지방의 財政 運營·行政 組織體系를 제시하는 일이었다. 구획조정은 대개 면적(田地 포함)을 기준으로 大府(4만頃)·都護府(3만頃)·郡(2만頃)·縣(1만頃)의 4등급으로 나누되 山川형세·人口분포·城池·道路 등과 治所의 最近距離 원칙이 적용되도록 하였다.66) 이렇게 종래의 모든 越境地(飛入·犬牙處 포함)가 정리되고 영세 군현의 통폐합에 따른 군현수의 감소, 규모의 확대·균등화가 실현됨으로써 "以均土地 而平徭役也"로 요약되는 바 均賦·均役과 지방행정의 합리화를 위한 기초조건이 갖추어질 수 있었다.67)

이 때는 특히 守令·上副官·鄕官을 근간으로 하는 행정직제와 함께 鄕約에 의해서 자치운영되는 鄕里制가 채택되고 있었다. 鄕은 五家를 1統, 10統을 1里, 10里를 1鄕으로 하고 여기에 500頃의 墾田을 포함한 600~900頃의 면적이 규정되는 郡縣의 下部 행정조직이었다(京은 20頃 면적에 500家를 1坊으로 편성).68) 이렇게 종래의 面里制에 五家統制를 복합하되 그 규모를 균일화하고 있는 鄕里制는 鄕正·里正·統長을 매개로 하여 均田의 관리운영·농민파악과 농업생산력의 유지, 收取體系의 운영을 관철해가는 지방통치의 기본단위로 될 수 있었다.69)

---

65) 『隨錄』卷16, 職官之制 下, 職官因革事宜, 4ㄱ ; 『隨錄』卷19, 祿制, 京官祿, 3ㄴ.
66) 『隨錄補遺』, 郡縣制, 7ㄱ~10ㄴ ; 『隨錄』卷15, 職官之制 上, 外官職, 35ㄱ~36ㄱ.
67) 金武鎭, 「磻溪 柳馨遠의 郡縣制論」, 『韓國史硏究』49, 1985.
68) 『隨錄補遺』, 郡縣制, 17ㄱ~ㄴ.

관료제도 운영에서 중요한 또 하나의 요소는 官吏任用의 원칙과 절차에 관한 문제였다. 유형원은 '職官'論에서 관직자의 專門化와 專擔責任制의 실현을 강조하고 있었지만 따로 '任官'이라는 이름으로 그 구체적인 규정을 마련하였다. 그는 官人의 직무상 책임완수, 民事本位의 人事管理, 進用賢材(量材授職)의 3가지를 인사정책의 기본방침으로 세우고 이를 위해서 '仕滿遷轉'(任期制)·'開政'(考績法)·'薦擧'·'自代'(後任薦望)·'勿限門地'·'外任'(守令重視) 등의 방안을 제시하였다.

仕滿遷轉, 즉 任期制는 在任年限을 法定해 둠으로써 官人의 직무상 권한을 보장하고 그에 따른 일정 책임수행을 부과하는 규정이었다. 이를테면 京職의 堂下官은 6년, 外職의 守令·鎭將·敎官은 9년, 觀察使·都事는 6년으로 하는 것 등,[70] '久任'을 보장해서 종래의 '數遞之害'를 제거하자는 것이었다. 관직의 교체가 빈번해지면 職事를 익힐 겨를이 없고 책임소재가 모호해지므로 힘써 직책을 수행할 뜻은 없이 오직 無事遷職의 요행만 바라는 폐단이 커지는 반면 충분한 기간을 정해서 관직을 맡기고 그 實績을 책임지우게 되면 직임수행에 따른 能否가 드러나게 되므로 능력자는 더욱 직무에 힘쓰게 되고 무능자는 요행심을 버리고 분발하는 기풍을 일으킬 수 있다는 것이 久任論의 취지였다.[71]

久任과 數遞의 得失長短은 특히 '外任'에서 분명히 드러나는 것으로 되었다. 우선 守令·監司의 數遞는 "猾吏用奸 黎民病弊"에 직결되는 것이었지만 유형원이 守令久任을 강조하는 까닭은 이것 말고도 또 있었다. 그것은 久任에 의해서 지방관의 '地方主宰權'을 강화하려는 것이었다. 조선시기 수령을 '城主'·'地主'로 지칭함은 오랜 관행이었는데, 실상 郡縣은 곧 封建領主의 領地로 관념되었다고 할 수 있다. 이 점 유형원이 古代 封

69) 金武鎭, 앞의 글, 1985, 73쪽 참조.
70) 『隨錄』卷1, 仕官之制, 仕滿遷轉, 1ㄱ.
71) 『隨錄』卷1, 仕官之制, 仕滿遷轉, 3ㄴ. 유형원이 인용해 온 典據 속에서, "吏數變易 則下不安業 久於其事 則民服敎化"(『隨錄』卷14, 敎選攷說, 周漢以後任官之法, 4ㄱ)라거나, "居職者日久 政績可考 人心自定 務求諸己也"(『隨錄』卷1, 仕官之制, 仕滿遷轉, 10ㄴ)라고 한 것은 久任의 중요성을 요약 강조한 말들이었다.

建制의 "鄕遂大夫로부터 公侯伯子男은 후세 州縣 守令의 직분에 해당하는 것"[72]이라고 하는 데서도 분명해진다. 이렇게 봉건제 하에서의 지방통치와 군현제의 그것이 본질상 다를 것이 없다는 인식은 일단 諸侯가 封土를 世襲傳承한다는 원리에 입각해서 守令의 久任과 地方專擔權(혹은 主宰權)을 정당화하는 논리로 된다. 그는 수령을 "乃人君所與共理天民者", "分王民 而親代其治"[73]하는 직임이라고 하였다. 또 수령의 仕滿은 9년으로 하고 守令을 경력한 자가 아니면 堂上官(正3品)職에 陞遷하지 못하도록 규정하였다.[74] 이는 모두 이 시기 外任을 輕視하여 그 부임을 기피하는, 잘못된 풍조를 비판하고 '重民'사상을 내세워 수령의 久任과 직위·직분의 중요성을 강조하려는 것이었다.[75]

이러한 守令重視論은 수령에 의한 향촌장악, 農民把握을 달성해야 한다는 생각에서 비롯되고 있었다. 유형원이 壬辰倭亂 때 참패의 한 원인을 수령에 의한 농민의 安集과, 통제를 위한 대책이 전혀 서 있지 않았기 때문이었다는 姜沆(1567~1618, 睡隱)의 견해에 적극 동의하는 이유도 여기에 있었다.[76] 사실 유형원이 구상하는 수령의 久任·地方主宰權은 '擇人'·'進用賢材'가 전제되는 것이었고 또 '以田爲本'·兵農一致의 均田制와 鄕約에 의한 鄕村自治·貢擧制를 기반으로 한 것이었다. 그러므로 수령의 주재권은 중세봉건적 농민지배원리의 質的 발전을 의미하였다. 民을 위한 '善政'에 접근하는 방법으로서의 守令權(久任·主宰)강화였다. 그러므로

---

72) 『隨錄』卷18, 職官攷說 下, 外官, 2ㄴ~3ㄱ.

73) 『隨錄』卷13, 任官之制, 外任, 14ㄱ, 17ㄱ ; "守令之任 宰主土地人民 總察百務" (『隨錄』卷13, 任官之制, 褒貶, 21ㄴ)라고도 했다.

74) 『隨錄』卷13, 任官之制, 仕滿遷轉, 2ㄴ.

75) 즉 "無輕外任 以重民寄"·"輕郡守縣令 是輕民也 民輕則天下國家輕矣"(『隨錄』卷13, 任官之制, 仕滿遷轉, 外任, 14ㄱ, 17ㄱ)라는 것이다.

76) 姜沆은 壬亂時에 全羅道 53개 郡縣 가운데 어느 한 곳에서도 守令·鎭將의 聚民對敵이 불가능했던, '一道無主'의 참담한 사정을 상세히 예시하면서 守令久任·擇將差任에 의한 邑民·土卒 파악의 중요성을 강조했는데 이는 요컨대 그 시기 監司와 兵使, 즉 賦稅行政과 兵役體系에 의해 二重으로 파악되는 농민층이 실제의 動員體制에서는 통제 불능상태에 있던 실정을 비판한 것이었다(『隨錄』卷13, 任官之制, 仕滿遷轉, 6ㄴ~7ㄱ).

이는 藩鎭之任의 지방세력화를 우려해서 相避制[77]등의 견제·분리장치를 여러 가지로 만들어야 한다고 생각하는 王朝權力·집권세력의 입장과는 대립될 수밖에 없는 구상이었다.[78]

관료제도 운영의 핵심이 되는 人事정책에서 유형원이 주목했던 또 하나의 문제는 '進用賢材'·'量材授職'으로 요약되는 바 유능한 人材의 선발과 適材適所에의 활용이었다. 이는 '取士'·'用人'·'任官'의 관련관계로 파악되는 것이기도 했다.[79] 그가 '取士'를 위한 제도로서 貢擧制를 마련했듯이 '用人'·'用賢'을 위해서는 다시 몇 가지 기준을 제시하고 이를 薦擧制에 귀결시켰다. 그것은 요컨대 門閥·嫡庶차별 등의 生來的인 제한 조건들을 제거하고 才德 위주의 기준을 확대하는 일이었다. '勿限門地' 원칙의 재확인,[80] '署經法'[81]·'再嫁女子孫不敍用法'[82]의 폐지를 주장하고 '生老之說', 즉 年功重視의 考課原則에 반대하였다.[83]

薦擧制는 3式年마다 京·外 堂上官 이상의 모든 官人에게 2人 이내의 賢能之士를 의무적으로 천거하도록 하고 천거된 人材는 延英院에 召致하여 정치·典禮를 委之討論하는 등 1년 동안의 시험과정을 거쳐 그 才德에 따라 官秩을 주어 관직에 임용하는 제도였다.[84] 이는 開試取士의 방법을

---

77) 『續大典』 卷1, 吏典, 相避, 35ㄴ~36ㄱ.
78) 유형원의 久任論·外任重視論은 冗官革罷論과 마찬가지로 李珥가 일찍이 제기했던 문제의식과 거의 일치해서 그것을 재확인하는 것이기도 했다(李先敏, 앞의 글, 1988, 243~248쪽 참조). 다만 그 해결방안을 사회·정치제도개혁 전반의 구도 안에서 마련하고 있는 점에서 李珥의 그것보다도 진일보하고 있었다.
79) 『隨錄』 卷14, 任官攷說, 考績, 41ㄴ~42ㄱ.
80) 『隨錄』 卷13, 任官之制, 勿限門地, 12ㄱ.
81) 署經은 三族四祖의 官職만을 따질 뿐 本人의 賢否를 重視하지 않기 때문에 결국 門地崇尙의 폐단을 조장하게 된다는 것이었다(『隨錄』 卷13, 任官之制, 勿限門地, 12ㄱ ; 『經國大典』 卷1, 吏典, 告身, 66ㄴ 참조).
82) 이는 "再嫁失行婦女之子及孫 勿許赴文科生員進士試"(『經國大典』 卷3, 禮典, 諸科, 1ㄴ)의 규정을 지적한 것으로 보이는데, 유형원은 이 條文의 취지가 '欲防改嫁'에 있는 것이지 再嫁女의 자손이라는 이유만으로 本人의 賢能을 무시하는 데 목적이 있는 것이 아니라고 했다(『隨錄』 卷13, 任官之制, 任滿遷轉, 2ㄴ).
83) 『隨錄』 卷14, 任官攷說, 周漢以後任官之法, 20ㄴ.
84) 『隨錄』 卷10, 敎選之制 下, 貢擧事目, 1ㄱ·ㄴ ; 『隨錄』 卷13, 任官之制, 薦擧, 9

버린, 才德賢能 본위의 人才登用인 점에서 그 본질에서는 貢擧制와 일치하고 있었다.[85] 李珥의 경우에서 보듯이[86] 科擧制의 폐단을 비판하는 논자들이면 누구나 그 대안으로서 薦擧制를 생각하게 마련이었다. 유형원은 그러한 官人·儒者들의 薦擧論을 제도화하되 여기에 擧主連坐의 규정을 부가하고 있는 점에 특징이 있었다.[87] 그런데 이미 치밀하게 짜여진 貢擧事目을 작성해 놓은 위에 다시 천거제를 마련하고 있음은 공거법에서 누락된 人材를 구제하기 위한 것일 수도 있었다. 그러나 그보다는 '賢材任用'이라는, 관료제운영의 필수조건을 충족하고 또 그것을 의무규정함으로써 고급관료(정3품 이상)들에게 제도운영의 전반적인 책임을 부과하려는 의도였을 것이다. 이는 엄격한 賞罰規定과 連坐制의 적용 원칙에서 보아도 그렇다. 또 이는 官制運營·官吏任用에서 직무의 전담과 책임행정의 원칙을 관철하려는 취지에도 일치하는 것이었다.

관제의 합리적 개편과 능력·品性 본위의 관리임용제도의 확립은 국가 公務의 專門專擔·책임수행을 보장하고 집권체제 전반의 정상운영에 직결되는 과제였다. 유형원은 이와 관련해서 祿俸제도도 전면 재조정 되어야 할 필요성을 인정하고 상세한 운영 규정을 새로 마련하였다.[88] 여기에는

ㄴ~10ㄱ.

85) 추천의 절차만 공거제와 다를 뿐, 薦賢者·闕薦者·誤薦者에 대한 論賞責罰규정도 貢擧의 그것과 같았다. '延英院'의 제도는 程顥가 薦擧制를 실행하기 위해서 설치 건의한 것인데(『隨錄』卷14, 任官攷說, 周漢以後任官之法, 40ㄴ) 17세기에는 李惟泰도 그것을 적극 제안하고 있었다(『草廬全集』卷3, 己丑封事, 丙子 1月, 19ㄱ).

86) 『栗谷全書』卷3, 諫院陳時事疏, 丙寅, 13ㄴ~14ㄱ;『栗谷全書』卷3, 玉堂陳時弊疏, 33ㄴ~34ㄱ 등 참조.

87) 『續大典』(卷1, 吏典, 薦擧, 29ㄱ)에서는 『經國大典』(卷1, 吏典, 薦擧, 65ㄱ) 보다도 강화된 천거규정을 마련하고 있다. 여기에는 所薦人이 名實不副인 경우 천거 책임자인 관찰사·수령을 파직하도록 明示하고 있으나 闕薦·薦賢에 대한 譴責·論賞의 규정이 없고 擧主連坐制는 더구나 아닌 점에서 유형원의 그것에 비해 매우 소략한 것이다.

88) 祿俸制는 執權的 官僚制 운영에서 중요한 부분의 하나다. 예컨대 收租權分給制(職田制)가 운영되던 시기의 祿俸額보다 그것이 폐지된 이후의 祿俸額이 오히려 크게 감액되고 있었다(『經國大典』卷2, 戶典, 祿科 및 諸田;『續大典』卷2, 戶田,

몇 가지 원칙과 그에 따른 특징이 드러나고 있었다.

① 祿俸은 관리들에게 책임있는 직무수행을 요구하기 위해서도 직위·
직무에 상응하는 反對給付로서 충분히 보장되어야 했다.[89] ② 녹봉의 개
념근거는, '耕者出米 仕者受祿'이라는 사회적 분업원리에서 이끌어내되 그
것이 治者(=소비자), 被治者(=생산자)라는 불평등관계임을 명백히 하였
다.[90] ③ 什一稅와 '裕民生而給國用'하는 테두리안에서 편성되는 녹봉제
였다. 量入爲出, 즉 租稅收入과 國用經費와의 균형을 유지하는 선에서 관
료층의 생활기반을 녹봉으로 조성한다는 것이었다. ④ 忠臣·淸白吏의 嫡
長子孫에게는 世祿(4代까지)을 주고, 堂上官 이상의 致仕者에게는 本品
의 半祿을 주는 등 공로자·高官·名門에 대한 우대 조치를 규정했다. ⑤
종래 일정의 報酬 규정이 없던 京外의 錄事·書吏·京兵을 포함해서 皂
隸·司奴·匠人 등의 職役者들에게도 응분의 봉급이 책정되었다.[91] 이밖

祿科 및 諸田 참조). 이는 이 시기 빈곤한 국가 재정형편의 반영이기도 했으나 한
편으로는 관료제 운영에서 녹봉의 의의가 경미해지는 현상이며 또 이를 심각하게
인식하지 않았다는 의미도 된다. 變通論, 혹은 時務論을 제기하는 論者들도 여기
에 별다른 언급이 없음은 음미해 볼 일로 생각된다(李載龒, 「朝鮮初期의 祿俸
制」, 『朝鮮初期社會構造硏究』, 一潮閣, 1984).

89) 이는 종래 冗官이 넘치는 가운데 官人 모두가 薄俸에 시달리고 '奸吏營私'·'交相
征利'하는 폐단을 제거하는 일이기도 했다(『隨錄』 卷19, 祿制, 外方吏隸祿磨鍊,
29ㄴ). 壬亂 이후로 관리들의 녹봉은 크게 삭감되어 최고 1品官의 경우라도 겨우
60石 밖에 되지 않았으므로 여타 관원의 형편은 말할 나위도 없었고 外官의 경우
녹봉 자체가 책정되어 있지 않은 채 科外加斂으로 충당하는 실정이었다(『隨錄』
卷19, 祿制, 外方官祿磨鍊, 16ㄴ ; 『隨錄』 卷20, 祿制攷說, 國朝祿制, 18ㄱ·ㄴ).

90) "治於人者 食人 治人者 食於人 天下之通義也"(『隨錄』 卷19, 祿制, 京官祿磨鍊,
2ㄱ). 즉 祿俸의 有無高下는 신분과 지체의 정도를 단적으로 말해 주는 기준이었
다. 祿이 있음은 治者신분임을 상징하였다. 또 官人내부에서는, 정1품과 종9품의
녹봉액수는 600斛 대 60斛(10 : 1)이 되고 品階間 격차도 아래로 내려올수록 더
크게 하여 上厚下薄의 원칙을 세워 位階체계를 강화한 것처럼 보인다(『隨錄』 卷
19, 祿制, 京官祿磨鍊, 1ㄱ·ㄴ 참조). 이 점은 또 受祿의 의미를 "職卑而足以代
手耕 秩崇而足以仁其親"이라는 데 두고 있기 때문이기도 하였다.

91) 유형원은 '倉廩實而知禮節'·'衣食足而知榮辱'으로 요약되는 '恒産論'의 이념에
의거해서 胥吏·皂隸에게도 父母妻子 부양의 여건, 즉 최저 生活給의 보장이 없
는 職役·身役의 勒定만으로는 '吏道의 刷新'·중간수탈의 배제가 불가능함을 분

에도 各司公廨의 所需費用, 大小使客·監司·兵使의 支供 등 일체의 소
요지출은 公廨田의 수입이나 經稅로 책정된 범위에서 충당하도록 했다.
이렇게 모든 국가 종사자의 녹봉·급료체계가 정비되고 각급 官司의 大小
支費가 모두 공적인 예산제도 안에 흡수됨으로써 집권적 관료제도는 정상
궤도 위에서 운행될 수 있는 것이었다. 뿐만 아니라 이는 근대적인 관료제
도의 운영방식에 접근해가는 것이기도 하였다.

4. 兵農一致의 兵制·國防對策

　兩亂 때의 일방적인 참패는 무엇보다도 군사·국방문제에 관한 비판과
반성의 계기가 되었다. 17세기의 사회 정치운영과정에서 이 방면에 관한
法制·機構의 개편이 가장 많이 이루어졌던 것은 그 때문이라고 할 수 있
었다. 그러나 그것은 전략·전술 등 단순히 軍事上의 문제만으로 한정되
는 것이 아니라 이 시기 農業·農民經濟, 국가의 收取·財政制度, 社會身
分制의 문제와도 밀접히 결부되는 것이었기 때문에 그 본질을 직시하고
적절한 대응책을 마련해가기란 용이한 일이 아니었다. 유형원은 이미 국가
제도의 전면개혁안을 작성하는 일환으로 兵制·國防體制에 관한 구상도
상세하게 제시하였다.[92] 여기에는 당연히 그 나름의 원칙과 강조점이 있게
되고 그에 따르는 특징도 드러나고 있었다.

　첫째, 兵農一致의 실현을 통해서 구래 軍役制의 모순을 극복하려고 했
다. 조선왕조는 토지제도에서 '國家受田'의 원칙을 세워 놓았으면서도 현
실적으로는 大土地私有와 地主制를 용인할 수밖에 없었던 것처럼 軍役에
서는 兵農一致의 府兵制度를 지향했으나 실제로는 家戶·人丁기준의 給
保制(2丁1保制)를 채택하고 있었다.[93] 그나마 16세기 중엽에 이르면 軍籍

　　명히 인식하였다(『隨錄』 卷20, 祿制攷說, 漢祿制, 5ㄴ).
　92) 兵制案에 대한 정리는 宋正炫, 「實學派의 軍制改革案에 대하여 -『磻溪隨錄』을
　　　中心으로 - 」, 『湖南文化研究』 5, 1973 참조.
　93) 金錫亨, 「李朝初期 國役編成의 基低」, 『震檀學報』 14, 1941, 18~38쪽 ; 宮原兎

收布制·放軍收布制로 전환하는 가운데 軍布收入은 국가의 주요 財政收入源으로 변질되기에 이르고 이제 軍役은 軍役稅로 전락하고 있었다. 軍役의 賦稅化는 軍布收入의 증가책으로 戶保數의 累增的 책정을 강요하게 되고 이것이 실제 良丁數의 증가율을 훨씬 앞지르는 가운데 각종의 避役逃散과 함께 族徵·隣徵의 폐단을 야기하게 되었다.94)

이러한 군역제의 모순현상은 일찍이 李珥가 명확하게 파악 비판하고 그 개혁을 요구한 것이기도 하였다.95) 유형원도 일단 이 시기의 放軍收布가 "농민 1人에게 1년간 常布 3, 40疋(水軍의 경우는 50疋), 1家戶로는 100여 疋"의 감당할 수 없는 부담이 되고 있다는 것, 그럼에도 그것이 거의 營·鎭將의 私腹을 채우는 수단일 뿐이고 "천 명의 鎭에 단 한 명의 훈련 軍士도 없다"고 지적하면서96) 李珥의 군역제 비판론에 적극 공감하였다. 軍役代立·放軍收布의 폐단은 요컨대 농민층의 과도한 軍布負擔, 각급 군지휘관·지방 吏胥層의 협잡과 중간수탈, 군사·국방의 空洞化 현상을 초래하는데 있었다. 유형원은 이의 해결방안을 '兵農一致'에서 구하였다. 군역을 지는 농민에게 노동력에 준하는 토지소유(혹은 토지보유)를 보장해 주고 이를 기반으로 적정규모의 국가병력을 유지하는 방식이 바로 '兵農一致'制였다.

均田制論에서 강조하는바, '以田出兵'·'凡出丁定軍以田'97)이 그것으로

一,「李朝の軍役制度'保'の成立」,『朝鮮學報』28, 1963 ; 李載龒,「朝鮮初期의 奉足制」,『朝鮮初期社會構造硏究』, 1984(1964).

94) 車文燮,「壬亂以後의 良役과 均役法의 成立」,『史學硏究』10·11, 1961 ; 田川孝三,「良役の納布化」,『李朝貢納制の硏究』, 1964 ; 李泰鎭,「近世朝鮮前期軍事制度의 動搖」,『韓國軍制史』(近世朝鮮前期篇), 1968 ; 姜萬吉,「軍役制 改革論을 통해 본 實學의 性格」,『東方學志』22, 1979 ; 金鴻植,「李朝封建權力의 支配構造」,『朝鮮時代 封建社會의 基本構造』, 1981 ; 金容燮,「軍役制의 動搖와 軍役田」,『韓國近代農業史硏究』(增補版, 上), 1984(1982) ; 백승철,「17·18세기 軍役制의 變動과 運營」,『李載龒博士還曆紀念韓國史學論叢』, 한울, 1990 ; 金鍾洙,「17세기 軍役制의 推移와 改革論」,『韓國史論』22, 서울대학교 국사학과, 1990.

95)『栗谷全書』卷5, 萬言封事(甲戌)·34ㄴ~38ㄱ ;『栗谷全書』卷15, 雜著, 東湖問答(己巳), 論安民之術, 20ㄴ~22ㄴ.

96)『隨錄』卷21, 兵制, 諸色軍士, 30ㄴ~32ㄱ, 47ㄴ.

서 이에 의하면 1夫 1頃을 受田하되 4頃(1佃)에서 1兵 3保(良人:騎·步兵, 水軍)이거나 2頃에서 1兵 1保(賤人:束伍軍)을 내도록 되어 있었다.[98] 이러한 出兵기준은, 양반 士族은 兵役이 완전 면제되고 賤人은 良人의 두 배나 무겁게 지는, 철저히 身分差等的인 것이기는 했지만, 그렇더라도 軍布制의 그것과는 비교가 안될 정도의 경감된 부담이었다.[99] 아무튼 이렇게 되면 代徵(族徵·隣徵 등)의 금지, 軍籍의 搜括, 鎭·營將의 常俸 보장, 그리고 방군수포의 폐지 등 李珥가 건의한 개혁안들은 저절로 해결되는 문제들이었던 것이다.

均田制의 '以田出兵'이 지니는 또 하나의 중요한 강점이자 특징은 軍의 隊伍가 鄕里別(田里之次)로 편성된다는 점이다. 즉 '鄕遂出兵法'[100]으로써 "比閭相保 族黨相救"하는 同鄕人끼리는 "居處同遊 出入同作"·"死喪同恤 吉慶同樂"하는 관계에 있으므로 자연히 隊伍의 결속이 견고해져서 "以守則固 以戰則勝"하게 마련이라는 것이다.[101] 이에 비해서 "搜括人丁隨得充代"하는 軍布制에서는 서로 얼굴도 모르는 병사들을 대오로 편성하게 되므로 해서 有事時에 쉽게 와해되어 버리는 사정과는 매우 대조적인 것이었다. 또 '以田出兵' 방식에서는 '一身兩役'[102]이 종식되고 일체의

---

97) 『隨錄』卷21, 兵制, 諸色軍士, 29ㄱ. 유형원은 역대의 兵制를 연구·검토하는 가운데서 漢의 南北軍制, 唐의 府兵制의 장점이 "置府隸衛하는 등의 편제방식에 있는 것이 아니라 '兵農未分'·'給田定兵'함으로써 '兵法起於井田'했던 古意를 살리려는데 있었다"고 보았다(『隨錄』卷21, 兵制, 諸色軍士, 3ㄱ;『隨錄』卷23, 兵制攷說, 制兵, 6ㄱ·10ㄴ).

98) 『隨錄』卷1, 田制 上, 分田定稅節目, 22ㄴ~23ㄴ.

99) "養兵而少 則不足爲有用 多則民先病而國隨潰 此理勢之必然"(『隨錄』卷21, 兵制, 訓練都監, 12ㄱ)이라는 인식에서 국가 軍額의 적정선을 생각하고 이에 따라 均田制의 出兵基準을 마련한 것이었다. 그는 그 시기 軍布制의 조건 하에서는 1, 2천명의 兵額 이상을 유지하기 어렵다고 보았다(『隨錄』卷1, 田制上, 分田定稅節目, 12ㄴ).

100) 『隨錄』卷23, 兵制攷說, 制兵, 3ㄴ.

101) 『隨錄』卷1, 田制 上, 分田定稅節目, 22ㄱ~ㄴ;『隨錄』卷21, 兵制, 各道營鎭鎭管, 22ㄱ~ㄴ.

102) 軍布制는 이미 正軍에게 保가 없어졌고 保는 保대로 軍布를 납부하는 상태였으므로 사실상 군역의 중복, 一身兩役이나 다름없다는 주장이다(『隨錄』卷21, 兵制,

雜役도 면제되었다.

둘째, "文武 分爲二道"를 극복해서 文武一致를 지향하는 일이었다. 유형원은 '鄕遂字牧'·'師旅禦侮', 즉 수령의 民事行政과 營·鎭將의 군사·방어 임무가 별개로 분리될 일이 아니라고 생각하였다. 軍布制에서는 兵役이 토지와 분리된 별개의 제도로 운영됨으로써 온갖 모순을 야기했듯이 民事와 兵事의 分離, 文과 武의 분리 역시 그 같이 큰 폐단을 일으킨다는 것이었다. 그러므로 이제 以田出兵에 의해서 鄕里를 기본단위로 軍의 편제가 짜여지게 되었으므로 그 指揮體系도 이와 부합되도록 마련해야 했다. 이를테면 "主民與主兵 誠不可二之"[103]였다. 수령은 평시에 관내의 정사를 수행하는 일환으로 군사도 손수 편성해서 직접 훈련시키고 유사시에 이들로써 臨戰態勢를 갖추게 된다면 將卒間에 結束과 統率이 잘되어 必勝을 다짐할 수 있다는 것이었다.[104]

유형원은 貢擧制에서 校生·選士의 習射를 필수과목으로 규정하고[105] 또 武의 專業이나 武科의 존재를 부정하여 오직 禁衛選定試 정도의 시험과정을 인정하였다.[106] 이는 '賢能'으로써 職任을 맡고 '軍民之上'이 되어야 하는 士類 治者는 반드시 文武兼全해야 한다는 인식에서, 養士·取人과정에서부터 이를 관철해 가려는 의도였다. 또 守令의 地方主宰權을 강화하는 제도개혁안을 마련한 것도[107] 主民·主兵임무의 一致, 文武一途를 위해서였다고 하겠다. 이 점은 實事·實學·實業을 추구하는 태도와도 일치하는 것으로 생각된다.

諸色軍士, 62ㄱ).

103) 『隨錄』卷21, 兵制, 各道營鎭鎭管, 23ㄱ.

104) 이러한 民·兵, 文·武一致의 정당성은 古制에서 卒·旅·師·軍의 장수들은 모두 族·黨·鄕·遂의 책임관(卿士)으로서 평시에는 字牧之吏요 전시에는 禦侮之人이 되었던 유래에 의해서도 강조되었다(『隨錄』卷21, 兵制, 各道營鎭鎭管, 23ㄱ).

105) 『隨錄』卷9, 敎選之制 上, 學校事目, 36ㄴ ; 『隨錄』卷10, 敎選之制 下, 貢擧事目, 8ㄴ, 11ㄱ~ㄴ.

106) 『隨錄』卷21, 兵制, 五衛及諸衛, 6ㄱ~9ㄴ.

107) 본고, 제3장 「王權中心의 政治·官僚制度 整備論」 참조.

이리하여 文과 武, 民事(主民)와 兵事(主兵)의 일치는 분명히 郡縣統治의 철저화를 기해서 集權體制의 운영을 정상화하는 일이었다. 그런데 이때의 守令權은, "옛적의 方伯은 罪지은 나라를 征伐하고 諸侯가 친히 군대를 지휘하여 전쟁에 나섰다"[108]는 전례에 근거해서 兵權을 '不可不親掌'하도록 되어 있는 점에서 一見 封建制下의 領主權을 擬制化하는 것일 수도 있다. 사실 유형원은 바람직한 정치체제를 秦漢 이후의 郡縣制에서보다도 周代의 封建制 방식에서 찾고 있었으므로 군현제와 봉건제의 장점을 취해서 이 시기 최선의 정치제도를 마련하려는 것이었음을 여기에서 다시 확인하게 된다.

셋째, '留城戰守'방식의 방어 개념을 도입하였다. 유형원은 두 차례 전란의 패배 원인을 분석・비판하는 가운데서 그의 兵制・國防論을 마련하고 있었다. 당시의 對敵過程에서 드러난 큰 결함 가운데 하나는 각 지방의 守令들이 戰守할 地境을 포기한 채 山谷海島로 달아나 버린 결과 전국의 州縣이 모두 지키는 主人이 없게 되어 정부는 命을 내릴 곳이 없고 적병이 無人之境을 횡행해도 이를 저지할 대책이 없는 실정이었다는 것이다.[109] 이러한 행정권의 마비 상태는 수령의 무책임・무능 때문이기도 했지만 그보다도 그들이 地境을 鎭守할 제도적 장치가 제대로 마련되어 있지 않은데 기인하는 것이었다. 여기에 유형원은 守令의 책임아래 軍民이 함께 방어하는 邑城 중심의 戰守方案을 제시하였다.

對敵防禦 시설로서 城廓의 중요성은 옛부터 의문의 여지가 없는 것이었다. "마치 人家에 울타리를 둘러쳐서 집안을 보호하듯이 성곽은 都邑을 방위하는 시설"[110], '禦暴保民之所'였다.[111] 유형원은 특히 '城必爲邑居'라는 관점에서 戰時를 대비하기 위한 山城中心論이나 別設空城論에 반대하였다.[112] 평소의 생활 근거지를 중심으로 한 방어대책이라야만 對敵 저항력

108)『隨錄』卷21, 兵制, 各道營鎭鎭管, 23ㄴ.
109)『隨錄』卷21, 兵制, 諸色軍士, 60ㄴ.
110)『隨錄』卷22, 兵制後錄, 城池, 14ㄱ.
111)『隨錄』卷24, 兵制後錄攷說, 城池, 3ㄱ.
112)『隨錄』卷22, 兵制後錄, 城池, 12ㄴ~15ㄴ.

이 최대로 발휘될 수 있고 그만큼 방어가 용이하다는 이유에서였다.113) 邑
城중심의 방어대책은, ① 우선 郡縣制의 전면 재조정과도 관련해서 영세
한 군현을 통폐합하여 그 규모와 형세를 확대 강화하고, ② 守令 밑에 새
로 副官제도를 설치하여 出陣과 留防 등의 임무를 수령과 분담 수행하도
록 하고, ③ 民力의 조직으로 城池를 수축해서 평상시에는 軍民의 居城으
로, 戰時에는 防禦基地로서 활용하고, ④ 각기 직분을 나누어 대비하되 수
령의 책임아래 그 功過에 따른 賞罰을 엄격히 하는 일이었다. 이로써 從軍
한 正軍은 적병을 추급해서 나가 싸우고 保率父老들은 居城留防함으로써
戰守의 經과 緯가 갖추어질 수 있다는 것이었다.114) 이렇게 보면 城池 중
심의 방어개념은 역시 '以地爲本'의 논리에서 나온 것임을 알 수 있겠다.

그런데 그 시기 列邑의 城子(邑城)는 거의 "不成模樣 多不得容一民居"
하여 도저히 '責人以守'할 수 없는 것이었고, 각처 山城의 경우도 "每歲 崩
頹補築 勞民無已時"한 실정으로서115) 비상시에 무용지물이 되기는 마찬
가지였다. 성곽은 몇 개의 마을을 포용할만큼 일정 규모 이상이어야 하고
또 견고해서 적의 공격에 장기간 지탱할 수 있어야 했다. 그래서 유형원은
10城을 쌓는 힘을 한데 모아 비록 1城을 쌓더라도 높고 견고해야 한다고
주장했다. 말하자면 매년 붕괴와 수축이 반복되는 분산적·임시방편적인
축조관리방식을 지양하고 '移合旁郡之力'하는 노동력의 집중과 財力의 투
입으로 완벽한 성곽을 축조하되116) 이를 연차적으로 필요한 지역에 하나
씩 세워 나가는 방식이었다. 그는 이를 위해서 일본·중국의 성곽까지도
연구하면서 그 규모와 구조, 지형·지세와의 관련, 그리고 소요되는 財源
과 노력동원의 방법에 대해서도 상세히 설명하였다.117) 그는 결국 피폐·

---

113) 즉 비상시에 邑城의 방비가 허술하다는 이유로 이를 쉽게 포기하고 山城이나 임
시의 空城으로 피난, 대처하게 되면 평소의 적응이 없기 때문에 軍民의 사기·저
항력이 더욱 위축되고 결국 읍성·산성 모두를 상실하게 되고 만다는 것이다. 그
래서 그는 "山城이 邑居로서의 구실이 안 된다면 차라리 平地에 견고한 邑城을
축조하는 것보다 못하다"고 주장했다.
114) 『隨錄』卷21, 兵制, 諸色軍士, 60ㄴ~62ㄱ.
115) 『隨錄』卷22, 兵制後錄, 城池, 2ㄱ·5ㄱ.
116) 『隨錄』卷22, 兵制後錄, 城池, 3ㄱ~ㄴ.

쇠잔한 읍성을 적은 군사로 지켜야 하는 분산적 방어태세가 아니라 人口
와 商賈가 모이는 융성한 巨邑, 均田制가 실행되고 있는 城邑頃의 집중적
방비전략을 구상한 것이었다.

이렇게 留城戰守論은 고려・조선전기는 물론 壬亂 이후까지도 山城 중
심으로 일관되어 오던 防禦개념과는 매우 다른 것이었다.[118] 그러므로 이
는 柳成龍(1542~1607, 西厓)의 '淸野入保' 山城論으로부터[119] '先守後戰'
의 民間自衛를 본위로 하는 丁若鏞의 '民堡' 防衛論에[120] 이르기까지 국
방론의 발전과정에서 하나의 가교적 단계로 될 수 있었다.

넷째, 五衛・鎭管體制에 의한 軍制의 재정비였다.[121] 兵農一致, 文武一
致, 그리고 留城戰守를 원칙으로 하는 군사・국방개념에서는 군대의 편제
도 당연히 이와 부합되는 것이어야 했다. 유형원은 먼저 종래의 五衛는 존
속시키되 都摠府는 中樞院과 마찬가지로 虛設기구이므로 폐지하고 5개의
衛가 각기 '直總於兵曹'하도록 했다.[122] 특히 五衛의 경우 武將들의 지휘
부대가 지정되지 않은 채 3일마다 落點에 의해 직무를 부여받는 방식으로
지휘관의 소속 부대 파악이 거의 불가능하도록 되어있는 문제점을 지적했
다. 이는 武將의 군대장악에 의한 政變・叛亂의 가능성을 미연에 봉쇄하
려는 의도에서 나온 것이겠는데 유형원은 그것을 오히려 '漁散無紀', 즉 軍
의 기강해이・무기력의 이유가 된다고 보았다. 그래서 久任論에서 그러했
듯이 五衛로 하여금 "各定其將 各任其職"함으로써 軍隊統率 주체의 인
정, 이에 의한 軍紀・軍務의 정상화를 실현하도록 주장했다.[123]

---

117) 이 때에도 위정자들의 短見과 무능, 중간관리층의 협잡 부패한 농민수탈상이 일
차적인 문제점임을 분명히 했다.
118) 車勇杰, 「朝鮮後期 關防施設의 變化過程」, 『韓國史論』 9, 국사편찬위원회, 1981,
55・71・73쪽.
119) 『西厓先生文集』 卷15, 雜著, 山城說(丁酉 冬), 7ㄴ~12ㄱ.
120) 鄭景鉉, 「19세기의 새로운 國土防衛論 - 茶山의 『民堡議』를 中心으로 - 」, 『韓國
史論』 4, 서울대학교 국사학과, 1978 참조.
121) 千寬宇, 앞의 책, 1979, 320쪽 ; 宋正炫, 앞의 글, 1973, 42쪽.
122) 『隨錄』 卷21, 兵制, 五衛及諸衛, 1ㄱ.
123) 『隨錄』 卷21, 兵制, 五衛及諸衛, 2ㄱ.

柳馨遠이 추구하는 兵農一致制의 원리에서 예외로 되는 경우가 訓練都監의 편제였다. 훈련도감은 급료를 받는 京兵만으로 충원하고 그 유지비를 종래와 같이 外方의 保布로 충당하도록 마련하였다.[124] 그리고 外方番上兵으로 구성되는 五衛와 함께 首都防衛 임무를 맡도록 한다는 것이다. 이렇게 되면 부분적이나마 傭兵制를 인정한 것으로서 '以田出兵'의 원칙에도 어긋나는 것이었다. 또 御營·摠戎·守禦廳 등 집권층의 정치적 목적과도 깊이 관련되어 있는 기왕의 군영은 모두 폐지하면서도[125] 오직 훈련도감만은 존속시키게 되어 이 시기 군제의 전면 개혁에는 미치지 못하게 되는 셈이었다. 이는 '居重禦輕' 즉 수도의 중요성에 비추어 방어태세의 취약함을 인정한 것으로서 이 시기 지배층 일반의 우려를 일정 반영하는 위에서 漢의 南北軍이나 唐의 南北衛制와 같이 중앙군의 二元體制를 규정한 것으로 볼 수 있다.[126]

그러나 유형원의 軍制改編案에서 주목되는 것은 모든 軍營을 일단 兵曹에 귀속시킴으로써 軍統帥權을 일원화하고 있는 점이다. 사실 이 시기 여러 軍營들은 서로 다른 黨派의 지지를 배경으로 성립된 것이었고 때문에 그것이 그들 당파의 군사적 기반이라는 인상을 지울 수 없었다. 그런데 이제 분산된 군통수권을 한데 모아 국왕 직속의 지휘체계로 정비한다면 이는 국가 公兵의 기능을 강화하고 왕권을 보강하여 비대해진 臣權과 당쟁을 억제할 수도 있는 일이었다.[127]

地方軍의 경우에는 의연 종래의 鎭管制度의 골격을 유지하는 범위에서 재조정하였다. 즉 각 道의 監司가 겸임하는 節度使는 몇 개씩의 郡縣을 관할하는 鎭管節度使(道마다 2, 3명 혹은 5, 6명)를 통솔하고 군사의 기본 편성 체계로서 把摠(1~2哨) - 哨官(5旗) - 旗摠(3隊) - 隊(2伍) - 伍(5人)를 설정하였다. 이 때 군수(僉節制使)·현령(節制都尉)은 적게는 1, 2파총, 많

124) 『隨錄』卷21, 兵制, 訓練都監, 11ㄴ ; 車文燮, 「宣祖朝의 訓練都監」, 『朝鮮時代軍制研究』, 단국대학교 출판부, 1973.
125) 『隨錄』卷16, 職官之制 下, 職官因革事宜, 19ㄱ.
126) 『隨錄』卷21, 兵制, 諸色軍士, 35ㄴ.
127) 李泰鎭, 『朝鮮後期의 政治와 軍營制變遷』, 한국연구원, 1985 참조.

게는 7, 8파총을 지휘하도록 되어 있었다.[128] 특히 종래 水軍의 과도한 부
담과 차별을 철폐하도록 했다. 水軍의 世傳役을 폐지하고 山郡出身者의
강제 편입을 중지하는 대신 沿海의 거주자로만 충당하도록 했다. 또 육군
의 경우와 마찬가지로 鎭將의 常祿을 규정하고 軍船建造費를 국가경비에
서 책정함으로써 이를 빙자한 水軍 수탈의 폐를 제거할 것도 명시하였
다.[129] 이리하여 개편된 군제에 의하면 都監의 京兵, 騎(步)兵·水軍·束
伍軍·能櫓軍만 남게 되고 종래의 御營軍·精抄軍·新選軍·別砲手 등
의 兵種은 일체 없어지게 되었다.

다섯째, 兵車의 活用을 주장하였다. 남쪽의 倭軍을 제압하는데는 舟師
가 효과적이었듯이 '丙子胡亂' 때 '北虜'의 騎兵을 저지하기 위해서는 兵車
로써 塞路結陣했어야 옳았다는 것이다. 兵車는 적을 방어하는데도 유익하
지만 아군의 騎兵·步兵활동을 강화하기 위해서도 활용될 필요가 있었
다.[130] 유형원은 '北伐'의 실행에서는 더구나 兵車가 긴요함을 강조했
다.[131]

수레의 기능은 적과 충돌할 때 완충, 군량과 병장기의 수송, 적군의 矢石
의 防禦, 적진 돌파시의 보호벽, 騎兵의 엄폐와 척후, 雨雪의 대피 등 다양
하기 때문에 "行則爲陣 止則爲營"이라는 것이다.[132] 兵車의 이용으로 종
래의 步·騎兵 중심의 전술에서 기동성과 전력을 크게 향상시킬 수 있을
것이 분명하였다. 이러한 이유에서 그는 우리나라의 地形地勢 사정을 내
세우는 兵車不可用論에 대해서는 적극 反論하였다. 즉 당장 수레의 통행
이 가능한 지역도 적지 않고 지세의 不利는 人力으로 극복할 수 있다는
것, 또 중국에 보편화된 수레가 우리나라에서 이용 못할 까닭이 없다는 것
이었다. 문제는 百事에 구차하기만 한 위정자·식자들의 고루한 태도 때문
에 실행하기 어렵다고 했다.[133]

---

128) 『隨錄』 卷21, 兵制, 各道營鎭鎭管, 20ㄴ~21ㄱ.
129) 『隨錄』 卷21, 兵制, 諸色軍士, 45ㄴ~47ㄴ.
130) 『隨錄』 卷22, 兵制後錄, 兵車, 15ㄴ.
131) "非車以行師 不可以有濟也"(『隨錄』 卷22, 兵制後錄, 兵車, 16ㄱ).
132) 『隨錄』 卷22, 兵制後錄, 兵車, 16ㄱ~ㄴ.

사실 수레는 兵車로서 뿐만 아니라 물자의 유통, 도로의 개설, 人口의
교류 등을 증진시키는 수단이라는 점에서 폐쇄적인 농업체제를 극복해서
유통경제를 지향하기 위해서는 없어서는 안될 利器였다. 유형원은 군사상
의 필요에 주목해서 兵車利用論을 제기하고 있었지만[134] 그는 兵車가 곧
평시의 물자·인구의 수송수단이 된다는 점을 분명히 인식하고 道路·橋
梁의 확장·改修문제와 관련해서 用車의 중요성을 강조하였다.[135] 工商의
일정한 성장과 站店중심의 유통체계를 구상한 점에서도 그러하였다. 그보
다 1세기 후에 朴趾源(1737~1805, 燕巖·淵湘)·朴齊家(1750~?, 楚亭·
貞蕤) 등 北學論者들이 用車論을 적극 주장했던 것은 반드시 중국의 경우
를 견문해서라기보다도 이미 유형원이 거론한 바가 있고 또 사회발전의
추세에 따라 그 필요성이 점증해갔기 때문일 것이다.[136]

이렇게 보면 兵制·國防에 관한 유형원의 견해는 생산력의 발전과 농민
경제의 안정, 정치지배세력의 개편을 선행과제로 해서 제기되는 것이었다.
그러므로 이는 이 시기 五軍營制가 각 黨派間의 이해관계를 반영하는 가
운데 농민항쟁과 같은 국내 반대세력에 대한 治安維持·首都防衛를 주목
적으로 하여 창설·개편이 반복되던 사정과는[137] 사뭇 달리 순수한 국토
방위에 초점이 맞추어질 수 있었다. 물론 한편으로는 그것은 조선왕조 전
기의 五衛·鎭管體制를 답습하고 여기에 柳成龍의 제안으로 실현을 본
訓鍊都監과 束伍軍의 편제를 인정하는 점에서 외견상 거의 새로울 것이
없어 보인다.[138] 그러나 그 기초조건으로서 古制의 원리에 입각한 兵農一

---

133) 『隨錄』卷22, 兵制後錄, 兵車, 17ㄱ~18ㄱ.

134) 兵車의 제작 활용문제는 같은 시기 尹鑴가 北伐軍備策의 일환으로 적극 주장한
바이기도 했다. 물론 衆論의 반대에 부딪쳐 일부의 火車로 활용된 데 그치고 말았
다(韓㳓劤, 「白湖尹鑴 硏究」(二), 『歷史學報』 19, 1962, 106~114쪽 참조).

135) 『隨錄』卷25, 續篇 上, 道路橋梁 用車, 52ㄱ~53ㄴ.

136) 『北學議』, 內篇, 車 ; 『燕巖集』卷12, 別集 熱河日記, 馹迅隨筆, 車制, 5ㄴ~10ㄱ
; 金容德, 「貞蕤朴齊家硏究」 『朝鮮後期思想史硏究』, 을유문화사, 1977, 152~
153쪽 참조.

137) 李泰鎭, 『朝鮮後期의 政治와 軍營制 變遷』, 1985, 특히 제3장 2절 「西·南人의
對立과 五軍營制 확립」 참조.

138) 유형원의 兵制·國防論은 李珥·趙憲·柳成龍의 兵制變通·戰守論(『隨錄』卷

致·文武一途를 지향함으로써 실제운영에 들어가서는 종래의 그것과 질적으로 다른, 새로운 사회의 병제로서 그 성과가 기대되는 것이었다.

5. 맺음말

유형원은 兩亂後 조선사회의 체제적인 모순을 가장 철저히 파악하고 그 시기 역사적인 조건에서는 최선의 제도개혁론을 제시하였다. 그 개혁론의 논리 근거는 實理說과 變法論으로 집약되는 것이었다. 본고에서는 그의 제도개혁론의 일부를 실리설·변법론과 관련하여 살펴봄으로써 17세기 우리나라 正統朱子學의 社會思想에 대응하는 진보적 사회사상의 성격을 분명하게 드러내려고 하였다. 물론 기대한대로는 아니지만 파악된 내용을 다시 요약해 보기로 한다.

정치제도 개혁의 일환으로서 유형원은 정치운영의 담당주체를 종래의 科擧官僚 대신에 貢擧官僚로 새롭게 대치해가려고 하였다. 그래서 먼저 그 시기 과거제에 의한 관리 선발의 문제점과 운영상의 폐단을 누누이 지적하고 鄕庠(坊庠) - 邑學(四學) - 營學(中學) - 太學에 이르는 4단계의 學制와 이에 연결되는 관리 선발과정으로서 태학에서 뽑아 올린 進士를 硏

21, 兵制, 諸色軍士, 42ㄱ~44ㄴ ;『隨錄』卷21, 兵制, 本國古今軍數附, 68ㄱ~71ㄱ)에서 시사받은 바가 많았다. 특히 그 자신『紀效新書節要』(1권)를 만들고 있듯이(『星湖先生文集』卷50, 磻溪先生傳, 24ㄱ) 訓練都監·束伍軍과 함께『紀效新書』의 兵制·兵法을 채용하고 있는 유성룡의 그것을 적극 원용한 것이었다(『西厓先生文集』卷7, 請修擧鎭管之制啓(甲午 3월), 19ㄴ~23ㄱ ;『西厓先生文集』卷8, 請申明訓練都監勸課之規啓(乙未), 12ㄴ~13ㄴ ;『西厓先生文集』卷14, 雜著, 戰守機宜十條, 5ㄴ~6ㄴ ;『西厓先生文集』卷16, 雜著, 訓練都監, 32ㄴ~34ㄱ ;『懲毖錄』卷3, 芹曝集, 進紀效新書啓(癸巳 4월), 10ㄴ~11ㄴ). 이러한 점은 宋時烈이 訓練都監의 存置를 극력 반대하고(金駿錫,「17세기 正統朱子學派의 政治社會論 - 宋時烈의 世道政治論과 賦稅制度釐正策」,『東方學志』67, 1990의「內需司革罷·軍營縮小論」참조) 韓元震이 李珥·趙憲의 軍兵策을 내세워서 壬亂時 柳成龍의 臨戰정책을 맹렬히 비판하고 있는 것과는(『南塘集』卷31, 書西涯柳成龍懲毖錄後, 42ㄴ~47ㄱ) 대조적이다. 兵制·國防論에 나타난 黨派的 특징에 주목할 필요가 있는 것이다.

修시키는 進士院制度를 구상했는데, 이것이 바로 貢擧案이었다. 이제 관인 지도자가 되기 위해서는 각 단계마다 정해진 學識·德行·道藝의 과정을 닦아 승급하되 그때마다 鄕黨과 學衆의 公論에 붙여지고 이를 참작한 敎官·守令·司敎·監司·學長의 考査를 거쳐야 하며 마지막 진사원에 들 때는 다시 公卿·臺官 등의 考査를 치러야 했다.

學制·貢擧案의 특징은 우선 철저한 官學中心의 제도 운영을 지향하는 점이다. 종래 書堂(家塾)－書院(鄕校)－成均館으로 이어지는 교육체계가 門閥·學淵·黨派 등 私的·독점적 경향으로 치우치는 것을 배격해서 초급과정은 향촌자치의 鄕庠에 맡기되 중등과정 이상은 관리 양성에 직결되는 국가의 公敎育體系에 흡수 관장함으로써 교육의 公有·均等化, 교육과 관리선발 과정의 一元化를 추구한 것이었다. 사실 유형원의 제도개혁론에서 핵심이 되는 것은 均田的 授田制度였고 이와 관련한 郡縣制의 전면개편안이 마련되고 있었음으로 학제 공거안 역시 이와 맥락을 함께 하는 것이라고 보겠다.

다음 유형원은 兩班과 常民, 儒士와 民庶의 신분차등을 당연히 유지되어야 할 질서로 보았다. 그러나 그것은 혈통이나 門地에 따라 규정되는 세습적인 身分差等制가 아니라 학교에서 닦여진 學識과 行誼에 의해서 결정되는 비세습적 지위, 즉 능력(인품)과 직분(지위), 名과 實의 일치가 실현되는 새로운 인간 사회관계를 예상하는 것이었다. 인재의 양성과 추천·등용과정의 공개화·일원화, 그것의 국가관리에 의한 공유화·균등화를 지향하는 제도적 보장은 바로 이를 위해서 마련되고 있었다.

또 이 학제안은 六經과 四書는 물론 六德·六行·六藝를 부과한 고대 儒敎敎育의 이념과 방법을 원용하여 文과 武, 이론과 실기의 균형을 추구하는 점에서 文辭와 이론에 치우친 종래 주자학의 교육방법을 벗어나고 있었다. 물론 유형원이 「白鹿洞書院學規」를 참작해서 스스로 「學規」를 만들고, 독서과정을 四書－『近思錄』－六經의 순서로 제시하며, 주자의 과거제 비판론과 鄕擧里選論에 주목하는 등 주자의 교육·선거이론을 적극 채용한 것은 사실이다. 그러나 朱子의 구상이 극심한 科弊와 소수 門閥의 정치독점을 타파해서 구래 士大夫層 안에서의 교육・관직의 均霑, 이에 의한 地主佃戶制의 안정적 유지를 목표한 것임에 대해서 유형원의 학교・공거론은 獨立自營農 중심의 농업체제를 지향하는 均田制 위에서 시행됨으로써 궁극에는 세습적인 身分差等制가 무너지고 四民平等이 실현될 것으로 예상되었다. 바로 이 점에서 커다란 차이가 있는 것이며 학교・공거론의 진보성이 있었다.

정치・관직제도의 개편 정비는 공거제를 통해서 새로운 관료 집단이 형성되어 갈 것과 밀접히 연관되는 일이었다. 이를테면 의정부의 三相制를 一人의 丞相制로, 三司 중심의 언론기능을 百官의 言官化로 전환할 것을 생각했는데, 이러한 권력구조의 재편성은 이 시기 언론의 집중과 비대화에 따른 王權・宰相權의 약화, 당파 간의 지나친 권력 경쟁을 막을 뿐만 아니라 강화된 국가 公權, 즉 왕권을 중심으로 사회・경제 개혁을 추진하려는 의도를 담고 있었다. 또 官衙와 관직이 濫置・添設되면 冗官이 늘고 농민의 부세부담이 증가함은 물론 官紀의 문란을 초래하고 유능한 관인의 진출을 가로막는다는 이유에서 類似官衙를 통폐합할 것, 宮中과 府中의 관계를 구분할 것, 各司의 提調制와 兼職制를 폐지할 것 등 직무와 기능의 전문화・균평화 방안을 아울러 마련하였다.

관제의 정비와 관련해서 관인의 책임완수, 民事本位의 인사, 進用賢材의 3가지 인사운영 원칙을 세우고 관리의 任期制 실시, 후임 추천권의 인정, 門地制限의 철폐, 守令權의 강화, 관리 祿俸體系의 현실화를 그 구체적인 실행방안으로 꼽았다. 중앙의 경우와 마찬가지로 지방관제에 대해서도 행정구획의 정비, 재정운영과 행정체계의 합리화를 우선 과제로 삼고 여기에 均田의 관리 유지, 농민 파악과 농업생산력의 증강, 收取體系의 운영을 위해서 종래의 面里制와 五家作統制를 포괄하는 새로운 鄕里制를 채택하도록 하였다.

양란을 통해서 심각하게 확인된 것이 兵制・國防態勢의 미비였다. 이에 대해 유형원은 농업・농민경제, 국가의 수취・재정제도, 사회신분제 등을 동시에 고려하면서 그 해결책을 찾으려고 하였다. 그가 마련한 새로운 병제안의 기본 골격은 軍役의 賦稅化와 이에 따른 농민의 避役逃散 등 구래 軍役制의 모순을 극복하기 위해 兵農一致를 실현한다는 것, 즉 농민들에게 노동력 기준으로 토지를 보장해주고 이들로부터 일정의 군역을 부과하는 '以田出兵'의 원리를 관철하자는 것이었다. 그리고 여기에 관련해서 鄕里制를 기본으로 한 軍의 편제 개편, 민사 행정과 군사 임무의 일원화(文武一致), 民間自衛의 원칙에 의한 城池修築과 留城戰守, 兵車의 실용화 등의 실행방안을 제시하였다. 한결같이 均田制에 의해서 생존기반이 확보된 농민들의 自力을 전제로 조직 운영되는 국가의 방위, 生活圈 보호정책이었다.

새로운 學校 貢擧制의 수립, 권력구조·관직체계의 개편, 인재등용과 관리복무지침의 정비, 兵農一致와 民間自衛의 국방·치안대책 등 이 모두는 '以田爲本'의 均田制와 鄕約에 의한 鄕村自治를 그 토대로 하는 것이었다. 그것이 국가체제 전반의 문제를 다루는 크고 복잡한 개혁구상이면서도 일관된 원칙과 통일성을 지니게 된 것은 유형원이 體用論·天理人欲說에 의거해서 三代 古法을 준거로 後世法인『經國大典』의 법체계를 비판 극복하려는 變法精神에 철저했기 때문이라고 할 수 있다. 그리고 그 變法理念의 철저성은 기본적으로 주자의 理氣二元論을 넘어서서 理一元論, 즉 實理論을 스스로 추구해냄으로써 가능한 일이었을 것이다. 현실인식과 그 대응방안이 정합성과 개혁성을 분명히 하기 위해서는 이를 뒷받침해주는 인식 논리, 즉 철학적 기반의 모색과정이 그만큼 철저해야만 했던 것이다.

(『東方學志』77·78·79합집, 1993. 6)

西溪 朴世堂의 政治思想

金萬圭

1. 硏究의 意味

西溪 朴世堂의 사상이 한국 정치사상사에서 차지하는 비중은 매우 크다. 그 이유는 첫째, 西溪의 생존기(1629~1703)인 17세기가 東亞細亞 國際政治의 激變期로서 이 시대적 상황을 대표하고 있기 때문이다. 중국대륙에서 明·淸의 세력교체로 말미암아 朝鮮이 신흥 淸에 의하여 굴욕적인 항복을 해야만 하였으므로, 崇明事大의 외교정책에 대한 일대 반성이 요구되었다.

둘째, 李朝의 건국 이래 주자학적 통치이념의 도입 적용 그리고 이에 대한 수정 및 보강 등 사상적 노력에도 불구하고,[1] 이 시대는 임진왜란과 병자호란이라는 남북으로부터의 양차에 걸친 대규모 외침으로 국토가 蹂躪되고 국력이 극도로 약화됨으로써, 정치이론과 정치현실 사이의 乖離가 매

---

[1] 李彦迪, 趙光祖 및 李滉 등의 사상은 주자학적 통치이념의 적용에서 초래된 사회적 모순을 수정하려는 수정이론이었다(拙稿,「朝鮮朝 初期의 政治思想 및 政策論 變動에 관한 硏究」, 연세대학교 박사학위논문, 1976).

우 컸다. 그러한 역사적 상황에서 기존 정치이념인 주자학에 대한 일대 비
판과 반성이 제기되고 그 허위성을 폭로하면서 한국의 사회현실에 부합하
는 개혁을 요구하는 실학사상의 前驅期에 西溪思想이 그 중심점이 되었다
고 보는 때문이다.2)

마지막으로, 國際的 多頭體制下의 現今의 國際秩序가 격변의 와중에
있고 한국이 이러한 변동에 어떻게 대처하여야 할 것이냐 하는 과제에 직
면하여 西溪思想은 우리에게 시사하는 바가 매우 크리라고 보는 때문이
다.

따라서 西溪의 정치사상을 조선 중기 즉 위기극복기 내지 改革期(實學
思想期)의 대표적 사상의 하나로 논의한다는 것은 매우 큰 의미를 지닌다
고 할 것이다. 그러나 그의 사상의 특징이 무엇이며, 어떠한 점에서 다른
학자의 사상과 다르고 또 西溪思想의 근거가 어디에 있는가에 대하여 올
바로 해명되고 있는 것 같지 않다. 이러한 諸問題點이 해명되지 않는 한,
西溪思想을 제대로 이해하였다고 보기는 어렵다.

그렇다면 이제까지 이러한 문제점들이 어찌하여 밝혀지지 못하였는가?
그 가장 큰 요인의 하나는 西溪의 사상을 유학적 범주 속에서만 이해하려
는 고정관념의 테두리를 벗어나지 못한 데 있는 것으로 보인다.

또 다른 이유는 西溪思想을 反朱子學的 實學思想이라고 하면서도 實
學의 본질을 反儒學的이 아니고 儒學本義에로의 복귀로 보아, 西溪思想
을 이에 포섭시키려는데 있는 것 같다. 즉 實學에 대한 政治·社會史的
誤解의 입장에서 西溪思想을 보려는 때문이다. 따라서 이러한 편견과 그
릇된 시각에서는 西溪思想의 진상이 올바로 파악될 수는 없을 것이다. 이
들 문제점을 西溪의 著作 속에서 해명하려는 것이 本論文의 主題이다. 이
연구는 그의 저서를 자료로 하여 그 本義를 밝히고 의미를 찾는 방법을 취
한다.

---

2) 西溪는 改革派의 중심이었기 때문에 정통주자학파에 의하여 이단시되어 斯文亂
   賊이라는 비난을 받았다.

2. 西溪思想의 根據

1) 西溪가 처한 政治·社會現實

西溪선생은 임진왜란에 의한 국토의 유린으로 인한 국내외적인 정치사회적 불안이 채 가시지도 않았던 때(1629년, 仁祖 7년)에 태어났고, 그의 생존기는 국제적인 격변과 국내적인 정치·사회적 모순과 불안정이 극심하였던 때이었다. 국제적으로는 신흥 淸의 大規模 外侵인 丙子胡亂에 의한 사상 유례없는 굴욕적 수난기이었다.

西溪의 출생 직전 시대는 壬辰倭亂時 원병 파견의 공으로 조선에 대한 明의 逼迫이 가중했던 시기이다. 그것은 1621년(光海朝 13년) 明의 遊擊軍 毛文龍軍이 東來, 조선의 西北境에 入屯하여 米·鹽 등 군량의 공급을 요구한데서 비롯하였다. 毛文龍은 1622년(광해조 14년)에 平北 椵島에 設鎭하고 1624년(인조 2년)에는 함경도 함흥부에까지 들어가 횡포를 자행하였고, 익년에는 農牛를 요구하는가 하면, 1628년(인조 6년)에는 의주 및 近邑을 약탈하는 蠻行을 일삼았다. 그가 明의 細略 袁崇煥에 의하여 주살된 뒤에도, 明의 劉興治가 義州城을 掠去하기도 하였으며(1630년, 인조 8년), 椵島守將이었던 劉가 죽은 뒤에는 明의 都督 黃龍이 椵島에 진을 쳤다. 또 그의 후임인 明監軍 黃孫茂에게 조선은 船隻을 보내야 하는 등 계속적인 굴욕을 당해야만 했다.

明나라로부터의 침해와 더불어 滿洲 女眞族인 金이 1627년(인조 5년) 大擧 來侵한 丁卯胡亂에 이은 1636년(인조 14년)의 丙子胡亂에 의해 三田渡에서의 굴욕적 항복은, 이조 건국 이래 최초의 치욕적 사건이었다. 그후 중국대륙에서의 明·淸의 교체와 함께 조선에 대한 淸朝의 횡포는 西溪 생존 全期間에 걸쳐 격심하였다.

즉 淸에 대한 君臣之禮를 비롯한 항복조건의 履行, 淸의 征伐戰에 대한 수차의 助兵軍의 派送 및 淸使臣에 의한 宗室 여자의 撰出 등 참기 어려운 핍박이 계속되었다.

특히 明과의 관계에서 常禮이었던 君臣之禮, 각종 歲幣物의 進獻, 派兵

이외에, 왕 및 군신의 자제를 인질시키거나 종실의 여아를 淸에 入送하도록 강요된 것은,[3] 민족감정을 심하게 자극하였고 대내외적인 정치노선에 대한 自省을 촉구하게 되었다. 이 때문에 불가불 정치인과 정치사상가들의 대외현실관에 있어서 굴욕에 대한 복수심에서 무력증강을 통한 北伐을 수행하는데 주력할 것이냐, 아니면 명·청의 교체라는 국제적 현실을 받아들여 이에 적응할 것이냐, 그렇지 않으면 신흥 청세력을 인정하되 민족자존을 위한 장기적 개혁책을 추구할 것이냐 하는 3대노선이 나타나게 되었다.

第一路線으로서의 굴욕에 대한 積憤에서 북벌을 주장 추진한 자들은, 청에 대한 斥和抗拒派와 淸에 인질이었던 자 및 그 後裔·後學들이다. 이에 속하는 사람으로서는 효종을 비롯하여 金尙憲,[4] 金壽恒, 申翊聖 등 五臣과 金集, 宋時烈, 宋浚吉 등이며, 이들의 對外觀은 崇明反淸이었다. 反淸에는 매우 적극적이었지만 민족적 자각의식이 없었고 정치적으로는 崇明事大主義的이며 思想面에서는 朱子學의 信奉 强化論者들이었다.

第二路線을 추구한 자들은, 병자호란을 당하여 청과의 和議 講和論者들로서 新興 淸세력을 시인하고 청과의 새로운 국제관계의 불가피성을 주장하였다. 따라서 병자호란시 청에 대한 항복이라는 현실을 받아 들여 병자호란을 수습한 收拾貴族勢力이라고 할 수 있다. 이에 속한다고 볼 수 있는 사람으로서는 金瑬, 崔鳴吉, 洪瑞鳳 등이며,[5] 이들은 仁祖反正의 주역으로서 反正 후 막대한 勳功을 받아 執權 大官僚貴族이 되었다. 때문에 기득권 유지의 필요상 그리고 국제정세의 변동을 경험할 기회가 많았으므로, 명·청의 교체라는 현실을 받아들이는 현실주의의 대외관을 나타냈던

---

3) 大君 등 宗室의 女兒로서 16세된 여자는 치장시켜 淸에 入送하고 13세 女兒는 宮中에서 養育待期하도록 했으며, 朝臣의 女子는 侍女로 充當되었다. 이를 위하여 婚禮都監이 설치되었고 그 대표적인 예가 錦林君 愷胤女 義順公主를 淸에 보낸 일이다(『孝宗實錄』 卷3, 孝宗 원년 3月條 參照).

4) 丙子胡亂時 王命에 따라 江華島에 들어가 防備하다 賊勢 박두함에 自燒한 金尙容의 弟로서 척화파이었기 때문에 1640년 청에 잡혀갔다가 1643년 석방되었다. 金壽恒은 尙憲의 孫子이다.

5) 金瑬, 崔鳴吉은 反正에 有功한 靖社一等功臣이었고, 洪瑞鳳은 靖社二等功臣이었다.

것으로 보여진다.

그러나 국내 정치면에 대해서는 장기간의 집권에서 얻은 旣得權益을 保衛하려는 욕구로 인하여 기존의 舊秩序를 고수하려는 보수적 태도를 지니고 있었다. 이것은 胡亂後 민생의 피폐를 구제하기 위하여 확대 실시가 요청된 大同法에 반대한 그들의 태도를 보면 알 수 있다.

第三의 路線은 丙子胡亂의 수습귀족은 아니지만 호란 이후 중국대륙에서의 明·淸의 교체라는 현실적 불가피성을 시인하고 對淸 緩和를 주장하면서, 민생의 안정과 사회제도의 개혁을 통하여 국력의 신장을 자각한 改革的 自主派이었던 것으로 보여진다. 金堉, 趙翼, 申昊 等이 여기에 속한다고 볼 수 있다. 西溪 朴世堂도 이 第三派의 인물로서 緩淸論者이었다. 이들은 崇明事大主義에 반대하였고 사상적으로는 反朱子學的 태도를 취하였다.

이와 같은 三路線은 대내문제를 둘러싼 당쟁의 형태로 나타났으며, 주된 쟁점은 丙子胡亂으로 말미암은 사회경제적인 혼란과 피폐에서 연유하였다. 특히 토지의 황폐화에 의한 민생의 困苦이다. 이는 임진왜란 직전 (1591년)의 전국의 총 전결수 250여 만결에서 1719년에 와서 약 74만결로 대폭 감소,6) 無田民이 크게 늘어 났던 사실로도 알 수 있으며, 顯宗 12년 (1672년)과 같은 해는 전 인구 470만 중 약 12%에 해당하는 飢民이 발생하였고 수천 명의 아사자가 있었다.7)

이러한 사회경제적 불안 속에서 貴族政治勢力의 재편성이 불가피하였던 것으로 보여진다. 즉 仁祖反正에 직접 참여한 기성귀족은 호란을 수습하는 데는 주도세력이었으나 청의 횡포와 사회불안을 극복할 수 있는 개혁파는 아니었기 때문에 오히려 斥和派 및 그 後學들에 의하여 政界에서 밀려나게 되었다. 그러나 反淸主義者들 역시 그들의 근본적 입장이 주자학적 통치이념의 신봉자들이었고, 청에 대한 복수심으로 임진·병자의

---

6) 李相佰, 「近世後期篇」, 『韓國史』, 震檀學會編, 을유문화사, 1965, 293~294쪽.
7) 현종 13년 10월 총인구는 4,695,611명이었는데, 현종 12년(1672) 2~5월 사이의 慶尙·全羅·忠淸·京畿·京城·咸鏡·平安道의 飢民 總數는 무려 54만여 명에 이르렀다(『顯宗改修實錄』 卷23~24, 顯宗 12년 2월~5월조).

외침에서 발아하기 시작한 민족적 자각과 국내적 생활안정을 요구하는 개혁의식을 외면하고 구질서를 고수하려는 보수세력이었다. 따라서 이들 보수귀족세력과 신질서를 추구하려는 신세력 간의 권력투쟁으로 당쟁의 격화를 야기시켰다. 여기에 第三의 사회개혁을 요구하는 새로운 세력이 형성되었다. 이 신세력 중에서도 국제적 변동을 직시하고 병자호란 후 극도로 악화된 민생의 피폐를 자각한 이들이 정치적 투쟁보다 사회개혁을 주창하는 제3세력을 형성하였으니, 大同法의 확대실시를 비롯한 경제 및 사상적 自主改造派를 이루었다.

大同法의 시행은 귀족간 경제적 권익 즉 부의 재분배의 수단이 되었던 점도 없지 않았겠지만, 농민대중의 가렴주구를 완화시키고 서민대중에 대한 양반귀족이 소유한 부의 사회적 재분배라는 효과를 주었다고도 볼 수 있다. 때문에 대동법의 확대실시에 대한 태도에 있어서 개혁파인 제3세력이 적극적이었던데 반하여 인조반정 이래의 기성귀족이었던 보수파들은 이에 반대 내지 소극적이었다.

大同法의 실시를 초지일관 주창하고 실천한 이들은, 趙翼, 金堉 등 反朱子學派[8] 및 서민의 참상을 경험한 重民派들이었다.[9] 이에 반하여 大同法 실시를 반대 내지 그 실시에 소극적이었던 귀족세력은 仁祖反正 이래의 훈신 및 斥和派와 그 後學인 자들이었다. 이들은 仁祖反正의 공신 및 준공신에 해당하는 崔鳴吉, 元斗杓, 李元翼, 尹昉, 申欽 등[10]과 金集, 金尚憲 등[11]이다.

---

8) 특히 趙翼은 李珥·成渾의 從祀를 강력히 주장한 畿湖學派에 속하며, 朱子章句의 頗改를 主張했다(『孝宗實錄』 卷14, 孝宗 6년 4월條).

9) "在野者思所以致之 在朝者思所以留之"(『孝宗實錄』 卷3, 孝宗 원년 2월條)에서 보는 바와 같이, 在野者는 대동법 실시를 적극 주장하였고, 在朝者 즉 官職者는 이의 실시를 보류하고자 하였다.

10) 崔鳴吉, 元斗杓는 靖社功臣이며, 李元翼, 尹昉, 申欽 등은 인조반정 후 등용된 準功臣으로 대동법 확대에 반대하였다(『仁祖實錄』 卷6~8, 仁祖 2·3년 참조).

11) 金集은 대동법을 둘러싸고 金堉과 심하게 不合하였다 하며(『孝宗實錄』 卷20, 孝宗 9년 9월條), 金尚憲은 신중한 施行을 주장함으로써 사실상 반대하였다(『孝宗實錄』 卷5, 孝宗 원년 11월條).

이와 같이 서민대중의 困苦에 대한 稅制改革정책에서 요청된 大同法의 확대를 둘러싼 귀족들의 찬반 의견 대립이 끊이지 않았지만, 肅宗末까지는 전국적으로 실시됨으로써 당시의 시대적 요청을 반영하였다. 그만큼 농민의 요구가 컸음을 나타냈다고도 볼 있다.

점차 대동법 실시의 확대는 대토지소유자인 귀족계급에게 타격을 주게 되었으므로, 경제적 자위책을 위하여 그들은 官權을 더욱 요청하게 되었고 관권장악을 위한 당쟁을 격화시켰다. 관권의 유지에 급급한 기성귀족은 그에 필요한 차별원리를 기본으로 하는 朱子學의 강화를 주장하게 되었으며, 儒學的 家禮가 당쟁의 쟁점이 될 수밖에 없었던 것으로 보여진다. 특히 西溪의 생존기는 기존의 정치·사회질서 유지에 필요한 주자학적 통치이념을 강화하려는 보수파와, 국민대중의 생활안정을 위한 신질서 수립을 요구하는 反朱子的 개혁파간의 당쟁이 치열했었던 시기이다. 西溪가 관직에 취임하여(顯宗 1년, 32세 때), 관료생활을 포기한 (顯宗 10년, 41세 때) 10년간은 宋時烈 등 朱子學派와 尹鑴 등 反朱子學派의 대립 항쟁기이었다. 따라서 당쟁에 염증을 느낀 西溪는 그 이후 75세로 사망할 때까지 30여 년간 학문에만 전력하면서 貧寒한 생활로 보냈으며, 이 기간은 당쟁이 가장 심했던 顯宗 10년(1669)부터 肅宗 29년(1703)이 된다.

2) 17世紀의 思想的 動向

17세기의 한국은 통치이념의 수정과 사회적 개혁이 요구되었던 시대이었다. 그 이유는 壬辰·丙子 등 대규모 외침에 대한 체제 허약성의 노정, 귀족체제의 내부적 갈등격화와 그로 인한 민생의 피폐 및 서구문물에의 접촉으로, 朱子學的 통치이념의 한국 적용이 빚은 비현실적 모순에 대한 반성 때문이다. 물론 이러한 사상적 반성은 16세기에 이미 發芽하기 시작하였다.[12] 그러나 주자학적 통치이념에 대한 정면 도전이 표면화된 것은

---

12) 16세기의 사상적 반성은, 趙光祖 李彦迪을 위시한 道學的 수정론과 徐敬德, 李珥 등으로 대표되는 사회개조론의 대두를 들 수 있다(拙稿, 「朝鮮朝 初期의 政治思想 및 政策論 變動에 關한 硏究」, 연세대학교 대학원 박사학위논문, 1976).

이 때부터이다. 이 때문에 주자학의 固守者들인 宋時烈 등은 反朱子學派를 斯文亂賊이라 하여 역적으로까지 규정하였고, 尹鑴, 尹拯, 朴世堂 등은 주자학의 허위성을 비판하고 통치이념에 대한 사상적 수정을 요구하였다.

反朱子學派들은 주자학의 空理空談을 배격하면서 明・淸의 교체라는 국제적 변동에 주체적으로 적응하고 사회적으로 극도의 경제적 핍박하에 있는 서민의 참상을 구제할 수 있는 현실적 사상을 추구하려는 풍조가 일어났다. 따라서 이 시대를 實學思想의 前驅期라고 하여도 무리가 아니며, 당시의 실학적 경향은 주자학의 僞裝性을 폭로하는데 있었다. 이러한 점에서 보면 조선조 사상사에서 차지하는 이 시기의 사상사적 위치를 규정한다면 反朱子學的 實學期라 하겠다.

본래 실학은 시대 및 사회변천에 따라 그 사상적 경향을 달리한다. 즉 李朝建國期의 실학은 불교통치이념의 모순을 배척하고 주자학적 통치이념을 차용하는 데 주력하였고, 李朝 中期인 17세기의 실학은 反朱子學的 경향성을 나타냈으며, 후기에 이르러서는 反儒學的으로 발전하게 된다. 따라서 실학의 의미도 시대와 사회적 요청에 따라 달리했었던 것으로 보인다.

17세기 당시의 개혁론자들은 李朝 건국 이래 200여 년간 적용해 온 주자학적 통치이념이 한국사회 현실과의 괴리로 그 이념상의 모순을 폭로하려는 반주자학적이었던 데에는 공통적이었다. 그렇다면 통치이념을 어떠한 방향으로 수정하려 했었는가? 즉 사상적 자주성의 갈망에서 비롯한 독창적 개조였느냐? 그렇지 않으면 외래사상을 도입・차용하여 그것을 이용한 수정이었느냐? 이 두 가지 방향 중 양반귀족사회 자체가 지닌 사상적 빈곤으로 말미암아 내부적인 자주적 수정은 할 수 없었던 것 같다. 그 이유는 麗末鮮初로부터 주자학적 통치이념의 차용으로 깊어진 사상적 자주성의 상실과 임진왜란・병자호란을 계기로 양반귀족들의 사상적 의존성 특히, 尊明事大의 慕華思想 때문이다.

여기에서 불가불 외래사상을 援用한 사상적 수정을 꾀하려 했던 것이 개혁론자들의 공통된 경향이었다. 당시 이들 개혁론자들의 통치이념 수정의 이상적 근거는 대략 세 방향이었다. 첫째는 尹鑴 등 南人系統으로 고대 유학 특히 漢代 유학을 차용·수정하려는 학파이고,13) 둘째는 明代 유학 중 陽明學을 輸入·援用하여 수정하려는 崔鳴吉, 張維 등 陽明學派이며,14) 셋째는 老莊思想을 도입, 사상적 수정에 원용하려는 朴世堂系統이다.

따라서 西溪 朴世堂은 반주자학적 개혁론자에 속하기 때문에, 양명학파인 谿谷 張維와 같은 이를 일세의 名公으로 보았다.15) 그런데 서계는 왜 사상적 수정에 있어서 노장사상을 도입 원용하게 되었는가? 그것은 주자학은 말할 것도 없이 유학사상 자체에 대한 회의에서 비롯했던 듯 싶다. 유학에 대한 회의는 그의 성장과정과 그가 처한 정치 사회환경과 가족적 悲憤에서 연유하였다.

서계는 전형적인 양반귀족가문의 출신이다. 그의 조부 朴東善과 부친 朴炡은 함께 인조반정에 참여한 귀족이었다.16) 조부는 관직이 左參贊(正二品)에 이르렀고, 부친은 仁祖反正의 有功으로 靖社三等의 勳功을 받은 공신이었고 반정 후 南原府使, 大司諫, 大司憲, 吏曹參判을 역임하였다.

그러나 서계의 나이 3세인 유년기(仁祖 10년, 1632)에 그의 부친은 37세의 나이로 早卒하였고, 때문에 그는 13, 4세에 이르러서야 고모부인 鄭思武에게 본격적인 受學을 하게 되었다. 특히 청에 書狀官으로 다녀온 후, 국제정세와 조국의 위치를 자각하여 당쟁을 혐오한 그는 仕宦을 포기하였다. 따라서 관직에 염증을 느껴 在野人으로 생활한 생애 후반기는 곤궁의 연속이었다. 그의 생활은 극심한 貧寒의 처지이고 偏母조차 同宗인 朴世采가 봉양할 정도이며 변변치 못한 끼니[菽水]조차 계속할 수 없을 정도였다17) 한다. 관직을 辭退하고 시골에서 농사하며 가난한 서민생활로 일관

---

13) 尹鑴가 孝宗이 죽은 뒤 趙大妃의 服制에 있어 宋時烈 등 朞年服說에 반대하여 三年服의 근거로 인용한 『儀禮注疏』가 漢代 鄭玄의 注였던 점으로 알 수 있다.

14) 『蒼園國學散藁』, 陽明學演論 朝鮮, 陽明學派 참조.

15) 『西溪先生集』 卷8, 題圖澤所持詩卷, "如漢陰 西坰 踈菴 玄翁 月沙 東岳 谿谷 皆世之名公 覺天死矣".

16) 『仁祖實錄』 卷3, 仁祖 원년 閏10월.

17) 『肅宗實錄』 卷26, 肅宗 20년 윤5월.

한 점으로 보아 지배적인 유학보다 老莊에 더 정진했으리라고 본다.

또 그는 유학적 空理空談을 둘러싼 당쟁의 격화로, 아들 泰輔, 泰維의 被禍라는 가족적 悲劇을 겪어야만 하였다. 이 때문에 서계는 그의 생애 후반기 20여 년간 주자학은 물론 유학 자체에 대한 회의에서 소위 통설(『四書思辨錄』)을 저술하였고, 老莊思想의 本意를 해명한 『新註道德經』(53세)와 『南華經註解刪補』(일명 『漆注刪補』, 五卷 五冊)를 저작하였다.[18]

그는 저술을 통하여 그의 反朱的 태도를 분명히 하였고, 孔子에 대하여도 완곡하게 비판하고 있음을 본다. 西溪는 『論語思辨錄』에서 隱者 微生畝의 공자에 대한 비판을 시인하고, "공자가 제후들을 찾아다니면서 遊說하였지만 조금도 편안할 수 없음은 새가 여러 곳을 옮겨 다니면서 한 곳에 정착하여 깃들지 못함과 같음을 비평한 것이니, 공자는 오직 求仕하려고 세상에 아첨하였을 뿐 스스로를 지키는 절조가 없었던 것이 아니냐는 의미의 비난이다"[19]라고 하였다.

그는 또 孟子에 대하여도, 맹자가 "왕도는 봉건적 仁義를 통하여 민심을 얻는 것을 근본으로 삼는다고 하였지만, 나의 愚見으로는 王道란 무엇보다도 백성들의 복리를 증진하는 養民에 있는 것 같다. 만약에 먼저 민심을 얻는데 뜻을 둔다면 이것은 覇者의 행위이지 아마 王道는 아닐 것이다"[20]라고 하였다. 이것은 斥利求禮를 주장하는 맹자의 주장을 비판한 서계의 입장을 말해준다.

이와 같이 西溪는 출신이 양반귀족이었지만, 유아기에 부친을 잃어 보호할 권익을 별로 가지지 못하였고, 또 일찍이 은퇴하여 貧寒한 농촌생활을 하면서 체험한 서민적 양심 때문에, 治者와 被治者 간의 차별원리를 본질로 하는 유학적 정치이념을 懷疑하고 노장사상에 心醉하였던 것이 아닌가 한다.

---

18) 『南華經註解刪補』는 筆寫本으로서 韓·日間 문화재 및 문화교류에 관한 협정 第二條 규정에 의하여, 1966年 5월 일본으로부터 반환되어 국립중앙도서관이 소장하고 있다.

19) 『論語思辨錄』, 憲問章 註.

20) 『孟子思辨錄』, 梁惠王 上 註.

그렇다면 서계는 유학을 완전 포기하고 순수 老莊的이었느냐? 유학에
토대를 두고 노장을 수단으로 이용한 유학적 노장사상이었느냐? 그렇지
않으면 노장을 근간으로 하고 유학사상을 수정한 老莊的 유학사상이었느
냐? 이 문제는 西溪 개혁사상의 근거를 묻는 것이 된다. 이 세 가지 방향
에서 西溪는 당시 李朝社會의 사상적 현실, 특히 주자학파의 횡포를 직시
한 올바른 현실관을 지녔기 때문에 노장적 입장에서 유학사상의 모순을
수정하려는 韓國的 老莊主義를 취하였던 것으로 가정된다.

그리고 西溪가 老莊主義의 입장이라면 그의 개혁사상의 근거가 된 노장
사상은 어느 시대 노장사상에 토대를 두었느냐가 문제이다. 즉 宋代 老莊
思想이냐 또는 古代 老莊의 원형이었느냐? 이 문제는 老莊書의 註解를
낸 이유에서 보여주는 바와 같이 후자의 입장이었음을 알 수 있다.

3) 西溪思想의 根據

서계사상이 노장사상을 근거로 한 유학사상의 수정이었다는 가설은 西
溪가 老莊學에 심취하여 연구하게 된 동기를 밝힌 점과, 儒家思想의 본질
에 대한 그의 입장을 나타내고 있는 점에서 해명된다.

『肅宗實錄』의 史官의 말을 빌리면 西溪는 莊子의 學을 심히 좋아하고
朱子의 四書集註를 譏評하였다[21]는 것이다. 그 때문에 宋時烈 등 주자학
固守者들로부터 異端者로 취급되어 斯文亂賊이라는 낙인이 찍히기도 하
였다. 이러한 심한 사상적 박해를 받았음에도 불구하고 서계는 老莊學 연
구의 필요성을 거듭해서 밝히면서 주자학 내지 유학에 도전한다.

그는 莊子가 비록 諸子와 아울러 儒墨을 譏斥하지만 그리고 그 著書의
근본이 惠施와 論辨하는 방식을 취하고 있지만 惠施의 말을 빌려 莊子 자
신의 뜻을 밝히려는데 있고, 莊子書의 본의는 首尾가 매우 분명하며 단순
한 寓言에 비할 바가 아니라고 함으로써, 儒・墨에 못지 않은 莊子書의
장점을 말한다. 그럼에도 그 본질이 세상에 밝혀져 있지 않으므로 그것을

---

21)『肅宗實錄』卷28, 肅宗 21년 4월.

밝히려는데 장자 연구의 동기가 있음을 명확히 하였다.[22] 동시에 서계는
莊子가 세상을 근심하는 깊은 뜻을 가지고 있었으므로, 그가 사회를 구제
하려한 처방을 바로 보고 莊子書의 본지를 알아야 한다고 하였으니,[23] 이
는 西溪思想의 본질이 老莊的이었음을 말해 준다.

　西溪는 老子『道德經』에 대해서도 그것이 漢代 이전부터 매우 중요한
정치론이었으나 晋代 이후에 誤導되어 그 본지가 흐려지게 되었으므로 후
세인에게 그 뜻을 곡해하지 않게 하기 위하여 그 주석을 한다[24]는 뜻을 나
타냈다.『道德經』五千言은 배울만한 충분한 가치가 있을 뿐만 아니라,[25]
老莊書의 가치를 그 본질 면에서 잘 보면 세상을 바로잡는 길에 더욱 보탬
이 되기 때문에 사람들로 하여금 이를 오해하게 할 수 없고 밝게 보면 하
나도 폐기해서는 안된다[26]고 한다. 따라서 西溪는 老莊書 硏究에 耽溺되
면 스스로 되돌아 올 줄 모를 정도로 심취하게 된다[27]는 점을 고백하였다.

　종래의 儒家로부터 이단시되던 老莊書 硏究의 필요성을 명확히 표명한
西溪를 유학적 입장에 포섭시키기는 어렵다. 그가 老莊思想이 聖人의 大
法에 어긋난다거나 가리어 보아야 한다고 한 까닭은, 당시의 學人들이 유
학적 절대관에서 儒家 이외의 사상을 혹독하게 배척했었기 때문으로 보인
다. 더욱이 黨爭으로 두 아들의 被禍를 체험한 西溪로서는 儒家思想 자체
를 정면으로 비판하는 愚를 범하고 싶지는 않았을 것이다. 단지 유가의 근
본사상을 회의하고 노장의 본지를 밝힘으로써 유가사상을 수정하는 태도
를 취하였을 뿐이다.

　따라서 유가사상의 본질에 대한 西溪의 근본입장을 밝히면 그의 사상이
유학을 토대로 하지 않았음도 해명될 것이다.

　西溪는 儒家思想의 枝葉末端에 해당하는 것에 대하여는 사사건건 비판

---

22)『南華經註解刪補』(漆注刪補) 卷1, 序文.

23)『南華經註解刪補』卷1, 齊物論 第2.

24)『新註 道德經』, 序文.

25)『新註 道德經』, 48章.

26)『西溪先生集』卷7, 答尹子仁書.

27) 위와 같음.

하지는 않았고, 오히려 그 장점이 있는 것처럼 여기는 태도를 취하였다. 이 때문에 그의 사상을 유학적 老莊思想으로 오해할 우려도 있게 된다. 그러나 그의 근본입장이 老莊的이었으므로, 儒家의 본질이 되는 문제에 대하여는 이를 회의하여 비판하고 있음을 본다.

西溪는 공자의 封建的 差別道德論의 핵심을 이루는 仁義禮智에 대하여 완곡하게 비판하고 있다. 공자에게 있어서 '仁'은 봉건적 차별질서의 유지를 위하여 귀족과 서민간의 차별적 조화의 心情이었다. 이러한 차별의 심정인 仁은 인간다운 심정이며, 인간과 만물에 보편적으로 적용되는 자연조화의 심정이었다. 따라서 仁者는 인간에 대하여는 물론 동물에 대하여도 愛物之情을 갖게 된다고 한다. 이 문제에 대하여 西溪는 공자의 '仁'이 동물에 대한 人間優位下의 인간애이며 人・物 무차별의 순수애가 아니고 그것은 단지 형식적이고 차별적임을 지적하였다.

마굿간이 불이 난 후 집에 돌아온 공자가 사람이 상했는지 묻고 馬에 대하여는 不問한 사실에 대하여, 西溪는

> 지금 올바른 이치로 생각한다면 혹자의 말이 옳다. 마구간이 탔으면 말에 대하여 묻는 것이 人情의 떳떳한 常理요 당연한 것이다. 성인이 먼저 사람을 묻고 뒤에 말에 대하여 물었다는 것은 사람이 상했을까의 뜻이 많았음을 알 수 있다. 이것은 人・畜에 貴・賤을 두는 이치이다. 만약에 말을 묻지 않았다면 인간의 常情이 아니며, 事理를 다하지도 못한 것이다. 말이 비록 천한 짐승이라도 君子라면 진실로 죽은 짐승에게도 해진 휘장 덮어주기를 잊어버리지 않는 법인데, 하물며 마구간이 탔는데도 말의 生死를 不問한다면 옳은 일일까?[28]

라고 하여, 공자의 '仁'이 고작 偏利의 심정에 불과함을 지적하였다.

'知'에 대하여도 공자가 봉건체제를 확립하려는 차별적 가치욕구 때문에 스스로의 의식이 자기무지를 知的으로 위장한 巧知임을 無意識하고, 안다는 것을 안다하고 不知를 不知한다는 것이 知라고 하는 시비 판단의 知를

---

28) 『論語思辨錄』, 鄕黨章 注.

주장한다고 비판한다.[29] 西溪는 不知를 知라고 하는데 사람들의 病弊가 있으며, 不知 즉 自己無知를 지적으로 위장하여 知라 하기 때문에 사실자체에 대한 眞知를 추구할 수 없는 것이 천하의 通弊라고 함으로써,[30] 공자가 子路에게 가르쳐준 知가 辨知로서의 지식적 가치에 불과하고 사물자체에 대한 순수감각의 知가 아닌 巧知임을 암시하고 있다.

이것은 『道德經』의 "知不知 上 不知知 病"[31]을 援用하여 공자를 비판한 것으로 보여진다.

西溪는 맹자에 대하여도 그 근본사상에 이의를 제기하였다. 맹자는 上下交征利의 戰國期에 諸侯國 王의 利己追求를 止揚하고 공자가 설정한 仁義政治를 실현하려 하였다. 仁義政治 실현의 정치적 방법이 맹자의 '王道論'이며 이 때의 道는 得民하는 방법을 의미한다. 전술한 바와 같이 이 王道政治 실현방법으로서의 得民에 대하여 西溪는 反論을 폈다. 즉 그는 "王道란 民心을 얻는 것을 근본으로 삼는다 하였지만 내 생각으로는 王道란 養民에 있다고 하겠다. 만약에 得民心에 먼저 뜻을 둔다면 이는 霸者의 행위이고 아마 왕도는 아닐 것이다"[32]라고 하였다.

西溪는 또 맹자의 귀납적 추리에 의한 仁義의 논거에 대하여도 그 허위성을 폭로하였다.

맹자는 왕도정치의 출발점이 '仁'에 있고 '仁心'의 論證을 釁鍾하는데 끌려가는 소에 대한 不忍之心으로 추리하였다. 즉 齊宣王이 釁鍾에 가는 소를 羊으로 바꾸도록 한 행위를 惻隱之心의 仁術이라고 합리화하고 仁義의 발현이라 하였다. 소는 눈으로 직접 보고 양은 보지 않은데서 소를 양으로 바꾸라 했으며, 군자가 금수를 대함에 그 살아 있는 모습을 보고 그 죽어 감을 차마 보지 못하고 그 비명소리를 듣고는 그 고기를 차마 먹지

---

29) 공자가 子路에게 知에 대하여 가르쳐 준 知는 是非判斷知이었다. "子曰 由 誨女知之乎 知之爲知之 不知爲不知 是知也"(『論語』, 爲政章).

30) 『論語思辨錄』, 爲政章 注, "凡人之病 在於而不知爲知 以不知爲知 故無由而可知 此天下之通弊也".

31) 『道德經』, 71장.

32) 『孟子思辨錄』, 梁惠王 上 注.

못한다. 그 때문에 군자는 푸줏간을 멀리한다[33]고 함으로써, 仁을 논증하려 하였다. 이에 대하여 西溪는, 仁人의 금수에 대한 은혜, 즉 不忍之心으로서의 仁義란 고작 이 정도에 그칠 뿐이니, 비록 屠殺場과 부엌을 멀리한다지만 역시 牲殺을 폐지하지 않는 잔인성을 그대로 말하고 있다고 하여,[34] 孟子의 仁義가 이기적 차별가치에 두는 허위의 仁임을 폭로하였다. 이렇게 西溪는 맹자의 왕도사상의 자체에 대하여 비판적 태도를 보였었다.

孔孟에 대한 西溪의 비판적 태도는 유가사상의 완성이라 볼 수 있는 『中庸』의 본지에 대한 회의에도 나타나 있다.

본래 『中庸』은 중국 漢族이 대륙을 최초로 통일하고 이민족으로부터 한족을 保衛하기 위하여 강력한 帝王權的 中央集權의 정치체제를 확립하고자 하는 데서 성립되었다.[35] 漢初는 漢民族 최초의 天下統一의 건국초기로서 강력한 제왕권 확립과 이를 保衛하기 위한 反逆防止가 강렬하게 요청되었다. 이러한 제왕권적 통일국가체제를 영속시키려는 漢族의 욕구는 『中庸』의 '蒲盧'思想 속에 집약되어 있다. 따라서 孔孟은 정치를 바로 잡는 것[政也者 正也]으로 보았지만, 『中庸』은 帝王權에 대한 절대복종을 정치의 본질로 보았다.[36] 이 帝王權의 절대권적 위력을 확보하기 위한 권위의 근거를 『中庸』은 '天'에서 구하였다. 이것이 『中庸』의 天道政治思想이다. 따라서 『中庸』의 '天'은 인간과 사물을 포함한 일체의 만물을 지배하는 강력한 의지의 '天'이었고, 人과 物의 生成者로서의 天은 인간에게는 도덕성을 부여하는 수여자이며 정치적으로는 제왕권에 대한 정통성을 제

---

33) 『孟子』, 梁惠王 上 注.
34) 『孟子思辨錄』, 梁惠王 上 注.
35) 『中庸』의 저작자는 공자의 손자인 '子思' 作이라고 『史記』에 기록되어 있으나, 漢初의 董仲舒가 사용한 용어 및 董氏의 사상과 『中庸』書의 그것이 일치하는 점들이 많은 것으로 보아 漢初의 산물로 봄이 타당하리라고 본다.
36) 『中庸』은 "夫政也者, 蒲盧也"(20章)라 하였으니, "蒲盧 蜾蠃 謂土蜂也"(鄭玄 注)에서 보는 바와 같이 土蜂의 생태와 같이 女王蜂에 대한 일벌의 순종 즉 절대적 충성체제가 蒲盧의 의미이고 정치였다. 따라서 『中庸』의 정치목표는 제왕권에 대한 백성의 복종을 확립하는 것이었고, 漢族政權에 대한 이민족의 복속과 不反抗에 있었다고 본다.

공하는 존재가 된다. 제왕권에 대한 순종은 인간의 덕행이고 天命이며, 순
종성은 인간의 존재본질로서 德性이요 天性이 된다.[37] 人과 物은 天의 被
命者이며 피조물에 불과하기 때문에 人·物을 지배하고 주재하는 절대 초
월자인 天의 명령에 대한 복종은 숙명적이니 그것은 天道이었다. 天道가
인간에 내재화되어 있으므로 인간은 잠시라도 천도를 떠나서는 존재할 수
없으므로 天道를 떠나면 道가 아니라고[道也者, 不可須臾離也, 可離, 非
道也][38] 규정함으로써, 제왕권을 상징하는 天의 명령에 대한 不反抗을 인
간의 본성이라 하여 이의 자각을 요청하고 있는 것이『中庸』의 本義이었
다.

그러나 西溪는 이『中庸』의 근본입장에 대하여 이의를 제기하였다. 즉
"天道가 인간에 내재화되어 인간의 존재본질(德性)로서 본래부터 마음에
갖추어져 있는 것이라면 비록 천명의 위력을 벗어나려 하여도 불가능하다.
그렇다면 道를 두려워하고 경계하여 잠시도 이에서 떠나지 말라는 것은
天道 설정의 모순이다. 대저 인간의 존재원리를 자각한다는 것은 智者라
고 해서 더할 것도 없고 愚者라고 덜할 것도 없다.『中庸』의 배움이 단지
인간본성인 피조물로서의 인간의 운명성에 따를 것을 힘쓰고 이제 인간이
이 性을 자각하지 못할까 걱정한다. 대저 性의 覺醒으로도 오히려 그 存亡
을 보장할 수 없다면, 그것을 보존한다면 다행이겠지만 설사 불행히 그것
을 보존하지 못한다면 굳이 무엇을 따르겠느냐? 또한 사물마다 天道가 있
지 않은 것이 없고, 어떠한 때라도 그렇지 않은 것이 없다고 하니, 진실로
이와 같다면 인간의 힘으로는 벗어날 수 없는 숙명적이 된다. 이 天道의
각성이 내면화되어 있다면 사물은 또 어디로부터 天道가 있도록 하겠는
가? 사물이 인간으로부터 天道를 얻어 갈 것인가? 아니면 사람이 사물들
에 나누어 줄 것인가? 모두 알 수 없는 일이다."[39]

이것은 제왕권의 절대권적 위력을 가중시키기 위하여, 天命의 廣大性과
보편성을 일반 원리화하고 있는『中庸』의 본질에 대한 背理를 露呈시킨

---

37)『中庸』, 17章.
38)『中庸』, 1장.
39)『中庸思辨錄』, 第1章 注.

것이라 볼 수 있다. 이것은 天에 대한 절대순종성을 만물존재의 보편성으로 규정함으로써 제왕권의 광대성과 절대초월성을 합리화하고 있는[40] 『中庸』思想에 대한 西溪의 비판적 입장을 보여주고 있다.

『中庸』의 天道思想이란 漢族政權의 보위를 위하여 漢族 제왕권의 영구 고정화를 요구하는 정치적 의도이었음을 암시하고 있다. 따라서 西溪는 『中庸』의 天道를 人・物에 보편적으로 적용될 수 있는 일반원리로 보지 않고 있다. 이 때문에 『中庸』을 만물의 보편원리로 보려는 程子・朱子의 해석에는 誤謬가 있다고 보아, 西溪는 程朱 兩說에는 없던 사실을 慨然히 알아 냈다[41]고 자부하였다.

西溪는 중앙집권적 제왕권체제의 지배원리인 차별적 當爲道의 先天性 및 超人性을 거부하여, 道란 인간의 後天的인 賦與物이며,[42] 사물에 道가 있는 것이 아니라 인간이 사물을 처리하는데 즉 현실적 요청에서 설정한 것에 불과하다[43]고 하였다. 이것은 제왕의 절대권적 근거를 天에서 구한 『中庸』의 天道政治思想 자체에 대한 회의와 비판에서 연유했던 것으로 보여진다.

이상에서 언급한 바와 같이 西溪는 孔・孟・庸에 걸쳐 성립된 儒家思想의 본질에 대하여 異義를 제기함으로써 회의하고 비판하였다고 할 수 있다. 그리고 그 비판의 방법은, 四書에 대한 주자의 주석을 일일이 비평하는 가운데 儒家의 근본을 회의하는 입장을 몇몇 곳에 삽입시키는 방식을 취하였다.

老莊學에 심취하여 그 입장에서 통치이념의 개혁을 목표로 했던 西溪로서는 老莊思想의 진의를 밝히는 것에 주력하였을 뿐, 儒家의 입장에서 老莊을 이단시하는 당시 보수적 士類의 핍박에 정면 도전할 필요성을 느끼

---

40) 『中庸』은 天命의 보편성을 "君子之道 費而隱"(『中庸』 第12章)이라 하였고, 天命을 부여받은 대행자로서의 帝王의 권위가 人・物을 지배하는 광대성을 가짐을 "溥天地下 莫非王士 率士之濱 莫非王臣"(『詩』, 小雅, 北山)에 비유한다.

41) 『中庸思辨錄』 第1章 注, "竊窃嘗慨然反覆以求乎 此庸之爲義 有不在於前兩說者".

42) 『中庸思辨錄』 第1章 注, "且道是率夫性而得 非有生之初 與生俱者也".

43) 『中庸思辨錄』 第1章 注, "事非有道 人之行乎事者有道".

지 않았던 것 같다. 단지 그 자신이 추구한 老莊學에 대한 소신에만 집중
하였고 儒家思想을 고집하는 부류의 사고를 바로 잡으려 하지는 않았다.
그 때문에 老子나 佛者를 믿고 연구하는 것도 그르다고 할 수 없으며, 그
렇다고 유가사상에서 벗어나지 못하고 있는 자들을 시비할 필요도 없다는
것이 그의 입장이었다. 즉,

> 老子나 佛者를 믿고 그들을 배우는 자에게 그 믿음은 독실하지만 그것
> 을 好學하는 것이 아니라고 할 수 있겠는가? 만약 이단을 배우는 것을 好
> 學이라고 할 수 없다면, 이단을 신봉함이 篤信이 될 수 있는가? 믿는 것
> 과 배우는 것은 그 일이 하나이다. 저편을 믿으면 저편을 배우게 되고 이
> 편을 믿으면 이편을 배우게 된다. 세상에 저편을 믿으면서 이편을 배우는
> 사람이란 없는 법이므로, 그것을 올바르게 하고자 한들 되겠느냐.[44]

는 태도이었다.

따라서 西溪는 老莊的 입장에서 그의 改革政治思想을 전개하는데 초지
일관하였으며, 이에 입각하여 정책적 개혁을 주장하였다. 우선 그의 老莊
的 政治思想의 기본방향을 밝히고, 이에 따른 현실적인 개혁이론을 밝히
고자 한다.

3. 西溪의 政治思想

1) 상대적 變遷觀에 입각한 平等思想

西溪思想이 노장사상을 근본으로 하였다는 가정은 노장학과 상반된 유
가의 본질과 그의 사상이 상반적이었음을 밝히는 문제이다. 따라서 儒學의
본질과는 상이한 西溪思想의 기본방향이 무엇이었는가가 제시되어야만
한다.

우선 儒家政治思想의 근본적 성격은 무엇인가? 儒家思想의 원형은 孔

---

44)『論語思辨錄』, 泰伯章 注.

子의『論語』에 있다.『논어』의 주제는 政治理論에 있고, 이 문제는 爲政·問政의 형식으로『논어』전편에 걸쳐 언급되고 있다.『論語』에서 전개된 孔子 政治論의 본지는 무엇인가? 그것은 그의 정치적 요청에서 비롯했다. 그는 漢族 政權인 古代 周나라가 붕괴과정에 처한 시대의 인물이다. 따라서 그의 정치적 과제는 붕괴과정에 있는 周體制의 재확립이었다. 周의 봉건적 차별체제가 확고하였던 西周의 정치체제가 孔子의 정치이상이었으므로, 九夷伐周下에서 東遷한 東周에 이를 再現시키는 것이 그의 정치적 목표가 되었다.

그러나 異族의 침략으로 피란과정에 있던 周體制는 異族을 지배할 수 있는 국력이 극히 약화되고, 체제 내의 신분질서가 교란되었다. 이에 周體制의 재건이 孔子의 정치적 요청이었으므로, 그는 대외적으로는 이민족의 劣等性과 漢族의 優越性을 이론화하고, 대내적으로는 혼란된 상하신분간의 차별을 인간의 존재본질로 규정할 필요가 있었다. 그가 지배와 차별을 법제화한 周禮의 회복을 갈망한 것은 이러한 요청 때문이었으며, 이를 위하여 지배와 차별을 절대적 불변 원리로서 고정화시키는 정치이론을 형성하게 되었다. '克己復禮'를 표방하고 지배와 차별을 인간의 존재원리로 그리고 불변의 진리로 규정한 것은 이 때문이다.

지배와 차별을 법제화한『周禮』를 당위규범으로 고정화시키고 변천을 反範으로 규정함으로써, 봉건적 차별체제의 영구불변을 주장한 것이 儒家의 본질이다. 孔子는 차별을 인간의 존재원리로서 그리고 '歷史原理化'함으로써 그의 봉건적 도덕정치론을 전개하였고, 맹자는 공자가 설정한 이 차별원리를 논증함으로써,[45] 諸侯國王을 정점으로 하는 새로운 차별체제를 수립하기 위한 王道政治論을 폈다.

『중용』은 이를 天命化하여 인간의 숙명성으로 규정함으로써,[46] 제왕권적 관료체제를 영구고정화시키려 하였다. 중용사상을 踏襲한 朱子는 지

45) 孟子書 全篇이 바로 이 논증에 관한 것이며, 그 例로서 不忍之心이 인간의 본성임을 우물에 빠지려는 아이에 대한 惻隱之心의 발생으로 類推하고 있는 것으로 알 수 있다(『孟子』公孫丑 上, "孟子曰, 人皆有不忍之心 條").
46)『中庸』第1章, "天命之謂性 率性之謂道".

배・차별체제의 변동을 거부하였기 때문에 이를 다시 정치・사회적 변천의 基體로서 변천에 先在하는 우주원리로 形而上學化 하였다.[47] 지배와 차별원리가 모든 만물을 주재하고 지배하는 절대불변의 우주원리로서 一切의 個體가 이 원리에 따라 존재하게 된다[48]고 본 것이 朱子이다.

이와 같은 儒家의 절대 불변의 고정관에 입각한 지배・차별사상에 대하여, 老莊은 상대적 변천관에 의한 평등사상에 기저를 두었다. 老莊의 상대관은 老莊書의 「逍遙遊」,「齊物論」 등 편에서 大小, 善惡, 是非, 有用無用에 대하여 동등한 가치를 부여함으로써 지배와 차별을 거부한 자연주의적 평등사상에 나타나고 있다.

西溪는 이러한 노장사상에 근거하여 정치적 개혁사상을 전개한다. 그는 변천관에 있어서 변천을 거부하는 宋儒의 太極的 理一元說은 물론 宋代 老莊의 儒學的 형이상학화에도 반대하였다.

제왕권과 중국 중심을 상징하여 이를 형이상학화한 변화의 근원적 原因者로서 朱子가 설정한 太極說을 否定하였다. 본래 朱子는 南宋의 정치적 과제인 강력한 제왕권적 차별체제의 재확립을 위하여, 현실적인 君臣差別體制의 당위성을 현실적 차별에 先在하는 太極, 즉 차별원리가 있기 때문에 가능하다고 보아 차별체제에의 순응을 인간의 불가피한 운명으로 규정하였다. 이 점을 朱子는

太極只是天地萬物之理 在天地言 則天地中有太極 在萬物言 則萬物中各有太極 未有天地之先 畢竟是先有此理[49]

라 하여, 太極 즉 차별원리가 先在하여 변화를 주재한다[50]는 입장에서 사

47) 南宋 피난정권 時代人이었던 朱子는 北方 異民族인 金에게 탈취당한 淮水 以北을 收復하고 피난과정에서 교란된 차별신분체제의 재확립을 위하여 강력한 차별적 중앙집권체제를 요청했으므로, 지배와 차별을 이론화한 太極的 理說을 주창하였다.
48) 『朱子語類』 卷94, "問未有一物之時如何 曰 是有天下公共之理 未有一物所具之理".
49) 『朱子語類』 卷1.

실상 변화를 거부하였다. 따라서 주자에게 있어서 군신·부자간의 현실적
차별현상은 필연적이고, 이에 대한 순응은 인간이 따라야 할 不拒逆의 當
爲가 된다.[51]

그러나 西溪는 주자로 대표되는 宋儒의 太極, 즉 理先在說을 부인하고
변천 속에서 변화의 상대적 원리를 추구하였다. 그는 만물의 변화에는 변
천을 주재하는 절대적 원리가 없으며,[52] 자연변화의 주체력인 '氣'가 작용
하여 만물의 형체가 이루어졌고 만물이 생겨남으로써 스스로의 自存의 理
를 갖추게 되었다고 하였다.[53] 따라서 그는 불변원리인 太極과 변천성인
'易'과는 兩立할 수 없다고 한다.[54]

그의 이러한 자연주의적 변천관의 입장에서 보면 사물과 個我의 변화는
무궁한 相生相成의 과정이고, 物我의 변화가 무궁함을 알 수 있으면 시비
판단의 주재자도 없음을 알게되기 때문에, 변화를 거부하는 고정관에서 오
는 價値欲求로부터 벗어날 수 있다[55]는 것이다.

따라서 西溪는 멸망과정에 있는 南宋政治體制의 保衛를 위하여 變遷自
體를 거부하는 儒家의 太極說을 반대하였고, 변천을 시인하나 變中不易를
欲求한 周濂溪의 '無極而太極說'에도 반대하였다. 西溪는 주자의 太極說
을 반대하여, 태극에 대한 이해에 미치지 못하는 것도 聖道가 아니지만 太
極을 지나치게 강조하는 것도 또한 聖道가 아니라고[56] 하였다.

그는 또한 周濂溪의 無極而太極說도 變易의 立場에서는 의심스럽다[57]

---

50) 『朱子語類』 卷1, "未有天地之先 畢竟也只是理 有此理便有此天地 若無此理 便
　　亦無天地 無人無物 都無該載了 有理便有氣 流行發育萬物".
51) 주자는 君臣·父子間의 차별현상이 그에 先在하는 차별원리에 있음을, "未有這
　　事 先有這理 如未有君臣 已先有君臣之理 未有父子 已先有父子之理 不成元無
　　此理 直待有君臣父子 卻旋將道理入在裏面"(『朱子語類』, 卷95)이라 하였다.
52) 『漆注刪補』 卷2, 大宗師 第6, "萬化未而有極也".
53) 『漆注刪補』 卷2, 天地 第12, "氣旣生也, 一留一動而爲陰爲陽, 陰陽之運, 是生萬
　　物, 物成其體, 理卽備焉, 斯謂之形, 夫理以賦形, 形具其理, 捨理無形矣, 留靜也".
54) 『漆注刪補』 卷2, 大宗師 第6, "太極與易不同".
55) 『漆注刪補』 卷1, 齊物論 第2, "物化謂物我變化無窮盡也 能知物我之變化無窮
　　則亦當知是非無主 而可以一空矣".
56) 『漆注刪補』 卷5, 天下 第33, "不及於太極者 非聖道也 過於太極者 亦非聖道也".

고 하였다. 西溪가 이런 의문을 제기한 것은 변천을 변천의 입장에서 보지 않고, 변천을 개념적으로만 설명하려는 宋代思想의 모순을 지적하려는데 있었던 것 같다. 본래 변천의 원인자로서 太極은 영원불변의 始原者(Arche)이면서 동시에 변천의 주재자로서 변천성을 지녀야 한다. 이 때 太極은 불변의 始源性과 변화의 生成性을 함께 지녀야 한다는 논리적 모순을 낳는다. 이 논리적 모순에 대한 합리화의 방편으로 생성의 전제로서 無極을 설정한 것이니, 이것은 사실로서의 변천의 인정이 아니라 변천을 설명하기 위한 개념적 설정에 지나지 않는다. 때문에 無極說은 사실상 변혁을 거부하는 이론이된다. 그럼에도 '無'에서 '有'가 생긴다는 논리적 합리화를 위하여, '無'에 '有'를 生하는 존재성을 부여하였고 이 有와 無를 포섭하는 '一氣'를 설정한 것이 宋代 張橫渠 등의 사상이었다. 橫渠는 이 때문에 太極 이전의 無極을 太虛라 하여 太虛에는 변천의 원인자로서 '氣'가 있었다[58]고 했다. 이러한 一氣說은 宋·金 및 明·淸의 교체라는 정치적 변동에 직면하여 漢族中心主義의 차별지배체제가 붕괴함에, 이 정치적인 외적 변화를 받아들이지 않을 수 없는 상황에서 변화 가운데 異族支配의 현실을 거역하려는 논리적 强辨의 산물이었던 것으로 보여진다.

그러나 변화를 변화로 받아들이고자 하는 자연주의적 변천관을 지녔던 西溪는 본래는 '氣'도 없었고[59], 변화는 그 자체가 자연원리라 함으로써[60] 차별지배의 합리화를 거부하였다.

이러한 변천관의 입장에서는 盈虛·往復은 자연의 원리이고, 各個物은 他物을 지배할 수 없으며 生成論上의 선후도 시종도 없게 된다.[61] 有爲,

---

57) 『漆注刪補』卷2, 天地 第12, "周子謂之無極而太極, 疑亦本諸此等說也".

58) 『張橫渠全集』卷2, 正蒙太和篇, "太虛不能無氣".

59) 『漆注刪補』卷3, 至樂 第18, "人之初也 氣亦未有 及其感於芒芴之間 流而爲氣 此一變也".

60) 『漆注刪補』卷1, 齊物論 第2, "吾於其所不然而不然之有 所然有所可物之情也 無不然無不可 天地理也".

61) 『漆注刪補』卷2, 大宗師 第6, "不爲高 不爲深 則自本自根 而無範圍之可見矣 不爲久 不爲老 則自古固存 而無始終之可言矣 此申結上文 明道之無物不包 無時不存也".

無爲에 대한 是非를 논하는 것은 사실자체의 입장에서 볼 때는 차이가 없는 상대적인 것이다.[62]

변천을 전제하면 모든 만물은 輕重, 可否를 가릴 수 없으며, 是非와 有無를 차별지울 수 없는 상대적 현상이고,[63] 相生相存하는 자존적인 평등세계를 이룬다[64]고 한다. 이러한 상대적인 평등관에 의하면, 大小多少는 상호전환되기 때문에 그 實은 같으며 사물간의 귀천이 無常한[65] 동등한 세계이다.

따라서 대소 貴賤을 차별지우는 것은 정치의 목표가 아니었다. 이 점을 西溪는 강대하다고 하여 약소해질 수 없고 존귀하다고 해서 천해질 수 없는 것은 道가 아니다[66]고 하였다. 오히려 각 개체로 하여금 각자 自存의 생을 영위하게 하여 熙熙自樂케 함으로써 백성이 그 믿고 의지하는 것조차 잊어버리고 각자의 기능의 상반되지만 서로 그것이 바뀌어질 수 있는 것이 明王의 정치가 된다[67]고 한다.

봉건적인 차별도덕을 강조하는 것이 도리어 사람을 미혹시키게 된다[68]는 것이다. 차별이 없었던 때가 모든 사물의 시초이며 이것이 個物間의 변화가 무상한 까닭이다. 각 個物間의 늑실 경중은 각기 藥의 효과와 같이 그 기능상 독자적인 특성과 自存의 당위성이 있으므로 군신간의 관계도 그 변화가 무궁하여 단지 하나의 기능만을 지킬 수 없는 것이 자연의 원리라고 한다.[69]

---

62) 『漆注刪補』卷1, 齊物論 第2, "有無 是非之論 有類有不類 我傾之間 而爲有爲無 未知爲 此有無是非之論者 果孰得爲有之理, 孰得爲無之理耶也 但見其終於相類 而彼與是無以異".

63) 『漆注刪補』卷1, 齊物論 第2, "彼此是非往復相乘 則彼是之有無 終不可以定矣 終不可定 則亦終莫得其偶 偶者 對待之謂也".

64) 『漆注刪補』卷4, 則陽 第25, "隨物而成其宜 其於物無終無始也 無多寡也 無近久也 惟其所存而與存也".

65) 『漆注刪補』卷3, 秋水 第17, "貴賤無常".

66) 『漆注刪補』卷4, 知北遊 第22.

67) 위와 같음.

68) 『漆注刪補』卷2, 騈拇 第8, "故謂其近於道德 而可以惑人也".

69) 『漆注刪補』卷4, 徐無鬼 第24, "得失輕重 各有所當 如藥之相 爲君臣其變無窮

이것은 군신간의 교체가능성을 시사한 것으로 班·常差別體制의 개혁을 欲求한 西溪의 정치사상적 단면을 보여주는 것이라고 할 수 있다.

2) 現實的 實踐思想

변천관의 입장에서 보면 차별·지배체제를 정당화하기 위한 차별 불평등 원리의 절대성과 불변성이 인정될 수 없게 된다. 동시에 변천하는 현실에 대하여 인간의 감각이 감수하게 되는 현실적 가치를 부인하고, 고정적인 차별도덕정치론이 규정한 당위규범에 따라 현실을 시비판단 함으로써 현실 자체의 가치보다는 불변의 차별가치를 강조하게 마련이다. 이러한 가치관에서는 봉건적 當爲道德으로서의 仁義와 차별가치로서의 명분의 실천은 선행이고 진리의 추구이다. 동시에 인간이 현실적으로 감수하고 생의 영위를 위하여 요구되는 감각적 욕구는 人欲 또는 人心으로서 惡이며, 차별가치의 실천 의욕만이 道心이고 善이다.[70] 이것이 儒家의 기본입장이었다. 따라서 정치·사회 및 사물의 인식에 있어서 儒家는 고정적 당위관에 의거하여 인간의 感受機能을 抑壓하는 사고적 추리법에 따라 이것의 실천을 요구한다.[71]

맹자에 의하면 왕도실현의 방법이 바로 이 物欲의 억제 즉 遏人欲과 斥利求禮의 당위실천에 있다고 보았다.

이에 반하여 老莊은 儒家가 주장하는 仁義禮智 등 당위의 가치체계를 배격하고 백성들의 실제적인 생활가치의 신장을 위하여 이를 폐기할 것을

則其不可只守 一轍以爲道也 明也".

70) 주자학을 그대로 답습한 退溪에 의하면 差別原理는 발휘하여야 할 普遍原理로서 合範的인 ‘公’이고 ‘義’이고 ‘善’이며 반면 ‘人欲’은 억제하여야 할 反範的인 ‘私’이고 ‘利’이고 ‘惡’이라 했다(『退溪先生文集』續集, 卷8, 雜著 天命圖說 論意幾善惡 참조).

71) 감각적인 物慾이 침입하는 통로인 身體가 外物의 자극을 받아들이지 못하도록 하려는 孟母三遷과 같은 環境選擇法과 봉건정권의 保衛를 위하여 抑利求禮의 도덕실천을 추구한 孟子의 養心寡欲法["孟子曰, 養心莫善於寡欲"(『孟子』盡心章 下) 등은, 모두 思考的 推理로서 현실과는 괴리하는 모순을 낳았다.

주장하였다. 이것이 바로 "絶聖棄智 民利百倍 絶仁棄義 民復孝慈"[72]의
의미이다.

　西溪는 老莊思想을 토대로 하였기 때문에 평등사회의 구현을 위하여 그
실현방법론으로 감각적 실증법에 따른 실천사상을 주장하였다. 백성의 생
활가치의 신장을 정치의 목표로 했던 西溪는 인간의 감각적 기능을 중요
시하였던 것 같다. 그는 인간의 喜怒哀樂 등 감성은 인간으로서는 어쩔 수
없는 불가피한 기능으로서 이것을 '眞宰'라 하였고, 이것이 아니면 인간의
존재란 없고, 인간이 존재하는 한 신체가 없다면 인간의 본질적 기능도 없
게 된다[73]는 것이다. 때문에 인간이 현실적으로 감지하는 感受機能인 情
은 인간 존재원리의 실상[74]이었다.

　차별적인 周禮 回復을 목표로 한 儒家의 '克己復禮'와 '歸仁'[75]은 愛
人·利人의 仁義가 아니고 차별적 지배체제의 보위에 목표를 둔 허위의
가치체계에 불과하다. 이것은 安民利澤의 의사가 없는 捏造된 명분이다.
따라서 西溪는 愛人은 仁에서 나오고 利人은 義에서 나오는 법인데, 이
安民利澤의 '仁'을 손상시키고 그 실질적인 명분도 구하지 않으면서 仁義
를 假裝하여 그 功만을 거두기를 바란다. 그 때문에 務實者는 적고, 飾僞
者는 많은 꼴이라[76]고 하였다. 그는 당위적 가치체계인 공자의 명분론을
天下에 好名者를 많게 하고 務實者를 적게 하는[77] 공론이라 비판하였다.
즉 당위적 가치관인 명분을 추구함은 사회혼란을 촉발시키게 됨으로 이러
한 가치관에서 시비를 논한다는 것은 가치관 및 사회혼란의 원인이라고
하였다. 힘으로 정벌하려는 것은 전쟁을 좋아하는 것이고 정벌을 하지 말

---

72) 『道德經』第19章.
73) 『漆注刪補』卷1, 齊物論 第2, "非眞宰 則無我之身 非我 則又無所取於眞宰".
74) 『漆注刪補』卷3, 秋水 第17, "情者 理之實也".
75) 『論語』顔淵章, 顔淵問仁 條.
76) 『漆注刪補』卷4, 徐無鬼 第23, "愛人出於人 利人出於義 損仁義 不求其名者也
　　利仁義 冀收其功者也 務實者寡 而飾僞者 衆也".
77) 『漆注刪補』卷4, 則陽 第25, "有名有法 而在上者 皆以名法爲先 彼所謂名者 本
　　出於法 因得以而見仲尼乃盡慮 於此爲之立敎於天下 使天下好名者多 而務實者
　　少".

234 제2부 실학의 정치사상과 개혁론

라는 것도 명분을 좋아하는 것이니, 이 모든 것이 결국 사회혼란을 초래시
킨다. 정벌과 不代도 모두 患亂이 되지만 또한 저것은 그르고 스스로 옳다
고 하여 시비를 발생시키는 것도 혼란의 근원이라[78]는 것이다.

본래 시비란 인간의 이기욕구인 이해관계에서 생기므로,[79] 가치욕구에
얽매여 추구하는 爲名, 爲利는 모두 자연원리에 어긋나며 名利를 버릴 때
만이 자연원리를 따를 수 있다[80]고 西溪는 주장했다.

자기가치의 당위성만을 고집하여 사실을 사실대로 보지 않고 지식적 가
치 즉 명분에서 현실을 보려기 때문에, 경험적 가치와는 괴리하는 위장
된 지식의 실천을 주장하는 것이 儒家의 실천관이었다.

그러나 西溪는 『道德經』이 말하는 "以物觀物 以天下 觀天下"[81]의 실
증법에 따라 사물을 사물의 입장에서 그리고 사회를 사회의 입장에서 객
관적으로 인식할 것을 주장한다. 이 점을 그는 宮角의 音律에 비유한다.
鼓宮과 鼓角의 움직임은 그 音律이 한 가지에 지나지 않아서 서로 그 소
리가 상응하면, 陽音은 陽의 音을 내고 陰音은 陰의 소리를 내는 점에서
다를 바 없다[82]는 것이다.

이러한 입장에서 보면 백성의 실제적 생활가치를 외면하는 文字 言語
등은 사회를 혼란시키는 지식적 가치에 지나지 않게 된다. 따라서 西溪는
道를 밝힌다는 것은 지식과 언어에 있는 것이 아니라[83] 실천에 있으며, 백
성들이 실질을 떠나 허위의 비현실적 가치관을 배우게 되면 이것을 다스
리려 해도 어려울 것이다[84]라고 한다.

---

78) 『漆注刪補』 卷4, 則陽 第25, "有名有法 而在上者 皆以名法爲先 彼所謂名者 本
   出於法 因得以而見仲尼乃盡慮 於此爲之立敎於天下 使天下好名者多 而務實者
   少".
79) 『漆注刪補』 卷1, 齊物論 第2, "是非起於利害也".
80) 『漆注刪補』 卷5, 讓王 第28, "爲名爲利皆違天理 唯捨名利而從天 乃可也".
81) 『道德經』 54장.
82) 『漆注刪補』 卷4, 徐無鬼 第24, "鼓宮之動 鼓角之動 不過以其音律之動 而相應
   則亦無異於以陽召陽 以陰召陰".
83) 『漆注刪補』 卷4, 知北遊 第22, "此明道 不在知識言語之間也".
84) 『漆注刪補』 卷5, 列禦寇 第32, "民旣離實而僞學 則欲治之 亦難矣".

그는 이 때문에 또한 文者란 사람이 추구해야 할 道의 찌꺼기이고 實者가 道의 精粹이며, 찌꺼기를 얻기에 힘쓰고 그 精微함을 추구하지 않으면 참으로 사람의 도리를 한다고 할 수 없다[85]는 것이다. 따라서 尙賢은 지식의 폐단에 맡기는 것이니 不尙賢하여 지식에 맡기지 않은 후에야 백성이 그 생활가치로서의 본성을 회복할 수 있다[86]는 것이 西溪의 입장이다.

이는 차별원리에 대한 지식의 강조와 실천보다는 백성의 생활가치 즉 安民利澤의 실천을 중시한 것이라고 할 수 있다.

생활가치의 신장을 실천한 후에 敎化도 가능하며 백성의 생활안정에 대한 실천이 없이 敎化할 수는 없다[87]는 것이다. 이것은 흡사 땅을 밟아야 걸을 수 있는 것과 같으니, 땅을 밟지 않고 걸을 수 없는 것에 비유하였다.[88]

이와 같이 西溪가 실천을 중요시한 것은 당시 피폐한 서민의 慘相을 직접경험한 그의 생활태도에서 연유했던 것 같고, 이 때문에 그의 실천사상의 목표는 서민대중의 현실적인 생활가치인 경제적 향상에 있었던 듯 싶다.

따라서 그의 정치사상은 班·常 차별체제의 확립에 우선하는 先民·養民을 정치의 본의로 생각하게 되었다.

3) 養民保國의 政策論

평등론과 실천론으로 집약되는 西溪 政治思想의 목표는 養民保國에 있었다. 사회경제적으로 극도의 물질적 핍박에 처하여 있던 시대가 17세기이었다. 이러한 상황 속에서 西溪가 老莊思想을 정치개혁의 근거로 삼은 것은 노장사상이 지배사상이 아니라 大衆中心的인 데 있다. 따라서 西溪는

---

85) 『漆注刪補』 卷2, 在宥 第11, "文者 道之糟粕 實者 道之精微 得其糟粕而未得其精微 固不足以爲道".
86) 『漆注刪補』 卷4, 庚桑楚 第23, "尙賢任知之弊 不尙賢不任知然後 民復其性也".
87) 『漆注刪補』 卷1, 人間世 第4, "有其實然後能化人 未有無其實而化人者".
88) 『漆注刪補』 卷1, 人間世 第4, "亦猶踐地而後乃能行 未有不踐地而能行者".

老莊의 無爲之治를 정치의 본의로 생각했다. 그러나 이 無爲의 정치가 無爲自然 상태로의 복귀를 의미하는 것이 아닌, 老莊의 眞意를 간파한 것이 西溪이었다.

그는 老子의 無爲라는 것은 일을 하지 않는 不事가 아니라,[89] 私欲에 구속되지 않는 無欲의 정치적 태도[90]라는 것이다. 그의 목적은 백성의 生活向上을 외면하고 권력욕에 사로잡혀 차별원리의 강화에 급급한 지배계급을 警告하는데 있었다. 그러므로 莊子의 無爲自然이란 後世人이 소위 무위자연이라는 것이 아니다[91]라고 단정한다.

大衆의 생활가치를 신장하기 위하여, 治者에게 虛欲의 포기를 주장한 것이라고 볼 수 있다. 그러므로 그는 치자계급의 지배욕구를 바로 잡아 대중의 생활가치를 바로 잡기를 요구하였고[92] 이것이 無爲之治의 본의임을 말했다.[93]

물론 西溪는 君臣體制를 부정하지 않았고, 三綱五倫 遵行을 주장했다. 그러나 그의 근본목표는 庶民의 생활향상을 위한 民生爲先과 國家保衛를 위한 治・被治者間의 기능적 결합에 있었던 것 같다.

그는 우선 民生을 위하여 세금을 적게 하여야만 대중이 굶주리기 때문에 생기는 難治의 우환이 없게 된다[94]고 한다. 따라서 治者로서 스스로를 밑에 두고 백성을 위로할 때 백성들로부터 지지를 받고, 스스로를 뒤로 하고 백성의 厚生을 먼저 해야만 백성들 보다 앞설 수 있다[95]고 주장한다.

정치란 아랫사람에게 맡기고 윗사람은 지배하지 않는 것이니, 스스로를 지배하겠다는 생각을 버리고 다른 사람에게 委任하기를 즐겨하면 여러 사람을 無欲하게 하여 善政이 이루지게 된다[96]고 하였다. 이는 정치가 차별

---

89) 『新注道德經』 29章, "老子之所謂無爲者 可知矣 豈不事事之謂也哉".
90) 『漆注刪補』 卷2, 應帝王 第7, "淡漠自然 而無容私".
91) 『漆注刪補』 卷2, 在宥 第11, "余故曰 莊子之所謂無爲自然 非後世之所謂無爲自然也".
92) 『漆注刪補』 卷2, 在宥 第11, "蓋所謂自正以正衆生也".
93) 『漆注刪補』 卷2, 天地 第10, "以正衆生之謂無爲之治".
94) 『新註道德經』 75章, "上無多稅有爲之累 下無饑而難治之患".
95) 『新註道德經』 66章, "自下而上民然後 可上於民 自後而先民然後 可先於民".

과 지배가 아니라 기능적 위임임을 말한 것이다. 기능상 위임을 통한 사회
결합 내지 정치통합의 방향을 시사한 것이라고도 볼 수 있다.

이러한 西溪의 입장은 治者와 被治者 上・下間의 기능적 결합과 상호
전환을 암시함으로써 밝혀지고 있다.

分守로써 위로는 道를 삼고 아랫사람이 形名을 갖추어, 道로써 그 이치
를 통하고 구비함으로써 일에 나아가 天下에 활용하면, 그것은 사람의 기
능을 활용하고 사람을 부리는 것이 아니니 이것이 기능상의 차이이다. 만
일 하나의 기능에만 그치면 大道에 통하는 것이 아니라[97]고 한다. 이것은
사람이면 누구나 上・下者로서의 양면적 기능을 할 수 있으므로 治者 또
는 被治者로서의 기능 하나만을 불변의 자기 기능으로 고집할 때 사회결
합상 대립과 갈등이 빚게 됨을 암시한 것이라 볼 수 있다.

이러한 정치관은 外亂으로 인한 민생의 안정을 외면하고 권익추구의 당
쟁만에 급급한 현실에 처하여 서민대중의 참상을 날카롭게 지적하면서 弊
政의 개혁을 요구한 西溪의 개혁적 현실관에서 비롯하였다.

이러한 그의 개혁적 태도에서 대내외적인 정책안이 나오게 되었고, 그것
이 儒敎主義 統治理念 自體에 대한 회의와 비판으로 발전한 것으로 보여
진다. 이에 그의 정책론을 소개하면 다음과 같다.

첫째, 西溪의 대외정책론은 變遷觀 相對觀 現實觀을 토대로 한 實利主
義의 추구이었다.

西溪의 對外觀은 儒家의 고정관과 絶對觀으로부터 벗어나 國家保衛라
는 민족적 생존요청을 직시한 측면을 보여준다. 이러한 그의 民族自存的
태도는 對淸關係에서 崇明排淸論者로부터 五邪의 一人으로 逆賊視 당하
면서도[98] 對淸緩和를 주장한 점에서 밝혀진다.

그는 韓・中關係를 냉엄한 힘의 관계이고 세력의 변동에 따른 민족자존

---

96) 『漆注刪補』 卷5, 讓王 第26, "與政與治者 任下而上無爲也 樂於任人 而我則無爲
   取諸人以爲善也".
97) 『漆注刪補』 卷3, 天道 第13, "分守以上爲道 形名以下爲具 道以通其理 具以就其
   事 用于天下 則爲人用而非用人者 一曲一能也 止於一能 則非通於大道也".
98) 『顯宗實錄』 卷8, 顯宗 5년 윤36월.

의 실리추구에 두어야 한다는 입장이다. 즉 중국대륙을 지배하는 국가와 한국과의 관계는 힘의 관계이고 중국대륙의 세력변동에 주체적으로 적응하는 실리주의에 있다는 입장이다.

三國時代 高句麗, 百濟, 新羅 삼국의 對中 外交政策에서 국력이 가장 약했던 신라가 존립할 수 있었던 이유로 현실주의적 실리를 추구한데 있었음99)을 지적한다. 또 元·明交替期에 고려의 충신 圃隱과 자기의 선조가 고려조의 보위를 위하여 대외정책으로 主事明排元을 주장한 점에서 더욱 높이 평가되어야 하며,100) 중국대륙에서의 宋·元, 元·明의 交替에 따라 대처했던 史實에서 보는 바와 같이 明·淸의 交替에 직면하여서도 명분보다는 民族自存의 實利를 위하여 상대적 變遷觀에 입각하여 親淸政策을 취하여야 한다101)는 것이다.

이러한 對淸政策의 주장은 崇明事大의 사상적 종속성의 입장이 아니다. 그렇다고 민족적 혈통의 동질성을 강조하는 것도 아닌, 민족의 현실적 생존과 국가의 보위를 위하여 국제사회에서의 주체적 적응을 기본으로 한 민족적 機能史觀으로 볼 수 있다. 이 史觀의 전개는 民族自存의 기능으로 앞으로 국제사회에서 주체적으로 대처해 나가야 할 우리에게 시사하는 바가 크다고 하겠다.

둘째, 西溪의 대내정책론은 養民爲先의 후생과 民富의 증진에 그 목표를 두었다. 때문에 당시 차별 불평등체제가 빚고 있는 사회현실에 대한 날카로운 고발과 庶民爲先의 개혁론을 제시하였다.

이 弊政改革論은 그가 修撰으로 있을 때 時弊를 극진한 應求言疏에서 數千言으로 밝혀지고 있다.102)

西溪는 胡亂後 양반귀족세력의 당쟁과 착취로 인한 庶民大衆의 참상을

---

99)『西溪先生集』卷8, 平濟塔碑跋.

100)『西溪先生集』卷7, 答和叔書.

101) 이 점은 그가 淸의 年號 사용을 주장한 점에서 나타나고 있다(『西溪先生集』卷7, 辯和叔論 紀年示兒姪).

102)『顯宗改修實錄』卷17, 顯宗 8년 5월, "修撰朴世堂上疏 陳時弊 請罷內司 以補軍需 收布士族 以均民役 且請以八路正兵及訓局砲手 合爲御營軍之制".

현실 그대로 인식하여, 오늘날 백성들의 생활이 극도로 곤궁하고 피폐하며 부모 형제가 서로 보전해 줄 수 없을 지경에 이르렀으니 진실로 애통하지 않을 수 없다[103]고 폭로하였다.

그는 또 奴庶民의 徭役의 가중에 시달리고 있는 불합리한 현실을 지적하면서, 이제 국민의 신분적 차별이 극심할 뿐 아니라 전체 국민을 10으로 볼 때 公私賤民이 六割, 士族이 二割, 平民이 二割인데, 특히 양반 사대부는 10의 8, 9割이 無爲徒食할 뿐[104]이라고 한다.

兵役으로 인한 庶民大衆의 핍박상에 대하여도 신랄하게 極陳하였다. 즉 軍役이 명색만 바꾸고 제도만 다를 뿐 백성이 지는 부담은 더욱 가중하여 일가 내에서 군역의 부담이 옛날에는 하나이던 것이 지금은 셋이고, 옛날에 둘이던 것이 이제는 여섯으로 3배나 증액되어서 백성들이 困苦치 않을 수 없을 뿐 아니라 그 불균등이 매우 심하여 원망하지 않을 백성이 없을 정도라[105]는 것이다. 이와 같은 軍役의 중압에 못이겨 군역의무자는 그 酷毒한 苛斂을 이길 수 없고 軍額을 지는 집은 고향을 떠나 親族을 등지지 않을 수 없다[106]라고 비판했다.

이상과 같이 모순과 불합리한 현실을 현실 그대로 직시한 西溪는 일대 정책적 개혁을 요구하였다. 그는 李朝建國 이래 유교주의 통치이념에 의거하여 수립한 모든 사회제도가 우리의 실정에 맞지 않고 紊亂되었으므로 이를 개혁해야만 한다고 주장했다. 즉 모든 정치·사회제도가 문란하니 개혁하지 않을 수 없고 萬法이 쇠락하였으므로 혁신하지 않을 수 없다[107]는

---

103) 『西溪先生集』卷5, 疏箚, 應求言疏, 丁未, "方今生民之困瘁已極 父子兄弟至不相保 實可哀痛".
104) 『西溪先生集』卷5, 應求言疏 丁未, "今一國之中 十分其民 公私賤居其六 名士族者居其二 平民居其二 遡之古初 旁及萬國 必無此俗 而膠固已極 實難猝變……至名上族 乃無所事 其不讀書 不執弓 不預公家之役 而從少至老者 十居八九矣".
105) 『西溪先生集』卷5, 應求言疏 丁未, "兵制之壞 至于今日而極矣……軍其名色日新 定制各異 而五衛之卒 又未之罷 是以一家之內 去而爲兵者 昔一今三 昔二今六 增額如此 民安得無困乎……不均如此 民安得無怨乎".
106) 『西溪先生集』卷5, 應求言疏 丁未, "爲保者不勝其毒斂 一不善也 爲戶者有離鄕背親之憂 二不善也".
107) 『西溪先生集』卷5, 應求言疏 丁未, "百度皆紊 則不可不革矣 萬法俱淪 則不可不

것이다.

그 개혁은 기본방향은 전술한 바와 같이 養民保國의 平等觀과 現實的 機能觀을 형성하였다.

그의 평등사상은 徭役 및 兵役의 균등화와 國民皆勞의 주장에서 비롯하였다. 平民의 원성이 크므로 요역을 고르게 하여야 하며,[108] 양반귀족인 士族은 국가의 우대를 받는데도 불구하고, 또 국가에 일하지 않는 국민이 없어야 하는데도 불구하고 놀고 먹는 자가 10의 8~9割에 이르고 있으니,[109] 이는 祿俸만 받아 먹는 나라의 커다란 좀[110]이라 하였다.

厚民性과 국력강화라는 기본입장에서 보면 君臣體制上의 군주의 지위는 治者로서의 권위적 존재가 아니라 保國安民을 위한 행정질서상의 기능적 존재에 불과하다는 것이 西溪의 태도였던 것 같다. 이 점을 그는 대저 국가에 국민 있고 군주가 있는 것은 군주 1인만을 사사로이 받들고 백성들을 殘害하는데 있는 것이 아니고,[111] 국민의 복리증진을 위한 현실적 기능에 그 체제의 정당성이 주어져야 함을 의미하였다.

4. 西溪思想의 政治思想史的 位置와 意義

서계가 처한 시대는 李朝思想史에서 건국이념인 주자학적 통치이념의 固守 再强化와, 국내·외적인 변동에 대처할 새로운 통치이념을 모색하려는데서 주자학에 대한 도전이 본격화한 때이었다. 前者 정통주자학의 고수파는 後者 개혁파를 체제이념에 대한 역적으로 규정했고, 後者 개혁파는 현실과 괴리하는 前者의 허위성을 폭로하게 되었다. 특히 後者 17세기의

革矣".
108) 『西溪先生集』卷5, 應求言疏 丁未, "民怨 則均其出役", 또는 "國家如欲使民無怨 而各安其業 則莫如均其役".
109) 『西溪先生集』卷5, 應求言疏 丁未, "且國家雖優士大夫 然國無有不事之民".
110) 『西溪先生集』卷5, 應求言疏 丁未, "糜費廩給爲國大蠹 四不善也".
111) 『西溪先生集』卷5, 應求言疏 丁未, "夫國之有民有君者 非以私奉一人 而殘百姓也".

개혁파들은 前者 朱子學的 政治理念 再强化 論者의 이론을 시대착오적인 虛學 또는 僞學으로서의 空論이라 비판하면서 自派의 立論을 實學이라 주장하였다.

이러한 사상적 風潮의 抬頭를 後世學者들은 所謂 실학사상의 발아로 본다. 이 점에서 보면 西溪의 시대는 실학사상의 前驅期이고 건국이념에 대한 개혁을 요구하기 시작한 개혁기의 발단이 된다고 할 수 있다. 그렇다면 이 시대 실학의 사상사적 위치는 무엇이며 西溪思想의 의의는 어디에 있는가?

본래 實學의 의미는 무엇인가? 실학의 '實'은 '眞'의 뜻이다. 즉 '眞實' 혹은 '果實' 등의 용어에서 보는 바와 같이 '實'은 '僞' 또는 '虛僞'에 대한 상대적 용어이다. 때문에 '虛實', '虛虛實實' 등의 말이 있고 他學을 '虛學', '僞學'이라 규정하는데 반하여 自學을 '眞學', '實學'이라고 하게 마련이다. 따라서 '虛學' '實學'의 목표와 내용은 이러한 문제를 제기하는 시대의 사회적 정치적 요청이 무엇이냐에 따라 변천한다고 볼 수 있다.

예컨대 고대 중국사상사에서 이 虛實의 문제는 孔子와 墨子 사이에 사물·사회 및 정치적 인식에서 자기의 가치관을 고집한 데서 발생하였다. 墨子는 自學을 '以名擧實'의 學이라고 함으로써 孔子의 道德論을 詐僞이고 이론의 모순이라고 비판하였다.

墨子는 "孔子는 諸侯國을 游歷할 때에 陳蔡에서 곤경을 당하였다. 藜羹 中에 10일에 이르도록 밥을 제대로 먹어보지 못하였다. 제자인 子路가 이를 딱하게 생각하고 돼지고기를 권하였다. 孔某는 그 고기의 正否를 묻지 않고 貪食하였다. 또 子路는 타인의 의복을 강탈해다가 그 옷을 대가로 주고 술을 사다가 권했다. 孔某는 그 술의 내력에 대한 正否를 不問하고 마시었다. 그 뒤에 魯나라 哀公이 맞이함에 孔某는 歸魯하였다. 그러나 孔子는 坐席이 端正치 않으면 앉지를 않고 肉片이 바르지 않으면 먹지 않았다. 子路가 말하기를 선생님은 前日 陳蔡之間에서의 행동과 지금 행위가 어떻게 그렇게 다르십니까라고 물으니, 孔子는 이렇게 대답하였다. 전자 陳蔡之間에서는 생명이 위태로왔기 때문에 苟生延命하려던 것이고, 이제는

魯에 돌아와 安穩함으로 義를 구하는 것이라 하였다. 飢餓 困境時에는 妄取不辭하여 延命하려 하고 풍족하면 僞行을 굳게하여 外觀을 꾸미고 虛名을 世間에 떨치려 한다. 그 人格의 더럽고 姦邪하며 그 행위의 詐僞함이 이 孔某보다 더한 사람이 그 누가 있겠는가"112)라고 비난하였다.

이렇게 孔子 理論의 奸邪詐僞함을 墨子는 공격하였으니, 墨學의 입장에서 보면 공자의 道德政治論은 詐欺이며 불합리한 현실에 대한 僞裝理論이고 僞學이었다. 또한 孔子는 絶對이성인 天命에 의하여 이 僞裝的 도덕의 정당성을 保障하고 封建貴族의 비생산적 無爲徒食을 합리화하고 있다.113)는 것이 묵자의 주장이었다.

묵자에 의하면 봉건사회의 모순을 없는 것 같이 옹호하는 공자의 도덕정치이론은 위학이며 현실무시의 捏造로서 허위이론이었다. 묵자는 이 사회적 모순을 자각하고, '以勞殿賞'의 생산노동의 중요성, 재화배분의 공평, 利用厚生을 위한 知物之知로서의 生財의 技術을 요구하였으니, 이것이 그의 '擧實之學'으로서의 실학이었다.

李朝後期 北學派의 대표적 인물인 湛軒 洪大容이 여러 번 유학에서 벗어나 묵학으로 들어가고자 했다114)는 것도 그의 반유학적 태도의 一端이었음을 알 수 있다. 이러한 점에서 보면 사회체제의 변천에 따라 수시로 虛・實의 내용이 다르고, 虛學과 實學은 사회변천에 의하여 그 내용과 목표가 다르며 상대적이라고 보겠다.

李朝 정치사상사 속에서도 虛・實의 내용은 시대의 변동과 더불어 상이하였음을 본다. 우선 여말선초 개혁파의 실학은 주자학이었고 불교통치론은 僞學이고 虛學으로 보았다.

특히 三峰 鄭道傳은 주자학 이외의 佛學 老莊學 등 一切를 異端이요 邪學이라 공격하였다. 그가 불교를 위학으로 규정한 이유는 불교통치이념 하의 고려체제가 그 말기에 와서 귀족의 腐敗로 위기에 처하여 있었던 데 있다. 귀족의 奴庶民에 대한 과도한 搾取와 大地主化로 말미암아 麗朝가

---

112) 『墨子』, 非儒下篇.
113) 『墨子』, 非命上篇.
114) "逃儒而入墨"(『湛軒書』 內集 卷3, 與人書).

붕괴의 위기 하에 있었기 때문이다. 麗朝의 통치이념인 불교이론에 의하면
현실은 無價値하고 '歸佛'만이 有價値하다.115) 그러나 이것은 奴庶民의 참
상이란 현실을 도피, 은폐시키고 귀족의 권익을 합리화시키는데 有效한 사
상으로서 봉건귀족사회의 모순을 은폐시키기 위한 僞裝理論에 불과하다
는 것이 鄭道傳이었다. 즉 불교는 治者層인 귀족 자신의 현실적 모순에서
의 도피만을 초래시키는 결과를 낳았으며, 그들의 安逸無事主義, 事大主
義, 享樂主義를 야기시켰을 뿐이다. 이러한 상황에서 모순, 위기의식이 대
두하여 개혁파가 형성되었고, 이들은 주자학을 도입하여 麗朝體制를 붕괴
시키고 李朝를 건국한 鄭道傳 일파이었다. 三峰은 排佛論을 전개하였고,
佛學을 僞學으로 보았으며 牧隱 李穡 등의 보수적 타협론을 邪學으로 여
겼었다. 이색이 말하는 "佛은 大聖人이고 佛은 가장 聖스럽고 가장 공평하
다"116)는 등은 불교통치이념을 固守하기 위한 朱, 佛의 타협이고, 불교이
념에의 유교이념의 동화이며, 불교통치이념의 합리화와 옹호이었다.

  불교사상에는 위기의식이 없고 현실 無事主義일 뿐이며, 봉건귀족체제
의 현실적 君臣秩序 등의 규정에 엄격하지 않다. 이에 反하여 주자학은
'卑近之理'로서 체제질서의 규정에 엄격하고 세밀하다. 불교가 통치이론으
로서 差別支配의 현실에 무관심한 것은 불교이론의 모순이고 위학이며,
주자학은 眞學이다.117) 이상의 입장이 三峰의 排佛論이며 주자학적 통치
이론을 실학으로 借用한 李朝建國期의 정치사상이었다고 본다.

  그러나 鮮初에 실학으로 분 주자학적 통치이념의 한국적용이 그 초기부
터 모순을 露呈하였다. 차별지배원리로서의 주자학적 정치이념의 강화론
에도 불구하고 李朝貴族社會의 내부적 갈등의 심화 및 奴庶民의 피폐와
국력의 약화라는 현실을 가져왔다. 민족적 동질성이 강하고 혈통의 단일성

---

115) "佛之言曰 人死 精神不滅 隨復受形 於是輪廻之說 興焉"(『三峯集』卷9, 佛氏雜
    辨, 佛氏輪廻之辨) 등은 이 점을 三峯이 지적한 것이다.
116) "佛大聖人也 好惡必與人同歸 …… 佛者 至聖至公 奉之極美"(『高麗史』卷115,
    列傳28, 李穡傳).
117) 이러한 李朝建國期 개혁론으로서의 주자학적 통치이념의 건립을 위한 排佛論은
    三峯의「佛氏雜辨」을 통하여 전개되고 있다.

이 큰 韓民族에게 민족적 이질성이 심한 중국대륙에서 漢族支配體制의 강화를 위하여 형성된 차별원리의 통치이념을 적용하여 民族成員을 차별 지우려 하니, 여기에 불가불 이론과 현실간의 괴리를 초래하였다.

즉 차별적 지배원리의 차용이 韓民族의 현실적 요청인 민족적 자존권의 보위와 백성의 생활가치 신장을 가져오지 못한다는 자각과 반성이 일어났다. 이것이 李朝 中宗 이래 內患과 外憂가 심했던 시대 栗谷 李珥와 같은 사상적 自主派의 입장이었다. 鮮初 僞學으로 간주되었던 불교 및 老莊學에 관심을 가졌던 栗谷은,[118] 차별질서의 강화가 백성의 생활안정을 가져올 수 있다[119]는 金宗直系統의 주자학적 유학이론을 거부하고, 安民保國이라는 민족과 국민의 요청을 위하여 차별원리를 제2차적으로 보아야 한다[120]는 입장을 취하였다. 이런 그의 입장은 주자학에 회의하고 백성의 생활안정과 國家保衛를 추구하기 위한 사상적 자주성을 提起한 점에서 나타난다. 栗谷이 주자학을 답습하여 이를 맹목적으로 추종하고 있는 退溪를 사상적 自得의 味가 없고 오히려 아는 것이 病痛이라[121]고 비판한 것으로 밝혀진다.

이와 같은 주자학적 통치사상에 대한 회의와 자각은 壬辰, 丙子의 대규모 외침으로 인한 국토의 유린, 귀족사회 내부의 갈등으로 말미암은 체제의 약화 및 귀족과 奴庶民間의 차별 불평등이 심화된 17세기에 본격화하기 시작하였다. 따라서 17세기 개혁론자들은 당시 한국사회의 현실적 요청인 백성의 생활향상을 위하여 주자학은 현실과 乖離하는 僞學이요 虛學으로 보았다. 西溪도 이들 개혁론자에 속하기 때문에 주자학의 僞學性을 폭로하였다. 주자학에 대한 허위성을 고발하기 위하여 그는 노장사상을 援用하였다. 따라서 그는 불가불 儒學自體에 대하여도 회의하고 비판함으로써

---

118) 老莊學에 대한 栗谷의 연구는 그의 『醇言』에서 밝혀지고 있다.
119) 이 점은 "五倫各得其序 四民各安其業"(『佔畢齋集』 卷1, 與密陽鄉校諸子書)에서 보여진다.
120) 이 점은 차별원리의 敎化만을 주장하는 退溪流에 반대하고, "養民爲先 敎民爲後"(『宣祖實錄』 卷8, 宣祖 7년 3월)의 주장에서 볼 수 있다.
121) 『栗谷全書』 卷10, 書2 答成浩原, "退溪多依樣之味 一從朱子說……理氣互發 理發氣隨之說 反爲知見之累耳".

후기실학파인 洪大容 등 북학파의 反儒學的 사상 전개의 문을 열었다고 할 수 있다.

그렇지만 그는 民族自存權의 保衛와 백성의 생활향상이라는 과제의 실천이 그의 정치사상의 주제이었기 때문에, 이를 위한 수단으로 老莊學의 본질인 平等論, 相對論, 個體中心思想을 援用하였을 뿐이다. 주자학을 비롯한 儒家思想의 한국적 적용이 빚은 이론과 현실간의 모순을 자각한 그였으므로, 노장사상을 한국에 실현하려는 이론의 실천이 아니었다고 본다. 한국의 민족적 동질성을 재강화함으로써 민족을 保衛하고, 차별 원리인 유학사상의 적용으로 깊어진 貴庶間의 분열과 갈등을 없애고 전체 국민의 생활향상을 증진시키는 정치적 목표의 실천을 위하여, 민족 구성원간의 동등과 厚民生實踐의 수단으로 노장사상을 그 방법론으로 차용하였을 뿐이다. 요약하면 노장학을 당시 한국사회 과제를 해결하는데 필요한 방법적 기능을 할 수 있다고 본 것이다. 노장이론의 실천이 아니라 개 민족으로서의 한국의 민족적 자존과 백성의 福利增進의 실천이론으로 노장학을 원용한 것이다. 즉 그의 기본사상은 老莊에 근거한 실천의 이론이었다고 본다. 이것은 韓國的 老莊主義이었다고 하겠다.

體制保衛가 목표일 수 없고 이론자체가 西溪 정치사상의 목적일 수 없었으므로, 그에게 있어서 君臣體制는 上記한 정치적 과제를 위한 기능이었고, 이론도 기능에 지나지 않았다.

이러한 西溪사상의 기본입장은, 민족의 문화적 또는 혈통적 우월성을 강조하고 타 민족의 그것을 卑視하는 血統史觀도 아니며, 차별지배원리의 실현을 목표로 한 儒家의 封建道德的 政治史觀도 아니다.

그것은 또한 체제혁신을 통한 정치형태의 변경으로 차별 불평등 사회를 폐지할 수 있다고 보는 결정론적 唯物史觀과도 판이하다.

개인의 自然主義的 동등성에서 개 민족의 기능적 결합이 가능하고, 개 민족의 기능적 상대성의 입장에서 국제사회의 평화를 실현할 수 있는 사상적 지반으로 기여할 수 있는 일면을 볼 수 있다. 우리 민족의 입장에서 보면, 한국의 민족적 자존과 국민적 생활권 신장의 실천을 위하여 정치체

제나 이론을 하나의 기능으로 포섭하는 사상적 자주성의 추구이며, 民族史
를 民族存立의 기능으로 설명할 수 있는 기능적 사관 곧 民族史觀 형성에
크게 기여할 수 있는 思想史的 意味를 지닌다고 하겠다.

(『東方學志』 19, 1978. 9)

西溪 朴世堂의 爲民意識과 治者觀

金 駿 錫

1. 머리말

조선후기의 사상사·정치사와 관련해서 朴世堂(1629~1703, 西溪·潛叟)을 주목한 연구가 적지 않다. 같은 무렵의 다른 관인·유자들에 비해 보아도 많은 관심이 기울여진 것이다. 그가 정통주자학으로부터 '斯文亂賊'으로 지목되었던 사정에서 알 수 있듯이 당시의 反朱子學, 혹은 주자학 극복의 단서를 그에게서 찾으려는 시도가 그만큼 활발함을 말해 준다.[1] 이

---

1) 박세당에 대한 연구 경향은 대체로 그의 經學과 老莊 이해의 특징, 이를 근저로 하는 사회·정치현실의 인식과 개혁론의 의의를 부각하려는 것들인데 그 내용과 특징에 따라 대강 나누어 보면 아래와 같다.
  ① 박세당의 경학에서 주자 經學과의 차이를 찾아내어 그것을 주자학으로부터의 탈출이자 근대적 사유에의 접근으로 이해하는 경우. 李丙燾, 「朴西溪와 反朱子學的 思想」, 『大東文化硏究』 3, 성균관대학교 대동문화연구원, 1966 ; 李乙浩, 「朴世堂의 經學」, 『韓國改新儒學史試論』, 박영사, 1980 ; 安秉杰, 「西溪 朴世堂의 中庸解釋과 朱子學 批判」, 『泰東古典硏究』 10, 태동고전연구소, 1991 ; 柳仁熙, 「實學의 哲學的 方法論 - 柳磻溪·朴西溪·李星湖를 중심으로 -」, 『東方學志』 35, 연세대학교 국학연구원, 1983 ; 李勝洙, 「西溪의 『思辨錄』저술 태도와 是非論議

들 연구성과는 박세당 개인과 그 사상에 대해서는 물론 조선후기사상사의 내용과 흐름을 파악하는데도 기여하는 바가 적지 않다.

그럼에도 불구하고 본고를 새로 작성하게 되는 이유는 대개 다음 두 가지 나름대로의 논점이 있기 때문이다. 우선 '反朱子學'의 개념과 의의를 분명히 하는 것이다. 反朱子學이란 글자 그대로 自家의 견해를 따로 세워 주자학, 주자 敎說의 정당성을 부정하는 경우나 본시 계통과 논점을 달리하여 주자학과 대립하는 異學・異說을 지칭하는 것이다. 그런데 주자학에 반대하는 것은 바로 주자학의 사유방식을 거부하는 것이며 결국 현실에 대한 인식과 대응의 논리방식을 주자학의 그것과 달리 세워 가는 것을 의미한다. 예컨대 주자학의 원리에 입각해서 운영되는 조선사회가 여러 가지 현실적인 모순과 한계를 드러내고 있었다면 이것은 바로 그 지도이념인 주자학의 모순이자 한계이기도 하다는 것이다. 박세당이 반주자학자로 되는 이유는 주자의 경전 해석에 異議를 제기한 데도 있지만 그보다는 그의 적극적인 현실 비판과 그 타개방안이 주자학의 논리에서 벗어났던 데 있었다. 그를 '斯文亂賊'으로 단정했던 정통주자학의 주관적인 입장이 객관의 관점에서는 이렇게 보이는 것이라 하겠다.

다음은 17세기 國家再造論의 맥락에서 박세당 사상의 위치와 의의를 파

- 性理學的 世界觀의 변모를 중심으로 - 」, 『韓國漢文學研究』16, 한국한문학회, 1993.

② 그의 『道德經』・『南華經』 註釋을 중심으로 한 老莊觀에 주목하여 이 시기 주자학 이외의 사조를 강조하려는 경우. 宋恒龍, 「西溪 朴世堂의 老莊研究와 道家哲學思想」, 『大東文化研究』16, 성균관대학교 대동문화연구원, 1982 ; 尹絲淳, 「朴世堂의 實學思想에 관한 研究」, 『亞細亞研究』46, 고려대학교 아세아문제연구소, 1974(『實學思想의 探究』, 현암사, 再收).

③ 그의 反朱子學的 經學・老莊學 이해와 관련한 현실인식과 그 대응논리를 '務實'論・改革論으로 이해하여 實學의 한 범주를 설정하려는 경우. 尹絲淳, 앞의 논문, 1974 ; 金萬圭, 「西溪 朴世堂의 政治思想」, 『東方學志』19, 1978 ; 金興圭, 「西溪 朴世堂의 詩經論 - 朝鮮後期 詩經論의 展開에 있어 詩經思辨錄의 위치 - 」, 『韓國學報』20, 일지사, 1980 ; 尹熙勉, 「朴世堂의 生涯와 思想」, 『國史館論叢』34, 국사편찬위원회, 1992 ; 김용흠, 「朝鮮後期 老・少論 分黨의 思想基盤 - 朴世堂의 『思辨錄』是非를 중심으로 - 」, 『學林』17, 연세대학교 사학과, 1996.

악하는 일이다. 이 시기 관인·유자들의 사회·정치적 견해는 정도의 차이는 있었지만 모두 조선왕조와 양반지배층 전체가 당면한 과제, 즉 兩亂後의 국가재조문제에 관련되어 있었다.[2] 17세기 정치와 사상을 포괄하는 범주가 바로 國家再造論이었으므로 박세당의 사상을 이와 관련시켜 이해함으로써 그 역사적 성격과 의의가 정당하게 드러날 수 있는 것이다. 다시 말하면 박세당의 정치사상을 보수적 개량론의 대표자였던 宋時烈과 국가제도의 전면적 개혁론자였던 柳馨遠, 이 두 사람의 입장과 논리에 대비하는 일이 될 것이다. 또 이것은 그의 사상을 그가 속해 있던 少論系 국가재조론의 일단을 살피는 일도 포함된다.

이러한 전제를 충족하기 위해서는 박세당의 사회·역사관과 철학사상의 관련을 정합적 사유구조로 설명할 필요가 있다. 그의 經學·老莊學 연구에 대한 분석과 재구성이 긴요한 과제로 되는 것이다. 다만 이 글에서는 기본적인 관련작업으로서 그의 정치적 입장과 出處의 방식, 對內外 時局認識과 대응의 방향, 그리고 정치·사회의 운영주체에 대한 견해로서 특히 그의 「應求言疏」에 나타난 君主論·大臣論을 중점 조명하기로 한다.

2. 野人生活과 정치지향

1660년(현종 원년) 겨울 박세당은 增廣試에서 장원급제하고 바로 成均館 典籍을 시작으로 벼슬길에 나섰다.[3] 그리고 8년 후인 1668년(현종 9) 정월에는 文臣의 月課를 3차례나 고의로 작성하지 않음으로써 홍문관 副校理에서 파직당하고 서울 근교인 楊州의 水落山 아래 石泉洞으로 퇴거하였다. 나이 40세가 되어 宦路에 실망하고 초야로 돌아가 稼穡과 학문에

---

2) 이 시기 '국가재조론'의 개념과 의의에 대해서는, 金駿錫, 「兩亂期의 정치운영과 國家再造 문제」, 『韓國史研究』101, 한국사연구회, 1998 참조.

3) 『西溪先生文集』卷22, 附錄, 年譜, 庚子, 5ㄱ ; 『西溪先生文集』卷21, 附錄, 諡狀, 2ㄱ(본고의 제2장은 낱낱이 註記하지 않고 李坦이 작성한 그의 年譜와 崔錫恒이 撰한 諡狀을 기본으로 작성하였다).

전념하기로 작정한 것이었다. 이로써 박세당의 생애는 修學과 仕宦을 중심으로 했던 전반기가 끝나고 稼穡과 講學·著述에 몰두하는 후반기로 접어들게 되었다.[4]

물론 파직된 그 해 10월에 吏曹佐郞 겸 사헌부 持平으로서 赴燕 書狀官의 소임을 수행하였고[5] 다시 2년 뒤(1670, 현종 11)에는 通津縣監이 되어 賑政에 힘쓴 일도 있었다. 그러나 이는 조정의 부름에 잠시 부응한 것이었을 뿐 퇴거 계획 자체가 달라진 것은 아니었다. 그는 결코 관직에 연연하지 않는 태도를 보였다.[6] 이렇게 박세당이 관인·유자 일반의 仕宦態勢와 달리 한사코 벼슬을 사양하고 물러난 이유는 무엇이었을까. 그의 정치노선이나 이념을 밝히기 위해서도 이를 확인할 필요가 있을 것이다.

박세당은 처음 罷職을 자청하면서 그 이유를, "재주와 역량이 短弱하여 세상을 위해 쓰이기에 부족하고 세상 형편 또한 날로 頹落하여 바로잡아 구제할 수 없기 때문"[7]이라고 했다. 자신의 부족한 力量과 바로잡기 어려운 時局을 결부해서 말한 것이다. 兩亂의 收拾期라는 사회·정치 상황을 고려하면 양심적인 治者·官人의 自責感을 일단 이렇게 표현할 수도 있었을 것이다. 그러나 흔히 알려진 대로 박세당의 정계 은퇴는 단순히 그의 괴팍한 성격이나 宋時烈과의 개인적인 불화·불편 관계에서만 비롯되는

---

4) 유교 주자학의 논리상 관인 유자가 정계를 자진 퇴거한다는 것은 비장한 일이었다. 유자의 修身, 학문연마는 장차 정치에 활용하자는 데에 그 궁극의 목표가 있었고 정치참여와 관직경력은 그것의 구체적 실현이며 이로써 한 개인과 가문의 영예이자 사회적 특권을 획득 유지하는 최선의 수단이었기 때문이다. 더구나 박세당은 정치를 통한 현실의 匡正, 民生救濟에 대한 관심을 남달리 강하게 지녔던 까닭에 그의 정계은퇴는 심상한 것이 아니었다. 그는, "退固便於身 國將爲之何 嘗讀詩經 有譏此事者 其語懇迫忠正 可以動人"(『西溪集』 卷18, 簡牘, 寄家姪泰尙, 乙亥 4월 10일, 22ㄱ)이라고 進退에 대한 고민이 많았음을 술회했다.

5) 『顯宗實錄』 卷15, 顯宗 9년 6월 辛卯, 36冊 583上ㄱ.

6) 실록을 편찬한 史官도 그가 구차하게 벼슬에 나갈 뜻이 없었다고 적고 있으며 (『顯宗實錄』 卷14, 顯宗 9년 4월 乙未, 36冊 579上ㄱ), 그가 이조좌랑의 벼슬을 거부하다가 禁府에서 곤장을 받고 마지못해 行公했다고 한다(『顯宗實錄』 卷15, 顯宗 9년 8월 丁丑, 36冊 587下ㄱ ; 『顯宗改修實錄』 卷19, 顯宗 9년 8월 丁丑, 37冊 619上ㄱ).

7) 『西溪集』 卷14, 西溪樵叟墓表, 29ㄱ ; 『西溪集』 卷22, 年譜, 12ㄴ~13ㄱ.

것이 아니었다.8) 뒤에서 살피게 될 것이지만 17세기 중엽의 顯宗代 정국
은 이른바 '禮訟'을 치르면서 西·南 당파간 불신과 긴장이 고조되었고 이
것이 정치·사회 현안 전반에도 크게 영향을 주고 있었다. 이 때 조정의
주도권은 물론 宋時烈을 중심으로 한 보수적 서인이 장악하고 있었는데
박세당은 같은 서인이면서도 송시열과는 정치·사상적 지향을 분명히 달
리하고 있었다. 자신의 政見을 제대로 펴기 어렵고 宦路 역시 궁색해질 것
으로 예감하기는 어렵지 않았을 것이다. 아마 박세당은 떠밀리는 심경으로
정계를 떠났으리라 생각된다.

1663(현종 4)~1664년에 있었던 '名分·義理 論爭'9)은 박세당이 퇴거를
결심하게 된 배경이 잘 드러나는 사건이었다. 논쟁의 대강을 보면, 마침 국
왕 현종이 몸소 慕華館에 나가서 淸使를 영접해야 할 상황이었는데 이 때
修撰 金萬均이 청나라에 대한 私嫌을 이유로 국왕을 따라 참여하기를 거
부하고 사직서를 낸 것이 문제의 발단이었다. 김만균의 사혐이란 자신의
조모(連山 徐氏)가 丙子胡亂 때 江華島에서 殉節했기 때문에 손자된 義
理로 차마 원수인 淸使를 접대하는 일에 나설 수 없다는 것이었다. 이에
조정에서는 즉각 徐必遠을 필두로 그를 규탄하는 논의가 일어났는데, 그것
은 被禍人의 후손에게는 情理로 보아 回避를 인정하더라도 父子關係(三
綱의 하나)도 아닌 兄弟·祖孫 관계까지 똑같이 그러한 원한·復讎의 情
理를 적용하기는 곤란하다는 것, 무엇보다도 이렇게 '私的인 情理'=私
情·私義를 앞세우다 보면 신하로서 국왕을 보필해야 할 公行·公義의 의

---

8) 박세당이 벼슬을 그만두고 일체 조정에 나서지 않게 된 배경에 대하여, 宋時烈이
   그의 年少한 시절 행실을 문제삼아 銓郎職 추천에 반대한 일이 있고, 또 戚臣 閔
   鼎重이 그의 老莊學에 대한 관심을 異端에 물든 것이라 하여 그의 副提學 薦望
   을 역시 반대하였는데 이 때문에 박세당이 원한을 품었다는 것, 그런데다가 박세
   당의 됨됨이가 본시 '詖僻詭戾'하고 執拗한 병통이 있었다는 점을 강조하는 견해
   가 있다(『肅宗實錄』卷38上, 肅宗 29년 4월 癸卯, 40冊 23下ㄴ). 이는 박세당의
   퇴거 이유, 나아가서는 뒷날 老·少分黨의 원인을 그의 개인적인 결함이나 인품
   탓으로 돌리려는 발상에서 나온 것으로서 송시열계의 입장을 대변하는 논자들의
   주장이라 하겠다.

9) 사건의 과정과 의의에 대해서는 鄭萬祚, 「朝鮮 顯宗朝의 私義·公義 論爭」, 『韓
   國學論叢』14, 국민대학교 한국학연구소, 1991에 상세하다.

무를 제대로 수행할 수 없게 된다는 것이었는데, 결국 신하된 자로서 군주
에 대한 '不忠' 행위로 간주하는 논리였다.

여기에 송시열이 반론하며 김만균을 두둔하고 나섰는데 그 논점은, 祖孫
도 人倫의 범주에서는 父子와 차별될 이유가 없다는 것, 더구나 인륜이 晦
塞하면 人類가 禽獸와 같아지고 中華가 夷狄에 떨어지게 되므로 그러한
人倫=私義·義理는 오히려 보장해야 옳다는 것이었다.10) 그는 문제의 중
요성을 人倫의 소멸, 中華의 存亡이 걸린 일의 수준으로 끌어올림으로써
이번의 경우 신하의 忠·不忠을 논할 여지가 없다는 논리를 편 것이다. 이
리하여 私義·公義를 양분하는 名分論爭은 마침내 그 이론적 근거로서
'朱子의 本意'에 대한 시비문제로 발전하게 되었다.11)

찬반 양론이 대립하는 가운데 '公私輕重'說이나 '朝廷體例의 존중' 논의
가 우세하였는데 박세당은 홍문관 교리로서 쟁론을 일단 완화시키는 조정
자의 노력을 기울이면서도12) 기본입장은 엄연히 徐必遠 등의 公義論을
변호하는 쪽이었다.13) 즉 淸朝에 대한 굴욕과 복수심은 君上을 위시해서
온 나라가 함께 共有하는 것인데도 김만균이 私家의 自潔을 앞세우는 태
도는 어쩔 수 없이 淸使를 맞이해야 하는 公家(=君主)의 굴욕을 뒤로 돌
린 것이며 이는 개인·신하로서 국가·임금에 대한 도리를 망각한 처사라
고 생각한 것이었다.14)

사실 송시열의 논의는 人倫을 天理로 절대시하면서도 그 私義의 측면에
치중한 나머지 公·私 義理의 輕重이나 상호관계를 간과해 버린 인상을

---

10) 『顯宗實錄』卷7, 顯宗 5년 정월 癸未, 36冊 394下ㄴ~395下ㄱ.

11) 정만조, 앞의 글, 1991, 74쪽.

12) 『顯宗實錄』卷8, 顯宗 5년 4월 戊申, 36冊 407下ㄱ ; 『顯宗實錄』卷8, 顯宗 5년
    4월 壬子, 36冊 409上ㄱ.

13) 『顯宗改修實錄』卷10, 顯宗 5년 4월 戊申, 37冊 377上ㄱ ; 『顯宗改修實錄』卷10,
    顯宗 5년 4월 庚戌, 37冊 377下ㄱ,ㄴ ; 『顯宗實錄』卷8, 顯宗 5년 4월 庚戌, 36冊
    408上ㄱ. 박세당은 서필원과 정치적 입장을 함께 하여 그에 대한 지지를 분명히
    했다(『顯宗改修實錄』卷19, 顯宗 9년 8월 丁丑, 37冊 619上ㄱ ; 『顯宗實錄』卷18,
    顯宗 11년 1월 癸卯, 36冊 657下ㄴ).

14) 『西溪集』卷22, 年譜 甲辰, 7ㄱ~ㄴ.

주는 것이었다. 이에 대해 박세당은 人倫 자체를 보편적인 원리로 인정하면서도 君=父, 臣=子라는 등치관계, 父子와 祖孫·兄弟의 차등관계를 고려해야 되고 따라서 公的 윤리(=忠)를 私的 윤리(=孝)보다 우선해야 한다고 강조한 것이었다. 이번의 公義·私義 시비는 어느 한편으로 귀일 된 결론에 이르지 못했다. 다만 주자학 人倫論=社會原理의 근간이 되는 忠과 孝의 相衝性이 새삼스럽게 노출되었는데 이는 주자학 인륜론의 보편적·절대적 위치가 그만큼 동요하는 사정을 반증한 것이라고 할 수 있었다. 그리고 당시에는 국왕 현종의 태도에서 드러나듯이 이 논쟁은 왕권에 대한 지지론과 견제론의 마찰로 보이기도 했던 것이며 또 그렇게 권력관계에 영향을 미치는 것이었기 때문에 당쟁의 주요 쟁점으로 떠오를 수 있었다.

아무튼 조정에서는 외견상 私義='淸議'를 자처하는 송시열 등의 주장을 峻論으로, 徐必遠·박세당 등의 君上 우선의 復讎差等說을 緩論으로 지목하고 각각 지지세력을 형성하는 가운데 대체로 전자의 형세가 더 우세했던 것으로 보인다. 이는 서필원과 박세당이 송시열의 三綱說을 반박하는 논의를 펴자 조정의 분위기가 놀라워했다는 데서,[15] 또 송시열을 위시한 崇明反淸義理論者들이 박세당 등 이른바 '緩論者'들을 '三奸', 혹은 '五邪'로 지칭하여 몰아세웠던 사정에서 짐작할 수 있는 일이었다.[16]

이렇게 '淸使迎接事'·'金萬均事'에서 분출된 조정 관인들의 이견과 갈등은 對中國認識과 유교 名分論(좁게는 忠孝論)의 적용방식을 둘러싸고 일어난 이념논쟁이었다. 그러나 물론 이 때의 논쟁이 박세당과 송시열 사이의 직접적인 대립 문제로 부각되지는 않았다. 다만 그 뒤의 '懷尼是非'나

---

15) 『顯宗改修實錄』卷19, 顯宗 9년 8월 丁丑, 37冊 619上ㄱ.

16) 논쟁은 宋時烈·閔鼎重을 한편으로 하고 徐必遠·金始振을 다른 한편으로 해서 전개되었는데 후자의 편에 섰던 言官들로서 이를테면, 三奸에는 李慶徽·尹衡聖·柳尙運을, 五邪에는 朴世堂·趙遠期·朴增輝·吳始壽·尹深을 꼽았다(『顯宗實錄』卷8, 顯宗 5년 윤6월 壬申, 36冊 419上ㄴ). 이 논쟁은 鄭太和·李景奭·洪命夏 등 원로와 승지 南九萬이 나서서 일단 수습하였지만(鄭萬祚, 앞의 글, 1991, 84쪽) 이것이 老·少分黨의 이념적 前哨戰이었음을 부정할 수 없다. 그리고 박세당이 논쟁의 전면에 나서지는 않았더라도 송시열과 대립하는 그의 이념적·당파적 입장이 이 때에 확고해진 것으로 보아 무리가 없을 것이다.

'三田渡碑文是非',17) 『思辨錄』是非'를 시야에 넣고 보면 결국 두 사람의
갈등관계가 분명히 읽혀진다. 장차 老·少의 갈등과 分黨이 이미 그와 송
시열의 관계에서 시작된 것이었다. 예컨대 박세당이 뒷날 열렬한 송시열
지지자들로부터 '斯文亂賊'으로 지목되었던 사정을 볼 때, 그는 尹鑴·송
시열의 대립관계에서18) 윤휴의 처지나 다름없었으며, 그런가 하면 그는
노·소 분당의 한 축으로 알려진 '회니시비'에서 송시열에 맞섰던 尹拯을
적극 옹호하는 입장에 놓이게 되었다. 박세당은 정통주자학과 송시열을 앞
세우는 노론에게는 최대의 적이 아닐 수 없었고 앞서의 '淸使迎接' 문제를
계기로 한 名分·義理論爭은 이러한 조짐의 서곡이었던 셈이다. 요컨대
박세당은 17세기 정계·학계에 일고 있는 사상·이념 갈등의 실상을 한
몸으로 반영하게 되었고 그래서 그는 이 시기 정치사·사상사의 한 중심
위치에 서게 된 인물이라 하겠다.

돌이켜 보면 박세당의 정치적 생애는 주로 당쟁이 본격화하던 시기, 그
러니까 西·南人의 保合政局이 禮訟(＝服制論爭)으로 깨어지고 서인이
다시 老·少로 분열하던 17세기 후반기에 걸쳐 있었다. 이 무렵은 陳荒田
의 개간과 移秧法의 보급, 이로 인한 농업생산력의 발전, 농촌과 도시의
인구 증가, 유통경제의 확대 등 壬亂·胡亂의 파괴와 혼란을 딛고 일어나
사회·경제적 성장의 기운이 완연하던 때였다. 그러나 밖으로는 청나라와
의 관계를 유연하게 이끌어 가지 못한 채 孝宗 때부터의 北伐運動의 구호
는 시들해지고 있었으며 안으로는 집권체제의 재정비를 위한 法令·제도
의 개선·개혁이 현상 미봉에 그치고 있었다. 오히려 王室·宮家나 양반
지주층의 土地集積과 지주제의 강화, 이에 맞물린 농민층의 토지상실과
유리도산, 담세층의 감소와 국가 재정기반의 취약화 현상이 더욱 두드러졌
다.

---

17) 李銀順,「老少論의 時局認識論 - 李景奭의 政治的 生涯와 三田渡碑文 撰述是非
- 」,『朝鮮後期 黨爭史研究』, 일조각, 1988 참조.
18) 三浦國雄,「十七世紀朝鮮における正統と異端 - 宋時烈と尹鑴」,『朝鮮學報』102,
東京：天理大學校, 1982 ; 金駿錫,「17세기 畿湖朱子學의 동향 - 宋時烈의 '道統'
계승 운동」,『孫寶基博士停年紀念韓國史學論叢』, 지식산업사, 1988 참조.

박세당은 조정에 섰던 8, 9년 동안 이러한 사회·경제적 모순과 착종하는 안팎의 불안 요인들을 예의 관찰하면서 그 나름의 대안을 적극 내놓고 있었다.[19] 하지만 그의 제안들은 조정에서 주목을 끌지 못했고 채택될 가망은 더욱 없었던 것 같다. 이를테면 그가 스스로 "재주와 역량이 단약하다"든가, "世態가 날로 頹落한다"고 표현한 것은 이런 사정에 대한 그 나름의 불만과 우려를 우회적으로 드러낸 것이라 할 수 있었다.

잘 알려진 대로 박세당은 朱子를 相對化하고 주자학의 학문·사유방식을 분석·비판하면서 經典의 독자적인 해석을 시도한 '反朱子學者'였다.[20] 이런 그의 학문태도는 송시열이 주자를 聖人視하며 주자학의 敎說을 無謬의 진리로 확신할 뿐만 아니라 자신을 그러한 聖人·道統의 계승자로 자부했던 것과는 크게 대조를 이루었다.[21] 이렇듯 두 사람의 서로 상이한 발상, 학문 자세는 그들의 사회·역사관의 차이에서 비롯되는 것이었으며 결국 17세기 조선사회의 현실에 대한 인식과 대응태세의 대립을 반영하는 하는 것이었다. 예컨대 박세당은 양반 사대부의 國役 부담을 실현함으로써 국가에 대한 班常의 차별적 권리·의무 관계를 타파하여 양반의 생산활동을 상려하려는 논점을 세웠던 것에[22] 반해서 송시열은 정부의 재정 보전을 위한 양반의 戶布負擔이 불가피하다고 보면서도 이에 따른 신분제의 동요를 우려하여 강상윤리에 입각한 사회기강을 상대적으로 강화해야 할 것으로 생각하였다.[23] 또 박세당이 淸朝의 중국지배를 현실로 인정하여

---

19) 1667(丁未, 현종 8)년 5월에 올린 「應求言疏」(『西溪集』卷5 所收)에는 그의 이러한 시국관·정책론이 집약되어 있는데, 예컨대 현안 타개의 목표를 孟子의 保民(=爲民·愛民)說에 근거한 왕조의 守成에 두고 그 방법을 士大夫 擔稅와 均賦·均役의 실현, 그리고 군주의 聽政과 대신의 輔弼를 중심으로 한 治者責務意識의 강화에서 찾았다. 그는 이로부터 8개월 뒤인 이듬해 정월에 파직을 자청한 것이다.

20) 주 1)의 ① 논문 참조.

21) 주 18)의 논문 참조.

22) 주 1)의 尹絲淳 논문, 1974 ; 金駿錫, 「17세기의 새로운 賦稅觀과 士大夫生業論 - 朴世堂의 賦役論과 稼穡論 -」,『歷史學報』158, 역사학회, 1998 참조.

23) 송시열의 사회·정치사상에 대해서는 金駿錫, 「17세기 正統朱子學派의 政治社會論 - 宋時烈의 世道政治論과 賦稅制度釐正策 -」,『東方學志』67, 연세대학교 국

당시 淸의 '康熙' 年號를 받아들여야 한다는 입장이었다면[24] 송시열은 예의 崇明反淸과 復讎雪恥의 기치를 드높이며 망해 없어진 明의 '崇禎' 年號를 고집하는 논자였다. 대체로 박세당이 주자학 명분론에 구애받지 않는 자유로운 관점에서 현실상황을 直視하고 사회·정치적 모순의 개혁을 통해서 체제의 위기를 극복하려는 적극적 시도를 보였다면 송시열은 주자의 논리에서 현실을 인식하고 그 교시에 따라 사회 정치현안을 타개하려는 것이었다.

현종대의 송시열은 서울과 田里 사이에서 진퇴를 반복하고 있었지만[25] 西人 山林의 領袖로서 정치와 학문의 양면에서 강력한 영향력을 행사했다. 때문에 박세당은 송시열의 정치노선에 동조, 혹은 묵인하던가 아니면 정계를 떠나던가에 기로에 서게 되었고 마침내 그는 후자의 떠나는 길을 선택한 것이었다. 그러니까 앞서의 名分·義理 是非는 그와 송시열과의 인식 차이를 새삼스럽게 확인하는 기회가 되었던 셈이다. 그리고 그가 조정을 떠나 정치와 학문을 남달리 모색해야 했던 전환점이 된 것이었다.

하여튼 田里로 돌아간 뒤에도 박세당은 중앙 政界와의 관계를 일정하게 유지하였다. 通津縣監을 마지막으로 다시는 조정에 나서지 않았는데도 정치와의 인연이 끊어지지 않은 것이다. 어떤 점에서는 오히려 새로운 방법으로 그의 정치적 관심을 실현해 가고 있었다. 당시 정계·학계의 사정이 그러했던 데다가 소론계 안에서 차지하는 그의 정치적 비중이 컸기 때문이었다. 이는 우선 그가 퇴거한 뒤에도 官爵이 累進되었던 사실로도 확인된다. 南人執權期에 獻納·修撰·應敎·執義·司諫·校理 등 三司의 요직이 두루 제수된 것이다.[26] 그는 52세 때 庚申換局으로 西人이 재집권하

학연구원, 1990 참조.

24) 『西溪集』 卷7, 辨和叔論紀年示兒姪, 19ㄱ.

25) 이에 대해서는 박세당도 仕宦者는 용기 있게 물러날 줄 알아야 하지만 송시열의 그것은, "少有不可 若驚飛決走者然"하여 전혀 持重한 태도가 아니었다고 비판했다(『西溪集』 卷19, 簡牘, 與南雲路(九萬), 丙子 11월 20일, 20ㄱ).

26) 남인이 집권하면서 그를 적극 조정에 불러내려 했는데 이는 박세당이 송시열과 대립했던 사정이나, 젊은 나이에 벼슬에서 물러나 칭송을 받은 것이 자기들에게 유리했기 때문일 것이다(『肅宗實錄』 卷4, 肅宗 원년 윤5월 甲午, 38冊 280下ㄴ).

자 堂上官인 通政大夫가 되고 同副承旨・충청관찰사・副提學・이조참
의・대사간에 연이어 부름을 받았다. 서인이 세 번째로 집권하는 甲戌換
局을 맞아 그는 嘉善大夫(從2品) 호조참판을 시작으로(66세) 資憲大夫(정
2품) 공조판서, 의정부 우참찬, 사헌부 대사헌을 거쳐 71세때는 崇政大夫
(종1품)로서 예조판서・이조판서에 차례로 옮겼다. 물론 나라에서 새 벼슬
을 내릴 때마다 그는 어김없이 辭職疏를 올렸다. 그리고 마침내 초야에 앉
아 정승의 지위에 올랐다. 그가 원하지 않았더라도 당쟁의 시기에 그의 정
치적 위치와 영향력이 컸던 때문이었다.

다른 측면에서 보면 박세당은 정치논리와 이해관계가 복잡하게 얽히는
서울의 조정을 떨쳐 버리고 나선, 자유롭고 한가한 野人의 처지가 되면서
오히려 폭넓은 정치 안목을 쌓으며 현실의 정국을 진단할 수 있었다. 躬耕
自給하는 전야생활이 비록 고달픈 것이었을지라도 자신의 정치이념을 현
실과 일치시켜 생각하는 계기가 되었기 때문이다. 울타리도 없는 시골집은
주변에 과일나무를 둘러 심고 오이를 가꾸는 채마밭과 벼논이 딸려 있고
농사철에는 논두둑 밭두둑 사이에서 호미와 쟁기를 잡지 않은 적이 없었
다고 스스로 서술한 것은[27] 아마 이런 의미로 보아야 할 것이다.

몸소 稼穡에 힘써 생계를 꾸리는 한편으로는 『通說(思辨錄)』을 저술하
고 『道德經』과 『南華經』의 註釋을 내었으며[28] 농업 기술서 『穡經』을 편
찬하기도 하였다. 이것들은 그의 독특한 사유활동에서 나온 주자학 비판이
거나 老莊 연구의 성과였으며 벼슬하지 않는 양반 사대부의 生業觀을 피
력한 것이었다. 그리고 그것은, "쓸쓸한 외톨이가 되어 함께 할 동지가 없
을지언정 끝내 머리를 숙이고 (조정에) 들어가기를 그만두고 이 세상을 위
하여 할 만한 일에 마음을 둘 수밖에 없었다"[29]는 그의 열정이 응결된 것
이었다. 또 그는 "孟子의 말씀에 沈悅하는"[30] 자신의 심경을 기록하였는
데 이는 아마도 恒産의 보장과 井田制를 근간으로 하는 맹자의 保民思想

27) 『西溪集』 卷14, 西溪樵叟墓表, 29ㄱ 참조.
28) 박세당의 老莊研究에 대해서는, 주 1)의 ② 논문 참조.
29) 『西溪集』 卷14, 西溪樵叟墓表, 29ㄴ.
30) 위와 같음.

을 이끌어서 피폐한 농촌·농민 현실을 匡救하려는 그의 개혁의지의 지향
으로 보아야 할 것이다. 그러니까『穡經』은 保民에 직결되는 농정이념·
생산기술을 제시하려는 의도에서 작성된 셈이었다.31) 퇴거해 있으면서도
누그러지지 않는 정치에의 열정을 삭이기 위해서는 이렇게 왕성한 학문활
동이 불가피했을지도 모른다. 자신의 뜻을 이해해 줄 훗날의 識者를 위한
준비로 보아도 좋을 것이다. 그가 생애의 말년에 노·소 항쟁의 전면에 부
각되고 斯文亂賊으로 몰리게 된 것도 이러한 그의 신념과 지향의 태세가
집권세력과 그들의 정치이념을 위협하는 존재로 비쳤기 때문일 것이다.

식자로서의 고뇌와 농경생활의 실행이 어우러진 박세당의 체험은 정계
에 진출해 있는 同志·子姪들에게 여러 가지 정치조언으로 발휘되었다.
老·少分黨期 소론계의 당론은 박세당에 의하여 이끌린 경우가 적지 않았
다. 老論과 少論이 分岐한 '懷尼是非' 이후부터 '元子冊封'에 반대하다가
서인 전체가 재차 정계에서 물러났던 '己巳換局' 때까지 특히 그러했다. 우
선 尹拯·朴世采·南九萬·崔錫鼎 등 당시 소론계 지도자들과는 평소 학
연이나 姻戚으로서 관계가 긴밀했는 데다가 송시열을 위시한 노론계에 대
처하는 방안에 대해서 수시로 서신을 통해 의논하는 처지였다. 게다가 그
는 젊은 나이에 과거에 급제하여 정계에서 두각을 나타내었던 두 아들 泰
維와 泰輔의 정치 顧問役으로서 그들의 처신과 정치논리에 세세한 지침을
내리고 있었다.32) 그리하여 박세당 삼부자는 老論에 대처하는 소론의 입

---

31) 金容燮,「『穡經』의 農業論과 그 增集」,『朝鮮後期 農學史硏究』, 일조각, 1988.
32) 박세당은 아들 셋을 두었는데 泰維와 泰輔는 당당히 과거에 급제하여(태보는 壯
   元) 三司의 要職을 거치면서 아버지의 정치이념과 당파적 입장을 충실히 따랐고
   막내 泰翰은 박세당이 살아 있을 때는 아직 어렸는데 그의 사후에 역시 정치활동
   이 두드러졌다. 박세당은 특히 두 아들에 대해 혈연의 부자관계를 넘어 정치적 동
   지로 생각한 듯 싶다. 두 아들에게, 그리고 朴泰尙 등 家姪들에게 讀書와 書法,
   科業과 出處 등을 간곡히 지도했음은 물론, 出仕 후에도 朝廷의 得失을 논하거나
   時局과 黨爭을 우려하고 賑恤·詞訟·戶布·量田 등 수령의 직무나 정부의 정책
   문제에 대해서 자신의 견해를 누누이 피력하였다(『西溪集』卷17, 簡牘, 寄子泰維,
   寄子泰輔 ;『西溪集』卷18, 簡牘, 寄家姪泰尙). 그러나 태유는 젊어서 병사하고
   (41세) 태보는 己巳換局 때 仁顯王后의 廢妃에 반대하다가 拷問으로 죽었다(36
   세). 그의 비탄과 좌절감은 형언하기 어려웠을 것이다.

장과 논리를 주도하는 중심에 서게 되었다.[33] 그러니까 박세당은 그 몸이
비록 산골 석천동에 묻혀 있었지만 그의 관심은 오직 서울의 정치현장에
집중해 있었던 것이다. 유자로서의 정치적 관심이나 포부는 결코 포기할
수 없었던 까닭이다. 이렇게 열렬한 정치참여 의식이야말로 그가 일찍부터
송시열과 첨예한 갈등을 일으키지 않을 수 없는 이유이기도 했다.

3. '守成'의 개혁논리와 爲民意識

1) 時局認識과 守成論의 전개

현상 타개의 목표는 구래 왕조체제의 '守成'에 있었으며 그 방법은 누적
된 폐단을 '改革'하는 일이었다. 박세당이 볼 때 당시의 정부나 식자들은
오직 無事安逸에 흐르고 있었으므로 현실과 전망은 다 같이 실망스러울
뿐이었다. 그리하여 정부와 지배층의 각성을 촉구하고 문제를 해결하도록
촉구하는 것이 필요하였다. 그는 "천하 국가의 治亂興亡이란 한결같은 것
이 아니며", "弊端이 쌓이면 혼란해지고 폐단을 제거하면 다스려지는 것이
자연의 이치"[34]라고 하였다. 국가 사회는 그 운영과정에서 폐단이 생기게
마련이고 그러므로 항상 이를 손질하고 고쳐가는 노력이 따르지 않으면
안 된다는 것이었다. 이렇게 모순의 누적과 이의 극복이 상호교차하는 가
운데서 존립 발전하는 것이 인간사회의 법칙이라는 생각은 유자적 治亂興
亡觀의 반영으로서 『易』의 "窮則變 變則通", 즉 變通說에 입각한 일종 辨
證法的 발상이기도 하였다. 아무튼 박세당은 현실 사회는 부단히 그 폐단
을 찾아내고 제거하는 개선·개혁이 있어야만 지탱할 수 있고 그러므로
개선·개혁이야말로 사회존립을 위한 필수불가결의 수단이라고 생각하였
다. 개혁이 강조되는 까닭이 여기에 있었다.

개혁은 크게 두 가지 경우로 구분되었다. 創業의 왕조와 守成의 왕조가

---

33) 김용흠, 앞의 글, 1996, 66~76쪽 참조.
34) 『西溪集』卷5, 應求言疏, 丁未, 6ㄴ.

그것인데 박세당은 개혁하기에는 전자가 쉽고 후자가 오히려 어려운 경우라고 하였다. 창업한 왕조는 전 왕조의 기울어지고 무너진 나머지를 이어받아 온갖 제도와 법규가 모두 헝클어졌으므로 반드시 事事 物物마다 새로 다스리고 바로잡아야만 하는 점에서 어려움이 있었다. 그러나 明君과 賢相이 실정에 맞게 법제를 損益加減하여 손바닥에 있는 듯이 운영한다면 그 治化가 이루어지고 上下가 서로 안정되어 災殃이 그치고 福祚가 무궁할 수 있었다. 이 때는 개혁하기가 오히려 용이하다는 것이 박세당의 생각이었다. 어째서인가. 개혁 이외에 달리 방도가 없고 또 개혁할 의지가 확실하기 때문이었다. 즉 제도와 법규가 흩어지고 무너졌으면 개혁하지 않을 수 없고, 또 前王朝의 傾喪을 거울삼아 蒸民의 고통을 哀矜히 여긴다면 개혁하지 않을 수 없었다. 그래서 이 경우는 개혁 자체가 크고 어렵지만 실행하기는 오히려 쉽다는 것이었다.[35]

수성하는 왕조는 祖宗의 공고한 기초에 힘입어서 良法과 美政의 여운이 아직 다하지 않았고 정치나 법제 가운데는 한두 가지 폐단이 있더라도 다시 손질해서 실행할 만한 것이 남아 있기 때문에 이 점에서는 창업의 경우보다 개혁이 유리하다. 그러나 만약 이 때 군주나 재상이 偸靡苟且하게 허송세월하며 改作을 꺼려하게 되면 政法이 무너지고 上下가 불신하며 재앙이 겹쳐와서 존망의 위기에 빠지게 되는 것이다. 그러면 이 경우에 개혁이 어려운 까닭은 무엇인가. 한두 가지 墜廢한 것은 드러내어 고치지 않는다 해도 금방 危亡에 떨어지는 것이 아니므로 개혁의 절실함을 느끼지 못하고 안이하게 현실을 미봉해갈 뿐 顚喪의 폐해를 내다보지 못하기 때문이다. 이러한 이유로 박세당은 개혁이 쉬운 경우인데도 실행하기는 도리어 어렵다고 보는 것이다.[36]

개혁은 두 가지 경우, 즉 창업기나 수성기를 막론하고 필요한 과업이지만 실행에 옮기기는 이렇게 쉽지 않다. 박세당의 견해에 의하면 수성기는 창업기보다도 더 어려웠다. 개혁의 범위와 목표, 그리고 개혁 주체의 성격

---

35) 『西溪集』 卷5, 應求言疏, 丁未 7ㄱ.
36) 『西溪集』 卷5, 應求言疏, 丁未 7ㄱ~ㄴ.

이 서로 다르기 때문이었다. 창업기에는 모든 제도·문물을 새롭게 창설하는 때이므로 개혁의 범위와 내용이 크고 많다는 어려움이 있지만 창업주체인 명군·현상의 개혁의지가 확고하여 목표를 쉽게 관철해갈 수 있다. 반면에 수성기에는 가벼운 개혁으로도 성과를 크게 낼 수 있는 점에서는 유리하지만 추진주체의 무기력과 유예미결한 태도로 말미암아 폐단의 제거가 의외로 용이하지 않다.[37]

수성을 창업과 비교하여 말하는 것은 수성의 어려움을 지적하여 적극적인 개혁의 필요성을 드러내려는 의도였다. 明君·賢相에 대비하여 時君·時相을 지목하는 것은 개혁의 주체이어야 할 국왕과 신료의 책임을 강조하려는 것이었다. 여기에서 주목되는 것은 박세당이, 개혁의 성패는 그 목표와 방법에 있기보다는 오히려 개혁주체의 의지 여하에 달렸음을 재확인하고 동시에 개혁주체를 의심의 여지없이 군주·대신으로 설정하고 있는 점이라 하겠다. 목표 역시 창업이 아닌 수성을 위한 개혁이라는데 두었다.

이렇게 개혁의 목표로서 수성과 창업을 대비하고 군주와 대신을 그 주체로 내세우는 박세당의 논리는 다분히 16세기 후반의 대표적인 變通論者였던 李珥의 그것을 원용한 듯이 보인다. 李珥는 '爲政'의 한 德目으로서 '識時務'를 설정하고 始務의 큰 줄기를 創業·守成·更張의 세 가지로 꼽았다.[38] 堯·舜이나 湯·武 같은 성인의 德을 지닌 이가 天理와 人事에 순응해서 이룩하는 것이 창업이며, 聖君과 賢相이 이룩해 놓은 法制와 禮樂을 받들어 지키는 것이 수성이라면, 경장은 舊習을 씻어 내고 宿弊를 제거하여 선대의 훌륭한 업적을 드러내어 후세에 드리우는 일인데 이는 극성했던 나라가 중간에 쇠퇴하여 그 제도·문물이 낡고 무너지는 폐단이 생기기 때문이라고 하였다.

특히 이이는 수성은 평범한 능력의 군주와 신하들도 가능하지만 경장은

---

37) 박세당은 이러한 이치를 가옥에 비유하였다. 즉 한두 개의 기둥이나 서까래만 고쳐 끼우면 별 탈이 없는 집을 게을러 돌보지 않다가 이미 무너져 버린 다음에야 다시 일으켜 세우려면 새집을 짓는 것만큼이나 노력과 비용이 드는 것과 같다는 것이었다(『西溪集』卷5, 應求言疏, 丁未 7ㄴ, 8ㄱ).
38) 『栗谷全書』卷25, 聖學輯要 7, 第4章 識時務, 10ㄴ.

高見英才가 아니면 될 수 없는 일이므로 여기에 군주는 人材의 발굴과 등용에 힘써야 할 것임을 강조하였다.[39] 이렇게 이이는 수성이 아닌 경장을 중시하고 인재등용의 절실함을 주장하였음에 대해서 박세당은 수성을 위한 경장, 즉 수성과 개혁의 불가피성을 함께 말하고 군신의 신뢰와 협력을 강조하는 점에서 차이가 있었다. 또 이이는, 논리상 당연한 것이지만 수성과 변통의 관계를 보수와 개혁으로 대립시켜 설명하는 데 대해서 박세당은 수성을 위해서 개혁이 필요함을 주장하였다. 서인계 政派나 學淵의 始原이 바로 이이이고 박세당은 바로 이 계보의 중심에 있었으므로 정치적 입장이나 사유방식에서 당연히 일정한 연계관계가 예상되는 일이다. 그럼에도 논점에서 다소의 차이가 나는 것은 아마도 각각 16세기 후반의 조선사회 현실과 17세기 후반의 그것을 일정하게 반영하는 것임에 까닭이 있을 것이다. 그러나 그 1세기 동안에 사회 내적으로 진행된 변동과 함께 兩亂이라는 外的 충격이 더해진 점을 감안하면 위기의식은 박세당의 경우에 한층 더 했을 것이므로 이 때문에 체제의 안정을 위한 守成을 지지하면서 오히려 개혁을 강조하는 것으로 보인다. 말하자면 모순과 위기가 심각한 만큼 개혁이 실행되지 않으면 왕조체제의 수성이 어렵다는 논리였다.

그러면 무엇을 위하여 어떻게 개혁하며 수성할 것인가. 결론부터 말하면 수성해야 할 대상은 조선왕조체제였으며 이를 위한 개혁의 목표는 民生의 확보에 있었다. 즉 保民對策을 보장함으로써 조선왕조 본연의 질서를 재건하는 것이 박세당이 구상하는 수성과 개혁의 목표였다. 개혁의 대상은 당연히 민생을 질곡하는 여러 법령과 제도, 이를테면 수취체계와 관련된 문제였다. 그리고 그것은 양반 지배층의 치자로서의 자각과 군주·대신의 책무의식이 발휘됨으로써 가능한 일이었다.

조선왕조는 3백년의 祚命을 누린 나라로서 政制와 法規에 폐단이 진정 많을 수밖에 없었다. 현실의 여러 가지 폐단은 바로 구래 法制의 모순에서 오는 것이므로 개혁은 무엇보다도 법제를 개폐하는 일이었다. 그리고 그 폐단에는 大小와 輕重이 있겠고 그러므로 그것을 개혁하는데도 역시 難易

---

39) 『栗谷全書』卷25, 聖學輯要 7, 第4章 識時務 11ㄱ.

의 차이가 있을 것이지만 그 난이의 정도는 결코 폐단의 대소에 따라 달라
지는 것만은 아니었다.40) 박세당의 견해로는 여기에 대처하는 위정자의 태
도나 결단의 여하에 달린 일이었다. 예컨대 폐단을 말하는 사람은 많지만
그것을 모두 제대로 지적해 내는 일이 쉽지 않을 뿐더러 제대로 알았다 하
더라도 그 대책이나 해결방안을 적절히 제시하는 일 역시 어려웠다. 또 여
기에 대처하는 조정의 태도는 더욱 문제였다. 좋은 대책이 아니라서 채택
하지 않는다기보다는 폐단을 바로 짚어서 적절한 대안을 내놓을 경우에도
이를 적극 채용할 태세를 보이지 않는 것이었다. 의례히 "不可輕議", 즉
"祖宗의 典章法制는 경솔히 거론하여 고칠 수 없다"는 말을 내세우며 반
대하거나 유예미결하기 마련이었다.41) 이러한 일종의 舊法遵守論은 법제
의 개폐나 개혁이 자기들의 私益에 방해가 될 것을 우려한 유력자·관인
층의 자기옹호의 논리이기 십상이었으며 박세당도 이 점을 심각하게 지적
하고 있었다.

결국 守成과 이를 위한 改革이 실행에 옮겨지기 어려운 까닭은 크게 두
가지로 집약되었다. 하나는 여기에 관련되는 당사자들, 예컨대 기득권층의
이해관계의 대립이었고 다른 하나는 그럼에도 불구하고 이를 단행해야 할
정부·위정자의 무기력성이었다. 그리하여 박세당은 역시 두 가지 논점을
제시하여 개혁이 실현되어야 할 당위성을 재확인하게 되었다. 먼저는 수성
과 개혁의 목표를 '保民'에 두는 일이었고, 다음은 이 保民이야말로 識者
와 위정자들이 짊어져야 할 책무라는 사실을 강조하는 일이었다. 개혁의
최대 장애요소는 지배층·기득권층으로서 바로 식자·위정자 자신들이었
으므로 이들의 책무의식의 환기를 통하여 그 정당한 존재가치를 일깨우고
동시에 부당하게 누리는 특권을 포기하도록 종용해야 했던 것이다. 요컨대
박세당의 구상은 수성과 개혁을 추진해야 할 위정자들로 하여금 개별 私
益의 입장을 벗어나서 公益을 앞세우도록 만드는 일이었다. 이 때 保民은
그 공익의 구체적인 표현이었다. 그리고 군주와 대신은 위정자의 표상으로

40)『西溪集』卷5, 應求言疏, 丁未, 8ㄱ.
41)『西溪集』卷5, 應求言疏, 丁未, 8ㄴ.

서 지배층·기득권층의 대표이며 개혁의 주체였다.

이제 수성과 개혁을 주장하는 박세당의 논지는 명료해진 셈이다. 私益의 편에 서서 보면 개혁이 어려운 일이지만 위정자로서 보민의 책무를 생각하면 그 개혁이 어려울 까닭이 없다는 것이었다. 그러나 기득권의 포기가 불가피한 개혁의 방법으로서 이 논리가 얼마나 설득력을 지닐 것이며 또 추진력으로서 작용할 수 있을까. 박세당의 주장에서 방법상의 한계는 분명한 것이었다. 치자로서의 책무를 도덕적 차원에서 요구하며 그들에게서 비롯된 法制의 모순을 바로 그들의 도덕적 각성에 호소해서 해결하려고 했기 때문이다. 여기에 박세당 사회사상의 한계가 있는 것이지만 그러나 이것은 그 시기 사회발전 단계에서 비롯되는 역사적 한계이기도 한 것이었다.

2) 爲民論의 구조와 분화

유교의 학문·정치론에서는 '保民'이 정치, 즉 爲政·爲民·養民과 同義의 개념이면서 그 핵심을 이루는 문제였다. '保民'은, "節用而愛人 使民以時"[42]나, "保民而王 莫之能禦也"[43]라든가, 혹은 "爲民父母"[44]·"如保赤子"[45] 등으로 표현되는 바와 같이 유교 경전의 가르침에 근거하였다. 유교의 仁政·王道論을 구성하는 기본전제가 바로 보민이기도 하였던 것이다. 그리하여 保民이란 농민의 경제적 재생산 조건을 보장하는 일과 윤리·도덕적 통제를 관철하는 일의 두 가지 과업을 통하여 사회질서=정치안정을 실현할 수 있다는 經典의 敎示가 되었다. 이 두 측면은 실제의 운영에서 서로 대립되는 별개의 것이 아니라 전자의 물질적 생존조건의 충족 위에서 후자의 도덕적 啓蒙·敎化에 의한 사회안정을 기대할 수 있다는 점에서 논리상 선후관계에 있을 뿐 실제로는 하나의 문제였다. 그것이

---

42) 『論語』 卷1, 學而, 第5章.
43) 『孟子』 卷1, 梁惠王 上, 第7章.
44) 『孟子』 卷1, 梁惠王 上, 第4章 ; 『孟子』 卷5, 滕文公 上, 第3章.
45) 『大學章句』 第9章, 齊家治國.

모두 治者의 對民態勢, 혹은 국가와 지배층의 농민지배를 관철하기 위한 논리이며 방법이었기 때문이다. 그리고 그 구체적인 이론 근거는 일단 『孟子』의 '恒産恒心'論[46]에서 나왔다. 『孟子』에서는 민생=농민경제 문제를 '恒産'으로, 윤리·도덕적 통제의 성과를 '恒心'으로 표현하면서 우선 恒産을 보장함으로써 恒心의 성과가 실현될 것으로 가르치고 있다. 맹자의 본의는 사실 民의 恒産을 실현하자는 데 있었다고 봐야 할 것이다. 후대의 주자학에서도 역시 이러한 유교 본래의 교시에 주목하지 않을 수 없었고 때문에 保民문제 자체를 등한히 하기는 곤란하였을 것이다.

恒産의 보장에 의한 恒心의 실현, 이 양자의 일치관계는 이론상으로는 이상적이었으나 현실의 정치·사회운영에서는 결코 그대로 구현되기가 어려웠다. 당연한 일이지만 民의 항산을 보장하기 위해서는 경제적 均平의 원칙이 관철되어야 하고 여기에는 치자층의 자기절제와 양보가 전제되어야 하기 때문이다. 국가나 지배층은 항산이 확보되지 못한 상태에서도 오히려 민에 대해서 항심을 강요할 입장이었다. 그러나 사회의 변동 발전과 정치사상의 分化에 따라 항산설과 항심설은 治民論의 주요 논점이 되어갔다.

유교·주자학을 正學으로 하는 조선사회, 특히 조선후기에는 정치운영, 사회·경제개혁에 관한 현안을 둘러싸고 그 분화와 대립의 양상이 더욱 두드러졌다. 예컨대 토지제도의 전면적인 개혁에 의해서 '耕者有田'을 실현하자는 논자들은 이를 통해서 민생의 회복은 물론 사회관계의 도덕적 안정, 즉 恒心의 유지가 용이할 것으로 생각했던 것이고 반면에 地主制度의 모순을 賦稅體系釐正의 차원에서 완화하려는 논자들은 여기에서 야기되는 경제적 不均不平이 사회질서의 동요를 초래할 것으로 보고 三綱五倫

---

46) "(孟子)曰 無恒産而有恒心者 惟士爲能 若民則無恒産 因無恒心 苟無恒心 放辟邪侈 無不爲已……"라 하였고, 여기에서 주자는 '恒産'을 "可常生之業也"로, '恒心'을 "人所常有之善心也"로 註하였다(『孟子集註』卷1, 梁惠王章句 上, 第7章). 곧 백성 일반이란 항산이 없으면 항심을 지니기 어렵다는 것인데, 주자가 항심을 善心으로 본 것은 仁·義·禮·智의 四德을 갖추고 있어 三綱五倫을 실천할 수 있다는 의미로 생각된다.

을 근간으로 하는 社會敎化를 한층 강화함으로써 民을 윤리·도덕적으로
통제하려고 구상했던 것이다.[47] 그래서 일단 전자의 논리를 恒産說, 후자
의 방식을 恒心說이라고 규정해 보는 것이다. 이렇게 보면 경전 본래의 보
민은 당연히 항산에 의한 것이어야 했다. 그러나 보민은 항산론에서나 항
심론에서나 다같이 강조하는 바였다. 앞에서 말했듯이 유교의 정치원리가
보민을 핵심으로 하는 것이었기 때문이다.

保民說의 의의가 이러했던 까닭으로 관인 유자들의 정치의식이나 조정
의 정치운영에서 보민문제와 관련되지 않는 경우는 거의 없었다. 특별히
토지개혁이나 지주제의 혁파를 거론하지 않더라도 賦稅·財政·勸農·學
校·綱常 등 사회 경제문제와 관련한 時局觀, 혹은 政策論을 피력할 때는
의례히 민생의 안정과 관련한 자기류의 보민론을 펴게 마련이었다. 그것이
동일한 유교의 정치이론에 근거하는 보민이며, 또 어느 것이든 집권국가와
양반 지배층이 존립하기 위한 사회 경제적 기반을 보장하려는 수단으로서
의 보민이라는 점에서는 모두 마찬가지였다. 그러나 논자들이 구체적인 정
책론으로서 제기하는 보민문제는 그 방법과 목표를 사뭇 달리하지 않을
수 없었다. 그들의 사상·이념적인 입장이나 현실적인 이해관계가 여기에
결부되게 마련이었기 때문이다. 예컨대 토지의 재분배를 통해서 農民들의
재생산기반을 확보하려는 것으로부터 絶糧期의 賑恤策에 의하여 救民·
보민의 성과를 기대하거나, 농민들의 武裝蜂起를 저지하기 위한 治安對策
에 이르기까지 그 모든 對民政策이 保民이라는 이름으로 행해질 수 있었
던 것이다. 전자의 토지분배가 농민의 항산을 가장 확실하게 실현하는 보
민의 방안이라면 후자의 진휼이나 치안대책은 질서 유지가 우선 목적이었
던 만큼 미봉적·강제적 보민책이라고 할 수 있었다. 결국 항산이 불안정
한 질서유지는 미봉적·강제적 보민일 수밖에 없고 강제적 항심의 요구이
게 마련이었다. 그리고 이를 위해서는 강상윤리, 즉 三綱五倫을 이념·사

---

47) 金駿錫, 「17세기 正統朱子學派의 政治社會論 - 宋時烈의 世道政治論과 賦稅制
度釐正策 - 」, 『東方學志』 67, 연세대학교 국학연구원, 1990 ; 金駿錫, 「朝鮮後期
의 黨爭과 王權論의 추이」, 『朝鮮後期 黨爭의 綜合的 檢討』, 한국 정신문화연구
원, 1992 참조.

상정책의 전면에 내세우지 않을 수 없는 것이기도 하였다.

박세당은 적극적인 保民論을 전개하였다. 그는 당시의 사회 실정을, "生民의 困瘁가 이미 극도에 달하여 부모형제가 서로 보전할 수 없게 된 상황"으로 보면서, '백성의 부모'인 국왕으로서 이들을 돌보지 아니한다면, "上天이 殿下에게 (이 백성을) 맡긴 뜻"에 어떻게 부응하는 것이겠느냐고 보민문제를 환기시켰다.[48] 또 "나라에 백성이 있고 임금이 있는 것은 사사로운 한 사람을 위하여 백성을 해치려 함이 아니라 맡겨서 다스리려 함인데 후세의 임금된 사람은 오로지 그 사사로운 한 몸을 위하여 백성 학대하기를 마치 원수처럼 한다"[49]고 지적하기도 하였다. 백성은 군주의 목적 달성을 위한 수단이 아니라 군주는 바로 백성을 위해서 존재하는 것, '백성을 위한 임금'이어야 한다는 논리였다. '視民如子'[50] · '視民如傷'[51]이라는 경전의 가르침에 충실한 주장을 펴고 있는 것이다. 그는 『書經』「康誥」와 『大學』의 '如保赤子'를 해석해서, "마음으로 정성을 다해 구하면 비록 적중하지 못하더라도 멀리 벗어나지는 않는다"[52]고 한 주자의 말을 인용하기도 하였다. 요컨대 군주는 '하늘을 대신해서 백성을 돌보아야 할[代天理物]' 책임이 있다는 유교 본래 의미의 정치론에 입각해서 保民을 강조한 것이다. 보민의 책임은 이처럼 군주에게 돌려지는 것이지만 군주가 治者를 표상하는 것으로 보면 박세당은 보민을 치자층 일반의 책무로서 요구하는 셈이었다.

그리고 그는 토지개혁을 거론한 적은 없었지만 농민의 항산을 보장해야 한다는 전제를 분명히 하였다.[53] 같은 맥락에서 輕稅 · 均役論을 폄으로써

---

48) 『西溪集』卷5, 應求言疏, 丁未, 10ㄱ.

49) 위와 같음.

50) 『春秋左氏傳』卷15, 襄公 25년 冬12월 ; 『春秋左氏傳』卷23, 昭公 30년 冬12월.

51) 『春秋左氏傳』卷26, 哀公 원년 秋.

52) 『西溪集』卷5, 應求言疏, 丁未, 10ㄴ.

53) "百畝之田 勿奪其時"에 대한 해석에서, "使民無失業耳"라 해서 恒産의 의미를 농민들로 하여금 失業하지 않게 하는 것으로 보았다(『孟子思辨錄』第1冊, 梁惠王 上, 第3章, 2ㄱ). 또, 周의 井田制가 소출의 1/10을 징수하는 徹法임을 논증하여 1/11稅로 보는 주자의 견해가 잘못임을 지적 한데서 恒産=井田의 실체를 긍정

보민의 성과를 기대하고 사회체제의 일정한 변화도 예상하였다. 이렇게 보민・위민문제에 대해서는 깊은 관심을 보였지만 교화와 관련해서는 거의 언급이 없었다. 이는 保民=항산과 敎化=항심의 두 가지 對民支配原理 가운데서 전자를 추구한 것이며 이 점은 관인 유자 일반의 태도와 달라서 그의 사회사상에서 주목되는 점인데 유형원・이익과 같은 실학자들의 논리와도 거의 일치하는 것이라고 할 수 있겠다. 보민을 위한 대책 역시 대중 요법적인 賑恤을 중시하였지만[54] 근본적으로는 輕賦・均役에 의한 民産의 안정방안을 모색해야 할 것으로 생각하였다.[55]

4. 治者責務意識과 君主・大臣論

1) 君主聽政論

박세당은 먼저 君主를 설득하려고 나섰다. 당연한 일이지만 수성을 위한 개혁의 주체는 爲國者, 즉 국왕과 신료인데 군주의 결심과 斷案 여하가 신료들의 태도에 직결된다고 보기 때문이었다. 이미 앞에서 말했듯이 개혁의 목표는 保民에 있었다. 爲國者는 顚喪의 폐해를 미리 찾아내어 마음을 다해 修繕함으로써 피해를 예방할 수 있어야 하고 이를 위해서는 일의 難易를 구태여 문제삼아서는 안되었다. 위정자는 당연히 보민의 책임을 다해야하기 때문이었다.

그리하여 개혁이 실행되지 못하는 까닭을 일단 군주의 책임으로 돌리고

하고 있음을 알 수 있다(『孟子思辨錄』第1冊, 滕文公 上, 第3章, 29ㄴ~32ㄴ).

54) 주지하듯이 賑恤은 근대 이전 시기 국가적 救貧政策의 일환으로서 농민의 감소와 토지이탈을 방지하기 위한 주요 보호수단이었다. 특히 17세기에는 인구의 이동, 도시집중과 맞물려 饑饉이 빈번히 발생하였으므로 진휼문제가 정부의 사회경제정책 가운데 큰 부분을 차지하였다. 박세당은 보민의 측면에서 진휼을 중시하고 墓文・行狀類를 작성하면서 수령・방백을 지낸 관인・식자들의 주요 행적으로서 饑民救恤의 사실을 밝혀 적었다(『西溪集』卷9~16, 誌銘・碑銘・碣銘・墓表・謚狀・行狀・遺事 참조).
55) 박세당의 輕賦・均稅論에 대해서는 주 22)의 논문 참조.

정치·사회현안에 대처하는 국왕의 태세에서 문제되는 점을 세 가지 측면에서 지적하였다. 첫째, 국왕은 통상적으로 萬機를 몸소 총괄하고 크고 작은 政務를 詳審하여 수성하는 자세를 다하는 것으로 보이는데도 실상은 紀綱이 더욱 해이하고 根本은 위태해서 견실하지 못하며 民情의 원망은 더 높아지며 天心의 노여움은 풀리지 않고 있다[56]는 것이었다. 다시 말하면 災異에 당해서는 국왕이 편한 거처를 멀리하고 宴樂을 금지하며[避殿撤樂] 사람들의 억울한 사정을 풀어주고 널리 백성의 여론을 듣고[理冤枉求直言] 있으므로 災害가 줄어지고 민생이 소생해야 할텐데 실제로는 그러한 기미가 거의 보이지 않는 까닭이 어디에 있느냐는 반문이었다. 박세당은 天災地變과 같은 자연의 재앙은 결코 우연히 일어나는 것이 아니라고 생각하는 것이며 이 시기의 정치·사회현상을 紀綱과 根本, 民情과 天心의 상호관계로 이해하고 있는 것이다. 전자의 법제·질서가 후자의 자연재해에 자극된 민심의 동향에 의하여 불안정 상태에 빠져든다는 것이었다.

둘째, 그리하여 "폐단이 있어 당연히 개혁해야 할 것인데도 개혁하지 않으며, 進言 가운데 당연히 채택해야 할 것인데도 채택하지 않으며, 詳審한다면서 주저하여 결정을 못 내릴[婖婀] 뿐이며 재앙을 그치게[消弭] 한다는 것이 虛文일 뿐이라면 이렇게 하고서도 기강이 해이하지 않고 근본이 위태하지 않고 백성들의 원망이 없고 하늘이 노하지 않기를 바라기는 어려운 일"[57]이라는 비판과 불만이 나오게 되었다. 여기에서는 박세당이 첫째의 지적과 관련하여 전통적인 天人感應(相關)·天人合一說을 긍정하고 이를 근거로 군주의 무기력한 직무수행 태도를 비판하고 있음을 볼 수 있다. 天의 攝理와 운행은 인간사회의 운영과 밀접히 연관되거나 그 반영이므로 인간사의 비리·부조리에 대해서는 異變을 내려 경고하게 된다는, 사람들의 공통된 의지는 天意의 반영이라는 발상으로부터 나오는 군주비판은 그만큼 설득력을 지닐 수 있었던 것이다.[58]

---

56) 『西溪集』 卷5, 應求言疏, 丁未, 5ㄱ.
57) 『西溪集』 卷5, 應求言疏, 丁未, 5ㄴ.
58) 天人感應·天人合一說의 개념에 대해서는, 金春峰, 「天人感應」, 『中國大百科全書』-哲學-, 北京·上海 : 중국대백과전서출판사, 1987 ; 余敦康, 「天人合一」, 앞

셋째, 겉으로는 무엇인가 진지하게 추진되는 듯 하지만 실제로는 이렇다 할 내용있는 움직임이 거의 없다는 것이었다. '直言을 구하는' 경우가 그 한가지 예로서, "求言이라는 文具를 버려서 天心을 막으려는 것"이라고 꼬집었다.

　求言하는 뜻이 절실하지 않음이 없고 말이 간절하지 않음이 없으나 求言은 말로만 그칠 뿐이어서 올라온 進言이 수없이 많지만 마침내 하나도 채택하여 시행한 것이 없으니 구해서 쓰지 않을 바엔 무엇하려 구언을 했단 말입니까. (災異를 만난) 처음에는 놀라고 당황하여 君臣이 서로 걱정하고 서두르는 뜻이 言辭에 넘쳐서 곧 大振作이 있을 것 같지만 그것을 講究할 즈음에는 자질구레한 두세 가지 일이 되고 맙니다. 입시했던 신하들은 물러나와 서로 돌아보며 탄식할 뿐이고 이 때가 지나고 보면 謀猷政令은 예전처럼 頹放해져서 다시는 修省恐懼하는 氣像이 돌아오지 않습니다.59)

는 지적도 같은 의미였다.

　이러한 박세당의 지적에서는 당시 정부와 지배층의 타성에 젖은 태세가 잘 요약되었다고 하겠다. 민생·부세·재정·국방 등등 산적한 현실문제들은 항상적으로 제기되어 있는 정부의 과제이지만 평시에는 아무 할 일도 없는 듯이 지낸다는 것, 갑자기 홍수·가뭄·역병 따위의 자연재해가 일어날 때에야 새삼스럽게 그 문제의 심각성을 들먹이며 해결방안을 묻는 국왕의 求言敎가 서둘러 내려진다는 것, 京鄕으로부터 應旨進言이 올라오면 이러저러한 내용을 검토하고 크게 更張·改革을 강구할 것처럼 부산을 떨다가 마침내 사소한 한두 가지 결정을 내리는데 그치고 만다는 것, 그나마 조만간에 흐지부지되어 실행되는 것은 없고 언제 그런 일이 있었느냐는 듯이, 이제 아무일도 없는 것처럼 다시 예전의 안일한 타성으로 돌아가고 만다는 것이다. 이는 아마 수십 년, 어쩌면 왕조가 성립된 이후 이백 년

　의 책, 1987 참조.
　59)『西溪集』卷5 應求言疏, 5ㄴ~ 6ㄱ.

을 두고 정부 지배층이 반복해서 드러내는 속성이 이러했을 것이라는 지적일 수도 있었다.

조선왕조의 봉건적, 보수적인 정치·사회운영이 대체로 이 같은 사정이었다고 해야 할 것이다. 그러므로 이에 대한 우려와 지적 역시 박세당 한 사람의 경우에 그치는 것은 물론 아니었다. 국가·민생을 걱정하고 현실을 직시하여 문제점을 공정하게 파악하는 관인·식자라면 정도의 차이는 있더라도 당연히 이와 같은 비판의식을 가지고 문제를 제기하게 되었을 것이다. 그리고 현실에 안주하는 기성세력에 대하여 정치·사상적으로 대립하는 입장을 스스로 선택했을 것이다. 이를테면 박세당은 그러한 인사 가운데 잘 알려진 경우인 셈이었다. 그리고 이 시기의 당쟁은 그러한 정치·사상대립의 구체적인 표현이라고 할 수 있었다.

실상이 없이 흐지부지되는 求言과 進言을 가리켜 박세당은 겉치레에 그치는 文具, 다시 말하면 實質이 아닌 虛文이라고 비판하였다. 그러한 文具나 虛文으로 진정, "하늘의 돌아봄을 회복하고 인화를 이룩할 수 있다[回天眷 得民和]"고 믿었다면 이것은 임금으로서, "여러 번 거짓을 행한 것이나 마찬가지"라고 반박하고, 또 孔子의, "누구를 속일까. 하늘을 속일 것인가"60)라는 말을 인용하면서 조정의 '無實한 擧措'를 통탄해 마지않았다. "위로는 하늘을 기만하고 아래로는 백성을 속여 天이 怒하고 民이 원망하는데도 오히려 悔改할 줄을 모르며 庸君暗主의 사이에 처하기를 달게 여기어 다시는 국가를 위해서 생각하는 바가 없다"61)는 지적이 그것이었다. 이렇게 보면 박세당은 넓게는 정부를 비판하는 것이지만 그 초점은 국왕의 무기력, 개혁의지의 빈곤을 문제삼는데 모아지는 것이라 하겠다.

그리하여 당시의 국왕 현종에게, "마땅히 改絃易轍하듯이 虛文을 물리치고 實質을 숭상하여 위로는 天心에 합치하고 아래로는 民情에 부응함으로써 祖宗을 위해서는 福祚를 이어가고 자손을 위해서는 統緖를 드리워서 光大한 功業을 후세의 모범으로 남길 것"62)을 권유하였다. 그리고 이것은

60) "吾誰欺 欺天乎"(『論語』 卷9, 子罕, 第11章).
61) 『西溪集』 卷5, 應求言疏, 丁未, 6ㄱ.
62) 『西溪集』 卷5, 應求言疏, 丁未, 6ㄱ~ㄴ.

군주가, "赫然奮發하여 劼勵圖治하며 災禍를 인연하여 祥瑞를 불러오고 쇠망을 돌이켜서 융성을 일으키는" 과업이며 오직 聖志를 한 번 정하는 일 이라고 하였다. 여기에서 '聖志'란 박세당이, "오직 聖志가 정해지는데 있 을 뿐, 성지가 한 번 정해지면 실행해서 안될 일이 없다"[63]고 한데서도 알 수 있듯이 '군주가 意志를 세우는 일'을 의미하였다.

군주가 意志를 분명히 세우는 일을 다름 아닌 聖志라면 그 성지는 구체 적으로 어디에 필요한 것인가. 박세당은 이와 관련해서, "衆論을 채택해서 힘써 그 실행을 강구하고 衆弊를 개혁해서 그 근원을 힘써 막아 버리면 法 令의 신뢰가 회복되어 紀綱이 날로 펼쳐지고 施措가 마땅함을 얻어 根本 이 날로 견고해질 것이고 이렇게 되면 橫徭苛斂이 백성에게 미치지 않으 니 民怨이 그칠 것이며 민원이 그치게 되면 天怒가 따라서 걷히게 될 것 이므로 이로써 陰陽이 절로 순조로워지고 雨暘이 때맞게 되어 年穀이 거 듭 豐登해질 것"이라고 하였다.[64] 즉 성지는 군주가 신료들의 지지를 얻어 폐단을 일으키는 법제를 개혁함으로써 민생의 안정과 사회기강의 회복을 실현하는데 요구되는 군주의 태도이며 결단이었던 셈이다. 박세당은 당시 의 군주인 현종이 국가의 면모를 一新하는 개혁군주가 되어야 하며 이를 통해서 保民이 달성되기를 기대하고 있었다. 그리고 이렇게 되기 위해서는 虛文에 익숙해진 군주의 意識이 實質을 추구하는 방향으로 전환되어야 했 다. 이 때문에 성지는 중대하고 待望되는 일이었다.

사실 일반 관인 유자들도 의례히 '聖志'論을 펴는 경우가 많았다.[65] 그 러므로 박세당이 성지를 강조하는 것 자체는 그리 특이한 일이 아니었다. 다만 守成과 개혁과 振作을 말하면서 그것의 실행을 위해서 성지, 즉 군주 의지를 세우고 결단을 내리도록 촉구하는데 그 의의가 있는 것이라 하겠

---

63)『西溪集』卷5, 應求言疏, 丁未, 6ㄴ.
64) 위와 같음.
65) 이를테면 金佐明이 顯宗에게 '修省'을 권하면서 "政令을 펴는 가운데 새롭게 고 쳐 가는 것이 있어야 實際가 있게 되는 것"이라고 강조하는 데서 이와 같은 의미 를 발견할 수 있다. 이 때 박세당은, "성상이 마음을 잡느냐 놓느냐에 따라 흥망이 갈린다"하여 聖志論의 관점에서 이에 동조하였다(『顯宗實錄』卷10, 顯宗 6년 2월 庚辰, 36冊 453上ㄱ, 下ㄱ).

다. 그렇다면 이는 綱常倫理의 솔선수범자로서 聖學을 수행하기 위한, 정통주자학적인 성지가 아니라 정치·사회의 제반 폐정을 개혁하여 법제와 기강을 바로 세움으로써 국가·민생을 보호하기 위한, 제계층과 세력의 이해관계를 적절히 재조정할 수 있는 권능의 주체가 되어야 한다는 의미의 성지였다. 그가 기대하는 성지는 바로 수성을 위한 개혁의 전제로 요구되는 강력한 군주권으로서의 성지였음에 틀림없다.

박세당은 聖志와 함께 '視朝'를 군주의 또 다른 임무로 꼽았다. '視朝'[66]란 국왕이 조정에 임하여 신료를 面對하여 政務를 보고받을 뿐만 아니라 政令을 裁決하고 신료들의 직무수행을 독려하는 일이었다. 특히 군주의 권세와 지위는, "逸易之勢를 가지고 可爲之權을 부릴 수 있으면서 顚喪覆壓의 길을 갈 수도 있는 것"[67]이었으므로 시조를 착실히 하고 성지를 바로 세우면 국가 중흥의 길이 열리는 것이지만 그렇지 않다면 정치를 그르치고 국가 사회가 무너지는 지경에 이를 수도 있었다. 또 그렇기 때문에 군주의 의지와 視朝는 정치운영이나 개혁의 전제가 되는 것이었다. 박세당이 당시의 조정의 형세를 보기에, 신료들은 개혁해야 할 폐단을 눈앞에 보면서도 '不可輕議'를 이유로 내세워 문제점을 미봉하거나 유예미결하는 타성에 젖어 있었다. 이러한 '조정의 폐습'을 그대로 두고는 정부의 시정책이 한 가지도 제대로 될 수 없다는 것이었다. 결국 국왕의 의지와 결단에 의해서 조정의 태세가 달라져야만 했다. 그래서 그는, "먼저 할 수 있는 일이 먼시 하지 않고 있는 일이 바로 국왕의 視朝"[68]라 하고, 또 "만사가 다스려지지 아니하고 백 가지 일이 풀리지 않는 것도 이 때문"[69]이라고 지적해 마지 않았다.

---

66) 박세당이 특히 '視朝'로서 국왕의 커다란 책무를 삼는 것은 아마도 『孟子』에서 말하는 視朝의 의미를 강조하려는 의도로 보인다. 맹자가 齊王에게 朝會하려 했을 때 제왕은 稱病謝絶함으로써 맹자의 간곡한 仁義·王政論을 聽聞할 수 없었을 뿐만 아니라 결국 不召之臣·所受敎之臣을 얻을 태세를 갖추지 못한 庸君이 되었던 것이다(『孟子』卷4, 公孫丑 下, 第2章).

67) 『西溪集』卷5, 應求言疏, 丁未, 8ㄱ.

68) 『西溪集』卷5, 應求言疏, 丁未, 8ㄴ.

69) 『西溪集』卷5, 應求言疏, 丁未, 9ㄱ.

사실 시조가 없이는 國政을 바로 파악할 수 없고 국정과 관련 없는 성지
는 무의미하였다. 그리하여 박세당은 시조·聽政의 중요성을 강조하기 위
하여 經典과 역사적 사실을 예시하였다. "鷄鳴朝盈"[70]하고, "日中 不遑
食"[71]했다는 옛 明王들과 逐日聽朝했다는 저 漢·唐의 名君이 그들이었
다. 또 조선의 역대 군왕들을, "勤于聽政 孜孜忘疲"했던 것으로 꼽기도 하
였다. "일년이 다 가도록 群臣과 만난 것이 몇 번이나 되느냐"고 반문하면
서 그렇게 뛰어난 聖王明君들의 전례를 본받지는 못할망정 평상시의 朝會
조차 걸러서는 안 된다는 것을 누누이 강조하였다.

그러나 視朝의 요구가 국왕인 현종 개인에 대한 비판이나 공격으로 보
이지는 않는다. 綱常倫理를 이끌어 오거나 국왕의 실책·비리를 드러내어
군주로서의 不德, 혹은 무능을 확인하려는 것은 더구나 아니다. 군주에게
인격적 완성과 도덕적 솔선수범을 요구하는 정통주자학의 君主聖學論과
도 거리가 멀었다. 그보다는 오히려 군주로서의 권위를 세우고 권능을 행
사하여 국가와 신민에 대한 국왕으로서의 책임을 다하도록 격려하고 기대
하는 의미가 담겨 있어 보인다. 정치 사회운영에서 양반 지배층 전체의 각
성이나 절제에 의한 개혁의 성취를 거의 기대할 수 없었던 당시의 사정에
서는 국왕 한 사람의 각성과 결단에 의한 개혁의 수행이 훨씬 실현 가능성
이 높았기 때문이었을 것이다.

이래서 視朝는 聖志와도 그 논리적 맥락을 같이하는 것이었다. 무엇보
다도 仁祖反正 이후의 군주들은 붕당세력의 견제를 받아 전제군주의 실질
적 권력을 제대로 행사하지 못하고 있었다. 西人이 정국을 주도하였던 顯
宗代는 그러한 현상이 가장 두드러진 시기였다. 군주가 '視朝·聽政에 게
으른' 사실을 뒤집어 말하면 신료들의 간섭에 시달린 나머지 政務裁決을
고의로 미루는, 군주로서 일종의 시위였다고 할 수 있다. 유교정치에서는
절대의 禁忌였던 '君弱臣强'이라는 말이 이 시기 항간에 떠돌았음은 결코
우연의 일이 아니었던 것이다.[72]

---

70) "鷄旣鳴矣 朝旣盈矣"(『詩經』卷5, 國風, 齊, 鷄鳴)를 말함.
71) "自朝至于日中昃 不遑暇食 用咸和萬民"(『商書』卷8, 周書, 無逸)를 말함.
72) 당시 집권 西人의 領袖였던 宋時烈은 현종의 '溫良仁孝'한 태도, 즉 정치적 우유

그러나 박세당 역시 군주권에 대하여 가부간에 자유롭게 언급할 수는 없었다. 다만 朝會·聽政을 게을리 하는 것은 '末世의 교만하고 昏暗한 君主'에게나 있는 일이며 이것이 곧 '人主倦政의 弊端'[73]이라고 논하는 선에서 국왕이 視朝·청정에 충실할 것을 촉구할 뿐이었다. 그러면 그가 기대하는 '聽政'의 구체적인 태도란 어떤 것일까. 그는 현종에게, '확연하게 분발해서 개혁이 이루어지도록' 촉구하고 이어서, "날마다 法殿에 임하여 신료들을 접견하고 크고 작은 政務를 諮問받아 실행함으로써 정치와 법제가 닦여지고 교화의 성과가 드러나야 한다"고 상기시켰다.[74] 또 開筵設講은 임금의 제일 중요한 책무이지만, 이는 聽政의 餘暇에 시행하면 되는 일로 간주하였다. 군주의 聽政이란 바로 이런 것이었다. 그리고 특히 정통주자 학자들이 經筵의 중요성을 누구이 강조했던 것과는 달리 그는 경연을 청정의 다음가는 과제로 삼았다. 이는 그가 君主聖學을 구태여 강조하지 않는 태도와도 일치하는 것이었다.

이렇게 보면 박세당이 생각하는 '군주의 청정', 즉 군주의 기본임무는 매우 단순하고 평범한 것으로서 평상적인 직무 그 이상의 특별한 내용을 말하는 것이 아님을 알 수 있다. 더구나 경연과 같은 講學 기구를 통하여 군주학문을 요구할 태세는 거의 보이지 않는다. 그런데 이런 정도의 군주임무를 어째서 거듭 다짐해야만 했을까. 앞에서 현종대의 '君弱'을 잠깐 말했듯이 박세당이 볼 때 현종은 군주로서 기본 임무를 수행하는데도 정치적 부담을 느끼는 입장이 아니었을까. 정국을 결코 국왕이 주도하는 상황이 아니었던 것이다. 이런 상황에서는 아마 어떠한 정책도 군주의 의지와 책임 아래 국가·민생의 차원에서 수립되고 실행되기는 어려웠을 것이다.

___

부단함에 불만이 적지 않았고 이것이 서인계 일반의 분위기를 주도했던 것으로 보인다. 현종 역시 송시열이나 서인세력에 대해 불만·불신감이 적지 않았을 것이다. 그리고 '權不在上'·'君弱臣强'은 이러한 사정을 짚고 나서는 반대세력, 이를테면 남인의 주장이었을 것이다. 그러나 '인조반정' 이후 특히 왕권의 위축이 두드러졌고 현종은 제왕으로서 이러한 상황의 정치운영에 소극적인 태도를 보일 수 있었을 것으로 생각된다(金駿錫, 앞의 글, 1990, 119·137~139쪽 참조).

73)『西溪集』卷5, 應求言疏, 丁未, 9ㄱ.
74)『西溪集』卷5, 應求言疏, 丁未, 9ㄴ.

視朝·聽政論은, 예컨대 주요 政務는 국왕이 직접 확인하고 재결해야 한다는 것, 그러기 위해서는 수시로 大臣을 불러 묻고 긴밀히 논의해야 한다는 것, 그럼으로써 국정 전반의 상황을 국왕이 숙지하고 주요 관직자를 감독·통솔할 수 있기를 요구하는 것이라 하겠다. 결국 국왕의 親政을 강조하는, 국왕권 강화론이라고 할 수 있다. 박세당은 특히 경연의 중요성을 인정하면서도 그것을 청정의 여가의 일로 보았는데 이는 聽政强化論과 표리를 이루는 것이라고 해야 할 것이다. 이는 당시 군주와 신료를 학문적으로 상대화하고 그 결과 군주권을 제약하는 수단으로 되어 갔던 정통주자학의 경연우선론과는 사뭇 차이가 나는 논리였다.

서인 노론계의 정통주자학자들은 군주의 정치적 군림과 世道宰相의 책임정치를 내세워서 정무는 일체 대신에 위임하고 왕은 한가로이 옛 성현의 행적을 살피거나 경연을 부지런히 하여 修己에 힘쓰는 것이 마땅하다는 주장을 폈던 것이다. 이러한 君主聖學論·世道宰相論·經筵重視論은 군주의 전제권을 억제하고 신권 중심의 정치운영이 가능한 정치이론이었다.[75] 박세당의 군주청정론·餘暇經筵論은 바로 이와 성격을 달리하는, 그의 聖志論과 함께 군주권의 강화를 지향하는 정치운영론·권력구조론이라고 할 수 있었다. 守成과 폐정의 改革을 위해서는 개혁수행의 구심점에 국왕의 위치가 확고해져야 하고 그것을 실행할 권능으로서 군주권의 강화가 필수적이었기 때문이다. 그래서 이것은 정통주자학의 군주론에 대응하는 새로운 군주론의 제기라는 의미를 띤다고 하겠다.

2) 大臣輔弼論

정치운영의 책임이 일차 군주에게 있다면 大臣의 책임은 그 다음이라고 할 수 있었다. 박세당은 대신의 고유한 임무는, "大體를 꾀하고 大事를 결단하며 政敎를 修明하여 綱紀의 문란을 막고 除害興利하여 民生이 本業

---

75) 세도정치론·경연중시론에 대해서는 金駿錫, 앞의 글, 1990 ; 金駿錫, 「18세기 老論專權政治論의 구조 - 韓元震의 朋黨意識과 君主聖學論 - 」, 『湖西史學』 18, 호서사학회, 1990 참조.

을 즐기도록 해주는 것"76)이라고 하였다. 이를 위해서 대신은 國事 전반의 사정을 두루 숙지하고 있어야 할 뿐만 아니라 銓衡이나 臺閣과 같이 전담 기구가 있는 정무에 대해서도 일정한 책임을 가져야 한다고 보았다. 즉 賢才를 추천하여 뽑아 올리고 庸劣한 사람을 물리치는 일과 君上의 闕失을 바로잡고 官師의 愆謬를 시정하는 일 역시 대신의 소관이라는 것이었다.77) 그럼에도 현실의 대신은 이러한 책무와 역할에서 크게 벗어나 있다고 지적하였다. 예컨대 賢邪의 進退는 미리 파악해 둔 것도 없이 그저 銓曹의 일로 미루고 君上·官師의 闕失愆謬는 시정할 엄두도 못 낸 채 臺諫의 소관으로 떠넘긴다는 것이다. 또 事體가 어그러지고 政敎가 무너지는 등 국가·민생의 利害에 관계되는 큰 문제에 대해서는 자기의 힘으로는 미칠 바가 아니므로 유능한 사람이 나오기를 기다려서 해결할 것이라고 회피하는 등 국왕에게 힘써 건의해야 할 일에서조차 그 鄙瑣함이 심하여 凡人들조차 말하기 부끄러운 지경이었다. 박세당은 이를 가리켜 '大臣이 厭事하는 폐단'이라고 했는데78) 요컨대 국왕을 보필하여 국정을 주도하는 역할을 방치하고 있다는 지적이었다.

특히 박세당은 당시 관인들이 朝廷進退에서 헛된 名分에 집착하는 태도를 비판하였다. 앞에서도 말했듯이 대신의 책무는 嘉猷勉盡, 즉 국가·민생에 관계되는 큰 계책에 전력을 다하는 것으로 節度를 삼아야 함에도 대개는 '進退'라는 한 가닥의 名分에 매달려 한 몸의 청백함[自潔]에만 힘쓰는 경향이 심해졌다는 것이었다. 그는 古人의 "進有一事 退有一事"하던 행적과 당시의 이른바 名公들이 "其在位無可稱 其去位無可名"한 것과 비교해서 지적하기도 하였다.79) 조정에 나섰으면 그에 상응할 만큼의 실질적인 성과를 올려야 하고 만약 물러난다면 물러나는 이유가 납득할 수 있을 만큼 분명해야 한다는 것으로서 이는 名望을 누리는 관인·유자들의 出處·進退가 虛名에 불과함을 말한 것이었다. 구체적으로는 당시 山林으로

---

76) 『西溪集』卷5, 應求言疏, 丁未, 9ㄴ.
77) 위와 같음.
78) 『西溪集』卷5, 應求言疏, 丁未, 10ㄱ.
79) 『西溪集』卷7, 與南相國(九萬)書, 11ㄱ.

서 정계·학계에 크게 영향력을 행사했던 宋時烈의 거취를 겨냥한 것으로
보인다.

대신의 厭事를 군주의 倦政과 함께 특히 꼽고 있는 것은 군주와 대신이
야말로 정치운영·국가경영을 책임져야 할 중심 주체로 보기 때문이었다.
또 현실의 정치에서는 군주·대신의 주체적 역할이 거의 보이지 않고 따
라서 정치의 실상이 비정상적이라는 강한 비판의식이 깔린 것이기도 하였
다.[80] 그럼에도 박세당은 臺閣으로 표현되는 언론의 기능을 중시하였다.
예컨대, "임금과 재상에 대하여 是非를 따지는 것은 대각의 직분"[81]이라면
서, "오늘날의 대신은 바로잡아 주는 말을 한 마디만 해도 문득 성난 얼굴
을 짓는다"하고 그런데도 임금이, "마구 대각의 기세를 꺾고 대신을 위로
해 주려고만 한다"고 비판하였다.[82] 재상이나 정승이라 할지라도 잘못이
있다면 私的인 교분이나 의리에 얽매이기보다는 公共의 義理에 입각해서
論責하는 것이 대각의 임무라는 것이었다.[83] 이러한 박세당의 논리는 일

---

80) 군주와 대신이 國務에 임하는 태세가 이렇게 倦政·厭事로 보였기 때문에 박세
  당은 바람직한 大臣像을 현실의 정치운영에 나섰던 실제 인물 가운데서 찾으려
  했던 것으로 보인다. 예컨대 선배로서는 崔鳴吉·李景奭을 꼽고 崔錫鼎·南九萬
  은 동년배로서 기대했던 것 같다. 특히 최명길에 대한 평론에서는 才·識·忠·
  勇을 겸비하고도 "身家不顧"하였음을 드러내어 칭송하였다. 즉 진정 公·君·國
  을 위해서라면 私·家·父에게 최선을 다하기 어렵다는 것으로서 모름지기 大臣
  의 지위에 있는 사람은 이러한 자세를 지닐 것을 요구함이겠다(『西溪集』卷11, 領
  議政完城府院君崔公神道碑銘, 28ㄴ~42ㄴ 참조). 그는 자신의 妻男인 남구만에
  게는 "甲戌換局"의 상황에서, 대신의 나라에 대한 책무는 무사한 때는 進退를 논
  할 수 있지만 위급한 때는 死生을 걸고 나가야 할 뿐 節俠에 머물거나 자질구레
  한 節次에 구애되어서는 안 된다는(『西溪集』卷19, 與南雲路(九萬), 갑술 7월 2
  일, 11ㄱ) 등 재상·대신으로서의 임무와 처신에 대해 누누이 충고하고 또 건의하
  였다.
81) 『顯宗改修實錄』卷7, 顯宗 3년 7월 丙戌, 37冊 280下ㄱ~ㄴ ; 『顯宗實錄』卷5, 顯
  宗 3년 7월 丙戌, 36冊 341上ㄱ~ㄴ.
82) 『顯宗實錄』卷5, 顯宗 3년 7월 辛卯, 36冊 341下ㄱ~ㄴ ; 『顯宗改修實錄』卷7, 顯
  宗 3년 7월 壬辰, 37冊 281下ㄱ.
83) 『顯宗實錄』卷5, 顯宗 3년 7월 辛卯, 36冊 341下ㄱ~ㄴ ; 『顯宗改修實錄』卷7, 顯
  宗 3년 7월 壬辰, 37冊 281下ㄱ. 그는 물론 이러한 논리를 언관직에 있는 자신에
  게 엄격히 적용하여 당시 권세가 컸던 金佐明·元斗杓를 탄핵하였으며 또한 산

면 언론권을 강조하는 듯한 인상을 주지만 그보다는 정치운영의 공공성을
확보하되 특히 대신의 자질과 책무의식을 환기하려는 의도가 더 컸다고
생각된다.

이 시기의 중앙정치는 대체로 君主·大臣·言官의 세 주체가 있고 여기
에 재야의 사림을 대표하는 山林이 일정한 영향력을 행사하는 구조였다.
한편 정치세력으로서 宗親과 外戚, 그리고 畿湖·嶺南으로 대별되는 지연
에 학연·문벌이 결합한 사림세력이 朋黨의 형태로 정치에 연결되어 있었
다. 현실적으로는 국정을 주도해야 할 군주와 대신의 정치력이 黨色을 반
영하는 언관·산림의 정치력과 균형을 이루지 못하고 일방적으로 압도되
는 상태에 있었다.[84] 다시 말하면 군주·대신으로 표상되는 執政權이 민
생·국방 등 국가의 公的 시정책을 추구하더라도 언관·산림으로 대표되
는 재지 士林의 私的 이해관계를 반영하는 여론에 밀리기 마련인 정치운
영 형태였던 것이다. 형식상 전제권이 부여되어 있는 군주였지만 이른바
'公論=士論'의 견제를 받아 정치적 결단을 내리기 어려웠으며 대신은 더구
나 군주와 언론의 중간에서 주체적 입장을 확립할 기회가 거의 없는 처지
였다. 이렇게 보면 박세당이 말하는 倦政과 厭事, 즉 군주가 신료들에게
권태감을 느끼고 대신이 정무에 염증을 느껴서 정치가 방치되는 이유는
충분히 있었던 것이다.

박세당은 당시의 정치가 이와 같이 제도적인 모순이나 운영상의 폐단에
빠져 있는 현상과 그 원인을 나름대로 파악했던 것으로 보인다. 그러나 그
는 정치제도나 그 운영방식 자체를 문제삼지는 않았다. 다만 군주와 대신
이 소정의 책무를 제대로 수행하지 않고 따라서 君臣間에 최소한의 상호

림의 영수 宋時烈에게도 굽히지 않았다.
84) 조선후기 정치운영·정치세력·권력구조에 관련해서는, 姜周鎭, 『李朝黨爭史硏
究』, 서울대학교 출판부, 1971 ; 李泰鎭 外, 『朝鮮時代 政治史의 再照明』, 범조사,
1985 ; 李成茂 外, 『朝鮮後期 黨爭의 綜合的 檢討』, 한국정신문화연구원, 1992 ;
李佑成, 「李朝 儒敎政治와 '山林'의 存在」, 『韓國의 歷史像』, 창작과비평사, 1982
; 禹仁秀, 「朝鮮 顯宗朝 政局의 動向과 山林의 役割」, 『朝鮮史硏究』 1, 복현조
선사연구회, 1992 ; 정홍준, 『조선중기 정치권력구조 연구』, 고려대학교 민족문화
연구총서 73, 1996 참조.

신뢰나 협력조차 이루어지지 못함을 지적하는 선에서 문제를 부각시키고 있을 뿐이었다. 이것은 정치현실의 정확한 파악이나 해결책의 제시로서는 소극적인 태도라고 하겠는데 執權圈의 거의 중심부에 속해 있는 그의 정치적 입장 때문일 수도 있었다. 이미 살폈듯이 官職에 머문 지 10년이 채 되기도 전에 과감히 田野에 隱居하기로 결심한 것은 아마도 이렇게 자신이 처한 현실적 한계를 벗어나려는 시도이기도 했을 것으로 생각된다.

아무튼 국가·정치운영이 비정상적이라고 보는 박세당의 관점은 군주와 大臣으로서의 道理·責務를 재확인하고 군신 상호의 신뢰 회복을 통해서 국가·민생문제를 다루어 갈 것을 기대하는 선에서 머무는 것이었다. 그것은 요컨대 군주가 스스로 분발하여 民生을 보호할 책임을 자각하는 한편 대신을 대신으로 禮待하며 그 직분을 다하도록 責勵하는 일이라고 하였다.[85] 그러면 과연 그는 이렇게 하는 것으로 문제가 풀려 가리라고 믿었던 것일까. 이것은 정치운영에 관련한 거의 모든 문제점이 일차 군주에게서 비롯되고 또 군주에게 그 책임이 귀결된다는 이해방식으로서 관인 식자들 일반의 정치·군주인식과 별로 다른 것이 아니었다. 유일한 사회·정치세력, 지배세력인 양반지배층의 비대화가 자체의 분열을 낳고 이들의 政爭이 君權을 위축시키고 있는 이 시기 정치·권력구조가 지니는 특징과 그 모순의 본질을 파악하기는 결코 용이하지 않았다. 그러므로 박세당이 당시의 정치제도와 운영과정에서 야기되는 문제점을 군주의 책임 하에서 해결할 수 있다고 보는 것도, 그리고 여기에 적극 기대하는 것도 무리는 아니었던 셈이다.

顯宗에게 臣僚를 禮待하라고 요구한 것은 바꾸어 말하면 公的이며 法制에 따른 君臣關係를 실현하자는 주장이었다. 박세당은 우선 현종의 신료들에 대한 恣意的인 言辭가 군주로서의 품위를 잃고 있다고 비판하였다. "重臣을 마치 僕隷 다루듯이 하며, 臺臣들을 동서남북도 모르는 어린 아이로 취급하며, 經幄에 나온 신하들에게 업신여기는 말을 서슴지 않아 君臣 사이의 體貌가 크게 손상되었다"[86]는 항변이 그것이었다.[87] 또 "臣

85)『西溪集』卷5, 應求言疏, 丁未, 10ㄱ.

子로서 君父를 譏嘲한다"[88]고 하였듯이 현종은 신료들에 대해 개인적인
감정이나 불만을 터뜨렸는데 이는 在上者(군주)로서의 정당한 태도가 아
니라고 반박하였다. 즉 신료들에 대한 현종의 怒言과 聲氣, 자의적이고 방
만한 언어와 처신이 조정의 분위기를 냉각시키고 군주와 신료, 신료 상호
간에 불화와 불신을 조장하는 큰 원인이라는 것이었다. 그리하여 박세당은
현종에게, 재위하는 동안 三司匡拂之言에 대해서조차 손을 내저어 밀쳤을
뿐 한 번도 虛受之美를 보인 적이 없다는 것, 君心에 합치하지 않는다는
이유로 拒諫한다면 이는 왕이 스스로를 현명하게 여기어 聖人의 '予違하
지 말라'는 계율을 어긴 것이라는 것, 凡事의 可否는 事理의 當否에 있는
것이지 聲氣로써 신하의 意思를 摧折해서 될 일이 아니라는 것, 오히려 신
하의 잘못이나 부족함을 釋然히 깨우쳐 주고 합당한 의견은 채택해 주어
야 할 것 등을 간곡히 제언하였다.[89] 그리고 이렇게 되면 조정의 일이 公
義로써 相爭하고 和氣藹溢하게 될 것이므로 국사가 잘못될 까닭이 없으리
라고 기대를 걸었다. 그도 역시 君臣關係를 '父子의 恩義關係'[90]와 동일시
하고 있었으므로 君父인 군주가 臣子인 신료들을 가르치고 이끌어 가 주
기를 기대하는 것이며 또 자신은 바로 臣子의 입장에서 君父인 현종에게
호소하는 것이라 하겠다. 특히 여기에서 주목되는 것은 종래 통념으로 정
당시되어 온 윤리적·개별적 군신관계에 집착을 보이기보다 공식적·법제
적 관계로 전환하는 계기를 만들려고 시도하는 점이다.

신료들에 대한 국왕 현종의 怒言·聲氣·體貌 등을 문제삼아 이 정도로
공개적으로 지적할 수 있었던 박세당의 논의 자체가 신료집단의 강력한
간쟁권·언론권이 보장되어 있었음을 입증하는 것이라고 할 수 있었다. 명
실상부한 전제군주제였다면 명백한 군주의 과실조차도 공개적으로 비판하

---

86) 『西溪集』 卷5, 玉堂論事箚, 丁未 9월, 17ㄱ.
87) 그는 왕의 말이 듣기에 거북하고 오만스럽게 여겨지기가 옛날의 무도한 임금도
　　이보다 더하지는 않았을 것이라고 했다(『顯宗實錄』 卷14, 顯宗 8년 9월 辛未, 36
　　冊 566上ㄱ).
88) 『西溪集』 卷5, 玉堂論事箚, 丁未, 9월, 17ㄴ.
89) 『西溪集』 卷5, 玉堂論事箚, 丁未, 9월, 17ㄴ.
90) 『西溪集』 卷5, 辭司諫再疏, 戊申, 19ㄱ.

는 일이 용이하지 않았기 때문이다. 유교의 정치원리에서는 기본적으로 신하의 諫諍權이 보장되어 있었고 그 간쟁의 내용이 군주의 윤리·도덕적 완성을 요구하는 것이었기 때문에 군주의 전제권은 여기에 일정한 제약을 받게 마련인 데다가 17세기의 정치운영에서는 특히 대간의 간쟁이 우세하고 군주는 이에 대항할 어떠한 이론적·제도적 장치를 장악하지 못하고 있었다. 국왕은 사실상 꽉 짜여진 주자학의 정치논리와 이를 앞세운 三司의 간쟁, 사림을 배경으로 한 山林에 포위되어 있는 것이며 반면에 신료로서 나서서 군주의 입장을 변호하거나 두둔하는 일은 정치윤리상 결코 용납되지 않았다. 조선왕조 전 시기를 통하여 한 번도 王黨派가 구체적으로 형성된 적이 없었던 사실이 이를 잘 말해 준다. 신료집단의 견제를 받는 군주의 소극적 반발이 怒言·聲氣로 폭발한 것이며 신료들이 보기에 이것은 군주의 체모를 여지없이 훼손하는 일로 간주되었던 것이다.[91]

이렇게 보면 박세당의 건의는 그같이 감정적으로 신료를 접견하는 것이 군주의 권위를 더욱 약화시키는 한 요인이었음을 군주로 하여금 자각토록 촉구하는 의미가 있었던 셈이다. 요컨대 大臣의 책무의식이 환기되고 정치운영에서 그에 상응하는 역할과 지위가 확립된다면 이는 적어도 두 가지의 중요한 의의를 띠게 될 것이었다. 하나는 대신의 보필을 받은 군주의 위상과 권능이 한층 강화됨으로써 신료들에게 怒言·聲氣를 앞세우는 군주가 아니라 그들을 통제하고 그들의 분열과 대립을 조절하는 군주절대권의 긍정성이 확인될 일이었다. 다른 하나는 방만한 言論權을 행사하면서도 정책의 심의 결정이나 그 결과에 대한 책임을 지지 않았던 臺諫의 정무 침해를 大臣이 적절히 제어함으로써 신료집단 내부의 위계질서와 책임 의식이 확립될 것이었다. 박세당이 대신의 輔弼 임무를 강조하는 까닭이 여

---

91) 서인과 남인이 각각 작성한 顯宗의 行狀에서는, 군주로서 현종의 자질과 태도를 서로 상이하게 서술하고 있다(尹鑴 撰, 『顯宗實錄』, 顯宗大王 行狀, 37冊, 81~93 쪽 ; 南九萬 撰, 『顯宗改修實錄』 顯宗大王 行狀, 38冊, 199~202쪽 참조). 이 시기 君主觀·君主權의 존재양상에 대한 매우 중요한 시사를 준다. 박세당은 송시열과 달리 현종을 칭송하기도 해서(『西溪集』 卷13, 海州牧使羅公(星斗)墓碣銘, 26ㄱ) 개인적으로는 不好의 감정이 별로 없었던 것으로 보이나 서인 일반의 인식과 크게 다르지는 않았던 것으로 보인다.

기에 있었던 것이라 하겠다.92)

5. 맺음말

유교·주자학은 治者의 道理와 分을 기본으로 하는 학문·정치론이었
다. 박세당은 중세사회 질서가 동요하는 위에 兩亂의 전후 수습문제가 겹
쳤던 變動期에 당하여 정치·사회현실을 비판적으로 直視하고 이를 농민
적 입장에서 해결함으로써 치자의 책무에 충실하려 했던 儒者였다. 심각한
당면 과제들이 복잡하게 얽히고 따라서 논자들 사이에 관점과 입장의 차
이가 크게 드러나는 가운데서 그는 누구보다도 이를 고민하면서 대안의
모색에 힘썼다. 三司의 要職을 두루 거치고 있었으나 對淸關係 문제에서
같은 西人의 영수 宋時烈과 견해가 어긋났고 나라 안팎의 소강국면에 안
주하려 드는 조정의 분위기에도 실망하였다. 그리하여 정치현실에서는 자
신의 소신을 펴기 어렵다고 판단하고 서울 근교의 石泉洞으로 퇴거하여
손수 농사를 지어 생계를 꾸리며 학문의 연구에 힘쓰는 晝耕夜讀·儒者稼
穡의 삶을 수행했다. 이는 "進則 立於朝而行其道"·"退則 耕於野而食其
力"이라고 스스로 설정한 士, 즉 士大夫의 處世原則을 실천에 옮긴 것이
기도 하였다. 그는 몸이 비록 草野에 있으면서도 子姪들의 出處·仕宦態
度를 지도하거나 少論의 영수였던 南九萬의 정국 대응에 대한 격려와 조
언을 아끼지 않았다. 아마 이는 정치에의 미련이 있었다기보다는 修己治
人을 달성하려는 사대부의 자세가 본시 그래야만 했던 탓이라 하겠다.

박세당이 구상하고 실현하려 했던 사회 정치적 목표는 일단 유교사상
본래의 정신에 입각한 조선왕조 질서의 재건이었다. 그는 이를 왕조의 '守

---

92) 이러한 박세당의 대신론은 그가 名臣·賢相으로 꼽았던 崔鳴吉의 견해를 많이
참작한 것으로 보인다. 최명길은 議政府의 署事權 복구, 臺諫의 避嫌法·呈告法
정지, 備邊司의 축소 등에 의해 大臣과 언관의 책임을 강화하자는 견해를 내었다.
그의 『遲川集』 卷7, 論官制箚 ; 『遲川集』 卷11, 丙子封事, 第3章에서 그 대강을
살필 수 있다.

成'이라고 했는데 다름아닌 구래 문물제도의 누적된 폐단을 제거하여 사회
·정치기강을 바로 세우는 일이었다. 수성을 위한 당면과제, 법제 변통의
우선 목표는 당연한 일이지만『孟子』를 비롯한 유교 경전의 이른바 '保民'
에 두게 되었다. 보민이란 물론 爲民·愛民과 같은 의미였는데 이는 다름
아닌 民의 恒産을 보장하는 일, 民生의 안정이었다. 박세당은 진보적인 지
식인이나 실학자들이 그랬던 것처럼 井田制나 '耕者有田'의 실현을 주장
하는 대신에 부세제도의 이념을 새롭게 정립하고 그 운영방식을 개혁함으
로써 保民을 실현하려고 생각했다.

　보민의 정치, 왕조의 수성은 양반 관인층 일반의 책무였다. 박세당은 특
히 군주와 대신의 책무의식을 강조하였다. 물론 유교의 修己治人論에 근
거한 발상이었다. 즉 수성·개혁의 임무는 군주와 이를 보필하는 대신에게
부과된 것임을 재확인하고, 이를 위해서는 君臣이 함께 심기일전하여 지금
까지의 無實한 擧措, 겉치레(文具·虛文)에 익숙해져 온 타성을 떨쳐 버
릴 것을 촉구했다. 그리하여 국왕 현종에게는 聖志·視朝·聽政의 3가지
를 군주가 지녀야 할 새로운 태도로 제시하게 되었다. 國政 수행의 방향과
목표를 세우는 군주의 적극적 의지를 聖志라고 한다면 국왕이 신료들을
독려하여 政務를 보고받고 政令을 처결하는 일이 視朝·聽政이었다. 이는
일단 그 무렵 국정에 임하는 국왕의 무기력한 태세를 신랄하게 비판한 것
이면서도 정치·사회의 누적된 폐정을 개혁하여 법제질서를 새롭게 정비
함으로써 국가·민생을 보장하고 제계층과 세력의 이해관계를 적절히 조
정하는 주체자로서의 군주와 그 권능을 부각시키는 논의이며 대안의 제시
였다.

　정치운영과 법제 개혁은 군주 한 사람의 힘만이 아니고 대신을 비롯한
신료집단의 책임의식과 능동적인 참여를 통해서 이루어지는 일이기도 했
다. 박세당은 신료의 기능을 대체로 國政 전반을 파악하여 군주를 보필하
는 大臣의 일, 賢才를 뽑아 올리고 冗官을 汰去하는 銓衡의 일, 그리고 君
上·官師의 是非得失을 論駁하는 臺閣의 일 3가지로 나누었는데 당시의
신료들은 이러한 본연의 임무에서 크게 이탈해 있는 실정이었다. 대신의

경우 눈앞의 폐단을 보고도 '不可輕議'라고 회피하거나 유예미결하여 책무의 방치가 더욱 심했다. 그리하여 그는 신료들이 헛된 名分이나 한 몸의 淸名에 집착하여 出處·進退를 경솔히 결정하지 말 것과 厭事, 즉 정무의 수행에 염증을 내지 말 것을 우선 주장했다. 이는 정치운영의 주체와 기능을 대개 국왕의 處決權에 대한 대신의 輔弼과 언관의 諫諍 임무로 압축한 것인데 이들 사이에 상호 신뢰와 公的·法制的 관계를 정립하고 禮待와 責勵를 강화함으로써 國利民生을 위한 치자의 책임을 실현하자는 제의였다.

이렇게 보면 왕조의 수성과 廢法의 개혁이라는 과제를 앞에 둔 박세당의 君臣論은 다음 몇 가지의 특징과 의의를 지니는 것으로 된다. 먼저 개혁 수행의 구심점을 군주에게 두었으므로 군주권이 군주 자신의 聖志·視朝·聽政에 의하여 강화되어야 할 뿐만 아니라 신료들의 출처·진퇴와 政務署事·銓衡·諫諍 임무 역시 군주 보필이라는 차원에서 수행되어야 했다. 다음 이것은 君·臣, 臣僚 상호간에 信賴·公義 의식의 확립을 통해서 가능한 일이었으므로 여기에는 人民에 대한 治者로서의 책무의식이 전제로 되었다. 마지막으로 이러한 박세당의 군신론은 君主聖學論·世道宰相論·經筵强化論으로 뒷받침되는 정통주자학의 군주론이 군주의 전제권을 일방적으로 억제하여 신권 주도의 정국운영으로 귀결되는 것과는 달리 일정하게 신권의 역할을 중시하면서도 궁극에는 군주권의 신장을 지향하는 것이라고 할 수 있겠다. 따라서 이는 신료집단의 치열한 정치 항쟁으로 정국이 마비되거나 정책의 추진이 지지부진할 수밖에 없었던 당시의 사정을 타개할 대안으로서의 의의가 컸다. 그런 점에서 박세당의 군신론은 조선후기 진보적 정치사상, 이를테면 실학의 군주관과 맥락을 함께 하는 것이기도 하였다.

(『東方學志』 100, 1998. 6)

17世紀 地方制度 改革論의 展開

吳 永 敎

1. 序論

　17세기 조선은 中國과 日本의 王朝交替를 주시하면서 내적으로 극심한 전쟁의 폐해를 치유해야 하는 二重의 어려움을 겪고 있었다. 壬亂 이후 中國과 日本에서 王朝와 政權이 改替되는 변화가 있었던 점을 비교하여 볼 때 실질적인 戰場이었던 조선에서 전쟁패배 및 그로 인한 모든 혼란의 책임은 전적으로 정부, 지배층에 있었다. 이에 대해 정부는 체제 붕괴의 위기의식 속에서 다각도의 國家再造 方案을 모색하게 된다. 우선 통치이념인 性理學的 規範을 강화하여 公的 秩序를 회복하려는 綱常의 확립차원에서 문제에 접근하였다. 그런데 농업을 기반으로 했던 조선사회에서 전쟁으로 인한 農耕地의 荒廢化, 人口의 流離·減少라는 人的·物的 土臺의 상실이 더욱 커다란 문제가 되었다. 따라서 정부는 생산체계 및 農業勞動力의 시급한 회복과 복귀를 위해 보다 구체적인 대응책을 강구하지 않을 수 없었다. 戶口와 田結의 확보란 民의 생존조건의 회복과 국가재정체계 확립이라는 民利·國計의 목표를 동시에 이루어 낼 수 있는 전제조건이기 때문이다. 이에 관련된 제반 사회·경제·재정정책은 17세기 전 기간을 통해

집중적으로 제기되는 가운데 정부는 당시 국가적 현안과 향촌사정 그리고 政權擔當層의 입장 등을 감안하여 국가정책으로 수렴·확정하였다.

그런데 이상의 諸政策이 시행되는 場은 향촌사회이며 施惠의 당사자는 農民들이었다. 따라서 한시적이고 단편적인 정책이 지속적이고 효율적으로 시행되기 위해서는 生産·租稅收取·統治의 기반인 향촌사회의 제도적 정비가 수반되어야만 했다. 이에 따라 정부는 향촌의 기저적인 변화에 대응하고 國家再造를 위한 法制의 완성으로서 지방제도의 정비에 적극 나서고 있었다.

한편 17세기에 등장한 國家再造 방략의 내용은 政論家들의 現實認識과 黨色에 따라 뚜렷하게 대비되는 면을 볼 수 있다.[1] 특히 그 연장선상으로 民과 鄕村에 대한 法制的 整備·改革으로서의 의미가 있었던 鄕政論에서도 커다란 차이가 드러났다. 鄕村政策·地方制度 改革案에 관해 가장 활발한 논의가 전개된 顯宗末·肅宗初의 시기를 중심으로 볼 때 첫번째의 흐름은 白湖 尹鑴와 그에 동조했던 南人政權의 政論家들의 견해를 들 수 있다. 두 번째의 흐름은 이들 南人과 일정하게 대응되는 위치에 있었던 西人(老論)계열로서 金錫胄를 비롯한 金壽恒·金壽興 등의 견해였다.

당시 鄕政論(五家統·號牌法·鄕約法·戶布論)을 둘러싼 치열한 논의·시행과정에서 贊反論者들 사이에는 '封建制 再行論', '順天心', '得民心' 그리고 '養民', '制民'에 대한 인식의 상이함과 구체적인 관철방안의 차별성을 드러내었다.

---

1) '國家再造論'은 17세기 이후 조선사회의 극심한 위기상황을 극복하기 위해 당시 政論家(官人, 儒者)들이 사회 정치 경제 사상적인 제영역에 걸쳐 제기한 改革論·時務論·現實對應論理를 일컫는다. 조선전기 이래의『經國大典』的 체제의 극복 방안과 새롭게 구성될 사회 국가 체제에 대해서 黨色과 學緣 그리고 현실인식에 따라 상이한 견해가 제시되고 있다. 가령 중세적 질서의 두 축인 사회신분제와 토지제를 전면 개혁하려 하는 변법적 논리가 그 上限이라면 기존 체제의 유지를 전제로 부분 개선에 그치는 소극적 개량론이 그 下限을 이룬다고 보겠다. 이 시기 '국가재조론' '국가재조기'의 개념과 사상적 의미에 대해서는 金容燮,『朝鮮後期 農學史 硏究』, 일조각, 1988, 111~113쪽; 金駿錫,「朝鮮後期 國家再造論의 擡頭와 그 展開」, 연세대학교 대학원 박사학위논문, 1991의 연구에서 파악할 수 있다.

본고에서는 黨色·學緣·現實認識에 따라 상이하게 표출된 國家再造 方略과도 관련하여 兩系列의 鄕政論이 지닌 思想的 基低와 논리구조를 비교하고 차후 執權層 내부의 합의를 통해 국가정책으로 채택되는 과정에 대해 고찰하고자 한다.2)

2. 白湖 尹鑴의 五家統·紙牌制論

尹鑴는 顯宗 말년(1674) 甲寅禮訟에서 승리한 이후 肅宗初(庚申換局 이전)까지 정권을 담당한 南人계열의 한 政論家로서 그의 개혁론은 許積 과 權大運 등에 의해 지지되었다.3)

---

2) 여기에서 살피고자 하는 시기와 범위는, 孝·顯宗 연간의 오랜 논의를 거쳐 비교 적 鄕政論에 대한 여러 정책이 시행되었던 顯宗末 肅宗初의 南人政權과 庚申換 局 직후 西人·老論政權의 논의과정을 중심으로 대비하고자 한다.

3) 白湖 尹鑴의 政治·經濟·兵政에 관한 개혁론의 大系에 관해서는 韓㳓劤,「白湖 尹鑴硏究-특히 經世論을 중심으로(一, 二, 二)」,『歷史學報』15·16·19집, 1961 ·1962 참조. 17세기 정치의 주된 쟁점은 禮論·北伐과 같은 名分的인 것이었다. 왕실의 典禮문제를 둘러싸고 벌어진 禮訟은 '守朱子','脫朱子學'이라는 성리학 이념에 대한 이해 차이에서 비롯된 것이며, 한편으로는 王權論과 臣權論 등 정치 ·경제개혁의 주도권을 둘러싼 현실문제를 포함하고 있었다(金駿錫, 앞의 글, 1991, 6~8쪽). 조선왕조는 禮學의 발전을 기반으로 하고 宗法을 중심으로 한 禮 治의 징치형태를 띠고 있었다. 이와 같은 정치구도 속에서 禮의 儀則에 의해 政 治의 紀綱을 세우고 사회의 통제를 실행함이 크게 강조된다. 특히 왕실의 典禮문 제는 왕위계승의 정통성 및 君權, 君主의 실세를 부각시킬 이론 근거로서 연관되 므로 거국적인 쟁점으로 비화될 수밖에 없었다. 한편 집권 西人 내에서는 大同法 의 실시를 둘러싸고 漢黨과 山黨으로 분열되고 顯宗이 즉위하자 金堉의 아들인 金佑明·佐明형제는 집권당인 山黨의 宋時烈派와 대항하기 위해 許積·許穆· 尹鑴·吳挺一 등과 결탁하기에 이른다. 1674년 慈懿大妃의 服喪問題가 대두되었 는데 孝宗을 長子로 보면 朞年服을 입어야 하나 次子로 보면 大功服(9개월)을 입어야만 했다. 그 해 8월 顯宗이 승하하고 肅宗이 즉위하면서『儀禮注疏』에 "次 長子가 承重한 즉 長子라 한다"는 입장을 적극 지지하는 許積이 院相이 되어 朞 年說을 확증하였다. 西人의 경우 宋時烈·金壽恒계열의 山黨이 '天下同禮'의 원칙 하에 仁宣王大妃를 次子婦로 규정하고 大功服을 주장하였으나 戚臣으로 위세를 떨치던 金錫胄가 南人의 朞年說에 적극 동의하면서 대립하게 된다. 제2차

당시 중국 대륙에서는 淸의 지배가 점차 확립되어 가는 가운데 漢族復興을 내세운 '吳三桂의 亂'이 발생하였고, 국내에서는 明 神宗의 國家再造의 은혜를 상기시키며 尊華思想의 義理論을 내세운 '復讐雪恥'의 주장이 재강조되었다. 孝宗 이후 北伐論이 크게 대두되었다. 이는 敗戰의 책임으로부터 벗어나 국가의 正體性을 확보하고 혼란을 수습하는 수단으로 삼으려 한 지배층이 적극 내세운 논리였다. 肅宗 연간 역시 孝宗代와 비교해 볼 때 정도가 다소 약하고 갖가지 수식어로 분식되기는 했으나, 尹鑴를 비롯한 신료들에 의해 親明排金 정책이 거듭 표명되었다.

이 시기 정부의 최대 현안은 良役弊의 시정과 良役의 확보 문제였다. 南人政權의 良役에 관한 논의는 앞선 顯宗代의 戶布논의가 실패로 끝난 데 영향을 받아 兒弱·白骨徵布의 폐단에 대한 진단과 대책에서부터 재출발하고 있었다.[4] 南人政權 역시 기본적으로는 종전 西人政權의 군비확장정책의 연장선상에서 良役變通問題에 접근하였다. 아울러 白骨·兒弱徵布·隣徵·族徵과 같은 良役弊가 일차적으로 良丁부족에서 초래되었다고 규정하고 良丁확보를 위한 여러 방안을 모색하였다. 良役문제에 대한 變通案은 17세기 당시 민과 향촌의 현실을 어떻게 인식하느냐에 따라 달리 제기되었고, 향촌 내에서의 구체적인 징수방안도 상이했다.

五家統·紙牌制로 상징되는 尹鑴의 鄕政論은 良役變通과 관련되어 제기되었으나, 단지 부세수취의 차원이 아니라 민과 향촌사회에 대한 항상적인 통치조직으로 확립하고자 한 데 특징이 있다. 즉 尹鑴는 이 제도의 운영을 통해 국가적 목적 하에 일과적으로 수행되는 避役者의 索出, 良丁搜

甲寅禮訟(1674년)은 기본적으로 학파를 중심으로 한 사상적 차이가 禮訟을 통해 性理學 理念論爭을 불러일으킨 것이나 전개과정 속에서 정권장악을 위한 각 당파 내의 분열과 이합집산이 동시에 이루어진 논쟁이었다. 그 결과 許積·許穆·尹鑴 등 南人이 西人 漢黨의 金錫胄, 福昌君 형제와 연합해서 宋時烈·金壽恒 계열의 西人 山黨을 제거하여 정권을 장악한다(李建昌,『黨議通略』, 顯宗朝 ; 姜周鎭,『李朝黨爭史研究』, 서울대학교 출판부, 1971, 303~313쪽).

4) 國王 顯宗과 諸大臣들이 國論으로서 결정한 戶布論이 시행 직전 좌절된 사정에 대해서는 池斗煥,「朝鮮後期 戶布制의 論議」,『韓國史論』19, 서울대학교 국사학과, 1988, 303~305쪽 참조.

括策의 방법을 지양하고 부세수취 대상인 민과 향촌에 대한 지속적이고 법제적인 지배를 지향하였다. 尹鑴는 五家統制를 하부구조로 하는 面里制를 주목하고 향촌내 사회조직과 기구를 포괄하여 공적 사회제도로서 정비하고자 하였다. 아울러 군현 내 공적통치조직 외에 "相親愛 相救恤 篤人倫 敦信義"라는 내적 윤리의식을 확보하기 위해 별도의 鄕約조직을 설정하여 洞規 아래 契조직을 하부기구로 두어 향촌민에 대한 지배에 활용하고자 했다.5)

1) 改革論의 思想的 基低

尹鑴가 지방제도 개혁론의 근거로 삼은 것은 三代의 정치제도이며 핵심적인 개혁사안의 하나로 든 것이 鄕政制이다. 그는 "大志를 세워 聖學에 힘쓰고 인재를 모아 天職을 함께 하며 民弊를 바로 잡아 邦本을 군히고 軍務에 충실하여 외적을 방비하며 鄕政을 닦아 積弊를 없애고 禮를 완결하여 조정을 안정시키며 大系를 결정하여 天時에 따라야 한다"고 하여 자신의 개혁론의 대체를 밝히고 있다.6)

그렇다면 尹鑴가 따르고자 한 先王의 制度는 무엇인가. 이는 周代 封建制에 대한 이해를 통해 설명될 수 있다. 모든 儒者들이 숭상하는 三代, 즉 禹·湯·文·武의 聖賢이 창제한 왕조인 夏·殷·周 시대에 가장 전형적으로 시행된 기본적 政制가 바로 封建制였다. 주지하듯 周代 封建制는 안으로 宗法制度와 長子相續制로서 사회질서를 수립하고 밖으로는 이를 확대시킨 血緣的 封建制度를 지배기구로 하였다. 즉 天子를 정점으로 累層的 宗法秩序를 내외적으로 확립하여 종족내 및 종족간의 질서를 禮로써 내면화하고 도덕으로 규범화한 지배양식이다. 이러한 政制의 경제적 기반은 井田制였다. 반면 郡縣制는 春秋戰國時代의 변혁기를 거쳐 秦漢에 이르러 형성된 것으로, 周代의 血緣에 의한 宗法秩序를 대신하여 국가질서로서 군주 한 사람으로부터 벽지 말단의 良民에 이르기까지 국가권력이

---

5) 『白湖全書』 卷31, 雜著, 鄕約條目, 1301쪽.
6) 『肅宗實錄』 卷2, 肅宗 원년 正月 戊辰, 38冊 233쪽(국사편찬위원회 영인본).

미칠 수 있는 作爲的 秩序를 기간으로 하였다. 또한 당시 광범위하게 전개
된 小農民層을 권력기반으로 장악하고 그 지배수단으로 관료기구를 창안
하여, 非血緣的·法制的·作制的 국가질서를 통해 지배권력을 관철시켰
던 지배양식이었다.[7] 그런데 전통적으로 많은 儒者들은 封建制를 부정한
秦朝의 國祚가 단명하였고 法家的 통제정치가 행해졌다는 사실로 인해 漢
이래로 秦은 失德棄義한 왕조이며 폭악한 왕조라고 지적하고, 거듭 封建
制를 稱揚하며 그 復活 再行을 주장하였다.[8]

尹鑴는 宋代 胡宏의 封建制支持論을 적극 추종하였다.

> 胡氏之論曰 封建者 先王公天下之大端大本 郡縣者 百世暴主之私 一
> 身之大擊大殘[9]

이라 하여 封建制는 公天下의 大端·大本이라는 규범적 가치에 합당하나
郡縣制는 私的으로 一身의 人欲에 쫓은 것이라면서,

> 方分天下之地 以爲萬國 而擧賢才共焉 聖王之公心也 樹侯王君公建侯
> 甸男衛 大小强弱之相維 而不可動 則天下之大勢也[10]

라 하여 封建制는 天下의 賢才에게 分地한다고 하였다. 여기에서는 周代
封建制의 宗法制度가 강조한 同姓封建은 문제가 되고 있지 않다. 특히 分
地의 대상을 萬國으로 표현하는 것은 많은 수의 賢才에게 천하를 나누어
함께 다스리는 것이 公(心)의 요소라고 하고 있다. 이에 따라 1人에 의한
천하 지배나 同姓藩屛, 소수의 왕실[大宗]에 대한 小宗으로서의 제후의 존
재를 무시하는 公天下論이 성립될 수 있는 것이다. 덧붙여 왕실과 제후 사

---

7) 李春植, 「郡縣制 發生에 관한 硏究 -考察-法術思想을 中心으로-」, 『史叢』
   10, 고려대학교 사학과, 1965 ; 池斗煥, 「朝鮮前期 國家儀禮硏究-朱子學 受用過
   程과 관련하여-」, 서울대학교 대학원 박사학위논문, 1990.
8) 閔斗基, 『中國近代史硏究』, 일조각, 1973, 225~227쪽.
9) 『白湖全書』 卷27, 雜著 漫筆, 上 1118쪽.
10) 위와 같음.

이에 大小强權에 따른 相維가 있는 것이 天下의 대세임을 강조하였다. 따라서 封建制가 이루어졌다면 藩鎭을 통한 오랑캐의 방비가 가능하므로 亂華하지도 않고 聖賢 이후라도 진멸 상태에 이르지 않았을 것이며 生民이 번잡해지지도 않고 왕조가 祚命하여 不仁者가 천하를 얻지 못했을 것이라고 하였다. 그리고 郡縣制 실시에 따른 모순과 혼란을 사례로 들어 국가의 잘잘못은 封建制라는 완벽한 법제의 시행여부에 달려 있음을 말하였다. 또한 후대의 君子들이 이와 같은 聖賢의 제도를 제대로 審察하지 않은 채 封建制의 시행이 불가능하다고 하는 것은 잘못된 것임을 강조하였다.

이상 宋代의 적극적 封建論者인 胡宏의 說을 지지함과 동시에 별도로 자신이 안찰한 사례를 통해 封建制를 적시하고 있다. 尹鑴는 "三代 이상은 封建制가 실시되어 萬千의 국가를 세우고 上下가 서로 안정되어 천 가지 일 모두 하나같이 편안하였으나 秦 郡縣制는 2대에 망했다. 뿌리가 깊으면 뽑기 어렵고 근본이 얕으면 쓰러지기 쉽다. 漢晉 이래 혼란하고 나라를 이루어 安强의 대세를 유지하기가 불가능했다. 어찌 古制가 천하에 행함이 없었는가" 또한 "先王이 나라를 건립하고 士를 인도하며 天道를 받들고 諸侯 王公君을 세우고 大夫 師長 百官庶府를 잇게 하니 禮義가 있고 大小에 序가 있으며 上下에 倫이 있어 國勢를 형성하고 天險을 굳세게 했다"고 지적하였다. 아울러 『周禮』에는 "九稅之利 九禮之親 九牧之維 九禁之難 九戎之威"가 있었는데 후세에는 이와 같은 제도가 수립되지 않아서 갖가지 혼란이 야기되었음을 말하였다.[11] 이와 함께 周의 건국과정과 혼란과정을 상세히 설명하고 "寧我者 所以厚蒼生者 固深得周公之心 而古先王之爲後世慮 至深遠有如此者"하여 儒教에서 숭상하는 有德者인 周公의 후세를 염려하는 마음을 깊이 살피는 것이 蒼生을 厚하게 하는 것이라 하였다.[12]

그러나 尹鑴는 封建制에 대해 다음과 같은 개별적인 해석을 덧붙이고 있다. 즉 "愚者曰封建以前 爲一天下也 郡縣以後 爲一天下也 天欲廢之

---

11) 『白湖全書』 卷27, 雜著 漫筆, 上 1118~1119쪽.
12) 『白湖全書』 卷27, 雜著 漫筆, 上 1120쪽.

必有所自始 天將興之 亦將有所自始"[13]라 하여 그는 先周代 특히 三代를 탁월한 것으로, 秦이후는 배격해야 되는 것으로 여기는 전통적인 中國史의 二分法을 그대로 따르고 있으나 胡宏과 동일한 封建制再行說을 극력 주장하지 않았다. 그는 艱難의 시기에 封建制가 政制로서 적합하다고 인정하면서도 封建復活을 믿지 못하는 것은 "法不必古 而治可復古者"이기 때문이라고 하고 있다. 즉 중국과 조선이라는 역사무대의 차이를 염두에 두고 아울러 오로지 時流의 변화를 의식하여 聖制로서의 意義만을 考究하고 현재에 되살린다는 논리다.[14]

여기에서 尹鑴는 封建制든 郡縣制든 天下의 興敗는 하늘에 달려 있다는 지적을 덧붙이고 있다. "孟子有言 得天下有道 得民心而已 失天下有道 失民心而已 故曰天明威 自我民明威 天聰明 自我民聰明 三代以上秦漢以下 皆有是道也"라고 했듯이 그에게 있어서 天이란 인간의지의 强權者로서의 의미가 강하다고 할 수 있다.[15] 즉 세계의 법칙을 발견하고 이를 따르려 하는 것이 畏天之心이며 그것이 天命인 바, 小人은 이를 무시하고 망령되이 행한다는 것이다.[16]

이상 尹鑴는 封建制의 타당성을 인정하면서도 時宜에 따라 다소 전변된 논리로서 이를 재해석하고 정치현실에 적응시키고자 했다.

본래 儒家는 周代 封建制度의 시인 위에 성립된 학설이고 전통적인 宗法制의 문화의 정신을 토대로 형성된 사상이다. 따라서 舊制의 회복과 그 질서인 전통적인 도덕과 禮的 질서에 學理的 근거를 두고 있는 것이다. 유

---

13) 『白湖全書』卷27, 雜著 漫筆, 上 1118쪽. 尹鑴는 三代 以上과 秦漢 以後를 구별하여 道德・學問・紀綱・秩序에서의 차이점이 분명했음을 밝히고 있다. "臣按三代以上 一天下也 秦漢 以後 亦一天下也 何三代以上有道之長 秦漢 以後治日之短而亂日之多也 從古聖神繼天立極 修道設法 其所以維持防範 立君臣之義 惇父子有親 正夫婦之位 辨華夷之分 嚴君子小人之際者 禮亦備矣 逮德下衰 經千載之衰周 而紀綱文章蕩然繼暴 秦之豕視 而淺減掃除之無餘 此秦漢以後 君臣父子夫婦之位 莫不顚倒失序"(『白湖全書』 卷30, 雜著 製進, 公孤職掌圖說, 下 1266쪽).
14) 『白湖全書』 卷27, 雜著 漫筆, 上 1118쪽.
15) 『白湖全書』 卷27, 雜著 漫筆, 上 1115쪽
16) 韓㳓劤, 앞의 글, 1961 참조.

교정신의 도덕적 구현을 모색하는 儒者는 古法에의 지향을 통해 時務論의 객관적 근거를 확보하게 되는 것이며, 논리전개의 시발점으로 삼게 되는 것이다. 尹鑴 또한 17세기 당시 조선사회를 개혁하기 위한 時務論의 근거를 先王의 法制에서 인출하고 있었다. 그는 孔子의 말에 따라 "人主不務 襲迹於往古 而求所以安在於後者 是猶却行 而求及前人也 豈不然乎"라고 하여 先王의 經理하는 예를 따르려고 하였다.[17] 더불어 古法을 지금 쓸 수 없는 것은, 지금의 법을 과거에 적용할 수 없는 것과 같은 것으로, 時變으로 인해 古法의 전면적 부활은 불가능하나 그 이념은 그대로 실천 부활할 수 있다고 하였다.

이에 따라 후대의 封建制 支持論者로서 尹鑴는 첫째, 國家再造의 입장에서 五家統制·紙牌法·戶布法의 전면 개혁을 주장하고 그 실시를 주도하였다. 그는 이러한 여러 개혁을 추진하는데 있어서 法制 개혁의 근본 주체를 君主로 규정하였고, 따라서 개혁의 成敗 여부는 궁극적으로 君主의 결단에 달려 있다고 보았다. 肅宗 3년 12월 尹鑴가 物故·兒弱에 대한 徵布 減免論과 戶布法의 실시를 주장한 데 대해 許積·吳始壽·金錫冑 등이 반대하였다. 이에 대해 尹鑴는 "이는 大臣과 여러 재상들이 의논은 하되 聖上께서 결단하시면 시행할 수 있습니다"라고 하여 군주가 강력한 의지로 추진하면 민들은 지지하게 되며 일을 성취할 수 있다고 하였다.[18]

國家再造의 방안이 모색되었던 17세기에는 일부 畿湖 南人계열 政論家들에 의해 막강한 君主權의 확립과 君主의 全權을 보증하기 위해 士大夫層 일반의 治者로서의 의무와 각성을 촉구하는 견해가 보다 강력히 제기되고 있었다.[19] 尹鑴는 극단적인 君權强化政策의 지지자였다. 그는 唐代 韓愈의 『原道』를 인용하여 "君主는 令을 내리고 臣下는 따르는 존재다.

---

17) 『白湖全書』 卷27, 雜著 漫筆, 上 1115쪽.
18) 『肅宗實錄』 卷6, 肅宗 3년 12월 癸丑, 38冊 275쪽.
19) 이같은 견해는 眉叟 許穆의 君主論에서 발견되는데 한편으로 "君臣은 尊卑上下의 차등이 규정되는 관계이나 그 직분 역할에서는 相互·相濟관계이다"라고 규정하는 尤庵 宋時烈의 君主觀과는 일정하게 대비된다(金駿錫, 앞의 논문, 1991, 478쪽).

대개 君主는 令을 내리는 자이고 臣下는 君主의 令을 받들어 행하는 자다. 그러므로 하늘이 존귀하고 땅이 낮으며 君은 强하고 臣은 柔함이 天地의 大經이다. 이로 말미암아 上下가 그 지위를 얻으며 국가가 편안히 다스려진다"라고 하여 철저한 '尊君卑臣論'의 입장에서 君臣간의 차별성을 강조하였다.[20] 여기에서 君臣간의 관계는 종실과 제후 사이에 예로써 규범화되었던 周代 封建制의 政制에서 그 틀을 원용하고 있음이 보인다.

둘째, 尹鑴가 北伐과 外侵에 대비하여 수립한 여러 대책의 기저사상에는 굳건한 藩屛을 통해 오랑캐의 침략을 방지할 수 있다는 封建制의 논리가 전제되어 있으며 이는 後金의 존재에 시달렸던 顯宗末 肅宗初의 국제정세와 무관하지 않다. 즉 17세기 정부는 丁卯・丁酉胡亂 이후 계속적인 夷狄의 침략에 대비해야 했다. 특히 壬亂시 國家再造의 은혜를 베풀었던 明을 받들고 胡亂 이후 淸에 대한 '復讐雪恥'의 의지를 달성하고자 했다. 이와 같은 '尊明排淸'의 기풍은 北伐論에 반영되었고, 反正 이후 仁祖계열의 정통성 확립의 필요와 西人의 장기집권을 위한 이론적 기반이 되었다. 차후 중국에서는 '三藩의 亂'이 발발했으나 조선의 경우 北伐論 자체가 현실화되지 못하고 大義名分에 입각한 논의로 끝나고 있었다. 그러나 顯宗・肅宗 연간에도 집권층은 당시 정국의 주도권을 장악해 나가는 과정에서 이를 거듭 제기하였다. 肅宗朝 南人政權 하에서도 尹鑴의 10만 養兵說과 兵車製造說의 제기되었고 軍籍을 위한 전 단계 사업으로서 紙牌法의 실시와 '良丁査覈節目'(肅宗 2년 6월, 전문 10조)이 행해지기도 하였다. 尹鑴는 특히 三藩의 亂에 고무되어 犬羊에게 굽혀서 절할 수 없다고 하여 군사적 보복을 위해 兵車를 제조하고 鄭錦과의 외교관계를 도모할 것과[21] 10만 명을 精兵하여 兩西人들로 하여금 심양을 치고 關內로 진격할 것을 주장하였다.[22] 그는 "생각건대 華夷의 구분과 君臣의 義理는 이것이 있으면 보존하고 이것이 없으면 망하는 것인데, 오늘날 中華의 冠冕을 찢어 버

---

20) 『白湖全書』卷11, 疏箚 5월 19일, 429쪽, "君者出令者 臣者行君之令而致民者也 君不出令 則失其所以爲君 臣不行君之令而致之民 則失其小以爲臣".

21) 『肅宗實錄』卷2, 肅宗 원년 정월 丁亥, 38冊 242쪽.

22) 『肅宗實錄』卷2, 肅宗 원년 2월 丁酉, 38冊 244쪽.

리고 오랑캐 풍속인 머리를 풀어 헤치고 옷깃을 왼쪽으로 하는 것을 스스로 편안하게 여기는 것이 반드시 나라를 보존하고 스스로 편안한 꾀가 되는지 알지 못하겠습니다"라고 하여 排淸논리를 강력히 주장하였다.[23]

셋째, 尹鑴는 封建制야말로 長祚(王朝保存의 장속화)에 유리한 제도임을 밝혔다. 한 걸음 더 나아가 擧賢(私親 아닌 功德者)의 존재를 강조하였다. 이는 제도자체가 완벽한 法治論인 封建制를 지지하면서도 그 운영을 담당할 賢者의 존재가 필요함을 역설한 人治論의 성격에 동의한 측면을 보여준 것으로, 한편으로는 擧賢을 무시할 수 없게 된 시대적 변화에도 영향을 받은 것이라 본다. 이에 따라 尹鑴는 科擧에 의한 전형 없이 향촌에서 賢才를 천거하는 貢擧制를 주장했고 守令의 임기 철폐와 中央官과의 순환을 통해 中央과 鄕村간의 上下通行의 필요성을 강조하였다.

이상에서 볼 때 尹鑴는 17세기 조선사회에서 封建制가 전면 시행되리라고 여기지 않았으나, 이를 古法에 의한 改革論의 이념적 근거로 삼고 天의 권위를 빌려 그 절대성을 보증하고자 했다. 이와 함께 法制는 古法이 아니라도 정치는 古制의 정신을 따를 수 있다고 하여 君主를 중심으로 古法制를 시행하도록 개혁에 나설 것을 주장하였다. 尹鑴는 초시간적이요 초역사적인 가치로서의 개념일 수밖에 없는 尙古를 현실에 대한 개혁방향, 時務論의 지향점으로 삼고 있었다.[24]

先王의 政制인 封建制 가운데 尹鑴가 17세기 조선사회의 개혁안에 크게 참조한 것은 鄕政에 관한 것이었다. 그는 "先王의 정치는 鄕遂에서 시작되어 朝廷에 이르고 天下에 미쳤는데 秦의 商鞅이 古制를 변화시키고 聖賢의 學을 멸함에 따라 소략하고 간단한 정치로 전변되었고 그 근간이 되는 鄕政이 먼저 붕괴되었다. 漢唐의 興起는 일시적으로 君相이 世道를 정돈하는데 유의한 것이었으나 '反本修古의 道'가 鄕政에 本이 있음을 역시 알지 못하였다. 이로 인해 人倫이 파괴되고 백성이 곤궁하였으므로 뛰어난 인재가 興하지 못하고 先古의 政治를 마침내 천하에서 다시는 볼 수

23)『肅宗實錄』卷5, 肅宗 2년 6월 壬申, 38冊 331쪽.
24) 閔斗基, 앞의 책, 1973, 221쪽.

없게 되었다"라고 하였다.25) 尹鑴가 강조한 五家統制는 兩亂 이후 향촌사회를 수습하고 小農民에 대한 항상적인 생산기반을 마련하는데 목적이 있었는데 그 기본골격은 일정한 戶數에 의해 領域을 구분하는 鄕遂制에서 비롯된 것이었다.

또한 尹鑴는 周의 鄕政用人의 중요성과 이를 계승한 漢·唐·宋代 직임의 장점을 설명하고 그 시행여부를 조심스럽게 타진하였다. 우선 "周의 鄕政에서 인재를 중용할 때 직임이 심히 중요하였는데 대개 조정의 臣僚들을 鄕에서 직위를 받아 오게 하거나 혹은 鄕의 풍부한 인재들 가운데 재주있는 자를 조정에서 선발하였으니 이것이 바로 外方에 나가면 고을의 長이 되고 들어오면 治者가 된다는 것이다"라고 하여 貢擧制에 의한 인재 선발과 중앙관직과 지방관의 상호 순환이 필요함을 강조하고 鄕政의 직임을 中央의 官階와 연결된 존재로 부각시켜 그 중요성을 언급하였다. 구체적 운용의 증거로 漢代 鄕村에는 郡長·吏椽·佐 등 鄕三老가 있었는데 모두 지극히 높게 서용되어 大僚가 되었음을 말하고 이는 "治自下起 而朝廷多識務之賢也"의 취지에 맞는다는 것이다. 이른바 향촌에서의 人才를 추천하고 그를 고위의 중앙관리로 복무하게 하는 것이었다. 尹鑴는 肅宗 원년 정월에 科擧의 設行에 반대하고 薦擧制를 강조했으며, 王室 경비를 위한 總府郞의 경우 科擧 대신 사대부 子弟를 庶孼과 함께 섞어 선발하자는 주장을 강력히 전개하고 있다.26) 尹鑴는 科擧가 孝廉·實德·修身識務之士를 구하는 길이 아니며 도리어 才器를 갖춘 자들을 '無爲老死'케 하는 것이며 '循私奸僞'의 길을 열어주는 데 지나지 않는다고 주장하였다.27) 그리고 그 대안으로서 周代 鄕黨에서 士를 취하는 제도와 漢代 薦辟한 제도를 '俊民逸德'하는 인재 선발방법이라 규정하고 이를 전형으로 삼고자 하였다.28) 한편 鄕政의 직임에는 반드시 士의 등용이 필요하다고 강조하

---

25) 『白湖全書』卷27, 雜著 漫筆, 上 1114쪽.
26) 『肅宗實錄』卷2, 肅宗 원년 정월 丁丑, 38冊 237쪽 ;『肅宗實錄』卷2, 肅宗 원년 정월 壬午, 38冊 239쪽.
27) 『白湖全書』卷11, 待罪疏 戊午 9월 25일, 443~444쪽.
28) "周人取士 養之於鄕黨 賓之以人三物 蓋本末兼擧也 漢民雖無鄕黨之政 拔之以

였다. 그는 江左 이후 縣令의 직임에 士人을 임명하지 않고 唐의 高官 중 武臣이 많으며 宋代에는 長吏가 통용됨이 없어 백성이 곤피하고 天下의 난을 야기했다고 했다.[29] 이에 따라 그는 面里制·五家統制의 운영을 담당할 都尹·副尹을 漢代 鄕三老에 견주고 철저히 士大夫의 임용을 주장하였다.[30]

다음으로 그는 古先王의 天下經理에는 建邦·設官·分民·經野·明刑·制君의 6가지가 그 대강인데, 秦代 滅學 이후 이 6者가 붕괴되고 學士·大夫 역시 講明傳習하여 후세에 전하는 사람이 없음을 지적하였다. 따라서 尹鑴는 옛 정치의 道는 힘써 살펴 회복해야 된다고 하고『周禮』의 九稅·九禮·九牧·九戎·九禁制와『書經』,『蔡傳』등[31]에서 鄕正의 기초조직을 다양하게 안출하여 그 타당성을 설명함과 동시에 궁극적으로 그의 鄕政論의 기본 이념과 조직으로 삼고자 했다.[32]

2) 鄕政論의 構造

仁祖·孝宗 연간은 淸의 침략이 거듭되고 '排淸尊明'과 '復讐雪恥'의 이념 실현 여부에 따라 국내문제 또한 결정되고 있었다. 이후 肅宗 연간 淸에 의한 중국 평정이 끝나고 北伐論 또한 政派的 입장에서 형식적으로 제기되었다. 이와 같은 상황에서 肅宗 초기에는 앞선 시기 사회변동과 對民·對鄕村정책의 실시경험을 기저에 둔 鄕政論에 관심이 집중되었다. 구체적으로 戶籍·良役문제와 지방통치조직의 문제가 서로 유기적으로 연결되면서 논의가 전개되었고 號牌(紙牌) 역시 군사적 필요성이 소멸되자 軍籍의 보조수단으로서가 아닌 戶籍制度의 보완장치로서 기능하게 되었다.

孝廉 行之以薦 天下之俊民逸德 猶可得以官使兼天下 又不無不信之敎 及乎後世 合之以學校 取之以科擧 限之以資格 主之以選部 天下始弊 弊焉日入於衰壞 而有擧 一世無人之嘆矣"(『白湖全書』卷27, 雜著 漫筆, 上 1100쪽).

29)『白湖全書』卷27, 雜著, 1114~1115쪽.
30)『備邊司謄錄』31책, 肅宗 원년 9월 26일, 3冊 196쪽.
31)『白湖全書』卷27, 雜著 漫筆, 上 1115쪽.
32)『白湖全書』卷28, 製說, 1203~1209쪽.

尹鑴는 顯宗代 이래 戶籍制·五家統·紙牌制를 언급하였다. 先王의 古制 중 封建制의 장점을 적시하고 그 道를 계승하여 정치로서 시행함이 가능하다고 했다. 그는 鄕政의 積弊 제거가 필수의 과제임을 주장하고[33] 그 요체로서 五家統制를 언급하였다. 尹鑴는

　　금일 민을 병들게 하는 것으로 逃故·兒弱에 대한 징포와 白骨·赤子의 役을 제거하기 위해, 작년 五家統을 실시하여 民數를 파악하고 賦役을 균등히 하여 위급한 과제를 해결하고자 했습니다. 이러한 위기는 歲抄·歲行으로 인해 민의 數가 고갈되고 上司의 督責이 끊이지 않은 데서 온 것입니다. 物故·逃亡에 대해 親族·隣保에게 代丁·代納시킴에 따라 一人의 身役이 三, 四人의 役에 달하고 사망자에 대한 吏胥의 농간도 있습니다. 上司는 帳籍을 살펴 徵納을 득달하고 수령 또한 처벌을 두려워하고 있습니다.[34]

라고 하였다. 이 시기 백성들이 곤고한 이유로서 身役의 편중과 逃故가 제거되지 않은 점과 상급관청의 독촉 및 수령의 侵虐을 들고 이를 해결하기 위한 방안이 五家統制임을 밝히고 있다.

尹鑴는 五家統·紙牌制의 시행 목적에 대해 "오늘날 국가에서 행하는 五家統制는 祖宗의 聖憲을 준수하고 紙牌는 先王의 遺意를 이어받고자 함이다. 設行한 바는 진실로 賦役을 고르게 하고 農事와 武藝에 힘쓰며 民의 煩苦를 제거하고 民을 보전하는 戒飭이다"라고 하였다.[35] 이와 함께 "上下之相有 人民之相維 均賦役 除疾苦 勸農桑 止盜賊 詰奸細 禁流徙"의 목표가 있으며 기본골격은 周代의 井里, 孟氏의 經界, 管子의 內政에서 추출하였음을 밝히고 있다.[36]

즉 周代 鄕遂制의 조직론과 管仲의 內政(什伍制)에 따른 隣保組織을 감안하여 새로운 향촌통치조직을 정비하고자 했다. 五家統制야말로 國家

33)『肅宗實錄』卷2, 肅宗 원년 정월 戊辰, 38冊 233쪽.
34)『白湖全書』卷10, 辭職兼陳所懷疏, 丁巳 9월 25일, 386쪽.
35)『白湖全書』卷8, 疏箚 辭大司憲兼陳所懷疏, 6월 20일, 307쪽.
36)『白湖全書』卷9, 疏箚 論事辭職疏, 2월 15일, 339~340쪽.

再造論 차원에서 尹鑴가 제기한 法制 개혁론의 귀결점이었다.

尹鑴는 仕路에 들어선 顯宗 원년부터 戶籍정비와 避役防止대책으로 五家統制를 언급한 이래 肅宗 원년 9월 '五家統節目'의 반포시 주도적으로 참여하였다. 이 事目은 肅宗 3년 11월의 '寬恤節目'을 통해 보완된다.[37]

尹鑴는 孝宗·顯宗代의 시행논의와 仁祖 연간 號牌法의 경험을 비추어 볼 때 실질적인 시혜 조치 없이 국가목적만을 앞세워 무리하게 추진하면 결국 실패할 수밖에 없다고 하여 다음의 사항을 강조하였다.

> 還上 逋欠은 蕩減을 통해 民의 痼疾을 해결할 수 있으나 身役·逋欠과 함께 이보다 더 심한 物故·兒弱役이 있습니다. 따라서 民患을 제거하고 균등한 부역을 위해 五家統·紙牌制를 시행한 바 있습니다. 그러나 실시된 지 1년이 지났으나 患候를 제거하고 均賦의 법을 동시에 행하지 않으면 탐관오리의 가렴주구만 돕게 됩니다. 政事를 발휘하고 仁을 베푸는 데 하나를 취하기도 전에 둘을 잃어버리고 시작은 있으나 끝이 없는 셈이 됩니다. 옛 周宣王과 仲山甫가 無故로 민을 잡아 다스림으로써 하늘의 미움을 사게 되고 政事에도 해를 입고 後嗣에도 방해를 받았습니다. 만약 지금 五家統만을 행하여 民數만 조사하고 해를 제거하지 않고 부역을 균등히 하지 않으면 역시 無故로 민을 잡아 다스리는데 가깝지 않겠습니까.[38]

하였다. 앞서 실시된 仁祖朝의 號牌法은 소농민의 생산 기반의 조성이나 流來者의 일정한 거처 확립과 같은 객관적 경제 조건의 개선이 수반되지 않은 채 제도만을 강구함으로써 결국 민의 단속만을 위한 酷法으로 인식, 중단된 사실을 지적하였다.[39]

---

37) 이와 관련하여 정부는 軍額充丁을 위해 숙종 2년 6월 丙寅 全文 10條의 '良丁査嚴節目'을 반포하였고, 同 3년 1월 紙牌制의 강화책으로 號牌制를 실시하고자 했다. 대체적으로 五家統·紙牌·號牌制는 국가의 戶에 대한 지배라는 동일한 형식을 지닌 것이다.
38) 『白湖全書』 卷12, 疏箚, 512쪽.
39) 인조 3년 7월 인조 스스로 "祖宗朝 백성이 일정한 산업이 있어 흩어지지 않았는데 지금은 전란으로 그러하지 않아 號牌法이 제대로 시행되지 않을 것이다"(『仁

또한 "號牌를 紙牌로 바꾼 것은 民數를 살피고 賦役을 균등히 하며 盜賊을 방지하고 農桑을 권하며 刑政을 공평하게 하고 병력을 기르며 車乘을 색출하기 위함입니다. …… 지금 紙牌와 더불어 부세 균등히 이루어져야 합니다. 왜냐하면 일이 아직 이루어지기 전에 법이 무너져 내리기 때문입니다"라고 하였다.[40] 요컨대 五家統·紙牌制는 '仁政을 시행하기 위함'인데 오히려 민들의 원망을 받는 것은 정부에서 실제적인 혜택이 되는 조치를 취하지 않고 단지 제도만 강제한 데에서 비롯된다는 것이다. 결국 모순이 심화되면 민에 대한 단속만이 앞세워지게 되고 제도의 시행과정에서 탐관오리의 가렴주구만 도울 뿐이라는 것이다.

尹鑴의 五家統·紙牌制에 관한 주장은 南人政權에 의해 지지되었고 肅宗 또한 동의하였다. 따라서 호적제도의 보완장치로서 시행되었다. 그러나 조정의 일부 대신들은 여전히 시행 상의 폐해를 들어 강력한 반대의 입장을 표명하였다.[41]

祖實錄』卷9, 仁祖 3년 7월 戊午, 34冊 18쪽)하였고, 또한 인조 11년 11월 "京外人民의 거주를 정해야 한다. 民의 多數가 避役으로 인해 移來以居가 극심하므로 일정한 거처의 마련이 필요하다. 그리고 일정한 산업이 없으면 酷法으로 오해받을 수밖에 없다"(『仁祖實錄』卷28, 仁祖 11년 11월 丙寅)라고 한 사실을 볼 수 있다. 다시 말해 仁祖朝 戶牌法은 실질적인 시혜없이 軍籍確保만을 염두에 두었고 구체적인 거처의 마련 없이 良役대상자만 단속함에 따라 처음부터 실패원인이 내재되어 있었던 셈이다.

40) 『白湖全書』卷11, 疏箚 待罪疏, 5월 19일, 428쪽.

41) 가령 肅宗 원년 12월 李宇鼎은 都案廳의 紙牌와 五家統法은 民怨의 한 단서가 된다고 하였고 大司憲 閔點, 持平 沈檀, 寧平正 泗 등은 紙牌의 법은 비록 백성을 학대하는 政事는 아니나 멀리 있는 백성이 놀라고 의아하게 여긴다거나 특히 嶺南人이 극도로 소란하다는 내용을 통해 반대 견해를 표출하였다(『肅宗實錄』卷4, 肅宗 원년 12月 辛巳, 38冊 317쪽 ; 卷5, 肅宗 2년 2월 庚申, 38冊 321쪽 ; 卷5, 肅宗 2년 4월 甲子, 38冊 327쪽). 肅宗 2년 2월 五家統·紙牌制 실시 이후 判決事 趙嗣基가 畿邑에서 돌아와 백성이 기뻐한다는 뜻으로서 응지하는 상소를 보내었다. 이에 대해 평소 五家統·紙牌制의 시행을 반대했던 대신들은 민심을 오도했다는 이유로 탄핵을 요구하였고 肅宗은 "趙嗣基가 京畿로부터 돌아와 백성들이 모두 기뻐한다는 말로 글에 나타내어 일이 실상이 없는 데로 돌아가게 했으니 欺瞞에 관계된다"라고 지적한 사례가 있다(『肅宗實錄』卷5, 肅宗 2년 2월 壬申, 38冊 323쪽).

이에 대해 제도의 발안자인 尹鑴는 "五家統·紙牌制를 시행한지 반년이 지났으나 '便民除害'의 사례가 있다는 말을 듣지 못하였습니다. 統에 따르고 牌를 차는 것이 軍丁을 기록하고 民役을 차출하는 데에 있는데, 백성이 편함을 얻지 못한다거나 장차 변란이 있으면 號牌로 변한다 하니 이는 先王의 遺意를 잃는 일입니다"라고 하였다.[42] 仁祖 연간 號牌法의 시행과정에서 효과도 적지 않았으며 號牌法을 파한 후 폐단이 더욱 속출한 사례가 있었다. 이와 같은 사실을 잘 알고 있는 尹鑴는 "紙牌의 설치는 民數를 알기 위함이지 軍籍기록이 목적이 아닌데 守令이 거행을 잘못하여 드러난 閑丁들을 보는 대로 定軍하였다. 洪州에서는 軍兵으로 抄出되는 원망이 있어 이로 인해 그 里의 都尹이 射傷된 일이 발생하였다니 놀랄 만하다"하여 민들의 오해가 담당 守令의 경직된 운영에서 비롯되었음을 지적하고 있다.[43]

한편 肅宗 3년 3월 領議政 許積에 의해 號牌法이 새롭게 추진되었다. 개정이유는 紙牌의 기록 양식에서 卿士·朝士의 이름이 常漢·統首 名下에 기재된다는 명분상의 문제였다.[44] 이에 대해 尹鑴는 다음과 같은 이유로 紙牌制를 지지하였다. 첫째, 光海君 2년(1610)과 仁祖 4년(1626)의 사례처럼 號牌制는 가혹한 처벌규정과 함께 강제로 시행되었고 이로 인해 軍兵差出을 우려한 민들의 동요가 컸던 사실을 지적하였다. 둘째, 號牌와 달리 紙牌는 겉으로 드러나지 않기 때문에 기재양식을 둘러싸고 차별적 신분제에 의한 제한이 크게 문제되지 않았다. 특히 이 점은 사대부들의 이해관계를 크게 염두에 두지 않고 小民에 대해 仁政의 완성을 도모했던 그의 鄕政論의 일단을 보여준다.

그는 紙牌法이 2년 여 設行된 사실을 염두에 두고 "統牌가 이미 이루어졌으니 그대로 시행하여 賦役이 균등해지고 農桑이 勸勉되면 白骨된 사람이 身役을 담당하는 하는 폐단이 제거되어 백성들이 생활을 즐겁게 여기는 마음이 생기게 될 것입니다"[45]라고 하고, "중도에 그만두면 시작만

---

42) 『白湖全書』卷8, 疏箚 辭大司憲兼陳所懷疏, 6월 20일, 307쪽.
43) 『白湖全書』卷14, 啓辭, 丙辰 정월 21일, 574쪽.
44) 『肅宗實錄』卷6, 肅宗 3년 3월 丁丑, 38冊 251쪽.

있고 끝은 없으며 우물만 파고 물은 먹지 못하는 어리석음을 범하는 것이다"라고 하여 五家統·紙牌의 지속적인 시행을 주장하였다.

다음으로 尹鑴는 戶布法을 통해 별도의 재정을 마련하고자 했다. 본래 戶布論은 公卿大夫에서 庶民에 이르기까지 모든 신분에 대해 出布시키는 방안으로, 收布 범위를 확대하여 재정수입을 늘리려는 국가의 목표를 전제로 한 것이었다. 戶布法의 시행은, 孝宗 연간 元斗杓와 宣祖 때 兪棨가 제시한 이래 顯宗 15년의 논의에 이르기까지 그 유래가 오래된 것이며 주창자들의 현실 인식과 국가적 목표에 따라 상이한 측면이 존재하였다. 尹鑴는

　　戶布의 일로 말할 것 같으면, 白骨이나 兒弱의 살가죽을 벗겨내고 골수를 부수는 가혹한 정치에 얼굴을 찡그리고 가슴을 치는 근심·괴로움과, 遊食하는 선비나 운 좋은 백성처럼 賦役을 피하고 스스로 편하게 지내는 자의 원망이 둘 중 어느 것이 더 크겠습니까. 民心의 向背와 天命의 去就가 장차 백성들의 편안하고 편안하지 아니함에 달려 있는 것이 아니라 바로 운 좋은 백성이나 豪右의 편하고 불편함에 달려 있다는 것입니까. 賦稅를 균등하게 하고 徭役을 공평하게 해서 각기 그 힘을 내어 관가에 주고 백성의 불공평한 고통을 없애주는 것이 결과적으로 先王의 정치에 어긋나고 오늘날의 民心에 어긋나는 것이겠습니까.[46]

라고 말하였다. 즉 兒弱·白骨의 減布에 따른 대체 재원의 확보방안이었던 것이다. 그는 戶布法 반대론자들에 의한 民心動搖說의 실체가 倖民·豪右를 대변하는 견해라고 반박하며 收布로 인해 재산조차 없는 帳籍上의 白骨·兒弱에게 폐해를 주는 경우를 방지해야 된다고 주장하였다.[47]

그는 이어서 "物故·兒弱에게서 거두는 布를 먼저 탕감해 주고 都監을 설치하여 戶布의 법을 시행한다면 軍兵과 公·私賤의 제도를 모두 변통할 수 있을 것입니다"라고 하여 단계적으로 軍制와 奴婢制의 변통까지 이끌

---

45) 『白湖全書』 卷11, 疏箚 待罪疏, 정월 19일, 427쪽.
46) 『肅宗實錄』 卷6, 肅宗 3년 12월 辛酉, 38冊 376쪽.
47) 『肅宗實錄』 卷3, 肅宗 원년 4월 戊戌, 38冊 262쪽.

어 낼 수 있음을 시사하였다.48) 이는 사회에 대한 전 구조적인 변동을 도
모한 尹鑴의 개혁론의 일면을 드러내준다.

  그러나 尹鑴의 주장에 대해 당시 대신들은 "잠시 변통하는 은혜와 계속
하기 어려운 방도는 처음부터 하지 않는 것만 못하다"라는 소극론을 견지
하였고, 특히 領議政 許積의 경우 戶布法의 필요성은 인정하지만 "지금은
옛법을 준수하고 바꾸지 않으며 백성과 더불어 휴식이 중요하므로 시행해
서는 안 된다"라는 의견을 피력하였다. 그는 尹鑴의 주장을 그대로 시행할
경우 단순히 兒弱·物故의 변통을 넘어 국가제도 자체가 혼란에 빠질 것
이라고 하였다. 이에 대해 尹鑴는 "하늘은 백성들의 원망을 가지고 추위와
더위를 폐하지 않고, 君子는 小人의 소란을 가지고 그 행동을 바꾸지 않습
니다. 백성들의 한때의 원망은 진실로 조심할 바가 못됩니다"라고 반박하
며 자신의 주장을 내세웠다.49)

  이에 조정에서는 戶布法 시행의 타당성 여부를 놓고 격렬한 논쟁을 거
듭하였다. 尹鑴는 "신이 시행을 간청한 것은 兒弱·白骨에게서 收布하는
것을 減免하자는 일이었으니, 오늘날의 논의는 먼저 이 일이 적합한 지의
여부를 논의해야 마땅한데 갑자기 戶布를 논하여 시행의 계기를 막고 公
事를 파기하며 스스로 어질지 못한 죄를 초래함은 마땅하지 않습니다"라
고 하여 시행을 유보한 채 名分論爭에만 빠져있는 조정의 문제점을 지적
하였다.50)

  이와 같이 尹鑴는 良役民의 참상을 들어 국가부역의 불균등을 해결하기
위해서는 冗兵·遊手者·士族의 收布가 불가피하며, 儒士·倖民(豪右)의
사소한 원망에 귀기울일 것이 아니라 兒弱·白骨徵布에 시달리는 良役民
의 처지를 우선해야 한다는 입장을 분명히 하였다. 대체로 孝·顯宗 연간
의 西人정권의 戶布法 논의가 北伐이라는 국가적 목표 하에 군사재정의
확보에 초점이 두어지고, 庚申換局으로 정권을 장악한 戚臣 金錫胄계열의
戶布法 논의가 군사력 확보를 위한 군사재정의 축적에 초점이 두어졌던

48) 『肅宗實錄』 卷6, 肅宗 3년 2월 癸丑, 38冊 247쪽.
49) 『肅宗實錄』 卷6, 肅宗 3년 12월 癸丑, 38冊 275쪽.
50) 『肅宗實錄』 卷6, 肅宗 3년 12월 辛酉, 38冊 376쪽.

점과 비교된다.[51] 이와 같은 西人·老論의 戶布制 논의는 적극적 개혁론에 대비된 지배층 입장의 개량주의일 따름이었다. 尹鑴의 戶布論은 우선 士族 중심의 民心動搖說을 앞세운 반대론자와 극렬한 대립을 보이고, 더불어 원칙에는 찬성하지만 時期不適切論을 내세운 濁南계열의 주장과도 내용을 달리하는 小民 위주의 상대적 개혁론이다. 이는 17세기 조선사회에 대한 尹鑴의 再造方略 특히 對民·對鄕村정책과 대비할 때 그 차별성을 정확히 알 수 있다.

한편 尹鑴는 民의 恒産·恒業의 확립방안과 관련하여 생산력을 증대하고 생산관계를 보조할 여러 수단을 지원하고자 했다. 그런데 尹鑴는 토지문제에 있어서 井田을 이상적인 것으로 여기기는 했지만[52] 그 실현을 위한 구체적 방법을 모색하는 단계에까지 나아가지는 못했다. 자신이 주장한 五家統制의 연원이 周代 鄕遂制와 井田制에 있음을 밝히고 있으나 정작 土地制度 改革論과 결부된 五家統制의 실시를 주장하지는 않았다. 토지분급제를 전제로 한 五家統制는 尹鑴가 따르고자 한 古法制의 遺意에 보다 근접된 견해가 되는 것이었다.[53]

반면 尹鑴는 農政의 기반을 견고히 하기 위해 생산수단으로서 堤堰을 수축하여 水利를 일으키고 경작지의 확보방안으로 陳田起耕을 장려하였다. 그 방안의 하나로서 陳廢田의 起耕地는 2년에 한하여 免稅하는 방안을 제시하여 肅宗의 동의를 받아냈다.[54] 아울러 屯田의 확보방안으로 전란 이후 발생한 流民들에 의해 시행되는 火田 경작에 대해 山林川澤의 보호차원에서 강력히 금지시키고자 하였다.[55] 尹鑴는 水利가 農政의 根本임

---

51) 鄭萬祚, 「肅宗朝의 良役論議」, 『國史館論叢』 17, 1990, 134쪽.
52) "徹田之制廢 而生民之本 務之不壯 自秦廢井田 而同力會作之制不行"(『白湖全書』 卷30, 雜著 製述 公孤職掌圖說, 下 1264쪽).
53) 이 같은 시각은 18세기 들어 英祖 10年 6月 司勇 林秀桂가 上疏에서 五家統과 限田法을 결부시켜 軍政·田政 문제를 해결하고자 하는 방안을 제시하고 있었다(『備邊司謄錄』 95책, 英祖 10년 6월 26일, 9冊 788~789쪽).
54) 『肅宗實錄』 卷5, 肅宗 2년 2월 乙卯, 38冊 322쪽.
55) 『白湖全書』 卷11, 辭賞典箚, 己未 正月 22일, 465쪽 ; 『肅宗實錄』 卷8, 肅宗 5년 正月 己未, 38冊 402쪽.

을 규정하고 그 수축을 강조하였는데, 外方 堤堰의 붕괴처를 수리할 때 賑恤과 더불어 실시하면 많은 인력의 동원이 가능하다고 하였다.56) 또한 農家經濟의 향상을 위해 種桑養蠶을 적극 장려하였다. 種桑의 경우 守令의 책임 하에 家戶를 大小로 나누어 株數를 헤아려 심게 하고 법대로 하지 않는 자는 責罰을 가하도록 했다.57)

한편 還穀에 대해 "이 백성을 三代의 바른 길로 가게 하는 방도는 오직 위에서 시키기에 달려 있다. 山城 江都의 곡식을 백성이 恒政처럼 생각하니 어찌 弊法이 아니겠는가"라고 하여 그 逋欠이 백성들의 痛弊가 된다고 하여 잘못된 문권의 소각을 지시하였다.58) 이와 함께 常平法이 보다 낫다고 주장하였다.59) 尹鑴는

우리나라의 大典에는 常平의 제도는 있으나 還上의 법은 없습니다. 還上은 대개 근세에 시작된 것인데 실제 王安石의 靑苗法을 모방하여 때에 따라 거두고 흩어 주는 것이므로 鄕縣의 富戶가 長利를 놓는 일이지 본래 임금된 자가 마땅히 행해야 할 바가 아닙니다. 오늘날 官府에 일이 많고 관리가 간사하고 탐욕스러우며 백성들의 근심과 괴로움 그리고 逃戶가 나라의 반이나 되는 것은 이로 말미암은 것입니다.

라고 還上의 폐단을 지적하였다. 그 대책으로

常平은 본래 곡식 가운데 남아있는 것을 백성들에게 매매하도록 허락하여 時價의 값을 감해서 백성들을 이롭게 하는 것입니다. 또 봄에 사들인 쌀이 귀해졌을 때 내어서 내년 가을 사들일 곡식의 자본으로 삼는 것이니 또한 자연스러운 도리가 되는 것이며 還上의 폐단도 조금 줄일 수 있습니다.

---

56)『白湖全書』卷14, 啓辭 上殿奏事, 乙卯 정월 9일, 552쪽.
57)『肅宗實錄』卷2, 肅宗 원년 2월 甲寅, 38冊 246쪽 ;『備邊司謄錄』31冊, 肅宗 원년 2월 27일, 3冊 147~148쪽.
58)『肅宗實錄』卷2, 肅宗 원년 정월 壬午, 38冊 240쪽.
59)『肅宗實錄』卷3, 肅宗 원년 3월 丙子, 38冊 255쪽.

라고 하여 전년도의 京倉의 常平穀과 州縣의 餘分穀을 바탕으로 백성을 대상으로 매매할 것을 건의하였다.[60]

한편 尹鑴는 별도의 鄕約(洞約)조직을 통해 공적지배조직을 보완하는 한편 향촌내 내적질서를 유교규범에 의해 장악하려고 했다. 尹鑴의 '鄕約條目'에 따르면 公事는 公員·所任 및 里中 長老가 심의한 다음 尊位에게 알려 처리하도록 하였다. 직임을 보면 군현단위의 尊位 아래 各洞 단위 所任으로 公事員(1人)을 두어 議論을 주관하도록 하였고, 有司(2人)는 貨財·號令, 使令(1人)이 '役使奔走'를 담당하였고, 有正法(3人)은 洞規의 違約者를 糾察하여 尊位 및 公事員에게 알리는 역할을 맡았다. 이들의 주된 기능은 "農桑不勤 公會無禮 人田割耕 任事不治 飮酒橫暴 坊木斫我 禁松 牧場不察"의 행위자에 대한 처벌 등 생산 및 鄕風矯正에 관한 것이었다. 만약 契員들의 범법 사항이 무거우면 관에 알려 죄를 다스렸으나 가벼우면 齊會하여 施罰하는 등 기초적인 裁決權을 행사하고 있었다.[61]

그런데 尹鑴가 주관하여 작성한 '五家統事目'에는 기존 鄕約기구의 기능을 五家統조직에 포함시키고자 하는 條規가 설정되어 있다.[62] 결국 肅宗 원년 備邊司 '五家統事目'에 반영된 尹鑴의 鄕政論은 제반 鄕里組織을 面里制와 五家統조직으로 일원화시켜 공적 지배질서를 확립하는 데 주안점을 두는 것이었다.

尹鑴의 鄕政論은 良役弊의 시정과 良役확보라는 현안을 해결하기 위한 국가적 필요성 때문에 발의된 것이지만 궁극적으로 國家 對 民의 직접 지배관계의 확립 및 國家再造를 위한 對民·對鄕村 지배체제의 확립에 부

---

60) 『肅宗實錄』 卷6, 肅宗 3년 11월 甲午, 38冊 373~374쪽. 당시 還上에 대해 許積은 蕩減을 주장하고, 金錫胄는 美法임을 강조하였다. 常平에 대해서 尹鑴는 史冊에 美法이라 하므로 시행할 것을 주장한 데 비해, 許積은 백성과 사고 파는 것은 나라에 이로우면 백성이 원망하고 백성에게 이로우면 곡식이 줄기 때문에 결코 해서는 안되나 우선 한 고을에만 시행할 것을 말하였다. 金錫胄는 향촌의 현실적인 상황을 들어 시행이 힘들다는 주장을 하였다(『肅宗實錄』 卷3, 肅宗 원년 3월 丙子, 38冊 255쪽).

61) 『白湖全書』 卷31, 雜著 鄕約條目, 1301쪽.

62) 『備邊司謄錄』 31책, 肅宗 원년 9월 26일, 3冊 196~198쪽.

합된 것이었다. 尹鑴 자신은 민들의 恒産과 일정거처가 마련되지 않은 채 법의 강제만이 두드러질 때 어떠한 良法美制라도 酷法으로 기능한다는 점을 강조하였다. 따라서 전폭적인 賦稅의 減免조치와 社倉穀·還上의 逋欠分을 혁파(결국 常平法으로의 개편)하여 실질적인 民의 물적 기반을 마련해 줄 것을 역설하였다. 이어서 減免分에 대한 대체 재원의 마련과 국가재정의 확보를 위해 戶布制의 실시를 동시에 주장하였다. 尹鑴의 鄕政論은 賦稅源으로서의 민을 단속하기 위한 制民 차원이 아닌 養民의 논리를 담고 있었다. 이는 토지개혁을 전제하지 않은 상태에서 국가가 추진할 수 있는 최고 수준의 개혁안이었던 셈이다.

그러나 두드러진 그의 상대적 개혁론은 濁南계열인 관료세력들에게 이용되거나 저지 당하는 처지였으며 외형상 庚申換局이라는 政爭에 의해 일시적으로 단절된다. 그렇지만 그의 제반 개혁론은 英祖 5년의 '五家統法申明舊制節目'과 正祖 15년의 '尊位成冊'의 작성 사실에서 보듯이 18세기 지방정책에서 거듭 채택되기에 이르른다.63) 肅宗 초기 南人政權 하에서 尹鑴를 중심으로 구상되었던 鄕政論은 구조, 사상적 연원, 기능적인 측면에서 17세기 정부 차원에서 취할 수 있는 적극적인 방안의 하나로 여겨지며 차후 對民·對鄕村政策의 기조를 형성하였다고 볼 수 있다.64)

---

63) 『備邊司謄錄』 86책, 英祖 5년 7월 15일, 8冊 668~669쪽 ;『正祖實錄』 卷32, 正祖 15년 4월 戊申, 46冊 213~214쪽.

64) 본래 封建制 郡縣制에 대해 政論家들은 語意 그대로 인식하는 것은 아니다. 이를 어떻게 이해하며 정치현실에 어떻게 적용시키는가는 별개의 문제였다. 尹鑴는 對中國觀의 기저사상과 君主權 중심의 정치 사회 개혁론의 틀을 封建制의 규범에서 원용하고 있다. 또한 賢才를 들어 天下를 다스리는 논리, 時宜에 따른 변화된 논리의 적용이 보인다. 그런데 井田論에 대해 일정한 관심을 표명하고 있었지만 구체적인 분급의 실현을 모색하지는 않았다. 집권층의 반열에 있었던 그는 민의 질곡을 해소하여 진정한 國王의 臣民으로서 위치를 확보시키는 데 주력하고 있다. 이 점에서 그의 논리 가운데 封建制 주장과 君主權 강화 그리고 自治의 문제는 별개의 사안으로 존재하는 것은 아니다.

3. '得民心論'및 賦稅制度 改善論의 展開

西人 · 老論 계열은 肅宗初 南人政權 하에서 尹鑴계열의 鄕政論에 대해 政派的 차원에서 반대 내지 소극적 지지를 표방하였다. 그러나 庚申換局으로 정권을 장악하자[65] 金壽興 · 金壽恒을 앞세워 南人政權의 鄕政論에 대해 단절을 선언하고 紙牌法 · 五家統制를 백지화하려 했다.

한편으로 金錫胄와 金壽恒은 국방력의 유지와 정부재정을 확보하기 위해 賦稅制度 개혁안의 하나로서 戶布論을 관철하고자 하였다. 그런데 이 과정에서 金壽興 · 李端相의 경우 자신들이 南人계열의 鄕政論을 반대했던 논리의 연장으로 戶布論조차 반대하고 있음을 볼 수 있다. 戶布論은 토지제 및 신분제의 변동 없이 부세제도의 부분적인 개혁을 통해 당시의 현안을 처리하고자 할 때 최선의 방안이 될 수 있었다. 지배층의 입장에서 본다면 일부 士族들에게 出布를 강요한 점에서 양보한 측면이 있으나, 이미 보수개량의 범주에서 벗어난 것이 아니었다. 그럼에도 西人 집권층 내부에서도 광범한 반대를 불러 일으켜 戶布論者 스스로 개혁론자를 자처하는 상황이 초래되었다. 이는 특권신분인 士族의 존재를 인정하면서 그들로부터 出布를 기대한 제도의 구조적인 결함에서 비롯된 것이기도 했다.

戚臣이자 西人 漢黨의 黨色을 지녔던 息庵 金錫胄(仁祖 12~肅宗 10, 1634~1684)는 顯宗朝 西人정권과 이를 이은 肅宗初 南人政權 하에서 거

---

65) 肅宗 6년(1680) 南人政權이 유악사건과 許堅의 謀逆사건으로 실각당한 뒤 기존 宋時烈계열의 西人정권이 재등장하였다. 이 때 金錫胄는 許堅의 逆謀를 告變한 功으로 保社功臣 一等으로 淸城府院君에 封해지고 1682년 右議政으로 扈衛大將을 겸직하면서 宋時烈 계열과 결탁하였다. 1674년 甲寅禮訟에서 西人이 패했을 때 領議政 金壽興이 유배당하였고 대신 實弟 金壽恒이 左議政으로 임명되었다. 그 후 金壽恒은 許積 · 尹鑴를 배척하고 宗室 福昌君 형제에 대해 추문을 들어 처벌을 주장하다가 집권파인 南人의 미움을 사서 유배되었다. 1680년 이른바 庚申換局으로 南人이 실각하자 金壽恒 · 金壽興은 領中樞府事로 복귀하였고, 이후 金壽恒은 領議政이 되어 8년 동안 역임하면서 南人을 배척하는 한편 宋時烈 · 朴世采 등을 불러들였다. 한편 宋時烈 門下였던 李端夏의 경우도 西人으로서 甲寅禮訟 때 삭직당하였다가 1680년 庚申換局으로 풀려나와 西人政權에 가담하였다 (姜周鎭, 앞의 책, 1971 참조).

듭 軍權을 장악했던 인물이었다. 都承旨의 위치에 있던 金錫冑는 肅宗 원
년 尹鑴의 여러 개혁론에 대해 政派的 차원에서 일관되게 반대하는 입장
을 견지했다. 그러나 당시 良役弊端의 시정과 軍役確保라는 현안의 해결
이 강조되던 상황 하에서 소극적이나마 尹鑴계열에 의해 주도된 제도개혁
논의에 참여하였다. 尹鑴와 金錫冑 계열의 대립상을 보면, 우선 朱子 性理
學에 대한 이해에서 심각하게 대립되고 있었다. 肅宗 원년 정월의 書講에
서 尹鑴는 朱子에 의해 해석된『論語』의 註는 읽을 것이 없다고 주장한데
대해 金錫冑는 朱子의 주석은 버릴 것이 없다고 반박하고 있다.[66] 또한 尹
鑴가 還上制度를 파기하고 그 대신 法典에 수록된 常平法의 시행을 주장
하는 데 대해, 金錫冑는 還上야말로 史冊에 기록된 美法일 뿐 아니라 오
히려 常平法의 시행이 불가능함을 강조하고 있다.[67] 그리고 왕의 시종을
담당하는 군사인 總府郎의 선발에서 尹鑴는 科擧를 폐지하고 그 대신 士
大夫 子弟를 庶擘과 庶擘 總府에 덧붙여 실시할 것을 말하면서 "예전부터
폐단 없는 법은 없다. 堯舜의 禪讓과 湯武의 征伐은 후세에 폐단이 되었
거니와 어찌 그들이 고생을 싫어하여 아름다운 법을 시행하지 않겠는가"
하며 古先王의 사례를 들어 자기의 주장을 관철하고자 했다. 이에 대해 金
錫冑는 다른 제도를 예로 들어 更張하는데 반대하고 아름다운 법이 있다
하더라도 人才가 없으면 안 된다는 점을 강조하였다.[68]

이와 같이 尹鑴와 대립되는 政見을 가졌던 金錫冑는 본격적인 鄕政論

---

66) 당시 尹鑴는 朱子 性理學의 觀念論을 배제하고 原始儒學을 강조함으로써 宋時
    烈과 첨예한 대립관계에 있었고, 朱子·程子 經典의 箋註에 대해 출입이동이 많
    으면 자기의 뜻에 따라 章句를 개정하고자 했다(『肅宗實錄』卷2, 肅宗 원년 정월
    丁丑, 38冊 237쪽). 尹鑴는 "天下에 허다한 이치를 어찌 주자만 알고 나는 모르겠
    는가. 朱子는 그만 덮어두고 오직 진리만을 연구해야 된다. 朱子가 다시 살아온다
    면 나의 학설이 인정을 받지 못할 것이나 만일 孔子, 孟子가 살아 온다면 나의 학
    설이 비로소 승리할 것이다"(『我我錄』卷1, 용문문답)라고 하여 經典註釋에서 朱
    子 性理學的 견해를 반대했으며 다른 한편으로는 經典에 대한 중국 漢代의 주석
    을 참작하면서 고대 유교철학가들의 사상을 직접 연구하려는 태도를 견지하였다
    (정성철, 『朝鮮哲學史』2, 좋은책, 1988, 267쪽).
67) 『肅宗實錄』卷2, 肅宗 원년 정월 壬午, 38冊 240쪽.
68) 『肅宗實錄』卷2, 肅宗 원년 정월 癸未, 38冊 241쪽.

의 하나인 五家統制의 실시에 대해서는, 현안의 해결이라는 측면에서 소극적 시행론의 입장을 표방하였다. 즉 領議政 許積이 五家統制에 대해 "우리나라는 백성의 수를 몰라 허다한 폐단이 있습니다. 嗣服하신 처음에 소란이 있을까 염려하여 아직 겨를이 없었으나 五家統의 법은 본래 먼저 시행해야 마땅합니다. 金錫胄는 10戶를 1統으로 만들기를 주장하는데 그것이 마땅한지 강구해야 합니다. 올해 戶籍을 만들며 節目에 함께 넣어 시행해야 합니다"라고 하여 尹鑴의 견해를 지지하고 있다.[69] 여기에서 南人政權에 참여하고 있던 金錫胄 또한 소극적이나마 10家 1統의 견해를 내세우고 있었음이 확인된다. 차후 肅宗 원년 9월 備邊司가 '五家統事目'을 제정 반포하면서 "논의가 일치되지 않은 까닭에 오랫동안 完定하지 못하다가 이제야 비로소 停當하여 別單에 써서 들인다"라고 하며 그 작성자에 대해 "처음에 尹鑴가 管子를 모방하여 五家統의 제도를 만들었으나 일을 시행하기에 어려움이 많았으므로 許積이 金錫胄·柳赫然과 더불어 尹鑴의 법에 따라 加減한 것이다"라고 기록한 사실에서 金錫胄 역시 직책상 節目작성에 가담하였던 것으로 보인다.[70] 특히 尹鑴의 五家統制 시행에 대해 南人의 領袖인 領議政 許積이 적극 찬성하였던 상황이 전개되었다.[71]

그런데 肅宗 3년 領議政 許積이 紙牌 기재시 常漢 統首와 兩班 士大夫와의 混融으로 인한 名分문제를 제기하고 독립된 號牌의 패용을 통해 이를 해결하고자 했다.[72] 이러한 號牌法의 실시에 대해 尹鑴는 紙牌를 변경하여 號牌로 하면 "민들이 더욱 난리를 생각하게 된다"고 우려를 표명하며 반드시 號牌 한 가지만 아니라 民情에 순응하여 민들이 싫어하는 것을 없애야 한다고 했다. 그는 肅宗 원년 이래 統牌가 이미 이루어졌으니 그대로

---

69) 『肅宗實錄』 卷2, 肅宗 원년 정월 癸未, 38冊 241쪽.
70) 『肅宗實錄』 卷4, 肅宗 원년 9월 辛亥, 38冊 304쪽.
71) 당시 柳命天과 李宇鼎을 비롯한 諸大臣들이 都案廳·紙牌와 五家統의 법이 民怨의 한 단서라고 하자, 許積은 五家統·紙牌法은 결코 폐지될 수 없다는 단호한 입장을 표방하고 국왕 肅宗 또한 이를 적극 수용했던 당시 조정의 입장을 주목할 필요가 있다(『肅宗實錄』 卷4, 肅宗 원년 12월 辛巳, 38冊 317쪽).
72) 『肅宗實錄』 卷6, 肅宗 3년 3월 丁丑, 38冊 351쪽.

시행하면 賦役이 균등해지고 農桑이 勸勉되며 白骨徵收의 폐단이 제거될 것이라는 의견을 말하였다.[73] 尹鑴는 號牌法의 취지 자체에 반대하기보다는 이미 시행된 紙牌法의 성과도 보기 전에 변통하는데 따른 민의 동요를 염려하였던 것이다. 이에 대해 국왕 肅宗도 "아직은 紙牌의 효과를 보다가 천천히 시행하고 싶다"는 입장을 피력하였고 吏曹判書 睦來善 역시 민간의 소란을 이유로 반대하고 있었다. 다만 南人의 또 다른 실력자였던 兵曹判書 權大運은 "號牌와 大軍籍을 아울러 시행하였으므로 혹시 大軍籍을 하게 되는 것인가 싶어 소란한 것입니다. 오래지 않아 마땅히 스스로 안정될 것입니다"라고 하여 軍籍에 대한 백성들의 오해 때문에 號牌法의 시행이 중단될 수는 없다고 말하였다.

그런데 당시 號牌法의 시행여부에 대해 2品 이상 高官들의 의견이 개진되는 과정에서 오직 金錫胄만이 그 혁파를 적극 주장한 사실이 기록되어 있다.[74] 金錫胄는 「論號牌箚」에서 다음과 같은 반대 이유를 개진하였다. 우선 그는 나무로 만든 號牌는 紙牌에 비해 그 체제가 長厚하고 법도가 있으며 改易이 쉽지 않을 뿐 아니라 戶人이 각각 스스로 다스리는 바가 있고 밖으로 牌札함에 따라 隱漏의 염려가 없다는 장점을 인정했다. 그러나 그는 당시의 사회사정에 대해 "하늘이 노하여 날로 災旱이 더해 가므로 君臣上下간에 齊心하여 염려해야만 하는 상황"이라고 규정하고 宋代 蘇軾의 "凡擧六事 必順天心"이라는 말을 인용하여 天心의 向背를 지금 볼 수 있다고 하였다. 따라서 그는 두 가지 이유를 내세워 號牌法의 시행을 강력히 반대하였다. 첫째, 號牌法이 비록 좋으나 금일에 반드시 시행하고자 한다면 이는 天怒의 뜻을 받드는데 있어서 특별히 어그러짐이 있다고 주장하였다. 둘째, 號牌 시행시의 번잡한 사무가 民의 生業에 불편을 준다. 그 근거로서 京城 5부의 경우 街巷・市廛과 官府 사이의 거리가 4, 5리나 되며 遠方大邑의 경우 수백 리에 이르기도 한다. 또한 민들이 官庭에 출입할 때마다 갖가지 費目으로 곡식을 바치게 되고 考覈時 추가징수에 대한

---

73)『肅宗實錄』卷6, 肅宗 3년 2월 壬戌, 38冊 348쪽.
74)『肅宗實錄』卷6, 肅宗 3년 3월 丁丑, 38冊 351쪽.

두려움을 지니게 되며 號牌를 烙印할 때 담당 관속의 需索 또한 심할 것이므로 그 과정에서 생기는 원한과 혼란이 극심하다. 金錫胄는 "農務로 인해 바쁜 때를 맞이하여 廢耕의 위험을 무릅쓰고 모두 號牌를 받게 하는 것이 과연 크게 便益한 것인지 잘 알 수 없다"라고 하면서 시행을 정지하는 쪽이 차라리 낫고 그것이 불가능하다면 앞에 닥친 농사일을 처리하고 기한을 늦추었다가 겨울에 頒令하여 다음 해에 차게 할 것을 주장하였다. 또한 金錫胄는 당시 조정의 분위기에 대해 "당장 실시하는 것이 옳다는 견해만 있고 반대하면 벌을 주려 하니 어느 누가 그 죄를 피하지 않겠느냐"고 비판하며 넓게 인심을 얻어 화기한 길을 맞이하기 위해 재차 집단적인 논의가 필요하다고 주장하였다.[75]

엄밀히 말해 仁祖 연간 號牌法의 운영과정에서 보았듯이 전국에 걸친 새로운 제도의 정비과정에서 金錫胄가 지적하는 정도의 장애요소는 항상 존재하였다. 따라서 그의 의견은 時勢를 적극 내세우고 운영과정상의 모순만을 부각시키면서 내심은 號牌法의 시행을 극력 반대하는 것이다.

그렇다면 金錫胄는 민과 향촌에 대한 대책으로 어떤 것을 주장하였을까. 그는 새롭고 구체적인 제도의 강제는 보류하고 그 대신 租稅減免 등 민에 대한 經濟的 施惠措置의 필요성만을 강조하였다. 엄밀히 말해 제도의 시행을 병행하는 데에는 반대했던 것이다.

그는 차후 西人계열과 함께 庚申換局으로 정권을 장악하자 南人政權의 개혁론을 배제하고 戶布論으로 귀결되는 對民 · 對鄕政論을 전개하였다. 金錫胄는 당시의 사정에 대해 "惟我國家 自壬辰以來 非東被島夷之禍 則必西受山戎之辱 至今六十年間 八路猶爲灰燼 非民尙在塗炭 國之不亡而僅存者 猶一線耳 …… 凶歲迫於重斂 崩弛蕩析之患"라 하여 兩亂으로 인해 초래된 국가적 위기로써 규정하였다.[76] 그는 일찍이 顯宗 6년(1665) 10월의 疏를 통해 금일 民生의 곤고함이 극에 달한 상황임에도 불구하고 一身에 數人의 役, 一戶에 數口의 丁, 一稅에 數年의 稅를 부담하는 모순을

---

75)『息庵集』卷13, 論號牌箚.

76)『息庵集』卷21, 策 策本 一.

지적한 바 있었다. 특히 국가가 積逋와 退賦의 징수과정에서 많은 문제가
있음에도 불구하고 督徵만을 강조하므로 민의 원망이 집중된다고 했다. 金
錫冑는 그 대책으로서 우선 國粟을 풀어 留穀分의 부족문제를 제거하며
虛簿를 감면하는 實惠를 베풀어야 한다고 지적하였다.

그런데 운영과정에서 積逋를 정확히 조사하라는 令은 중간에 개재된 담
당 有司者의 농간을 배제하지 않을 경우 오히려 폐해가 되며, 특히 풍년시
국가에 의한 積逋分의 징수가 두드러져 人戶가 流離하는 지경에 이른다고
보았다. 따라서 그는 운영과정에 대한 감시가 수반될 때만 租稅減免 정책
이 실질적으로 민에게 이익을 줄 수 있다고 주장하였다.[77] 또한 顯宗 11년
(1670) 6월의 疏에서 民役을 감면하기 위한 거행조건으로서 당해 년도의
전국 제반 身布의 等差를 조정하고 實驗田結의 收稅를 舊結의 규정에 따
라 시행할 것을 요구하였다. 金錫冑는 賦稅減免을 첫째로 꼽히는 "救民活
民之擧"라 하였다.[78] 이와 함께 흉년을 당했을 때 田結稅 징수와 大同法
의 시행에서 "法非不善 而行之失其道者也"라고 하여 운영과정에서 나타
나는 폐단을 적극 언급했다.[79]

이와 같이 金錫冑는 兩亂 이후의 혼란과 흉년으로 점철된 顯宗 연간 사
회문제를 해결하기 위해 민에 대한 국가의 租稅減免 · 租稅等級 調整 등
의 방법과 운영 과정상의 합리화를 강조하였다.

肅宗朝에 들어와 金錫冑는 良役弊端의 문제를 해결하기 위한 대안으로
戶布制의 실시를 일관되게 주장하였다. 肅宗 3년 12월 尹鑴의 戶布制 제
안에 대해 許積은 적극 반대론을, 金錫冑는 소극적 찬성론을 견지하고 있
었다. 당시 尹鑴는 逃故 · 兒弱에게서 거두는 布를 蕩減해 주고 都監을 설
치한 후 戶布法을 시행하여 백성의 賦役을 고르게 하고 나라의 經費를 풍
족하게 할 것을 주장하고, 나아가 차제에 軍兵과 公私賤의 제도를 모두 변
통할 수 있다고 말하였다.[80] 이에 대해 許積 · 李始壽와 함께 金錫冑는

---

77)『息庵集』卷10, 因冬雷書進所懷疏, 乙巳 十月.
78)『息庵集』卷11, 請節經費箚, 庚戌 六月 校理時.
79)『息庵集』卷17, 請蕩滌湖西所貸米銀啓 ; 卷21, 策本 二.
80)『肅宗實錄』卷6, 肅宗 3년 12월 丁未 · 癸丑, 38冊 374～375쪽.

"오늘날의 논하는 바는 兒弱·物故의 폐단을 변통하는데 불과한데, 만약
尹鑴의 말과 같이 한다면 국가의 제도가 장차 모두 어지러워질 것이니 결
코 시행할 수 없다"라고 하여 戶布法의 제한적인 기능에만 의미를 부여하
고, 이를 통해 야기될 기존의 軍制·身分制의 변화에는 반대하는 입장을
보였다.

그런데 金錫胄는 良役弊端의 제거라는 명분 때문에 재빨리 蕩減을 실
시했다가 戶布法 중단이라는 상황이 야기된다면 해당 부분의 경비 마련에
커다란 문제가 야기될 것이라며 다음과 같이 지적하였다.

> 戶布의 법을 정해서 시행하되 사람들의 말에 꺾이지 않을 수 있다면 처
> 음에는 비록 원망을 초래한다 하더라도 결국에는 반드시 편안해 질 것이
> 니 臣은 시행하는 것이 편하리라 생각합니다. 그러나 경비를 계산하지 않
> 고 곧바로 蕩減했다가 戶布의 법을 시행할 수 없게 된다면 收殺하기가
> 또한 어려울 것입니다. 지금 여기에 큰집이 있어 창과 벽이 떨어져 나가
> 고 기둥의 나무가 기울어졌는데 재력을 생각지 않고서 헐어버려 수리할
> 도구가 없다면 비바람을 가리고 도둑을 막을 수가 없어져 도리어 전날 지
> 탱하며 그래도 세월을 보낼 수 있었던 것만 못할 것입니다. 비록 그러하
> 나 聖上께서 만약 말씀하시기를 "白骨·黃口에게서 베를 징수하는 것은
> 실로 어진 사람으로서 차마 하지 못할 바다. 宗社의 供奉과 百官의 祿俸
> 을 비록 그 평상시의 정도에서 감한다 할지라도 이러한 폐단을 제거할 수
> 없다면 백성의 부모가 될 수 없으니 特命으로 탕감하되 반드시 폐단을 구
> 제할 방책을 강구해서 시행하도록 하라"고 하신다면 또한 어찌 못할 바이
> 겠습니까.[81]

이는 戶布法 논의에만 매달리는 것보다 즉각 兒弱·物故에 대한 蕩減
을 먼저 시행하자고 하는 尹鑴의 주장에 대한 반론으로 여겨진다.[82] 즉 戶

---

81) 『肅宗實錄』卷6, 肅宗 3년 12월 癸丑, 38冊 375쪽. 尹鑴의 戶布法 실시 성화에 대
해 여러 大臣들이 戶布의 불편함을 들어 반대할 때 金錫胄는 "시험삼아 한두 신
하로 하여금 그 일을 시행하게 하여 편하면 시행하고 불편하면 정지하는 것이 좋
겠습니다"(『肅宗實錄』卷6, 肅宗 3년 12월 丁卯, 38冊 377쪽)라고 하여 소극적인
시행론의 입장을 거듭 표현하였다.

布法의 기본적인 원칙에 있어서는 尹鑴의 입장에 동조하였으나, 국가의
財政確保·財政運營이라는 측면을 두드러지게 강조했다는 점에서 차이점
이 존재했다.

金錫冑는 守御使를 역임하는 등 軍權을 장악하였고 軍制운영의 내역을
소상히 파악하고 있었기 때문에, 戶布法을 통해 마련된 재원을 기반으로
軍制變通을 도모하였다. 尹鑴가 紙牌法·五家統制·戶布制를 통해 지방
제도와 軍制 및 公私賤制度의 변통이라는 포괄적인 役制의 개혁방안을
제시한 데 대해, 金錫冑는 충실한 軍制유지를 위한 국가재정 확보라는 입
장을 견지하였다. 그는 본격적인 戶布論에 앞서 "今日 國儲之虛竭 盖由於
軍案之不條 而今日民情之怨苦 亦莫甚於隣族之侵徵 鬼乘補卒徒積虛簿
而鬼錄則 日多鐲徭減布未聞實惠 而民害則益滋百歲 不除之役 九族幷徵
之政 此古今天下所未有之事也"라고 규정하고 총괄적으로 변통하여 軍制
정비와 軍額조정을 통해 國內에서 身役에 응하는 총수를 헤아려 本兵의
闕額分을 보충한 후, 여분의 他役을 積弊 제거에 사용함으로써 民生을 보
존하고 軍實을 보완할 수 있다고 보았다.[83] 즉 전란 이후 무질서해진 각
衙門의 軍額을 보다 합리적으로 조정하고 기본적으로 良丁不足현상을 일
시에 완화한다는 제한적 범위의 개혁안인 것이다.

金錫冑의 戶布法은 구체적으로 다음의 내용을 담고 있다. 肅宗 1년
(1675) 乙卯帳籍에 근거하여 兩界지방과 開城·江華·濟州의 3邑을 제외
한 京畿·湖西·湖南·嶺南·關東 6道의 戶數 96만 8,821 戶와 이밖에
紙牌 실시 후 드러난 3, 4만 戶를 합하여 대략 100만戶를 總數로써 파악하
였다. 그런데 京外 경비의 총액은 60여만 匹인데 비해 公私賤 등의 명목을
제외한 징포 대상 實戶는 불과 40만에 불과하므로 1戶가 2匹 가량을 부담
하는 셈이 된다는 것이다. 이러한 良役의 弊를 제거하기 위해 古法을 모방
하여 8口를 갖춘 完戶는 봄·가을에 1匹을, 7口 이하의 弱戶는 가을에만 1
匹을 徵捧하는 방법을 제시하였다.

---

82)『肅宗實錄』卷6, 肅宗 3년 12월 辛酉, 38冊 376쪽.
83)『息庵集』卷17, 請修正軍案啓.

그는 戶布法의 실시를 통해 '良役은 곧 常民'이라는 등식이 깨지며 班常差別論이 무색해진다는 논리에 대해 반박하고 오히려 戶布制를 통해 종전의 號牌法 시행에서 최대의 모순이었던 私賤으로의 투속을 통한 避役을 막게 된다는 주장을 제기하였다. 우선 金錫胄는 官職者에 대한 收布가 君子·野人의 구별을 없애고 차별론을 붕괴시킨다는 반론에 대해, "身布를 거두면 그 말에 가깝겠으나 民役의 均齊라는 사실에서 볼 때 국가의 대체에 손상을 주는 논리가 될 수 있겠는가"라고 반문하고 덧붙여 "田宅의 家와 田은 본래 차별이 없으며 宰相 田土에 대한 不稅의 규정은 없는데 士夫 家戶가 어찌 役에서 빠지며 田稅와 貢物을 납부치 않는 民이 될 수 있는가"라고 하였다. 그리고 戶布法의 가장 편한 점으로 "强族이 감히 홀로 면제되지 않고 下戶가 偏苦에 이르지 않아 진정으로 均齊平易한 아름다움이 있으며, 戶數를 계산하여 徵布함으로써 官에서도 代定하는 노력이 필요 없으며 '有家則收布'의 원칙 하에 백성 또한 도피하는 일이 없다"는 것을 들었다.

그는 士大夫에 대해 戶를 단위로 하는 부과로 인해 學武를 손상시키지 않을 것이며 居稅(戶稅)로 인해 그 힘을 해치지 않을 것임을 주장하였다. 이른바 身稅(=良人)와 戶稅의 차별성을 강조하면서 戶布法은 후자의 성격을 지닌다고 하였다. 이처럼 金錫胄는 징포대상을 人丁에서 家戶로 옮겨 戶布가 身役이 아니라 戶稅임을 강조하여 班常差別論을 내세운 사대부들의 불만을 쉽게 잠식시킬 수 있다고 보았다. 또한 戶布의 징수가 군사력 및 국가재정의 확보의 목표를 지니고 있음을 지적하여 체제협조자로서 양반의 의무이행을 자극하였다.

다음으로 그는 戶布法을 통해 良役을 피하기 위해 私賤으로 투속하는 현상이 시정될 수 있다고 주장하였다. 戶布法을 시행하면 1戶內 上下男女가 8口에 이르더라도 1匹을 부담하는데 그치기 때문에 오히려 公私賤의 貢價가 무거울 것이며 결국 투속민들이 良人으로 還出할 것임을 말하였다. 金錫胄는 戶布法을 통해 '貴良賤賤之效'와 '良戶之增'이 있을 것이니 국가의 이익이 된다고 하였다.

한편 金錫胄는 "이 법이 행해지면 그 기세는 장차 부득불 軍制의 改定에 이르게 될 것이며 戎政에 있어서 재차 유익함이 있을 것이다"라고 하였다. 그는 兵權을 담당했던 경험을 살려 대단히 구체적인 軍額과 兵政을 제시하면서 戶布法을 통해 확보될 재정으로 궁극적으로 兵制의 변통이 가능하다고 보았다. 그 중 禦營軍에 대한 개혁방안을 들면 다음과 같다. 禦營軍 戶數 2만여 명의 운영내역은 수만 명의 保人 가운데 단련된 인원을 선발하는 바, 戰卒 2만 6, 7천 명에 대해 每朔 1천 명씩 更番하면 不立番者가 1만 3천이 되고 2삭 立番한즉 不立番者 2만여 명이 된다. 이 중 近峽・沿海 지역에는 출신 軍戶를 그대로 배당해 주고 혹 布와 米를 거두어 軍餉을 보조하게 한즉 支放과 운영이 원활하고 반드시 재정자금에 여유가 생긴다. 또한 戶布法이 시행되면 步兵은 혁파하여 점차 騎兵으로서 輪次番上하는 1만 2,128戶를 만들 수 있고, 禦營軍은 2만 6,880명으로 증가시킬 수 있으며, 別隊 1만 3,440명, 精抄 1만 3,040명으로써 營陣之制를 갖출 수 있게 될 뿐 아니라 궁극적으로 全戶를 減布시켜 軍役을 책임지게 할 수 있다는 것이다.[84]

金錫胄는 사대부의 名分論에 입각한 반대론에 대해 身布가 아닌 戶稅임을 강조하여 무마하고, 증액 확보된 재정을 활용하여 軍制운영의 변통과 軍兵力 유지를 도모하고자 했다. 이와 같이 그는 戶布法의 목적이 良役편중의 방지와 균일한 부담에 있음을 강조하였으나, 그 주된 목적은 정권유지와 군사력유지를 위한 재정확보에 있었던 것이다.

金錫胄계열의 西人정권은 庚申換局 직후 領中樞 金壽興과 領議政 金壽恒을 통해 王安石의 新法을 전면 폐지한 司馬光의 예와 民心의 慰撫라는 이유를 내세워 紙牌로 대변되는 제반 개혁안의 혁파를 건의하였고 국왕 肅宗도 이에 적극 동의하였다.[85] 그러나 金錫胄는 곧 民怨이 전적으로

---

84) 『息庵集』卷17, 議行戶布議.
85) 『肅宗實錄』卷9, 肅宗 6년 5월 癸丑, 38冊 454쪽 ; 『承政院日記』, 康熙 19년 5월 25일. 주지하듯 王安石은 均輸法, 靑苗法, 市易法, 募役法, 保甲・保馬法의 시행 등 사회전반에 걸친 제개혁으로 기존 지배층들과의 갈등이 야기되고 있었다. 이후 王安石의 新法은 舊法黨의 朱子學에 의해 法家的 覇道主義로서 유교의 이단이

紙牌에만 있는 것이 아니므로 추세를 관망하여 변통할 것을 말하였다.[86] 이는 淸朝의 안정과 함께 외침의 위협이 사라지고 민들에게도 號牌・紙牌는 곧 군사적 사업이라는 오해가 사라지고 점차 戶籍制度의 보완작업이라는 인식이 확산됨에 따른 것이었다. 따라서 다음 해인 肅宗 7년에 紙牌의 存置여부를 논의하는 과정에서 金錫冑는 "紙牌의 법이 民數를 파악하고 獄訟을 판결하는 데는 필요하다"고 말하고 있다. 결국 국왕 또한 紙牌制가 유익한 제도이며 各邑 牒呈과 決訟에 의거할 자료가 된다고 동의하여 存置를 명하고 있다.[87]

金錫冑는 庚申年(숙종 6년) 이후 戶布論의 시행을 강력히 주장하였으나 西人정권의 반대론 또한 적지 않았다. 그는 이에 대해 "논의자들이 대개 시행하면 민에게 이익이 되고 시행치 않으면 국가가 점차 약해진다고 하고, 약함에 이르러 망하기를 기다린다면 오히려 그것을 시행하는 것만 같지 못하고 요행을 기다리는 일이 된다. 국가가 약해지는 것은 염려하면서 어찌 民이 怨苦로 인해 망하는 사실은 모르는가"라고 반문하여 자신의 견해에 동의해 줄 것을 요청하였다. 한편 金錫冑는 국가가 '速朽銷鑠'의 환난을 면하고 亂弱에서 벗어나 재차 강해지고 民의 고통을 면하게 하고 마음을 스스로 안정시키기 위해서는 四術이 필요하다고 강조하였다. 민의 불안과 국가의 不治를 치유하기 위해 제시한 이 방안은 "簡其政令而 勿瑣瑣而虐也 公其賞罰而勿撓撓而偏也 省其征賦 而寧下之蓄積 毋斂之厚也 節其用度而寧上之菲約 毋費之浮也"로서 간단한 政令, 균등한 償罰, 과중한 賦稅徵收 금지, 경비절약으로 요약할 수 있다.[88] 특히 肅宗 8년 10월 右議政 金錫冑와 領議政 金壽恒이 강조한 것은 국가경비의 절약이었는데, 이에 대해 金錫冑는 "현재 강구해야 할 것은 오직 국가의 경비를 절약하는 데에 있으나 만약 큰 변통이 없다면 끝내 무익하게 되고 말 것입니다. 각 道의 田稅・大同米・軍布의 실제 수량을 모두 계산하여 14등분으로

　　라는 비난을 받았다(宮崎市定, 『中國史』, 1978).

86) 『肅宗實錄』 卷9, 肅宗 6년 6월 庚申, 38冊 456쪽.

87) 『增補文獻備考』 卷162, 戶口考 2, 896쪽.

88) 『息庵集』 卷21, 策 策本 一.

나누어 13등분은 13개월 간의 소용물자로 사용하고 나머지 1등분은 별도로 두어 규정 외의 소용에 따라 쓰는 물자로 하여 매달마다 이에 따라 사용하되 한결같이 철저히 지키도록 해야 합니다"라고 건의하였다.[89] 그러나 당시 史臣도 지적했듯이 경비절약을 앞세워 문제를 해결하게 했으나 끝내 실효를 거두지 못한 것은 근본적으로 국가의 저축부족에 있다고 하였다. 결국 金錫冑의 견해는 사회신분제와 지방제도에 대한 구조적이고 적극적인 개혁안의 제시가 아니라 부세제도·재정운영상의 변통으로 현안을 치유하려는 데에 있었으며, 이는 17세기의 사회문제를 해결하는 데 있어서 큰 한계를 지닌 것이었다.

西人의 黨色을 지닌 金壽恒[90]은 肅宗 원년 최대현안인 良役弊端의 시정과 北伐論과 관련하여 兵車制度를 비롯한 軍制정비의 문제를 의논할 때, 民心의 疲弊함을 내세워 新法의 시행에 대해 반대의 입장을 표방하였다.

> 戶布와 號牌의 법은 臣도 그것을 실행해야 한다고 늘 주장했습니다만 지금의 人心은 결코 실행할 수가 없습니다. …… 서북쪽의 軍政은 城池와 器械가 모두 깨끗이 없어진 데다 날은 가물고 백성들은 곧 곤고합니다.[91]

또한 肅宗 원년 5월 尹鑴가 五家統·紙牌法 시행시 僧徒를 戶籍에 넣는 일로써 임금의 결제를 받았는데,[92] 金壽恒은

---

89) 『肅宗實錄』卷13, 肅宗 8년 10월 辛丑, 38冊 606쪽.
90) 文谷 金壽恒(仁祖 7, 1629~肅宗 15, 1689)은 孝宗·顯宗년간 西人정권과 肅宗 초기의 南人정권 그리고 肅宗 6년(庚申年) 이후의 西人·老論정권 하에 거듭 가담했던 인물이다. 그는 1674년 甲寅禮訟에서 西人이 패하여 領議政이던 형 金壽興이 쫓겨나자 대신 左議政으로 임명되어 肅宗 초기 南人정권에 참여하게 되었다. 그러나 南人政權의 許積·尹鑴를 거듭 배척하고 福昌君 형제의 추문을 들어 그 처벌을 주장하다가 결국 南人의 미움을 받아 1678년(肅宗 4) 유배되었다.
91) 『肅宗實錄』卷3, 肅宗 원년 4월 己酉, 38冊 267쪽.
92) 『肅宗實錄』卷3, 肅宗 원년 5월 丁卯, 38冊 272쪽.

僧徒들로 하여금 항상 한 곳에만 거주하게 하면 반드시 煩憫하게 여길
것이요 그들이 가는 곳을 따라 알리게 한다는 것은 더욱 어렵습니다. 그
렇다고 이미 호적을 만든 뒤에 그들의 가고 옴을 그대로 맡겨 두고 묻지
않는다면 실효가 없을 것입니다. …… 실시 효과가 없는 일은 처음부터
하지 않는 것만 못합니다.[93]

라고 하여 五家統制에 대한 반대입장을 간접적으로 표현하며 거듭 소극적
인 자세를 견지하였다. 특히 그는 西北지역의 軍政과 관련해서 직접 목도
한 사실을 바탕으로 민을 '安屯相保'하게 하는 금일의 急先務가 災實·蕩
減·停督의 조치에 있음을 주장하였다. 또한 民役의 減免을 위해 우선 각
衙門의 節用이 반드시 필요하다고 했는데, 재정 節用이 병행되지 않으면
守令은 例에 따라 봉행하기 때문에 減役의 일은 계속될 수 없다고 하였
다.[94] 南人政權에 가담한 金壽恒은 尹鑴계열의 적극적인 개혁안의 시행
에 소극적인 입장을 표방하며 그 대안으로서 租稅減免 조치와 국가기관의
財政節用을 제시한 것이다.

   肅宗 6년(庚申換局) 이후 領議政에 제수된 金壽恒은 종전 尹鑴계열의
南人政權에서 시행하였던 紙牌制·五家統制에 대해 중지를 건의하고, 肅
宗 7년 이후에는 金錫胄와 함께 戶布制의 시행에 진력하였다. 金壽恒은
民生의 困苦함이 지금보다 더 심한 적이 없었으며 절박한 급무로서 身役
偏重에 대한 大變通이 필요하다고 역설하였다. 民의 疾苦를 알고도 적절
한 대책을 세우거나 구하지 않는 것은 古今에 없는 일로서, 軍兵의 徵布
특히 兒弱·逃故의 類는 諸道에 蕩減을 명하고 별도 조치를 강구하여 軍
民의 위급함을 구해야 한다고 주장하였다.[95] 그런데 戶布시행을 둘러싸고

---

93) 『肅宗實錄』 卷3, 肅宗 원년 5월 辛未, 38冊 273쪽.
94) 『文谷集』 卷10, 還自西路陳民瘼及乞遞職疏. 各邑 官需는 耗穀을 활용하여 資金
   으로 삼는데 常平廳으로 수괄된 후 用度가 倍에 이르러 官家의 재정을 운영할 수
   없다고 했다. 근본적인 官需부족으로 관속들의 부정, 용도의 부족이 속출한다고
   지적하였다(『文谷集』 卷9, 辭吏曹判書兼陳北路弊瘼疏).
95) 『文谷集』 卷13, 疏箚. 肅宗 7年 4月 金壽恒은 "兒弱을 軍役에 채운 사례를 조사
   해 내어 布를 줄이도록 한 일을 지난해 定奪할 때에 10세 이하로 한정하고 외방

大司憲 李端夏와 判中樞 金壽興 및 大司諫 兪櫶 등이 관직을 걸고 반대하고 있다. 반면 戶布法에 대해 적극적이었던 金壽恒은 節目을 講定하여 平安道 지방에 대한 우선 실시를 주장하였다.[96] 肅宗 8년 2월에 국왕이 戶布와 軍籍 가운데 한 가지 제도를 결정하여 시행하도록 大臣들에게 요구하자 金壽恒은

> 戶布는 전에 시행하여 보지 않은 것이니 節目을 강구한 뒤에야 편리한지를 알 수 있고 한 지방에 시행하여 보아야 便利와 病幣를 잘 알 수 있을 것인데, 이밖에 戶布보다 나은 다른 방법이 있다면 臣이 어찌하여 반드시 잘못된 의견을 굳이 지키겠습니까.[97]

라고 하여 戶布도 폐단이 있겠으나 지금의 民弊에 견주면 시행함이 더 낫다는 것을 강조하였다. 당시 국왕 肅宗은 "백성은 성취한 것을 함께 즐거워해야 하고 시작을 함께 염려해서는 안되니 처음에는 비록 驚動하더라도 講定하여 시행해야 한다"고 지적하고[98] 민의 소동을 염려하여 절목은 講定하되 즉각 전국적인 실시는 유보하는 선에서 戶布法 논의를 마무리하고자 하였다.[99]

金壽恒은 차후에도 良民들에게 집중적으로 징수되는 軍役의 모순을 제거하기 위해 業儒·中人·孼層과 軍保의 자손 등 儒學을 칭하는 자와 避役을 위해 校籍에 들어가는 자들에 대한 査定을 주장하였다. 또한 箚子를

에서 行會하도록 하였는데 兵曹의 事目이 상세하지 못하여 포대기에 싸인 어린 아이와 10세기가 넘는 자를 함께 그대로 장부와 軍籍에 둔 채 나이 16세가 되기를 기다려 役에 응하도록 한 일을 啓下하여 반포하였기 때문에 11세 이상은 애초에 査하는 사례에 들어가지 못하여 또한 일체 혜택받지 못하니 억울하다고 합니다. 그러므로 10세를 한정하여 시행한다는 뜻을 다시 거듭 밝히는 것이 마땅합니다"라고 하여 軍役釐正을 거듭 표방하였다(『肅宗實錄』卷11, 肅宗 7년 4월 戊子, 38冊 524쪽).

96) 『肅宗實錄』卷13, 肅宗 8년 正月 丁巳, 38冊 576쪽.
97) 『肅宗實錄』卷13, 肅宗 8년 2월 甲申, 38冊 581쪽.
98) 『肅宗實錄』卷13, 肅宗 8년 정월 丁巳, 38冊 576쪽.
99) 『肅宗實錄』卷13, 肅宗 8년 2월 甲申, 38冊 582쪽.

통해,

> 이제 民力이 다하고 國計가 다하여서 여러 가지로 생각해 보아도 달리
> 는 구제할 수 없고 오직 財用을 아끼고 浮費를 절약하는 것이 급선무가
> 되니 무릇 긴요하지 않은 일에 속하는 것은 비용의 많고 적음을 논할 것
> 없이 모두 停罷하는 것이 좋습니다.[100]

라고 하고 愛民之心의 표현이 節用에 있다 하여 "人君節損 一分卽 民被
一分之惠"임을 강조하였다.[101] 金壽恒이 愛民의 표현으로써 주장한 節用
은 백성들에게 지나친 부담이 되지 않도록 나라의 재정을 조절하자는 것
으로 金錫胄도 강조한 점이다.

　물론 이와 같은 견해도 백성들에 대한 무제한의 착취를 제한하는데 일
정한 작용을 할 수 있으며 객관적으로 백성들의 이해관계를 반영하였다고
말할 수 있다. 그러나 이 견해는 어디까지나 장구한 집권세력의 이해를 도
모하려는 입장에 불과하다. 집권 西人・老論계열은 土地制와 身分制 개혁
을 통한 封建制度의 근본적인 變通은 염두에 두지 않은 채 현상적인 착취
문제를 해결하기 위한 財政과 賦稅제도의 부분적 변통을 도모하고, 이러
한 소극적인 정치・사회견해조차 제대로 관철하지 못했던 사실을 보게 된
다.

　退憂堂 金壽興(仁祖 4~肅宗 16, 1626~1690)은 顯宗 5년 大司諫・戶
曹判書와 領議政을 역임한 후 甲寅禮訟으로 유배되었다가 庚申換局으로
西人이 집권하자 재차 영중추의 관직을 역임한 인물이다. 특히 '順人心'의
논리를 내세워 尹鑴계열이 주도한 南人政權 하의 五家統・紙牌制를 배제
하고자 했으며 같은 西人인 金錫胄・金壽恒이 강력히 추진했던 戶布法에
대해서도 李端夏와 더불어 實施不可論을 전개하였다. 金壽興의 현실인식
과 그 해결방안으로 제시된 논리를 살펴보겠다. 그는 일찍이 顯宗 5년
(1664)의 疏에서 小民에 대한 賦役不均의 시정과 監司・守令制의 기강확

---

100)『肅宗實錄』卷15, 肅宗 10년 7월 丁卯, 38冊 693쪽.
101)『文谷集』卷13, 疏箚.

립을 다음과 같이 역설하였다.

> 최근 6, 7년 간의 재해로 인해 民生이 점차 피폐해지고 국가가 불행하게 되었으며 八路 민들의 사망과 流散이 끊이지 않았습니다. 朝家에서도 강구한 바가 있었으나 大變通에 이르지 않고 백성을 해롭게 하고 병들게 하는 정치만을 행할 뿐이었습니다. 그것을 제거하려면 구구하게 賑貸와 蠲免의 은혜가 필요한 데 무릇 役民의 방법은 반드시 공평 균일하고 조금이라도 편중되지 않은 연후에 비로소 민들이 心服할 것입니다.[102]

우선 郡縣內 官과 무관한 役이 많아서 정작 守令이 원하는 應役者는 10에 2, 3에 불과하고 끝내 2, 3人이 10人의 役을 담당함에 따라 무고한 小民이 원망하게 된다는 것이다. 다음으로 누차 변란을 겪은 후 衙門의 權設者들이 재정확보를 위해 동시에 徵督하기 때문에 惟正之供 외에 복잡 다기한 費目이 부가되어 농민의 부담이 증가되었던 사실을 들었다.

이와 관련하여 국가기강이 점차 무너져 朝廷의 命이 각 지방에서 시행되지 않고 監司의 令이 州縣에서 행해지지 않는다고 하였다. 따라서 紀綱이 서려면 人主의 心術이 公平正大하고 偏黨이 없어져야만 아래로 宰相·郡縣·鄕村에 이르기까지 政令이 통할 것임을 지적하였다.[103] 그의 정치 사회적 견해는 관념적인 것으로 국왕의 마음을 움직이면 모든 일이 바로 잡힌다고 여기고 있었고 향촌문제의 치유에 있어서도 綱維의 확립이라는 사상적인 방안으로 접근하고 있었다. 별도의 箚子에서 "民들의 休戚은 守令에 달려 있는데 조정에서 비록 날마다 恤民의 政事를 강구하더라도 守令이 역할을 제대로 하지 않으면 백성들에게 은택이 미치지 않게 된다"라고 하며 읍마다 적절한 守令의 확보가 어려우나 監司의 守令에 대한 殿最를 강화하고 조정에서 내리는 명이 신중하고 간단해야 함을 지적하였다.[104]

---

102) 『退憂堂集』 卷4, 疏箚 辭大司諫兼陳所懷疏, 甲辰.
103) 위와 같음.
104) 『退憂堂集』 卷5, 陳所懷箚, 18~19쪽.

다음으로 軍民의 최급무로써 良役부족으로 인한 兒弱·逃故의 폐를 들었다. 이로 인해 각 기관의 舊名色이 이미 많은데 비해 良民은 날마다 축소된다는 것이다. 州縣의 官吏는 考課를 두려워하여 式年의 虛位充定을 도모하기 때문에 簽丁의 사례가 비일비재하고, 이로 인해 壬辰年 이래 근 백년 동안 보충되지 않은 虛額의 수를 파악할 수조차 없는 실정임을 지적하였다.[105]

이와 같이 金壽興은 당시의 실정을 大變通이 필요한 위기의 상황으로 규정하면서, 해결방법으로는 租稅減免·賑恤정책의 시행과 紀綱의 확립, 守令制의 정비라는 전통적인 지배층의 鄕政論을 견지하고 있다. 더 나아가 그는 상대적으로 적극적 개혁방안이었던 五家統·紙牌 내지 戶布論의 대두에 대해 다음과 같은 시각에서 반대하고 있었다.

> 나라를 다스리는 要諦는 오직 養兵·養民에 있습니다. 民이 不養하면 비록 養兵을 하려 해도 이룰 수 없습니다. 安民 이후 바야흐로 적을 제압하고 本을 유지하는 것입니다. …… 오늘날의 급무는 오직 養民의 政事를 강구하는데 있습니다. 八路에 傳令을 내려 民이 樂生之心을 지닌 연후에 養兵之政을 차제에 거행하는 것이 가할 줄 압니다. 옛 聖賢도 人心에 따른 다음에야 和氣를 맞이할 수 있다고 하였습니다.[106]

민들이 원기를 회복한 이후에야 각종 對民政策이 시행될 수 있다고 본 것이다. 그는 肅宗 원년 이후 五家統·紙牌制·良役査覈·戶布論에 이르는 일련의 제도 개혁이 養民論보다는 국가의 목적을 위한 養兵論에 치우쳤음을 다음과 같이 지적하였다.

> 소위 變通할 때는 시기가 가장 중요한데 만약 잘된 變通이 아니면 更張하는 것이 無益할 뿐 아니라 오히려 어찌 해로움에 가깝다고 볼 수 있겠습니까. 臣은 잘된 變通이 아닌 끝내 弊가 있다면 차라리 舊章을 준수하

---

105) 『退憂堂集』 卷5, 陳所懷箚, 18~19쪽.
106) 『退憂堂集』 卷6, 所箚 陳所懷箚.

고 병을 발견하면 약을 가하며 일에 따라 脩明하는 것이 나을 듯합니다.
제가 듣기에는 信義야말로 人君의 大寶라 했습니다. 그러므로 聖人도 兵
과 食은 떠나가더라도 신의만 있으면 이것이 낫다고 하였습니다. 지금 조
정의 법령이 민에게 신뢰를 얻지 못하는 것이 최대의 환란입니다. 무릇
立法하여 頒令하는 초기에는 반드시 이후 어떠한 이로움과 病幣가 있는
지 깊이 살펴보고 영구히 폐단이 없음을 안 연후에 거행하되 혹 일시 불
편한 논의가 있더라도 굳건히 지켜 변경시키지 말아야 합니다. 지금은 그
렇지 않습니다. 한 가지 법을 행하고 한가지 令을 내는데 혹 1, 2人의 의
견을 따라 쉽게 바꾸고 거행하여 필경에는 행하기 어려운 병이 되고 부득
불 폐하게 됩니다. 그 때마다 民情의 웃음거리를 사서 信義를 잃게 되니
어찌 심히 애석함이 아니겠습니까. 臣이 바라옵건대 지금 이후 舊法의 변
경과 新法을 행할 때 반드시 이로써 계율을 삼아 신중하게 하면 國體가
존귀하게 되고 법령이 행해질 수 있을 것입니다. 국가는 이로써 일정한
법이 있은 즉 君臣의 上下가 고수되고 유지된 연후 紀綱이 설 수 있고 民
志가 정해질 수 있을 것입니다.107)

養兵보다 養民을 강조하고, 특히 제도를 개혁할 때는 시기의 문제가 중
요하며 오히려 구제도를 준수하여 사안에 따라 정비하는 쪽이 보다 나은
방안이라는 것이다. 즉 民의 信義회복을 전제로 한 소극적 현상유지론을
표현하고 있다.
　이 같은 입장을 지닌 金壽興은 庚申換局 後 西人政權에 가담하면서 南
人政權下의 제반 개혁책을 가장 앞장서서 배제하였으며, 차후 金錫胄·金
壽恒 등이 시행여부에 집착했던 戶布法에 대해서도 강력한 반대입장을 표
명하였다. 肅宗 6년 5월 金壽興은

　　백성들의 고통이 근래에 더욱 심하여 원망의 소리가 길에 널렸는데 紙
　　牌 한가지 일이라도 속히 變通하는 것이 좋겠습니다. 先王朝 때에도 시
　　행하려고 했지만 끝내 시행하지 못했습니다. 王安石의 新法 가운데 어찌
　　한두 조항이라고 좋은 법규가 없었겠습니까마는 司馬光이 다시 들어온

107)『退憂堂集』卷6, 所箚 陳所懷箚.

뒤에 모두 혁파한 것은 대개 民心을 慰撫하기 위함이었습니다.[108]

肅宗 또한 다음 봄 式年에 재차 節目을 만들어 혁파하라고 하였다.[109] 그러나 앞서 살펴본 것처럼 紙牌制는 통치상 필요함이 크게 인정되었고, 재차 정비되어 존속되었다.

한편 肅宗 8년 1월 金壽興은 啓를 통해 당시 西人정권의 현안이었던 戶布法에 대해 적극적으로 반대하고 있다.

변란을 누차 겪고 祖宗法制 또한 폐가 아닌 것이 없는데 良民이 거꾸로 매어 달리는 듯한 지금의 폐해 중 급한 것은 실제로 朝夕간에 보장할 수 없을 정도의 사세입니다. 수십 년 동안 時弊를 말할 때마다 이것을 제일로 삼았으나 救弊策은 아직 방도를 얻지 못하였습니다. 한두 논설자가 내놓은 것 또한 破東補西 정도의 계책이거나 目前之歸에 불과할 정도입니다. 戶布 논의는 부득이한 계책에서 나왔으나 진실로 이 법이 과연 충분히 좋고 폐가 없는지 살펴보아야 합니다. 先輩 長者가 時務에 유의하여 이 법외에는 다른 계책이 없음을 거듭 이야기 하나 단지 백성의 마음을 바꾸는 것을 꺼리기 때문에 일에 있어서 혼란된 논의가 일고 시종 한번 시행되는 경우가 없을 것입니다. 지금 말하는 자들은 대개 민심의 동요를 염려하나 臣은 民心 뿐 아니라 오늘날 國事가 진정으로 存亡之秋에 있으니 變通하는 新法이 한갓 國體를 상하게 할까 염려되어 재차 대신과 戶布의 논의를 전개해야 한다고 봅니다.[110]

라고 하였다. 이와 관련된 肅宗 8년 1월 4일자 箚子에서 金壽興은 "아주 폐단이 없는 좋은 법이라도 고칠 즈음에는 그것이 뭇사람의 뜻에 맞을지를 보장하기 어려운데, 하물며 편리할지 불편할지도 확실히 알 수 없는 이 법이야 말할 것이 있겠습니까"라고 하여 戶布에 관한 의논을 빨리 그만두기를 청하였다.[111] 같은 해 8년 2월 6일자 논의에서 領議政 金壽恒이 지금

---

108) 『肅宗實錄』 卷9, 肅宗 6년 5월 癸丑, 38冊 454쪽.
109) 『肅宗實錄』 卷9, 肅宗 6년 5월 癸丑, 38冊 454쪽.
110) 『退憂堂集』 卷5, 陳所懷箚, 16~17쪽.

의 民弊제거를 위해 戶布論이 적절한 방책임을 강조하자 金壽興은 戶布
와 大軍籍은 모두 시행할 수 없다면서 大司諫 柳櫶의 의견과 같은 減額論
을 주장하였다. 柳櫶은 방만한 軍門을 정리하기 위한 방법으로서 兩都監
과 精抄軍의 폐지를 들고, 大軍籍으로 인한 민심동요를 방지하기 위해 軍
額을 줄여 식량을 덜고 校生의 沙汰를 주장했다.[112]

한편 이에 앞서 肅宗 7년 4월 大司憲 李端夏(仁祖 3~肅宗 15, 1626~
1689)는 班常差別論과 事勢論의 견해로써 戶布論을 강력히 반대하였
다.[113] 그는 戶布論 찬성론자들이 "위로 公卿으로부터 아래로 미천한 백
성에 이르기까지 한 집도 布를 내지 않은 자가 없을 것이니 이것은 크게
균등한 방법이 될 것이다. 누가 감히 원망할 것인가. 이로 인해 逃故・兒
弱・隣族의 폐단도 소제할 수 있을 것이다"라고 주장하는 데 대해

　　貴賤을 논함이 없이 모두 戶布를 내면 朝紳은 국가의 위태로운 상황을
　위하여 비록 꺼리는 바가 없다고 하더라도, 士子로 말한다면 평생 동안
　고생하며 부지런히 독서만 하는 자가 한 자도 읽지 않는 자와 같이 그 포
　를 내는 것은 또한 억울하지 않겠습니까. 臣이 생각건대 이 법은 孟子가
　배척한 "큰 신과 작은 신의 값은 똑같다"는 말에 가깝습니다. 크게 軍籍
　을 하는데 이르러서는 이것도 진실로 마땅히 시행해야 할 법이나 變亂이
　겨우 제거되고 凶荒이 몹시 참혹한 날을 당하여 갑자기 시행하기 어렵습

<hr/>

111) 『肅宗實錄』卷13, 肅宗 8년 정월 壬子, 38冊 576쪽. 이 때 同年 1월 7일 書講에서
　左議政 閔鼎重은 戶布의 반대를 주장하는 金壽興을 나무라며 "국가의 모든 일은
　규모를 헤아려 정하고 나서야 시행할 것인지를 결단할 수 있습니다. 의논이 어지
　럽다 하여 쉽사리 그만둔다면 무슨 일인들 할 수 있겠습니까"라고 하고 국왕 肅
　宗도 "비록 좋은 법이 있더라도 번번이 異意가 있거니와 事勢가 이로운지를 살펴
　야 할 뿐이고 근거없는 의논에 흔들리지 말아야 하니 반드시 익히 강구하여 시행
　할 것인지를 결정해야 할 것이다"라 하여 적극적인 시행의지를 표명하였다(『肅宗
　實錄』卷13, 肅宗 8년 정월 乙卯, 38冊 576쪽).
112) 『肅宗實錄』卷13, 肅宗 8년 2월 甲申, 38冊 581쪽.
113) 애초에 李端夏는 戶布贊成論의 입장을 지녔으나 나름대로 향촌의 사정을 파악한
　후 적극적 반대론자로 돌아선 입장이었다(『肅宗實錄』卷11, 肅宗 7년 6월 甲辰,
　38冊 537쪽). 李端夏의 經世論에 대해서는 金駿錫, 「畏齋 李端夏의 時局觀과 社
　倉論」『韓南大論文集 - 人文・社會科學篇』16, 1986 참조.

니다.

라고 하여 名分論과 함께 대다수 양반들이 현실적으로 극히 곤란한 생활을 영위하고 있다는 이유 등을 들어 반대하고 있다. 대신 士民으로서 役이 없이 한가하게 노는 자는 軍額에 충당시키는 방안을 제시하였다. 비록 宰相의 子弟라도 忠贊衛와 忠順衛에 소속시키고 그 가운데 文·武를 업으로 삼는 자는 太學·四學·鄕校·內禁衛 등의 衛에 귀속시키고, 나머지는 布를 징수하되 入番하면 布를 減免해 주게 하였다. 또한 外方의 군사로 양성하는데 합당한 자에게는 復戶와 保丁을 주어 緩急의 일에 대비할 수 있게 하였다.114)

庚申換局 이후 등장한 西人정권은 南人政權 하에 시행된 五家統·紙牌制와 같은 지방제도 개혁론을 민심의 동요라는 명분 하에 적극 배제하고자 했다. 그러나 紙牌制와 같은 제도는 淸과의 관계가 정리되고 民俗의 파악, 軍丁 차발 및 決訟의 근거자료로서 거듭 存置되고 점차 호적제도의 보완기구로서 기능하게 된다. 西人집권층에서도 肅宗 7년의 논의를 통해 그 효능을 인정하였다. 반대자로 분류된 金錫胄와 金壽恒도 "紙牌의 법이 커다란 이익이 되는지 알 수 없으나 이미 성립된 제도이므로 破하지 말 것"을 말하면서 民數를 파악하고 獄訟 판결에 필요하다고 하였다. 반면 右議政 李尙眞은 별도의 事目을 제정하고 面里制를 활용하고 面任들에게 주지시켜 시행할 것을 적극 주장하였다. 결국 肅宗은 紙牌制가 향촌통치에 필요한 제도임을 강조하여 存置를 명하였다.115)

한편 西人계열의 주장은 事勢論과 民心動搖라는 현상적인 요인을 내걸어 적극적인 鄕政改革의 추진을 반대하고 부분적인 租稅制度·財政體系

---

114) 『肅宗實錄』 卷11, 肅宗 7년 4월 丙戌. 이에 대해 당시 戶布論 支持者였던 領議政 金壽恒은 "만약 하루 아침에 갑자기 재상의 子弟로서 무예를 닦지 않은 자가 입번하면 宿衛를 삼고 入番하지 않으면 布를 징수한다면 外方의 忠贊衛·忠順衛는 모두 有蔭 子孫이라 軍役과 다름이 없게 되어 반드시 원망하지 않을 수가 없을 것이니 祖宗의 法은 경솔하게 바꾸어 시행할 수가 없습니다"라고 하여 반대입장을 표명하였다(『肅宗實錄』 卷11, 肅宗 7년 6월 甲辰, 38冊 537쪽).
115) 『增補文獻備考』 卷162, 戶口考 2.

의 變通을 통해 문제를 해결하고자 했다. 그러한 입장은 戶布論으로 귀결되었다. 그러나 제도의 시행을 둘러싸고 보수지배층 내부에서조차 광범한 반대론이 제기되고 戶布論 옹호자들이 스스로 개혁론자의 입장을 자처하는 모습을 지니게 된다. 즉 南人인 尹鑴계열의 적극적 鄕政論에 반대한 西人들의 논리가 재차 자신들이 시행하려 한 戶布論의 반대견해로 등장되는 사실이 확인된다.

4. 結論

17세기 조선사회는 兩亂으로 인한 국가적 위기 속에서 그 사회구성·소유관계·농업생산력·상품화폐경제의 여러 부문에서 커다란 변동이 일어나는 가운데 체제에 대한 전면적 개혁이 요구되고 있었다.

이 같은 상황에서 지배층내부의 정권획득을 둘러싼 갈등과 함께 전반적인 體制改革論, 國家再造論에 있어서도 대립이 초래되었다. 당시 國家再造論은 논자의 입장에 따라 달리 제기되었는데 특히 그 연장선상으로 民과 鄕村에 대한 법제적 정비로서의 의미가 있던 鄕政論 역시 커다란 차이가 있었다. 향촌에 대한 제정책이 시행되었던 顯宗末~肅宗初를 중심으로 볼 때, 白湖 尹鑴와 그에 동조했던 南人政權의 政論家들의 견해와 息庵 金錫胄, 文谷 金壽恒 및 退憂堂 金壽興 등 대체로 西人·老論의 黨色을 지닌 政論家들의 논의가 크게 대두되었다.

전자의 계열은 封建制·古法制의 厚意에 충실하게 기초하여 향촌사회의 法制的 整備의 중요성을 강조하고 이 같은 향촌제도의 완성여부에 따라 조선왕조의 민에 대한 전반적인 지배체제가 완성될 수 있다고 하였다.[116] 이들은 法制改革을 둘러싸고 당시 執權層 및 政論家 내부에서 다

116) 白湖 尹鑴는 "先王의 정치는 鄕遂에서 시작되어 朝廷에 이르고 천하에 미쳤는데 秦의 商鞅이 옛 古制를 변화시키고 聖賢의 學을 멸함에 따라 소략하고 간단한 政治로 전변되었고 그 근간이 되는 鄕政이 먼저 붕괴되었다"라고 했고(『白湖全書』 卷27, 雜著 漫筆 上, 1114쪽), 磻溪 柳馨遠 역시 "鄕黨의 制度를 이룬 후에야 生

양한 견해가 도출되자 改革의 成敗는 강력한 君主權의 확립과 결단에 의해 좌우된다고 하였다. 구체적으로 尹鑴는 良役弊의 시정과 良役確保라는 국가적 현안과도 관련하여 五家統·紙牌法의 시행을 주장하였고, 소농민에 대한 항상적인 생산기반(恒産)과 일정 거처의 확보가 그 목표임을 밝히고 있다. 특히 어떠한 良法美制라도 制度의 강제만이 두드러질 때 酷法으로 기능한다고 지적하고 국가에 의한 物的 給付 및 經濟的 施惠와 소농민에 대한 재생산 보장조치를 동시에 시행할 것을 주장하였다.117)

이 계열의 鄕政論은 농민에 대한 恒産·恒業의 배려가 전제된 '養民' 차원의 논리였다. 이에 따라 鄕政論의 내용은 在地空間과 鄕村民을 面里制(鄕里制)·五家統制로서 조직화하고 이의 운영직임으로 鄕正·面尹의 기능 활성화에 주력하였다. 이는 재지세력에 대한 포섭대책이기도 했다. 이와 같은 입장에 서면 향촌과 민에 대한 국가의 공적 지배력이 확고해지며 국왕으로부터 최하 민에 이르는 집권체제의 확립이 예견될 수 있다.

肅宗 초기 南人政權하에서 尹鑴를 중심으로 구상 실시되었던 鄕政論은 구조, 사상적 연원, 기능적인 측면에서 17세기 조선왕조가 추진할 수 있는 높은 수준의 방안이었으며 차후 對民·對鄕村정책의 기조를 형성하였다.

후자인 西人·老論계열의 政論家들은 封建制·古法制에 대해 儒者로서의 일정한 이해와 원론적인 동의를 표현하였다. 그러나 古法制의 遺意를 계승한 제반 法制의 실질적인 개혁에 대해서는 대체로 소극적인 자세를 견지하였다. 이들의 鄕政論은 민과 향촌에 대한 지배라는 지방제도 본래의 영역이 아닌 賦稅制度 개선책과 관련하여 언급되었다. 즉 농민의 流離·逃散을 방지하여 징세대상자를 확보, 파악하는 수단으로 五家統制·號牌法·鄕約制를 이용하려 했다. 이는 현존하는 地主佃戶制를 인정하고

養하는 일을 완수할 수 있고 敎化와 法令을 행할 수 있으며 風俗을 동일하게 할 수 있는 것이요 그렇지 않으면 비록 聖王이라도 그 政治와 敎化를 이루지 못할 것이다"라고 전제하였다(『磻溪隨錄』卷3, 田制後錄 上, 52쪽).
117) 南人인 柳馨遠의 경우 그의 전체제적인 변법개혁론과도 관련하여 생산수단인 土地의 給付를 전제로 생산단위와 사회조직의 결합을 기초로 하는 鄕政論(鄕里制·閭里頃)을 전개하고 있다(『磻溪隨錄』卷3, 田制後錄 上, 補遺 郡縣制條).

민에 대한 統制인 '制民'의 차원에서 鄕政문제에 접근하였던 朱子의 鄕村
策 및 尤庵 宋時烈의 입장과 궤를 같이하는 것이었다.118) 이 계열은 '養民'
의 방안인 恒産·恒業의 보장책을 모색하기보다는 賦稅源인 농민에 대한
파악과 통제에 의해, 다시 말해 사회기강의 유지를 우선하는 '制民'의 방식
을 내세웠다. 따라서 이 계열은 鄕里制·五家統制·紙牌法의 시행에 대해
당시 향촌사회의 실상과 민심동요를 내세워 소극적인 입장을 표출하였다.
그 대신 반대의 논리로서『孟子』卷7 離婁章의 '得民心論'을 통해 '人心의
得失이야말로 國家興亡의 판단근거'라고 규정하고 "부지런히 德있는 行政
을 닦아 백성과 함께 休息하며 두어 해 동안 믿음성 있는 혜택을 통해 사
람들의 마음이 안정되게 해야 한다"라는 民의 休息論을 거듭 강조하였다.
'得民心論'은 新法시행에 앞서 民에 대한 국가의 信義구축을 강조한 것으
로 綱常論에 입각한 사상적인 접근 방안이었다. 이는 당시 政論家들의 민
과 향촌현실에 대한 상이한 인식의 일단을 반영한 것이다. 그러나 이러한
논의가 구체화되면서 점차 그 명분과 방법에 있어서 한계를 드러낼 수밖
에 없었다. 무엇보다 新法에 상응하는 적절한 수준의 대체개혁안을 제시하
지 못하였으며 논리의 연장으로 "新法을 시행하여 문제가 야기되느니 차
라리 하지 않음만 못하다"라고 하는 지극히 소극적인 현상유지론의 단계
까지 나아가게 된다.

　대표적인 政論家인 息庵 金錫胄는 號牌法의 시행을 반대하면서 여타
소극론자의 견해처럼 天心에의 順從을 내세워 민을 노력시키지 않는 것이
중요하다고 강조하였다. 그는 새롭고 구체적인 제도의 강제는 보류할 것을
주장하였고 肅宗 6년 庚申換局 이후 戶布論으로 귀결되는 鄕政論을 전개
하였다. 그는 租稅減免이야말로 첫째가는 "救民活民之擧"라고 하여 租稅
의 등급 조정 등의 방법과 운영과정상의 합리화 및 국가경비의 절약 등을
강조하였다. 退憂堂 金壽興은 특히 '順人心'의 논리를 내세워 尹鑴계열이
주도한 南人政權하의 五家統·紙牌制를 배제하고자 했으며 심지어 같은

---

118) 金駿錫, 앞의 글, 1991, 327쪽 ; 友枝龍太郎, 「朱子の治民策 - 南宋村落の階層分
　　裂と國家權力の問題 - 」,『東方學』17, 1958.

西人인 金錫胄・金壽恒이 강력히 추진했던 戸布法에 대해서도 畏齋 李端夏와 더불어 실시불가론을 전개하였다. 그는 제도를 개혁할 때 시기상의 문제가 중요하다고 했고 오히려 舊制度를 준수하여 사안에 따라 정비하는 것이 보다 나은 방안이라고 했다. 즉 民의 信義회복을 전제로 한 소극적 현상유지론을 표현하고 있다.

물론 이상의 賦稅制度 變通論 역시 백성들에 대한 무제한의 수탈을 제한하는데 일정한 영향을 끼칠 수 있으며 객관적으로 백성들의 이해관계를 반영한 것이었다. 그러나 이 견해는 집권세력의 이해를 지속적으로 도모하려는 입장을 강하게 드러낸 측면이 있다. 다시 말해 이들의 견해는 사회신분제와 지방제도에 대한 구조적이고 적극적인 개혁안의 제시가 아닌 賦稅制度 및 財政運營上의 변통으로 현안을 치유하려는 방안이었고 17세기의 사회문제를 해결하는데 있어서 한계를 지닌 것이었다.

이상 17세기 國家再造論의 일환으로 제기된 鄕政論은 활발한 논의를 거쳐 국가차원에서 적극적인 시행이 모색되었다. 이들 정책은 庚申換局・己巳換局・甲戌獄事 등 정국변화를 거치는 동안 執權 黨色의 이해관계에 의해 그 부침을 거듭하였다. 그러나 17세기 정부의 향촌대책은 政論家들의 현실인식과 黨色에 따른 갈등에도 불구하고 집권층 내부의 합의를 거쳐 채택・시행되었다. 이는 엄밀히 말해 지배층 내부의 갈등일 뿐 구체적인 향촌정책의 시행과정에서는 민에 대해 동일한 이해관계를 표출한 것으로 보인다. 이제 面里制・五家統制・紙牌制 등의 제도는 淸과의 관계정립으로 외침의 위협이 사라지고 전란으로 인한 민심의 동요가 진정됨에 따라 民情把握, 軍丁差拔 및 決訟의 근거자료로서 긴요함이 강조되고 점차 사회제도 본령의 기능을 수행하게 되었다.

(『東方學志』 77・78・79합집, 1993. 6)

丁若鏞의 地方制度 改革論

趙 誠 乙

1. 머리말

丁若鏞의 개혁사상 가운데 중앙 관제 개혁론은 중앙의 관료기구를 효율적으로 개혁하여 그가 구상하는 개혁의 추진 주체가 되게 하려는 것이었다. 그러나 이 개혁을 구체적으로 다시 전국적으로 지방에까지 실현시키기 위해서는 지방 제도의 개혁이 필요하였다. 또 지방제도 개혁은 조세 제도 및 경제 전반의 재편성과도 관련되는 문제이었다. 특히 그는 경제 개혁사상에서 상업, 수공업, 농업을 완전히 분리하여 專業的으로 영위할 것을 주장하였는데 이것을 地方制度의 재편성과 결부하여 생각하였다. 또 당시 도시지역의 상공업의 발전을 더욱 촉진하기 위해서는 도시계획을 새로이 할 필요가 있었다.

한편 조선후기 이래 중앙 권력의 지방에 대한 침투는 제도적, 실질적으로 보다 강화되고 있었다. 제도적으로 面里制가 확대되어 鄕村의 말단까지 점차 守令의 통제권이 미치게 되었다.[1] 이것은 수령의 직속 행정기구인 作廳의 확대와 같은 추세의 것으로서 이런 추세는 향촌의 양반들의 자

---

[1] 김준형, 「朝鮮後期 面里制의 性格」, 서울대학교 국사학과 석사학위논문, 1982.

치 기구이었던 鄕廳의 권한을 약화시키는 것이었다. 鄕廳 내부에서 18세기 新鄕의 진출과 더불어 舊 양반세력이 점차 도태되고 향청의 수령에 대한 隷屬性이 증대되어 갔다.[2] 丁若鏞 당시는 이미 鄕廳의 鄕任層은 수령에 완전히 예속되었다.[3] 그러나 향촌사회 내부에서는 꾸준히 農民層, 中小商工業者와 같은 계층이 성장하고 이들이 향촌사회 내에서 발언권을 증대하여 갔다. 즉 鄕村共同體 내의 民의 자치조직이었던 鄕會는 일반민의 영향력이 커졌다.[4]

아울러 당시에는 군현 또는 道의 분할 등 경계의 편성에도 문제가 있었다. 첫째 조선조는 지방의 境界가 반드시 戶口, 田結, 기타 경제력과 균형되도록 구획된 것이 아니고 둘째 자연적 조건과도 반드시 일치하지 않았으며 셋째 정치적 고려에 의해 군현의 등급이 멋대로 변화되는 일이 많았다.[5] 여기에 더하여 17세기 이래 경제적 변동에 따라 郡縣의 戶口, 經濟力 등과 군현의 조세부담과의 괴리, 즉 조세 불균등이 더욱 심하여졌다.[6] 또 場市의 확대 등 지역 경제가 매우 발전한 것은 종래 郡縣의 境界와 經濟圈의 不一致를 초래하였을 것이다.[7] 이것 역시 地方 經濟의 발전을 방해

2) 김인걸, 「朝鮮後期 鄕村社會 變動에 관한 硏究」, 서울대학교 국사학과 박사논문, 1991 ; 고석규, 「19세기 鄕村 支配勢力의 變動과 農民抗爭의 樣相」, 서울대학교 국사학과 박사학위논문, 1991.
3) 이것은 다음과 같은 문제점을 낳았다. 첫째, 향촌사회의 자율성이 약화되어 수령권 및 그 감독자인 감사의 전횡이 심하여지고 둘째, 이런 현상은 수령 예하에서 작청의 향리와 향청의 향임층이 결탁하여 민에 대한 수탈을 강화로 귀결되고 세째, 수탈의 강화는 다시 생산력 발전에 따른 경제적 잉여가 민부의 축적으로 나아가는 것을 막았다. 결국 권력의 집중화는 地方의 經濟的 剩餘를 外地 또는 중앙으로 流出되게 함으로써 地方 經濟의 自立的 發展의 길을 방해하였다.
4) 안병욱, 「19세기 壬戌民亂에 있어서의 鄕會와 饒戶」, 『韓國史論』 14, 서울대학교 국사학과, 1986 ; 안병욱, 「朝鮮後期 自治와 抵抗組織으로서의 鄕會」, 『성심여자대학교 논문집』 18, 1986.
5) 『經世遺表』 卷3, 郡縣分隷, 『與猶堂全書』 5, 景仁文化社 영인본, 59쪽 이하 참조.(이하 『全書』로 略하기로 함)
6) 金容燮, 「朝鮮後期의 賦稅制度 釐正策」, 연세대학교 사학과 박사학위논문, 1982.
7) 이 시기 場市 발달에 대하여는 한상권, 「18세기 말 19세기 초의 장시 발달에 대한 기초 연구」, 『한국사론』 7, 서울대학교 국사학과, 1981 참조.

하여 民富의 蓄積을 막는 것이다.

이상 권력집중 강화와 경계 편성의 문제점과 관련하여 丁若鏞은 運營改善의 방안, 그리고 국가 차원의 制度 改革 방안에 대하여 생각하였다.[8] 한편 이런 改革論의 기저에는 『周禮』, 『尙書』 등 유교 경전에 대한 새로운 해석에 의거한 地方制度의 理念이 존재하였다. 이하 정약용의 지방제도 개혁론을 이념, 운영개선론, 제도개혁론으로 나누어 살피기로 한다.[9]

2. 理念

地方制度 改革의 理念的 基礎가 되는 것은 『周禮』의 鄕遂制이다. 이 향수제의 의의에 대하여 그는

平賦斂 均征役 治軍旅 正禮器 凡大規模大節目 都在六鄕之政 …… 鄭
(鄭玄 : 인용자) 乃以六鄕謂在百里之郊 則頭腦旣誤膚腠悉舛[10]

---

8) 丁若鏞의 地方制度 改革論을 다룬 연구로는 김동수, 「茶山의 鄕吏論」, 『용봉논총』 13, 1983이 있다. 여기서는 주로 향리 문제를 다루었다.

9) 정약용의 지방제도 개혁론에 관한 기존의 연구로는 이존희, 「다산 정약용의 지방제도 개혁론」, 『용암 차문섭교수 화갑기념논총』, 신서원, 1990 ; 김향숙, 「다산 정약용의 지방제도 개혁론」, 경희대학교 석사학위논문, 1990 ; 강석화, 「조선후기 지방제도 운영과 정약용의 개혁안」, 『韓國學報』 65, 일지사, 1991(1) ; 강석화, 「정약용의 지방제도 개혁안 연구」, 『國史館論叢』 34, 1992(2) 등이 있다. 강석화의 두 논문은 정약용의 개혁론이 당시 일반적 추세를 반영하면서 가능성 있는 전망을 제시한 것이라고 보았다. 특히 논문(1)에서는 정약용의 개혁안과 광무개혁의 것을 비교하여 양자가 유사한 것으로 보았다. 이밖에 다음 논문들도 정약용의 지방제도와 관련된 부분적인 언급이 있다. 윤정애, 「한말 지방제도 개혁의 연구」, 『歷史學報』 105, 1985 ; 강석화, 「정약용의 관제 개혁안 연구」, 『韓國史論』 21, 서울대학교 국사학과, 1989. 윤정애는 갑오·광무개혁기의 김윤식이 정약용의 생각에 찬성하고 있었다고 한다. 또 강석화의 논문은 정약용의 관제 개혁론 전반을 다루는 가운데 지방관의 인사 고과에 대하여 언급하였다. 본 논문에서는 지방관에 대한 인사 고과에 대하여 다루지 않았다. 이에 대하여는 조성을, 「정약용의 정치경제 개혁사상 연구」, 연세대학교 박사학위논문, 1991, 제4장 제1절, 229쪽 이하 참조.

10) 『全書』 1, 422쪽.

이라고 하였다. 즉 租稅, 軍事, 禮 등이 모두 6鄕과 관련된다는 것이다. 한편 여기서 정현에 대하여 鄕의 위치를 그가 都城 밖 100리의 郊外로 비정한 사실을 비판하였다. 丁若鏞은 "六鄕者 王城之內 如我邦五部也"라 하여 6향의 위치가 바로 王城 안이라고 하였다.[11]

또 왕성 내의 구획에 대하여는 "考工記 匠人營國 方九里而九分其國 亦 井田形也 中爲王宮 面朝後市 九分除其三矣 其餘六分士民居之 是之謂六鄕"이라고 하였다.[12] 이에 의거하여 『經世遺表』 천관수제의 三班 官制 뒷부분에 9등분의 匠人營國圖(王宮, 面朝, 後市, 6鄕으로 구성)를 그려놓고 또 9등분의 각 구획에 대하여도 자세히 都市 계획안을 마련하였다.[13]

이 都市 계획에 의하면 後市라는 상업 구역이 따로 마련된다. 물론 手工業者도 都市에 산다. 『經世遺表』 井田議 3에서는 "若夫商工二民 不可不 聚之於邑城之中"이라 하여 상공인은 모두 都市에 모으려 하였다.[14] "六遂 以外 皆居食土之甿"이라 하여 遂 이외의 지역에는 농민만이 산다고 하였다.[15] 그는 이렇게 함으로써 상공업을 전문적으로 육성하는 한편 농업 자체도 전업화하려 하였다.[16]

遂의 위치에 대하여는 "鄕外曰遂 …… 王城左右 各有三遂 如鄕法也"라고 하여 바로 왕성 밖의 지역으로 이해하였다.[17] 그가 遂를 이렇게 이해한 것은 그의 독특한 軍事制度 改革論과 관련되는 문제이다. 그는 『經世遺表』 井田의 단계에서는 이곳에 軍田을 만들어 이 군전을 받은 사람에게

---

11) 합편 「尙書古訓」, 甘誓, 『全書』 3, 20쪽.
12) 위와 같음.
13) 『全書』 5, 54쪽 이하. 面朝는 왕궁 앞의 관청가이며 後市는 왕궁 뒤의 시장이고 이 세 구역의 좌우에 각기 세 구역 즉 전체 여섯 구역의 士民 거주 지역인 6향이 있다.
14) 『全書』 5, 145쪽. 수공업 지역은 특별히 명시하지 않았으나 수공업자 등 전문 기술자는 모여 한 군데 모으는 방안을 생각하여, 『經世遺表』 地官修制, 敎民之法에서 "士與士居 工與工居 欲其藝之精也"라고 하였다(『全書』 5, 254쪽).
15) 합편 「尙書古訓」, 甘誓, 『全書』 3, 20쪽 이하 ; 『全書』 1, 答申在中 422쪽.
16) "我邦 士農工賈 混雜無別……一身之內 四業兼治 此所以一藝無成"(『經世遺表』 卷8, 井田議 3, 『全書』 5, 145쪽).
17) 합편 「尙書古訓」, 甘誓, 『全書』 3, 21쪽.

만 軍役을 부과하려 하였다.[18]

다음 地方制度와 관련하여 丁若鏞은 封建制를 지지하였다.[19] 朝鮮의 경우 군현제와 봉건제를 지지하는 논자의 대립이 하나의 흐름으로 있었는지 아직 분명하지 않다. 대체로 모든 儒者가 관념적으로는 봉건제를 지지하였다고 여겨진다. 다만 星湖左派에 속하는 丁若銓의 경우 郡縣制를 支持하였다. 즉 정약전은 丁若鏞에게 보낸 편지에서 다음과 같이 봉건제를 비판하였다.

> 三代之法 事事皆善 而獨封建一事 決非天理 特勢使然也 何者 其祖其夫 一有功德 不肖子孫 盡享富貴者 何異於我東之世閥取人也 上古之時 民物愚弱 故眼大力强者 出於其間 則却脅衆氓 自立君長 星羅棋布 根盤條達 有王者作 亦無以掃除 故因其勢而封建而已 非必天理宜然也[20]

현존 『與猶堂全書』 시문집에 수록된 丁若鏞의 답장에는 이 문제에 대한 자신의 견해를 피력한 구절이 없다. 그러나 그는 자신의 저작의 여러 곳에서 봉건제를 긍정하는 듯한 언급을 하였으며 특히 『經世遺表』 지관수제 井田議 1(田制 9)에서 다음과 같은 말을 하였다.

> 封建是蒼蒼之古法 今人所謂必不可行者也 …… 今中國之法 與蒙古結婚 以其女婿列爲北藩 邊境遂安 日本之法 正以郡縣兼之爲封建 守令世襲 國用治安 何必封建爲亂兆乎 封建尙然 況於井田乎[21]

封建制를 지지함을 명백히 하였다. 봉건제에는 世襲과 地方自治라는

---

18) 土地改革論 가운데 井田議 참조.
19) 封建制를 선호하느냐, 郡縣制를 택하느냐 하는 것은 군현제가 시작된 漢代 이래 유가 사이에서 지속적으로 논의되던 문제이다. 유가들은 현실적으로 군현제 체제 아래 있으면서도 대체로 관념적으로는 봉건제를 지지하였으며 일부 혁신적 인사가 군현제를 지지하였다.
20) 『洌水全書』 속집 제4책, 巽菴書牘(정신문화연구원 소장).
21) 『經世遺表』 卷7, 『全書 5』, 135쪽.

두 가지 성격이 있다. 丁若鏞 자신이 인재 등용에 있어서 철저하게 능력주의를 주장하는 만큼[22] 封建 世襲制에 대하여는 당연히 비판적일 것이다. 이것은 그가 "其登庸之人 …… 盡是華閥 蓋其人文始闢 世類未廣 聰明在俊之士 不起於下戶也"라 하여 요순시대 관직을 세습하는 것은 어쩔 수 없는 형세이었다고 보는 것에서도 알 수 있다.[23] 따라서 그가 봉건제를 지지하는 것은 그 地方自治的 性格에서 나온 것임을 알 수 있다. 사실 봉건제를 儒者들이 전통적으로 지지한 것도 향촌사회에서의 그들의 自治權을 주장하기 위한 것이었다.

이 전통적 주장과 丁若鏞의 차이가 문제이다. 丁若鏞은 향촌사회에서의 자치의 문제를 전통적인 양반 지배층의 입장에서 하고 있는 것이 아니라 民의 입장에서 하고 있는 것이었다. 당시 점차 권력이 중앙집권화 또는 수령에의 집중이 진행되는 상황에서 민의 자치의 이론적 토대가 될 수 있는 것이 바로 봉건제이다. 그의 封建이 民의 立場에서이었음은 그것이 위에서 보듯이 그의 土地改革論의 토대가 되는 井田의 주장과 결부되어 있음에서도 알 수 있다. 이것은 합편 『尚書古訓』에서 각 地方에서 각기 民에 의하여 선출된 기관(주권 위임 기관으로서 오늘날의 地方議會 같은 것))이 있고 여기에서 地方官이 선출되는 것을 이념으로 생각한 것에서도 확인된다.[24]

---

22) 丁若鏞의 教育制度 改革論, 科擧制度 改革論, 人事制度 改革論 참조.

23) 합편 「尚書古訓」, 堯傳, 『全書』 2, 508쪽. 이것은 앞의 정약전의 생각과 기본적으로 같은 것이다.

24) 이렇게 볼 때 그가 생각하는 향촌사회의 권력 구조는 의회적인 것과 행정적인 것으로 양분되며 행정은 결국 의회의 지배를 받는다. 의회는 민에 의해 선출되도록 되어 있으므로 의회와 행정 기구가 모두 해당 地方民에 의해 지배받는 것이 된다. 이것은 지역민의 地方自治이며 그 당시 여기에 맞는 용어는 당시로는 封建 밖에 없었다. 따라서 그는 바로 이런 地方自治를 地方制度의 궁극적 목표로 두는 데에서 봉건제를 지지하였다고 여겨진다. 丁若鏞은 儒家들의 용어 그 자체의 의미를 그대로 해석하기보다 자기 나름의 의미를 부여하여 사용하는 경우가 많다.여기서 오해의 소지가 있을 수 있다. 그러나 『經世遺表』 제기된 그의 地方制度 改革論은 궁극적 단계의 것이 아니므로 이런 改革論이 없다. 물론 이런 지향성은 운영개선론인 『牧民心書』 등에서도 보인다(뒤의 정치사상의 지향 부분 참조).

한편 그는 향청의 향임층의 자세와 관련하여서는 『論語』를 이용하여 자신의 견해를 주장하였다. 『논어』의 "子游爲武城宰 孔子問得人 對曰有澹臺滅明者 行不由徑 非公事未嘗至於偃之室"이라는 구절에 대하여 丁若鏞은 澹臺滅明을 당시 조선의 鄕丞(좌수나 별감)으로 해석하고 "行不由徑者 不由夾門邪躲 出入官府也 非公事不入者 有國事民事 內入議也"라 하고[25] 덧붙여 사람됨의 옳고 그름을 분별하여 鄕政의 직책을 맡기려는 사람은 이 글을 숙독함이 옳을 것이라고 하였다.[26] 즉 地方官이 그 예하 관리를 바로 이런 사람으로 임명하여야 한다는 의미로 해석된다.

3. 運營改善論

丁若鏞은 鄕村社會 내부의 權力 構造에 대하여 앞서 본 바와 같이 이념적 목표를 갖고 있었으나 『經世遺表』에서 어떤 制度的 改革案을 제시하지 않았다. 그러나 『牧民心書』에서는 향촌사회 내부에서의 권력 구조에 관한 기존의 制度를 그대로 용인하면서도 그 運營 改善論을 제시하였다.

첫째 鄕任에 대하여 "鄕丞者 縣令之輔佐也 必擇一鄕之善者 居其職"이라 하였다.[27] 이것은 단순히 적임자를 구하라는 것이 아니라 鄕廳의 自律性을 증대하려는 것이었다. 당시 향촌 사회에서 가장 문제가 되고 있었던 것의 하나는 앞서도 언급하였듯이 수령에의 權力 集中과 이에 따른 鄕廳의 守令에의 隸屬 深化이다. 丁若鏞 당시는 향청의 예속화와 더불어 좌수나 별감 등의 신분이 저락된 가운데 구래의 사대부는 좌수나 별감이 되지 않고 있었다.[28] 이것은 鄕廳이 守令의 隸屬機關化하고 낮은 신분층의 新鄕이 많이 참여하고 있었던데 따른 것이다.[29] 그는 당시 안동부만은 사대

25) 『牧民心書』 卷4, 吏典, 用人, 『全書』 5, 373쪽.
26) 위와 같음.
27) 『牧民心書』 卷4, 吏典, 用人, 『全書』 5, 373쪽.
28) 위와 같음.
29) 고석규, 앞의 글, 1991 참조.

부가 참여하고 있다고 하면서 "必用名士 如安東之法"이라 하였다.[30] 즉 다시 향청의 권력을 명문의 사대부층에게 되돌리려 한 것이다. 이것은 어떻게 보면 復古라고 느껴질 수도 있다. 그러나 이것은 당시 아직 향촌사회에서 신분제가 강하게 기능하고 있는 상황에서, 그리고 地方의 制度를 그대로 두는 상황에서 구래의 名士를 쓰면 상대적으로 鄕廳의 自律性이 강화되는 결과가 된다. 이렇게 향청의 자율성을 강화하는 목적은 수령에 대한 감독을 강화하기 위해서이다. 그는 "擇名士以居鄕所 命大臣以居京所 關通維制 使不得行惡 …… 今雖不能復京所之法 鄕所之必用名士"라고 하였다.[31]

둘째로 "宜以六員 分差六房座首 …… 六房文簿 皆令受署"라고 하여[32] 향청으로 하여금 作廳의 吏屬에 대한 감시 기능을 강화하도록 하였다. 당시 향청의 수령권에의 예속이 심화되는 가운데 作廳과 鄕廳이 결탁하여 민에 대한 수탈이 매우 심하였던 것을 시정하려는 것이다.

셋째로 아전에 대하여는 수령 자신도 매우 엄격히 단속하도록 하였다.[33] 사실 어떤 의미에서는 『牧民心書』의 주된 목적은 아전의 중간 수탈을 방지하는데 있다고도 할 수 있다. 그는 "誘之掖之 敎之誨之 彼亦人性 未有不格 威不可先施"라 하여 일단 아전에 대하여 잘 타이르라고 하였다.[34] 그래도 잘 듣지 않는 경우는 형벌을 엄격하게 하도록 하였다. 즉 "元惡大奸 須於布政司外 立碑鑴名 永爲勿復屬"이라 하여 크게 간악한 자는 관아 밖에 碑를 세우고 이름을 새겨 영구히 복직이 안되도록 하였다.[35]

또 아전의 숫자가 너무 많고 또 일정한 俸祿이 없는 데에서 침학이 생긴다고 보고 아전의 수를 줄이고 일정한 봉록을 줄 필요가 있음을 제기하였

---

30) 『牧民心書』 卷4, 吏典, 用人, 『全書』 5, 373쪽.
31) 위와 같음.
32) 『牧民心書』 卷4, 吏典, 用人, 『全書』 5, 374쪽.
33) 『牧民心書』 卷4, 吏典, 束吏, 『全書』 5, 365쪽 이하.
34) 『牧民心書』 卷4, 吏典, 束吏, 『全書』 5, 366쪽.
35) 『牧民心書』 卷4, 吏典, 束吏, 『全書』 5, 367쪽.

다.36) 그러나 이것은 수령 차원에서 할 수 있는 것이 아니라고 하였다.37)
이런 제도적인 개혁문제는 『經世遺表』에서 다루어져 있다. 어쨌든 그가
아전의 문제를 단지 그들의 사적인 非理의 차원에서만 보아 단속만을 일
방적으로 생각하는 것이 합리적 制度의 필요성을 『牧民心書』 저술에서도
인정하였다.

넷째로는 鄕村의 統治에 民의 意見을 직접 反影하고 그 통치를 확대하
려 하였다. 향청의 권한을 강화할 경우 아전에 대한 감독이 강화될 수도
있으나 좌수나 별감이 다시 아전과 결탁하여 농간을 부릴 수가 있다. 이에
민에 의한 감시가 필요하다. 丁若鏞은 軍訟 등 향청이 관계되는 訟事가
생길 경우 송사한 민과 좌수가 모두 참석한 자리에서 좌수에게 묻되 "民伏
於庭廳 其所對 如有可疑 使民自辨 則其事易査 民不稱冤矣"라 하여 좌수
가 대답한 것이 의심스러운 경우에는 백성으로 하여금 스스로 변명할 수
있는 기회를 갖도록 하였다.38) 즉 향청의 좌수는 다시 민에 의해 감시되는
것이다. 그는 田政 가운데 給災에 대하여도 아전이 조사한 것을 그 지역의
명망있는 선비로 자기 鄕(面)으로 갖고 돌아가 民의 모임인 鄕會에서 실
지 여부를 조사하도록 하였다.39) 또 그가 軍布契나 役根田을 통해 군역에
응하도록 한 것 등도 향촌민의 자율성을 존중하는 것이라 하겠다.40)

이런 민에의 참여 확대는 결국 민에게 구체적인 경제적 이익을 가져오
고 軍布契, 役根田 같은 것은 신분질서를 해체시키는 방향으로 기능할 수
있다.

이렇게 한계 내에서나마 수령과 아전에 대한 감독 강화를 민의 의견과
참여, 자율성의 증대와 더불어 실현하고 이에 따라 민의 구체적 이익을 증
대시키려고 한 것이 丁若鏞의 향촌 통치 운영 개선안 기본자세이다. 여기
에서도 地方 統治의 理念에 접근하려는 노력이 보이며 바로 이 점이 다음

---

36) 『牧民心書』卷4, 吏典, 束吏, 『全書』5, 368쪽.
37) 위와 같음.
38) 『牧民心書』卷4, 吏典, 用人, 『全書』5, 374쪽.
39) 『牧民心書』卷4, 戶典, 稅法, 『全書』5, 393쪽.
40) 본고의 운영개선론 가운데 租稅制度 改革論 부분 참조.

制度 改革 단계와 連結性을 갖는 측면이기도 하다.

4. 制度改革論

『經世遺表』에 나타나는 地方制度 改革論에는 王城 지역에 대한 것과
12省(8道)지역의 地方에 대한 것이 있다. 이런 그의 왕성 지역의 改革論은
왕성을 王宮, 面朝, 後市, 6鄕의 9구역으로 구획하는 것이다.41) 다음 12省
지역의 地方에 대하여는 中央에서 地方을 어떻게 파악하는가, 즉 군현과
道(『經世遺表』에서는 省이라 함)의 편성에 관한 언급은 있으나 군현 내부
에서의 기구를 어떻게 편성하는가에 대한 언급은 없다.42) 따라서 丁若鏞
은 地方의 權力 構造 改革 문제에 대하여 언급을 하지는 않았지만 胥吏制
度 改革에 대하여는 비교적 체계적으로 언급하였다. 또 앞서 보았듯이 『牧
民心書』에서 地方 行政의 運營改善을 언급하는 가운데에서 단편적이기는
하나 군현 내부의 권력 구조가 어떻게 재편성되어야 하는가에 대한 그의
생각이 나타나 있다.43) 한편 『經世遺表』에서 丁若鏞이 地方制度와 관련
하여 郡縣과 道의 경계의 재편성 문제에 대하여 체계적으로 언급하였다.
이하 丁若鏞의 地方制度 改革論을 王城의 都市 계획 및 郡縣과 道(省)의
재편성, 胥吏 制度 改革案으로 나누어 살피기로 한다.
『周禮』匠人營國圖에 의하면 왕성은 우물 井字 모양으로 9등분되어 가
운데 왕궁이 있고 좌우의 각 3구역 (전체 6구역)이 6鄕이 되며 왕궁이 앞

---

41) 이것은 都市에 상공인을 집중시키는 문제와 관련 있다(앞의 地方制度 理念 부분
   참조).
42) 그것은 『經世遺表』가 『大典通編』체제를 改革의 대상으로 삼아 대체로 거기에서
   언급되고 있는 기구에 대하여만 改革案을 제기하기 때문이다. 즉 『大典通編』은
   『經國大典』을 근간으로 다소 수정한 데 불과한데 『經國大典』이래 조선왕조의 관
   료기구에 대한 규정에는 군현 내부의 기구에 대한 규정은 없고 중앙에서는 地方
   官만을 파견할 뿐 나머지는 군현 내부의 자치에 맡긴다. 이것은 우리 중세 地方制
   度의 특색이라고 할 수 있다.
43) 또 『經世遺表』기타 잡문 예컨대 「鄕吏論」이나 「監司論」 같은 것을 보면 鄕村
   統治制度에 관한 언급이 다소 있다.

부분이 관청가인 面朝이고 왕성의 뒷부분이 시장가인 後市이다.[44]『經世遺表』匠人營國圖에는 다시 이 9구역에 대하여 상세한 구역 지도가 있다.[45] 왕궁에 대하여는 正殿을 중심으로 하여 社稷, 宗廟 등 왕궁 내부의 구체적인 편성이 제시되고 면조에는 중앙에 6조의 각 관청이 있으며 좌우측에는 민간 거주 지역도 있다.[46] 後市는 중앙에 각종 전문 점포가 있고 또 利用監 등 공조의 관서가 있다.[47] 공조의 기술개발과 상업을 밀접히 관련시키려는 의도로 여겨진다. 호조의 사광서도 있는데 이것은 국영광산이므로 그 산물을 이곳에서 팔도록 하려는 것으로 여겨진다. 또 手工業을 都市 지역에 모으려 하였는데[48] 그 장소에 대한 명백한 언급은 없으나 나머지 6향 지역이 대체로 일반 거주 구역이므로 공업 지역은 바로 이곳에 두려 하였다고 생각된다. 이곳은 상업 지역이라 원료의 구입과 생산품의 판매에 유리하고 또 기술을 지원할 이용감 등 공조의 각 기구가 있기 때문이다.

6향은 일반 거주 지역인데 집을 甲, 乙, 丙, 丁, 戊, 己, 庚, 辛, 壬의 등급으로 하여 각기 엄격히 그 크기를 규정하였다. 갑에는 王子, 王孫, 國舅, 駙馬, 元勳 臣下만이 살고 을에는 大臣, 孤, 正卿 등이 살고 병에는 中大夫, 下大夫가 살며 丁, 戊, 己는 상·중·하의 士가 살고 庚, 辛, 壬 구역은 寒士와 중인, 소민이 살게 하되 윗 등급은 아래 등급에 살 수 있으나 아래 등급은 윗등급에 살 수 없도록 하였다.[49] 이것을 신분적인 제한으로 보아야 할지 문제가 된다.『經世遺表』에서 지향하는 것은 점진적인 신분제의 해체이다. 따라서 완전히 신분제가 해체된 단계는 아니다. 그러므로 왕자, 왕손, 국구, 부마 등에게 갑 규모의 집에 사는 것이 허용되었다고 하겠다. 다만 대신 이하 상·중·하의 大夫, 士 등은 신분에 구애되지 않고 능력에

---

44) 匠人營國圖,『全書』5, 54쪽.
45)『全書』5, 55~57쪽.
46) 위와 같음.
47) 위와 같음.
48) 制度改革論 가운데 手工業 發展論 부분 참조.
49)『全書』5, 57~58쪽.

346 제2부 실학의 정치사상과 개혁론

따라 선발되어 관직 체계 속에서도 능력에 따른 인사고과에 의하여 승진
하도록 하였다.50) 따라서 관위의 등급에 따라 집의 규모제한을 달리하는
것은 신분적 차별이 아니라 관직 위계상 상위자에 대한 존중이다. 이것은
관료 체계를 효율적으로 운영하기 위해 필요한 일이다. 또 이런 가옥 규모
의 제한은 上限制이다. 즉 상급자가 아래 규모의 집에서 얼마든지 살 수
있다. 이 점에서 보면 집의 규모 제한은 사치와 낭비를 막으려는 것이라고
도 할 수 있다.51) 이상 6향에는 앞서 보았듯이 士와 상공인만이 살도록 계
획하였다.52) 또 이 6향을 관할하는 것은 호조의 6부이다.53)

농민은 6향의 외곽 즉 왕성의 바로 밖인 6遂 이외의 지역에 사는 것을
원칙으로 하였다.54) 6遂 지역의 농민에게는 軍田이 지급되고 그 대가로 군
역을 지도록 하였다.55) 이 6수는 왕성이 아니나 6향을 다스리는 6부에 소
속되도록 하였다.56) 이 지역 거주민은 농민으로서 토지를 분급받아 都城
을 지키는 중앙군으로서의 군역을 지는 동시에 또 왕성의 6학에 입학할 자
격이 있다. 이들은 결국 왕성의 士, 상공인과 같으나 왕성 외에 거주하는
것은 농업과 상공업을 분리하여야 한다는 생각에 따라 거주 지역을 왕성
에서 분리한 것이라고 할 수 있다.57)

---

50) 科擧制 및 人事制度 改革論 참조.
51) 이상은 그가 齊禮監 등의 기구를 통해 冠婚喪祭에서 관위의 등급에 따라 그 규모
　　를 제한하고 또 그것을 지키는지 감독하도록 한 것과 맥락을 같이 한다. 이런 모
　　든 禮에서의 관위에 따른 규모의 제한은 상급자의 위엄을 세워 주는 한편 사치와
　　낭비를 막음으로써 부정부패를 미연에 방지하는 것이기도 하다. 中央官制 改革論
　　가운데 예조 제례감 부분 참조.
52) 地方制度 改革論의 이념 부분 참조.
53)『全書』5, 8쪽. 또 호조에는 한성부가 소속되어 있다. 6부와 한성부의 관계가 문제
　　이다. 즉 6부는 호조 본청의 직접 지휘를 받는지 혹은 한성부의 지휘를 받는지 명
　　확하게 규정하지 않았다.
54)『全書』5, 8쪽.
55) 租稅制度 改革論 참조.
56)『全書』5, 58쪽.
57) 地方 都市의 경우 명확한 언급은 없으나 왕성과 같이 士와 상공인을 모으려 하였
　　다고 생각된다. 그 방증으로 地方 都市 주역에 따로이 군전을 지급받는 농민 거주
　　지역을 만들려 한 점을 들 수 있다.

다음 12省 지역에 대하여 살펴보기로 한다. 군현과 道의 편성에 있어서
첫째 "京畿曰奉天省 次南曰泗川省 次南曰完南省 又南曰武南省 東南曰
嶺南省 其西曰潢西省 自京而東曰洌東省 自京而西曰松海省 又西曰浿西
省 又西曰淸西省 自京而北曰玄菟省 又北曰滿河省 總之爲十二省也"라
하여 종래의 8道를 12省으로 개편하였다.58) 대체로 종래의 전라도, 경상도,
평안도, 함경도 지역을 각기 둘로 나누었다. 이렇게 분할한 것은 평안도와
함경도는 지역이 넓고 아득한데 감사가 경계의 첫 고을에 앉아서 수천리
지역을 통제하므로 명령이 늦고 간악함을 알 수 없으며 호남과 영남은 백
성이 많고 政務가 번거롭기 때문이라고 하였다.59) 또 위에서 보듯이 명칭
도 바꾸어 경기도를 奉天省으로, 충청도를 泗川省으로, 전라도 북부를 完
南省으로, 전라도 남부를 武南省으로, 경상도의 낙동강 동쪽을 嶺南省, 낙
동강 서쪽을 潢西省, 강원도를 洌東省, 황해도를 松海省, 평안도 남부를
浿西省, 평안도 북부를 淸西省, 함경도 남부를 玄菟省, 함경도 북부를 滿
河省이라 하였다.

종래 각 도의 명칭을 그 지역의 중심 지역 명칭을 따서 정하던 것과 달
리 省의 명칭에는 산천의 명칭과 관련된 것이 많다. 이상의 각 省의 경계
는 "畵野分州 宜以名山大川爲之限"이라 하여 자연지리적 상황에 의거한
것이다.60) 道의 개편을 보면 한강을 경계로 하여 종래 강원도에 속하던 낭
천, 금성, 금화, 철원, 평강, 이천, 안협 등 한강 서쪽 帶水 동쪽에 있는 7고
을을 경기에 붙였다.61) 또 양근, 지평, 제천(제천은 원래 충청도이고 양근
과 지평은 경기도)을 洌東省 즉 강원도에 붙이고 장단, 마전, 풍덕은 황해
도에 속하게 하였다.62) 양근 등을 강원도에 붙인 것은 "楊根砥平堤川等三

58)『經世遺表』卷3, 天官修制 郡縣分隷,『全書』5, 59쪽.
59) 위와 같음.
60)『經世遺表』卷3, 天官修制 郡縣分隷,『全書』5, 59쪽. 각 省에 소속되는 군현도
자연지리에 따른 분할이라는 성격을 강화하였다. 자연지리 즉 큰 강이나 산맥에
따라 자연히 생활권이 나누어지기 때문이다. 자연 지리에 따른 경계는 이전부터도
중시되었으나 丁若鏞은 도와 군현 경계를 더욱 철저히 하였다.
61)『經世遺表』卷3, 天官修制 郡縣分隷,『全書』5, 59쪽.
62) 위와 같음.

邑 凡在洌水之東"라 하여 한강 이동에 있기 때문이며[63] 장단 등을 황해도
에 속하게 한 것은 "長湍等三邑 仍隷黃海 以臨津爲界 亦所宜也"라 하듯
이 임진강 이북에 있기 때문이다.[64] 또 松京(개성)으로 황해도 감영을 옮
기도록 하였는데 해주가 지리상 궁벽진 곳에 있어서 조정의 명령을 전달
하는 데에 불편하기 때문이었다.[65]

경기와 사천성(충청도) 사이에는 큰산이나 강은 없으나 죽산 남쪽의 洣
水와 안성 남쪽의 沙水를 경계로 하였다.[66] 전라도는 潺水와 노령을 경계
로 하여 잔수 이동, 노령 이북은 완남성(전라 북부)으로, 잔수 이서와 노령
이남은 무남성(전라 남부)으로 하였다.[67] 따라서 잔수 동쪽의 구례, 남원,
운봉, 임실 이동과 노령 북쪽의 순창, 정읍, 고창, 무창 이북은 完南省으로
하고 잔수 서쪽의 곡성, 옥과 및 노령 남쪽의 담양, 장성, 영광이남 지역은
모두 武南省으로 하였다.[68] 다음 경상도는 潢水(낙동강) 동쪽의 순흥, 풍
기, 영천, 안동, 비안, 군위, 인동, 현풍, 창녕, 영상에서 아래로 동래 이동의
옛 진한 지역을 영남성으로, 예천, 용궁, 함창, 상주, 선산, 성주, 고령, 초계,
의령, 함안, 칠원, 창원에서 아래로 김해 이서의 옛 弁辰(변한) 지역을 황서
성이라 하였다.[69] 강원도는 이름을 열동성(열수 즉 한강 동쪽의 성이란
뜻)으로 바꾸어 낭천, 금성 등 종래 강원도에 속했으나 한강 서쪽에 있는
고을은 경기에 붙이고 경기에 있던 양근, 지평과 충청도에 있던 제천을 여
기에 붙였다.[70] 황해도는 감영을 松京(개성)으로 옮기게 하고 이로써 명칭
도 松海省으로 변경되었다.[71] 개성에 부수하여 장단 등이 여기에 따라 가
고 평안도 중화와 상원은 패수(대동강) 남쪽에 있으므로 여기에다 붙였

---

63) 『經世遺表』卷3, 天官修制 郡縣分隷, 『全書』5, 59쪽.
64) 위와 같음.
65) 위와 같음.
66) 위와 같음.
67) 위와 같음.
68) 위와 같음.
69) 『經世遺表』卷3, 天官修制 郡縣分隷, 『全書』5, 60쪽.
70) 위와 같음.
71) 위와 같음.

다.72)

평안도는 淸水(청천강)와 적유령을 경계로 적유령 남쪽 청수 동쪽은 패
서성, 적유령 북쪽 청수 서쪽은 淸西省이라 하였다.73) 여기서도 큰산과 강
을 경계로 하였음을 알 수 있다. 이리하여 덕천, 개천에서 안주 동쪽은 패서
성 소관으로, 희천, 영변, 박천, 강계, 위원 서쪽은 청서성 소관으로 하였다.
아울러 폐사군을 복구하여 강계에서 관할하도록 하였다.74) 이것은 변경을
방어, 개척하려는 의도에서이다. 丁若鏞은 滿洲의 故土 回復論에는 비판
적이었으나 압록강, 두만강 이남은 철저히 확보하고자 하였다.75) 여기에는
당시 남쪽에서 인구가 과잉하고 토지가 상대적으로 적은데다 토지 집중이
심해 無土 농민이 많은 상황에서 변경 개척을 통해 토지를 농민에게 주려
는 의도도 있었다고 여겨진다. 함경도는 한복판의 마천령을 경계로 嶺의
이북을 만하성, 이남을 현도성이라 하였다.76)

이상에서 省의 분할이 자연지리를 매우 존중하였음을 확인할 수 있으며
이것은 하나의 지역적 생활권을 형성한다고도 하겠다.77) 이런 地域的 生
活圈에 따른 재편성은 중세의 인위적인 분할을 朝鮮後期 지역 경제권의
발전과 일치시키는 결과가 된다. 이것은 산업의 발전과 행정의 효율화를
위한 것이다. 한편 각 省의 크기가 대체로 비슷하여졌다. 地方自治와 地域
民의 利益을 많이 생각하는 丁若鏞의 입장으로 보면 각 지역경제권이 행
정단위와 일치되고 비슷한 규모를 가짐으로써 각 지역 경제권의 균등한

---

72) 『全書』5, 60쪽.

73) 위와 같음.

74) 위와 같음.

75) 『全書』1, 廢四郡論, 242쪽.

76) 위와 같음.

77) 이런 자연지리적인 분할은 공교롭게도 부족국가 시대의 영역과도 부분적으로 일
치한다. 만하성은 옛 북옥저 지역이며 앞서 보았듯이 영남성은 진한, 황서성은 변
한 지역이다. 열동성 가운데 옛 예맥 지역의 영동 9고을은 원주의 감영이 아니라
강릉부사가 따로이 관할하도록 하도록 하였다(『全書』5, 60쪽). 자연지리를 경계
로 나누다 보니 그것이 자연히 지역적 생활권이 되고 이것이 또 자연 부족국가 시
대의 영역과 일치하게 되었다고 생각된다. 부족국가 자체가 지역적 생활권을 단위
로 형성되었기 때문이다.

발전을 꾀한 것이라고 여겨진다. 이 밖에 이런 지역 경제의 균등한 발전과 민의 조세 부담의 균등화를 위해 丁若鏞은 작은 군현은 합쳐 하나로 만들도록 하였다.[78) 또 "郡縣之制 宜以民戶多少 田結廣狹 爲之等級"이라 하여 군현의 등급을 정함에 있어서는 철저히 民戶와 田結의 다소에 따라 등급을 정하도록 하였다.[79) 이 역시 조세의 균등화를 추구하기 위한 것이다. 이를 통해 지역 경제의 균등한 발전이 이루어질 수 있다.

한편 이런 지역 경제의 균등한 발전 외에 地方에 대한 개편안은 상당히 地方의 自律性을 존중하려는 것으로 보인다. 이것은 그의 封建制 주장과 통하는 것이라고 하겠다.[80) 地方의 자율성을 위해 地方의 군현은 종래와 달리 감사의 통제를 받지 않도록 하였다. 그는 "監司之職 …… 自今去觀察 只稱巡察使 俾藩專意巡功 宜矣"라고 하였다.[81) 이리하여 군현의 管掌은 그 省의 중심되는 州들에서 나누어 관장하게 하였다.[82) 이것은 감사의 통제에서 군현을 해방시키는 동시에 당시 몇 개 군현이 결합하여 각기 하나의 지역 경제권을 형성하고 있었으므로 이런 지역 경제권을 하나의 행정적 관할로 묶는다는 의미도 있다. 또 地方制度의 등급이 복잡하였는데 군현 위에는 州만을 두도록 하였다.[83) 아울러 군현의 등급에 있어서 정치적인 고려에 의해 등급을 오르내리는 일이 일체 없도록 하였다.[84)

다음 地方 胥吏制度 改革案에 대하여 살펴보기로 한다. 그는 "其(향리 : 인용자)所以播其惡於民者 容有旣乎"라 하여 서리의 수탈에 매우 비판적이었다.[85) 그러나 이들에 대하여 비판만 한 것이 아니라 합리적인 制

---

78) 『全書』 5, 62~63쪽.
79) 『經世遺表』 卷4, 郡縣分等, 『全書』 5, 68쪽.
80) 그의 봉건제 주장은 地方의 자율성을 위한 것이지 신분적 특권의 입장에서 地方의 기존 세력에 의한 분권화를 지향하는 것이 아니다(地方制度 改革論 이념 부분 참조).
81) 『全書』 5, 63쪽.
82) 『全書』 5, 62쪽 이하 참조. 예컨대 경기도 광주는 주변의 3군과 현을 관장하는 식이다.
83) 위와 같음.
84) 위와 같음.
85) 『全書』 1, 鄕吏論, 230쪽 ; 『全書』 1, 奸吏論, 244쪽에서도 마찬가지의 이야기를

度 改革을 꾀함으로써 이들에 대한 감독과 동시에 보호 육성도 생각하였다. 우선 향리에 대한 감독을 위하여『經世遺表』에서는 형조 내에 掌胥院을 두도록 하였다.[86] 향리에 대하여 그 조례를 반포하여 그 한계를 엄하게 하여 한 가지라도 위반하는 일이 있으면 장서원에서 거론하도록 하였다.[87] 이 밖에도『經世遺表』장서원 항에서는 첫째 향리의 정원을 정하며,[88] 둘째 세습하지 못하고, 셋째 한 가족이 오로지 하지 못하며, 넷째 금전 출납은 이웃 고을 아전이 와서 하고, 다섯째 이방의 임무는 매년 바꾸도록 하였다.[89] 첫째는 지역의 경제력에 따라 함으로써 민의 부담을 줄이고 둘째와 셋째는 향리의 신분적, 세습적 특권을 없애는 것이고 넷째와 다섯째는 그 고을 토호 등과의 결탁을 막으려는 것이다. 이상에서 향리 改革案에서는 民의 부담 경감과 특권의 배제라는 점이 관철되고 있음을 알 수 있다. 이 역시『經世遺表』租稅改革論, 政治制度 改革論 등에서 전체적으로 지향하는 것과 같다.

한편 丁若鏞은 "邸吏之弊 甚於鄕吏"라 하여 군현의 향리보다 서울과 감영의 邸吏의 폐단이 더 크다고 보았다.[90] 이리하여 서울과 地方의 邸吏에 대하여도 장서원에서 감독하도록 하였다.[91] 사실 감영의 저리의 권한이 큰 것은 감사가 수령을 통제하는 권한이 큰데 그 감사의 수령 감독 임무를 실지로 저리가 하는데 따른 것이다. 감사의 권한을 줄였으므로 이 폐단은 시정될 수 있을 것이다. 아전을 감독하는 방법으로 국가적 차원은 아니나 수령이 인사고과를 하는 방안도 생각하였다.[92] 이상 아전에 대한 감독 외

하였다.

86)『經世遺表』卷2, 秋官刑曹, 掌胥院,『全書』5, 32쪽.

87) 위와 같음.

88) "戶結合計爲四千 則大約民戶 二千也 每百戶置吏一人 則二千戶之邑吏 置二十人 斯可矣"라는 식으로 하여 토지수와 백성수에 따라 한다(『經世遺表』卷4, 郡縣分等,『全書』5, 72쪽). 군현분등에서는 각 지방 별로 경제력에 따라 향리 수가 규정되어 있다.

89)『全書』5, 32쪽.

90)『全書』5, 33쪽.

91) 위와 같음.

92) 人事制度 改革論 가운데 운영개선론 부분 참조.

에 이들을 보호하기 위하여 정규적인 급료를 주는 방안도 생각하였다.93)
당시 아전에게는 공식적인 급료가 없어 이것이 수탈의 원인이 되었다.

5. 맺음말

이상 丁若鏞의 地方制度 改革論을 理念, 運營改善論, 制度改革論으로
나누어 살펴보았다. 지방제도 개혁론의 理念은『周禮』의 鄕遂制와 封建에
있었다. 鄕遂 가운데 鄕이 都城에 있으며 도성에는 상공업 지역이 따로 존
재하는 것으로 해석하였다. 아울러 封建 지지는 地方 自治의 주장으로 연
결된다. 그러나 종래의 封建論이 鄕村 支配層의 입장에서 나온 것과 달리
民의 입장에서 나온 것이었다. 따라서 정약용의 封建 지지는 民의 立場에
서의 地方 自治를 주장하기 위한 것이었다.94)

이런 原理에 입각하여 정약용은 鄕村 統治에 있어서 수령과 아전에 대
한 감독에 民의 參與와 自律性을 增大하는 방향으로, 지방 행정운영의 개
선을 꾀하였다. 지방 제도 개혁론도 鄕遂制의 이념 및 그에 대한 새로운
해석과 관련이 있다. 鄕이 도성지역에 있고 여기에 상공업지역이 따로 있
다고 봄으로써 도시지역에 상공업단지를 마련할 수 있는 이론적 근거를
확보하였다. 이것은 바로 정약용 당시 상공업이 도시지역에 모여 專業的
으로 발달하여 가는 歷史的 趨勢를 반영함과 동시에 이것을 보다 체계적
으로 국가 주도 하에 추진하여 가려는 것이었다.

지방 행정구역 개편 역시 당시 사회경제적 발전이라는 역사적 추세에
따라 행정구역을 지역적 경제권과 일치시키려는 것이었다. 여기에는 각 지
역의 균등한 발전과 조세 부담의 균등화의 의도가 포함되어 있으며 각 군

---

93)『全書』1, 鄕吏論 3, 230쪽.
94) 정약용의 지방제도 개혁론을 집권적이고 일원적인 전국 지배 원리에 입각한 것이
라고 보는 견해가 있다(강석화, 앞의 글, 1992, 266~267쪽). 정약용이 중앙 정부와
지방 행정과의 효율적인 연결을 생각한 점은 인정된다. 그러나 그가 근본적으로
민에 의한 지방자치의 입장에 서 있는 한 단순히 집권적이고 일원적인 것을 원리
로 하였다고 말하기는 어렵다.

현에 대하여 監司의 간섭을 줄이는 등 지방의 자율화를 더욱 촉진하였다. 이 역시 민의 입장에서의 지방자치라는 그의 이념과 연결되는 것이다.

정약용의 지방제도 개혁론에서의 궁극적인 목표는 지방 행정의 長을 民이 선거하는 것으로서 이것은 바로 근대적인 지방자치에 접근하는 것이었다.[95] 그러나 『經世遺表』 단계에서는 아직 地方官은 中央에서 파견하고 人事考課하는 것이었다.[96] 본론에서 살핀 운영개선론 및 제도개혁론은 정약용의 전체 개혁론 가운데 각기 제 1단계와 제 2단계에 해당되는 것이다. 궁극적인 제 3단계에 대하여는 구체적인 방안을, 현존자료에 관한 한 언급하지 않았다.

지방 행정구역을 인구와 경제력 및 지리적 조건에 맞게 편성하려는 것은 실학자들의 일관된 주장이다. 柳馨遠은 田 4만 頃 이상은 大府, 2만 경은 군, 1만 경은 현으로 하며 경계를 자연 조건에 맞게 하고 飛地 등을 조정하도록 하였다.[97] 李瀷 역시 정치적 고려 때문에 군현의 格이 바뀌는 것을 비판하고 군현의 숫자가 너무 많으므로 小군현의 統廢合을 주장하였다.[98] 정약용은 이런 견해를 계승하는 한편 道의 개편론을 제기하였다. 이것은 19세기 전반기 지역경제권의 형성이라는 새로운 변화에 부응하는 것이었다.[99]

한편 甲午·光武 개혁기에 정약용의 道 개편론과 현상적으로 유사한 지방제도의 개편이 이루어졌다.[100] 그러나 甲午·光武 연간의 지방제도 개혁은 기본적으로 地主的인 立場에서 행해진 것이었다. 農民 등 小民의 입

---

95) 조성을, 앞의 글, 1991, 356쪽.
96) 조성을, 위의 책, 299쪽 이하 참조.
97) 『磻溪隨錄』 補遺 卷1, 郡縣制. 柳馨遠의 지방제도 개혁론에 대한 기존 연구로는 김무진, 「磻溪 柳馨遠의 군현제론」, 『한국사연구』 49, 1985가 있다.
98) 한우근, 『星湖 李瀷 研究』, 서울대학교 출판부, 1980, 제2장 제5절의 4, 「지방 행정 체제의 개편」 참조.
99) 정약용이 이익, 유형원에 비해, 같은 실학자이면서도 더 발전한 것은 이렇게 시대적 상황과 밀접히 관련된다. 실학자들 사이에서의 지방제도 개혁론의 변화, 발전상을 조선후기 사회경제의 단계적 변화 그리고 실학 전반의 발전과 관련하여 보다 면밀히 추구할 필요가 있다고 여겨진다.
100) 한말의 지방제도 개혁에 대해서는 윤정애, 앞의 글, 1985 참조.

장에서 추구된 정약용의 지방제도 개혁론과는 근본적으로 다르다. 따라서 후자를 전자와 동일한 성격의 것으로 볼 수는 없다. 부분적·현상적 유사성에 더하여 전체적인 조망 아래 根本的 差異를 추구할 필요가 있다고 여겨진다.

(『東方學志』77·78·79합집, 1993. 6)

丁若鏞의 中央官制 改革論

趙 誠 乙

1. 序言

정약용은 국가제도의 전반적인 개혁을 위하여 새로운 계층을 관료 체계에 흡수하려 하였다. 이를 위해 그는 교육, 과학, 인사제도 전반의 개혁을 구상하였다. 새로운 계층이란 조선후기 이래 농민층 분화 과정에서 상승하는 농민계층은 물론 당시 관직에서 배제되어 가던 몰락 양반층까지 포함한다. 이런 새로운 계층이 관료 체계 내에서 제대로 능력을 발휘하기 위해 관료 체계 자체를 능률과 능력을 존중하는 체제로 개혁하고자 하였다. 그는 국가제도 개혁의 주체를 관료체계 자체에 두었기 때문이다.

사실 조선후기 이래 실질적인 국가제도의 개혁은 관료층의 構想에 의해 주도되었다.1) 관료들은 사회변동에 적응하여 체제를 유지하려는 입장에서 개혁을 추진하였다.2) 관료의 개혁론은 보다 근본적인 개혁을 지향하는 실학자의 그것과는 다른 것이었으나 양자는 상호영향을 주고 받았다. 실학자

---

1) 예를 들어 대동법과 균역법 같은 것은 관료층 내의 개혁 세력에 의해 주도되었다. 실학자의 개혁론은 이들 관료층 내의 개혁세력에 부분적인 영향을 주었다.
2) 조선후기 관료층 내부의 개혁 사상에 대하여는 다음의 논고가 참고된다. 조성을, 「17세기 전반 관료의 사상」, 『역사와 현실』 8, 1992 ; 조성을, 「17세기 후반 노론 훈척의 사상」, 『역사와 현실』 13, 1994.

와 관료 개혁론의 근본적 차이는 실학자가 궁극적으로 신분제와 지주제의
撤廢를 지향하는데 비해 관료층은 지주제와 신분제의 유지를 전제로 하는
점에 있다.

다만 관료층의 奴婢從母法 실시, 庶孽禁錮의 부분적 해제, 納粟受職과
같은 국가의 시책은 결과적으로 점차 신분제를 해체시키는데 기여하였다.
양자의 공통점은 이들이 모두 조세, 재정, 관제의 개혁을 지향하는 점이며
이런 부문들에서 양자는 서로 영향을 주고받은 것으로 보인다.

정약용은 기본적으로 民의 立場에 선 실학자이었으나 그 역시 관료 출
신으로서 개혁의 중심을 관료층에 두었다. 그에게 있어서 관제개혁은 새로
운 개혁을 위한 전제이면서 그 자체가 목적이기도 하였다. 그의 관제개혁
론은 중앙과 지방 모두에 걸친 것이었으나 본고에서는 중앙을 중심으로
다루기로 한다.3)

정약용은 그의 중앙관제 개혁론을 『經世遺表』에서 제시하였다. 이 개혁
론들 가운데 특히 중앙관제 개혁론이 체계적으로 전개되었다. 정약용은 그
가 구상하는 국가제도 전반의 개혁을, 새로운 관료체계 특히 중앙의 관료
기구를 추진 주체로 하여 행하려 하였으므로 그의 중앙관제 개혁론은 改
革思想 전반의 성격을 살피는데 큰 의미를 갖는다. 개혁을 효율적으로 수
행하기 위해서는 그 관료 체계 자체가 효율적으로 조직되어 있어야 한다.
이를 위해 그는 중앙관제 개혁론을 체계적으로 전개하였다.4) 이런 그의 중
앙관제 개혁론은 당시 관료 체계의 문제점들을 철저히 인식한 데에서 출
발하였다.5)

---

3) 지방제도 개혁론에 관하여는 조성을, 「정약용의 지방제도 개혁론」, 『東方學志』77
   ·78·79 합집, 1993 참조.
4) 이런 그의 중앙관제 개혁론에 대한 연구는 많지 않다. 洪以燮, 『丁若鏞의 政治經
   濟思想 硏究』, 한국연구도서관, 1959 ; 강석화, 「丁若鏞의 官制改革案 硏究」, 『韓
   國史論』 21, 서울대학교 국사학과, 1989이 참조된다. 강석화의 논문은 중앙관제
   개혁안을 비교적 체계적으로 다루어 정약용이 국가권력의 실질적 주체를 官僚機
   構로 하여 이를 통하여 개혁을 추진하려고 하였다고 보았다.
5) 정약용은 『經世遺表』 卷1, 天官吏曹 이하에서 당시 관료 체계의 문제점을 대략
   다음과 같이 파악하였다. 첫째 기본적으로 관료기구 자체가 국가의 公的 목적에

한편, 그의 中央官制 改革論은 다른 부문의 개혁론과 마찬가지로『尙書』,『周禮』등 유교 경전의 이념에 입각하였다. 먼저『尙書』,『周禮』에 대한 정약용의 주석에 나타난 中央官制 改革의 이념을 살핀 뒤 개혁론의 구체적 내용을 이념과 관련지어 이해하기로 한다.

2. 理念

中央官制 改革論의 모델로 작용한 것은 다른 개혁사상과 마찬가지로『尙書』와『周禮』이다.[6] 특히『經世遺表』의 중앙관제 개혁론의 큰 틀은 거의『周禮』에 의거하였다.[7]『尙書』는 국가제도에 관한 책은 아니지만 여기에도 단편적이나마 정치제도에 관한 언급이 있다.[8]『周禮』가 西周 초의 제도라고 한다면『尙書』에 나오는 제도는 堯, 舜, 禹(夏나라) 및 殷나라의 제도까지 있어 周나라의 제도는『尙書』의 세계에서는 요순 삼대의 제도 가운데 하나라는 상대적 위치를 갖게 되며 정약용은『周禮』를 이렇게 堯

이바지 할 수 있도록 된 것이 아니라 권력집단의 私的 목적에 의하여 자의적으로 개편되어 있다. 의정부가 무력화되고 비변사가 그 권한을 대신함과 아울러 모든 중요한 실권이 비변사에 의해 장악되게 된 것이 그 대표적 예이다. 둘째로 관료 기구에 민에게 구체적인 경제적 혜택을 베풀 수 있는 여지가 거의 결여되어 있다. 셋째로 필요한 관료 기구는 없는 반면에 쓸데없는 기구와 인원이 많다. 넷째로 실무자는 적고 상급자가 많아 효율적으로 운영될 수 없다. 다섯째 관료 기구가 체계적으로 정비되지 않아 일사불란한 명령 체계가 확립되지 않고 관료 기구들 사이에 균형이 이루어지고 있지 않다. 예컨대 육조 가운데 어떤 것은 기구가 아주 방대하나 어떤 것은 아주 소략하다. 여섯째 이상의 문제점들은 전체적으로 관료 기구의 무능과 비효율성을 결과하는 가운데 민의 부담만을 가중시키고 있다.

6) 개혁론의 이념에 관한 자료는 합편『尙書古訓』등에 수록되어 있으며『經世遺表』에서도 개혁론을 제기함에 앞서서『周禮』에 대한 해석 등의 형태로 제시하였다.

7)『周禮』라는 책은 체계적으로 국가제도를 논한 것으로 중국 역대 왕조에서 개혁론이 제기될 때는 흔히 이념적 모델로 되었다. 西周初 周公이 지은 이상적인 국가제도라고 전해져 왔기 때문이다.

8)『尙書』는 堯舜 이래 성인들의 정치 행적에 관하여 언급한 것이므로 이와 관련하여 정치제도에 대한 언급이 나온다.

舜 이래 歷代의 제도 가운데 하나로 이해하였다. 따라서『周禮』를 자신의 개혁론의 모델로 생각하여『經世遺表』에서 개혁론을『周禮』를 위주로 하여 그에 따라 체계적으로 전개하나『周禮』를 절대적으로 취급하지는 않았다.

여기서 이념은 개혁을 위한 방편이었지 그 자체가 개혁론은 아니었다. 그가 中央官制 改革論을 제기한 것은 조선의 당면 현실 문제를 풀기 위한 고민에서 나온 것이다. 이념이 개혁론 형성에 중요한 영향을 미치기는 하였으나 현실 상황에 맞추어 이념을 자기 나름으로 해석하는 가운데 자신의 개혁론을 전개하였다.

개혁론의 이념을 보면 첫째로『周禮』는 전체적으로 天, 地, 春, 夏, 秋, 冬의 6관으로 되어있다.9)『周禮』의 6관은 모두 360기관으로서 이것을 균등하게 배분하면 천, 지, 춘, 하, 추, 동의 각 관이 60개의 기관을 거느리도록 되어 있다.10) 그러나 정약용에 의하면 "周禮序官 或不滿六十 或差過六十 必其中有合衆而爲一者 有分一而爲衆者"라고 하였다.11) 여기서 보면 정약용이『周禮』자체에 대하여 각 관이 반드시 60개 기관씩을 거느리도록 되지 않은 것과 또 소속 기관들의 편성이 반드시 업무에 맞게 체계적, 합리적으로 구성되지 않은 것도 있는 것에 대하여 어느 정도 불만을 가졌음을 알 수 있다.

그런데『周禮』천관 小宰를 보면

> 一曰天官 其屬六十 掌邦治 …… 二曰地官 其屬六十 掌邦敎 …… 三曰春官 其屬六十 掌邦禮 …… 四曰夏官 其屬六十 掌邦政 …… 五曰秋官 其屬六十 掌邦刑 六曰冬官 其屬六十 掌邦事12)

---

9) 唐나라 이후의 6전체제인 吏, 戶, 禮, 兵, 刑, 工의 체제는 이에 따른 것이다.
10) 孫詒讓,『周禮正義』, 中華書局, 1966.
11)『經世遺表』卷1, 天官吏曹,『與猶堂全書』5, 景仁文化社 영인본, 4쪽(이하『全書』로 略記함).
12) 孫詒讓,『周禮正義』, 中華書局, 1966, 제1책, 161쪽.

라고 되어 있다. 즉 각 官이 균등하게 60개의 기관을 거느리게 되어 있다. 정약용은『周禮』의 실제 편성이 실제로는 각 관이 60으로 되어 있지 않음을 인식하면서도 "今不可詳 當以天官小宰之文 爲法制之大準也"라고 하였다.13) 이것은『周禮』에 따라 조선의 중앙관제를 재편성할 때 각 官(曹)의 편성을 균등하게 하겠다는 의미로 해석된다.14)

둘째로『周禮』천관의 총재는 鄭玄의 해석에 의하면 "天子立冢宰 使掌邦治 亦所以統御衆官 使不失職"이라 하여15) 6官의 관료를 모두 통솔하도록 되어 있다.16)

셋째로『周禮』에는 모든 기관이 6官에 소속되어 왕실직속기관이 없고 그 명령 계통은 6관을 경유하는 일사불란한 체계였으며 실질적인 권한은 모두 6관과 그 소속 기관에 있었다. 예컨대 天官 大宰의 밑에 宮正이 있었는데 그 임무가 대력 당시 承政院의 임무가 같았다고 보았다.17)

---

13)『全書』5, 4쪽.
14) 사실 그는『經世遺表』에서 각 관에 균등하게 20개의 기관을 소속시키고 이 숫자를 넘지 말도록 하였다. 이에 대하여는 후술.
15) 孫詒讓, 앞의 책, 1966, 제1책, 1쪽.
16) 정약용은『經世遺表』에서 備邊司를 혁파하여 議政府의 원래 권한을 복구시키려 하면서도 총재와 같이 모든 관리를 관장하는 직책을 두지 않고 의정부에는 종래와 같이 3公을 두는 한편 그 밑에 다시 3孤를 두도록 하였다(이에 대하여는 후술). 3公과 3孤 제도는『周禮』의 것이 아니다.『周禮』천관에는 총재 밑에 卿으로서 단지 太宰를 두었을 뿐이다. 3공과 3고의 제도는『尙書』의 제도에 의거한 것이다. 『經世遺表』가『周禮』를 위주로 하면서도 그것을 그대로 따르지 않음을 알 수 있다. 다만『經世遺表』에서도 6관이 모두 의정부에 소속되도록 하고 있는데 이 점은 천관 총재가 6관을 모두 통솔하도록 한 것과 유사하다. 양자의 차이점은 한편 전자는 3공과 3고의 복수로 구성된 관부가 6관을 거느리는 것이고 후자는 한 개인에게 권력이 집중되어 있는 것이다. 이런 차이가 생긴 것은 세도정치라는 당시의 상황과 관련된다고 여겨진다. 당시 실정으로는 신하에게 총재와 같은 권한을 주면 다시 세도가가 등장할 가능성이 있다. 한편 합편『尙書古訓』堯傳에서도 총재의 기능에 대하여 강조하고 있는데(『全書』2, 533쪽) 아마도 정약용은 이런 총재와 같은 직책을 다음 단계에서는 구상하였으리라 여겨진다.
17)『全書』5, 1쪽. 국왕의 비서기관과 같은 것도 국왕 직속이 아니라 천관 소속으로 봄으로써『經世遺表』에서 정약용은 모든 기관을 6관(조)에 소속시키게 된다(이에 대하여는 후술).

넷째로 『周禮』 춘관 大宗伯에 의하면 "九儀之命 正邦國之位"이라 하여18) 왕명을 받는 것은 9命(9번 명을 받아 등급이 오르는 것)이었다. 『周禮』 춘관 典命 조에도 "上公九命 …… 候伯七命 ……"과 같은 구절이 있다.19) 또 정약용의 해석에 의하면 『周禮』의 관등은 7품뿐이라 하였다.20) 즉 『周禮』에 6관의 장은 모두 卿이라 하였고 그 아래 중대부와 하대부가 있을 뿐 상대부는 없는데 卿이 바로 상대부라는 것이다. 또 6관의 위에 3공과 3고가 있는데 3고는 6경보다 높다는 구절이 經文에 없으므로 『周禮』의 전체 등급은 3公이 1등급, 大夫가 3등급(상, 중, 하), 士가 3등급(상, 중, 하)의 7등급이라고 하였다.21)

다만 『周禮』는 7등급인데 9품으로 한 것은 『周禮』를 그대로 따른 것이 아니고 9품 18등급이던 조선의 실정을 감안한 것이라고 여겨진다. 또 『周禮』에 최고위인 上公의 경우 9命인데 『經世遺表』에서는 3공에 대하여 8命(8번 명을 받는 것)으로 하도록 하였다.22)

다섯째 『周禮』에는 인원 편성이 中士가 上士보다 배이고 下士는 중사보다 또 배로서 하위직으로 갈수록 인원이 많도록 하였다.23) 또 書吏 및 隷와 관련하여 徒隷의 수가 府史보다 열 갑절이나 되도록 하였다.24) 그런데 당시 조선의 관제에는 『周禮』와 반대로 조예의 수는 매우 적고 서리의 수가 혹 몇 배나 되었다. 정약용은 『周禮』에 의거하여 당시 조선의 현실에

---

18) 本田二郎은 "九儀는 귀천의 지위를 바르게 하는 의식, 정현이 말하기를 매번 名에 의식을 달리하여 귀천의 지위를 바로잡는다라고 하였는데 고대에는 관작은 9命이 있어 그 귀천을 정해주고 각각의 의식이 있어 그 위치를 바로잡았다"라고 하였다(本田二郎, 『周禮通釋』 上, 秀英出版, 1977, 551쪽).

19) 本田二郎, 『周禮通釋』 上, 秀英出版, 1977, 633쪽.

20) 『經世遺表』 卷3, 天官修制, 東班官階, 『全書』 5, 43쪽.

21) 『經世遺表』 卷3, 天官修制, 東班官階, 『全書』 5, 43쪽. 이상에 의거 당시의 18품계를 줄여 9품계로 하려 하였다. 관등을 줄이는 것은 쓸데없이 등급만 많은 것을 줄임으로써 신진대사를 원활하게 하고 효율성을 높이려 한 것으로 여겨진다

22) 『經世遺表』 卷3, 天官修制, 東班官階, 『全書』 5, 43쪽. 『周禮』에 비해 관료 기구의 수를 3분의 1로 줄인 것과 같은 맥락으로 조선의 실정을 따른 것이라 하겠다.

23) 『全書』 5, 1쪽.

24) 『全書』 5, 1쪽.

대하여 "大抵貴小而賤多 尊小而卑多者 天地之常經者也"라고 비판하였다.[25]

이 밖에 구체적인 관직과 기구에 대하여 『周禮』에 의거하여 개혁을 주장하였다.[26] 그러나 앞서도 언급한 바와 같이 기계적으로 『주례』를 따르는 것이 아니다. 자신의 기구 개혁을 위해 『周禮』가 적합한 경우에만 『周禮』를 이용하였다. 필요한 경우 『尙書』 등을 이용하여 『周禮』와 다른 제도를 만들었다.[27] 또 기술 개발을 위해 利用監같이 경전이 없는 전혀 새로운 기구를 만들기도 하였다. 현실적 필요에 따라 경전이 이용된 것이지 현실이 경전에 따르도록 한 것이 아님을 알 수 있다.

3. 制度改革論

『經世遺表』에서 중앙관제 개혁론은 주로 『經國大典』을 다소 수정하여 당시 행해지던 『大典通編』의 체제를 대상으로 하여 전개되었다.[28] 『大典通編』 체제는 『經國大典』 체제의 골격을 유지하면서도 중앙관제에서 권력의 핵을 비변사에 집중시킨 것을 인정한 점에서 『경국대전』과는 큰 차이가 있다. 정약용은 당시 중앙관제의 문제점에 입각하여 근본적인 개혁안을 제기하였다.

---

25) 『全書』 5, 1쪽. 이것은 쓸데없는 상급직을 줄이고 하위직의 수를 늘림으로써 하위직의 부담을 덜어 주는 한편 관료 체계의 능률과 실무 능력을 제고하려는 것이라고 여겨진다. 사실 『經世遺表』에서는 하위직의 숫자가 대폭 늘어났다.

26) 호조에 六學(종래의 4학)을 소속시키는 것이 그것이다.

27) 예컨대 『周禮』에는 山虞寺, 澤虞寺 같은 것은 司徒(지관)에 소속되었으나 『經世遺表』에는 당시 현존 制度와 같이 그대로 동관 공조에 붙였다(『經世遺表』 卷2, 冬官工曹 부분 참조).

28) 『經世遺表』에 수록된 중앙관제에 대한 제도개혁론은 그의 개혁 사상 전체 속에서의 궁극적 개혁의 단계가 아니다. 즉 여기에서는 현실의 신분적 질서를 일단 인정한 위에서 점진적인 개혁의 방향을 갖고 있다. 따라서 이것으로 그의 개혁사상의 궁극적 성격을 평가해서는 안 된다. 또 이 관료기구는 그 자체가 자기완결적인 것이 아니라 그 내부에 자기 개혁을 위한 길을 터놓고 있는 개방적 체계이다.

첫번째 비변사는 中宗 때 外賊 방어를 위해 임시로 설치되었으나 임란
을 거치면서 점차 국가의 권한이 여기 집중되고 常設機構로 변화하여 국
가의 최고 기구가 되었다.[29] 이에 따라 議政府는 유명무실하게 되었다. 비
변사는 朝鮮後期 老論 政權이 이를 장악함으로써 정권을 유지하였다. 세
도 정치기에 이르러서는 세도가문이 이를 장악함으로써 모든 권력이 세도
가문에 집중되고 심지어는 국왕권까지 무력하게 되었다.『經世遺表』에서
는

中樞府者 古之樞密院也 …… 中樞府 全無所事 而游閒人作祿之地 備
邊司總察萬務 而議政府爲長閉之門 …… 自今 備邊司爲中樞府改揭扁額
使中樞府得名實相副 於事便也[30]

라 하여 비변사를 해체하고 중추부로 하여금 순수하게 備邊 등의 임무를
맡도록 하였다. 이것은 당시 세도정권에 의해 私權化된 국가권력을 회복
하려는 의도에서이다.

그러나 이것이 단순히 조선초기의 상태로의 회귀를 의도한 것은 아니다.
鮮初 議政府의 권한이 명확하지 않았으나『經世遺表』에서는 6조의 대부,
3영의 대장, 한성판윤과 각사의 제조 가운데 上大夫로서 위계가 正卿인 자
및 각 조의 參判과 參議 등 고위 관료에 대한 考績(인사고과), 그리고 비
변사를 순수하게 軍務機構로 개편한 中樞府 領事와 判事에 대한 考績 권
한을 갖도록 하였다.[31] 또 議政府의 임무에 대하여 선초에는 음양을 조절
한다는 것을 규정하고 있는데 이 임무를 없애도록 하였다. 여기에는 두 가
지 의미가 있다. 대신이 막연히 음양을 조절한다는 명목으로 구체적인 일
을 하지 않거나 국가의 모든 정사에 대하여 無爲無策을 위주로 하는 것을

---

29) 이현종, 「기구상의 개변」,『한국사』13, 국사편찬위원회, 1978 가운데 '비변사의 치
   폐' 항목 참조.
30)『經世遺表』卷2, 夏官兵曹, 中樞府,『全書』5, 23쪽.『經世遺表』의 편제 상 중추
   부는 단지 병조의 한 기관으로 되어 있다.
31)『全書』5, 72~74쪽.

방지하려는 것이 그 하나라고 생각된다. 또 하나는 災異 등이 일어났을 때 그 책임을 군주가 지지 않고 大臣이 지게 하려는 것이 大臣에게 陰陽 조절 임무를 부여한 이유이므로 이를 삭제한다는 것은 그만큼 상대적으로 대신의 지위를 안정화시킨다는 의미를 갖는다.

그런데『周禮』에는 議政府와 같은 기구가 없다. 천관 총재에게 재상의 권한이 부여되어 있다. 정약용은 이 의정부를 복설하는 근거를『尙書』「周官」篇의 3公과 3孤에서 찾았다. 3公은 천자의 스승, 3孤를 세자의 스승으로 해석하여[32] 이들로 하여금 의정부를 구성하도록 하였다.『周禮』식으로 총재에게 대신의 권한을 부여하지 않는 것은 한 사람에게 권한이 집중되는 것을 막으려는 의도로 생각된다. 이것은 세도 정치기에 外戚이 모든 권한을 한 손에 장악하여 전횡한데 따른 것으로 여겨진다.

한편 3公을 천자의 스승이라 해석하므로 의정부의 3정승을 3公에 비정한 것은 군주에 대한 견제로 작용할 수 있다.『經世遺表』는 신하가 임금에게 올리는 表이어서 군주 세습을 부정할 수 없으므로 명목적으로 군주를 인정하지만 실질 권한은 관료 기구에게 두려는 것으로 해석된다.

둘째『經世遺表』에서는 조선초기 이래 국왕 直屬機構를 포함한 모든 官僚機構를 6조 산하에 모아 각 曹 판서의 지휘 아래 들도록 하였다.[33] 承政院은 吏曹에 속하도록 하였으며[34] 司諫院과 弘文館은 禮曹에 속하게 하고[35] 義禁府와 司憲府는 刑曹에 속하게 하였다.[36] 한편 奎章閣에 대하여는 "奎章閣 不必別立衙門"이라 하여 폐지를 주장하였다.[37] 이것을 보면 그가 국왕의 사적 권력의 증대에는 명백히 반대하고 있음을 알 수 있다. 앞서 언급했듯이 비변사를 혁파한 것은 외척 등 세도가문이 사적으로 장악하고 있던 국가의 공권력을 회복하려는 것이었다. 국왕의 直屬機構를

---

32)『梅氏尙書平』, 周官,『全書』3, 183쪽.

33)『經國大典』체제에 의한 관료 기구의 조직 및『經世遺表』의 그것에 대하여는 강석화, 앞의 글, 1989, 197~198쪽 참조.

34)『經世遺表』卷1, 天官吏曹, 承政院,『全書』5, 4쪽.

35)『經世遺表』卷1, 春官禮曹, 司諫院 및 弘文館,『全書』5, 14~15쪽.

36)『經世遺表』卷2, 秋官刑曹, 義禁府 및 司憲府,『全書』5, 29쪽.

37)『經世遺表』卷1, 春官禮曹, 弘文館,『全書』5, 15쪽.

없앤 것은 名目的으로는 國王權을 인정하되 實質權力은 관료기구에 소속
되도록 하기 위해서이다. 다만 이런 의정부는 6조의 고위직에 대한 인사권
만을 갖는다.[38]

6조의 각 조에 대하여는 "六曹之屬 各爲二十 …… 今以六官之屬 限之
於一百二十"이라 하여 균등하게 20개의 관료기구를 소속시키도록 하였
다.[39] 소속 기관을 균등하게 한 것은 각 曹의 권한을 균등하게 하여 한 조
에 권력이 집중되지 않도록 한 것이라 여겨진다.[40]

20개로 제한한 것은 관료기구가 방대해져 민의 부담이 늘어날 것을 염
려하였기 때문으로 여겨진다.[41] 그러나 정약용은 단지 관료기구를 줄일 생
각만 하지는 않았다. 필요한 경우에는 利用監 같은 기구의 신설을 주장하
기도 하였다.[42] 또 관료기구의 수를 고정하지 않고 개편 가능성을 열어 두
었다. 그는

> 今以六官之屬 限之於一百二十者 非謂國之庶事 必於是 加減不得也
> …… 制法之後 如有不得不變通者 宜於二十之內 或分而二之 以黜其一
> 或合而一之 以受其一[43]

---

38) 『經世遺表』에서 정약용은 人事制度 改革으로 이런 방안을 생각하였다. 종래 비
   변사에는 八道 勾管 堂上, 有司 堂上, 군문 大將이 속해 있어 이들에게 6조를 비
   롯한 모든 실질적 권한이 넘어가 있었다(한국역사연구회 19세기 정치사 연구반,
   『조선정치사』상, 청년사, 1990, 218쪽 이하 참조). 그러나 『經世遺表』의 의정부
   改革案에는 이런 모든 것이 폐지되고 서리를 제외하면 3公과 3孤(都贊成, 左贊
   成, 右贊成) 및 한편 舍人 1인, 檢詳 2인, 司錄이 있을 뿐이다.

39) 『經世遺表』卷1, 天官吏曹, 『全書』5, 4쪽.

40) 형조의 권한이 매우 강화되어 있으며 공조의 경우 새기구들이 설치되었다. 이조의
   경우는 앞서 살폈듯이 王室 關係 機構를 이에 집중시킴으로써 그 권한이 매우 증
   대되었다. 이밖에 호조, 예조, 병조 등도 사실상 권한이 증대되었다. 특히 병조의
   경우 그러하다. 소속 관청도 적고 군권도 없었는데 군권이 병조판서에게 집중된
   것이다.

41) 불필요한 관료기구를 줄이려는 생각은 이미 柳馨遠에게서도 나타난다(千寬宇,
   「磻溪 柳馨遠 硏究」, 『역사학보』2·3집, 1952 참조).

42) 『經世遺表』卷2, 冬官工曹, 利用監, 『全書』5, 36~37쪽 참조.

43) 『全書』1, 4쪽.

이라고 하였다. 즉 각 조 20개의 수 안에서 기구의 신설과 통폐합이 가능하게 되어 있다. 전체적으로 민의 부담은 늘이지 않으면서 신축성을 둔 것이다.

또 각 조에 대한 관료기구의 배분을 보면 가급적 성격이 비슷한 성격의 것은 같은 조에 모으려 한 것이 눈에 뜨인다. 이조에 승정원을 비롯하여 宗親府, 儀賓府, 敦寧府, 司圃府, 內資寺, 內瞻寺, 司膳監 등 왕실 관계기구를 모으고[44] 호조에 宣惠廳(職貢司로 명칭 변경)을 均役廳(平賦司로 명칭 변경)과 함께 소속시켰으며[45] 司憲府와 義禁府를 捕盜廳과 더불어 형조에 배속시키고[46] 공조에 山虞寺, 澤虞寺 등을 속하게 한 것 등이 그것이다.[47]

셋째 6조에 실무 권한이 주어졌을 경우 6조 자체는 누가 어떻게 견제하는지가 문제된다.[48] 『經世遺表』에서는 형조에 사헌부 외에 감찰원을 두어 감찰 기능을 강화하는 한편[49] 모든 관료에게 간관으로서의 권리와 의무를 주며[50] 형조에 路鼓院을 설치하여 일반인에게도 간쟁할 수 있도록 하는 등[51] 言論 기능을 강화하였다. 그러나 보다 주목되는 것은 관료기구가 人事 考課權을 통해 상호 감시하는 방안이다. 亞卿 이하는 그 소속 조에서 고과하는데 종래 등급을 매개지 않았던 司憲府, 司諫院, 侍講院 등도 예외 없이 등급을 매기도록 하였다. 亞卿 이하 6조의 관원은 누구나 똑같이 考績을 받도록 하되 특히 실무를 담당하는 上士, 中士, 下士 등의 士階層에

---

44) 『經世遺表』卷1, 天官吏曹, 『全書』5, 4쪽 이하 참조.
45) 『經世遺表』卷1, 地官戶曹, 『全書』5, 8쪽 이하 참조.
46) 『經世遺表』卷2, 秋官刑曹, 『全書』5, 29쪽 이하 참조.
47) 『經世遺表』卷2, 冬官工曹, 『全書』5, 33쪽 이하 참조.
48) 원래 『經國大典』이래 司憲府 같은 監察機構, 弘文館과 司諫院 같은 言論기관을 國王直屬機構로 두고 기타 관료들을 이를 통해 견제하려 하였다. 이는 臣權에 대하여 王權의 옹호를 위한 것이었으나 당쟁의 격화 이후 특정 당색에 의해 장악됨으로써 오히려 특정 당색의 대변기관화하고 세도정치기에 이르러서는 완전히 무력하게 되었다.
49) 『經世遺表』卷2, 秋官刑曹, 監察院, 『全書』5, 29쪽.
50) 『經世遺表』卷1, 春官禮曹, 司諫院, 『全書』5, 14쪽.
51) 『全書』1, 30쪽.

366 제2부 실학의 정치사상과 개혁론

대한 考績을 가장 엄격히 하도록 하였다.[52] 또 6조의 大夫, 3營門의 大將, 漢城判尹 및 각 司 提調 가운데 上大夫로서 위계가 正卿인 자, 각 曹의 參判, 參議에 대하여는 의정부에서 고과하도록 하되 다만 正卿으로서 軍職에 있는 자는 中樞府에서 행하도록 하였다.[53] 이렇게 각 曹의 고위직은 상급 기관인 의정부에서 행하여 의정부가 6조에 감시기능을 갖도록 하였다. 의정부에 대한 考課는 中樞府에서 행하며 중추부의 고과는 의정부에서 행하여 상호 감시하도록 하여 의정부와 중추부의 大臣까지 예외 없이 고과하고 議政府와 중추부가 상호 감시하도록 하였다.[54]

넷째 "古者受命 不過九命 今若以十有八品 每分二級 則其級爲三十六層 …… 今擬官階 只存九品 唯一品二品 有正從之級"이라 하여 品階를 9등급(실질적으로 11등급)으로 줄이고자 하였다.[55] 그러나 위계질서는 엄격히 유지되도록 官品에 따라 冠婚喪祭, 거동할 때의 儀典, 가옥의 규모 등을 엄격히 구분하도록 하였다.[56] 이런 조치는 근검, 절약을 위한 것이기도 하겠으나 상급자에게 권위를 부여함으로써 하급자로 하여금 자연스럽게 복종하게 하고 상급자는 자신의 위치에 더욱 만족과 책임을 느끼게 하는 기능을 한다. 하지만 위에서 보듯이 품계를 종래 정종 9품의 18등급이었던 것에서 1, 2품을 제외하고는 正從의 구별을 없애도록 하였다. 이는 품계의 구분이 너무 많은 경우 상위 품계와 하위 품계 사이의 격차가 너무 많이 벌어져 하위품계의 상위품계로의 승차가 어렵게 되며 상위품계의 하위품계에 대한 권위가 지나치게 커지는 것을 막기 위한 것이 아닌가 생각된다. 즉 上位者의 權威를 엄격히 유지하게 하면서도 下位의 승진을 보장하고 상하의 격차를 지나치게 두지 않으려는 것이 정약용의 의도라고 여겨진다.

---

52) 『全書』1, 30쪽.
53) 『全書』1, 30쪽.
54) 『全書』1, 30쪽. 대신을 고과하지 않을 경우, 대신이 6조의 고관에 대해 고적 권한을 가지므로, 대신에게 실질적으로 권한이 집중되어 세도정치와 같은 폐단이 나타날 수 있으므로 대신을 중추부와 의정부로 나누어 상호 견제하게 한 것이다. 중추부는 평상시 실질 권한이 없으나 이 점에서 중요한 의미를 갖는다.
55) 『經世遺表』卷3, 天官修制, 東班官階, 『全書』5, 43쪽.
56) 『經世遺表』卷1, 春官禮曹, 齊禮監, 『全書』5, 14쪽.

　다섯째, "尊小而卑多者 天地之常經也"라 하여[57] 하위직으로 갈수록 그 인원을 많게 하였다. 이것은 관료체계에서 실무 능력을 존중하며 불필요한 고위직을 줄이려는 것으로 전체적으로 관료체계 전체에서 효율성을 증대하려는 것이다. 이와 관련되는 것으로 신규 급제자의 分館에 신분적, 지역적 차별을 두지 않도록 하였다.[58] 또 종래에는 관직 가운데 서얼이나 寒族만을 임명하도록 특별히 지정된 곳이 있었다. 예컨대 예조의 太常寺에는 서얼을 차임토록 하였고[59] 공조의 繕工監의 假監役은 白徒가 벼슬길에 들어서는 것을 위해 설치한 것이다.[60] 관직 자체에 이런 신분적 차별을 모두 없애도록 하였다.[61] 이렇게 관료의 임명, 인사에서 일체 신분적, 지역적 차별을 없앤 것은 능력 위주로 관료기구를 운영하려는 것이며 이는 관료기구의 효율성 증대를 위해서이다. 이상에서 『經世遺表』에서의 중앙 관제 개혁론의 골자를 살펴보았다. 다음 구체적으로 각 조에서의 제도 개혁안이 어떻게 제기되었는지 살피기로 한다.

　첫째 吏曹 개편은 承政院, 宗親府, 儀賓府, 敦寧府 등 國王 直屬 機構를 여기로 옮겨온 것, 觀象監 등 예조 소속 의료 관계 機構가 옮겨온 것이 골자이다.[62] 정약용은 승정원을 이조에 속하게 하는 근거에 대하여

　　周禮太宰之下 卽有宮正 宮正之職 專掌王宮之戒令糾禁 …… 以察宮中之宮府次舍 書其名版 發其政令 與今政院所職 十分相似. …… 政院爲天官之屬 審矣[63]

라고 하였다. 『周禮』天官(吏曹) 소속인 太宰 아래 宮正의 임무가 지금 승정원의 것과 유사하므로 승정원을 천관 이조 소속으로 한다는 것이다. 이

57)『經世遺表』卷1, 天官吏曹,『全書』5, 4쪽.
58)『經世遺表』卷3, 天官修制, 三班官制,『全書』5, 49쪽.
59)『經世遺表』卷2, 春官禮曹, 太常寺,『全書』5, 13쪽.
60)『經世遺表』卷2, 冬官工曹, 繕工監,『全書』5, 36쪽.
61)『全書』5, 13쪽(태상시 항)및 36쪽(선공감 항).
62)『經世遺表』卷1, 序官目次,『全書』5, 3쪽, 이조 부분 표 참조.
63)『經世遺表』卷1, 天官吏曹, 承政院,『全書』5, 4쪽.

것은 궁중의 사무를 모두 이조 판서의 통제 아래 둔다는 뜻이다. 또 왕실 및 戚臣 관련 기구인 종친부, 의빈부, 돈녕부를 이조에 둔 것도 왕실 및 외척의 통제를 위한 것이라 생각된다. 종친부를 이조에 소속시킨 것은 『周禮』에 都宗人과 家宗人이 모두 춘관에 소속된 것과 다르다.[64] 『周禮』와 차이가 나게 되면서도 이렇게까지 하고 있다. 왕실에 대한 통제권을 이조에 집중함으로써 통제를 보다 용이하게 하려는 의도로 여겨진다.

한편, 內贍寺, 內資寺, 內需司 등 王室의 財政 및 物資 調達 機構를 모두 이조의 소속으로 하였다.[65] 이것은 왕실의 재정 권한을 국가에 종속시키려는 의도라고 생각된다. 이밖에 이조에는 예조에 소속되던 觀象監, 內醫院, 典醫監, 惠民署가 옮겨 왔으며[66] 內侍府, 掖庭署, 命婦司 등 원래 이조에 소속된 것을 그대로 두었다.[67] 내의원이 이조에 옮겨 온 것은 왕실 관련 기구이기 때문일 것이다. 이에 따라 같은 의료기관인 典醫監, 惠民署 등도 따라 왔다.[68] 內侍府, 掖庭署, 命婦司를 그대로 둔 것은 왕실 관련 기구이기 때문일 것이다. 다만 이에 대한 통제를 강화하였다. 종래 내시부의 최고관인 尙膳의 품계가 종2품인데도 규정을 넘어 올리던 것을 비판하고 우선 3품으로 하면서 『周禮』에는 내시는 上士(4품)에 불과하다고 하였다.[69] 命婦司가 과장하는 內命婦에 대하여는 상한을 3품으로 하고 淑容, 昭媛, 淑媛을 없애며 상궁을 축소하도록 하였다.[70] 이상도 역시 왕권에 대한 견제라고 생각된다.

둘째 호조의 직제 개편의 특색은 宣惠廳, 均役廳과 같은 징세 기관이

---

64) 『經世遺表』卷1, 天官吏曹, 宗親府, 『全書』5, 5쪽 및 本田二郎, 『周禮通釋』上, 도종인(853쪽) 및 가종인(836쪽) 참조.

65) 『經世遺表』卷1, 天官吏曹 소속 기구 표, 『全書』5, 3쪽.

66) 위와 같음.

67) 위와 같음.

68) 觀象監을 이조에 소속시킨 것은 『周禮』와 다르나 五帝 때에 책력을 만들던 모든 관직이 천관 소속이었다고 『尙書』를 해석한 것에 근거하였다(『經世遺表』卷1, 觀象監, 『全書』5, 6쪽). 그만큼 관상감을 중시하며 이는 농사를 보다 가학적으로 하려는 것, 풍수 등 미신을 금지하려는 것과도 관련이 있다고 하겠다.

69) 『全書』5, 7쪽.

70) 위와 같음.

여기에 이설되고(선혜청은 職貢司로, 균역청은 平賦司로 명칭이 변경됨) 常平廳이 옮겨온 것(원래 국왕 직속), 漢城府를 소속시키고 5部 대신 6部로 개편하며 이에 따라 6學을 설치토록 한 것, 이밖에 經田司, 版籍司, 漕運司, 司鑛署가 신설된 것, 그리고 원래 예조 소속의 活人署가 옮겨 온 것 (명칭이 六保署로 변경됨) 등이다.[71]

　선혜청과 균역청을 호조로 돌린 것은 국가 재정을 일원화하고 재정을 국왕 또는 대신이 자의적으로 쓸 수 없게 하려는 것이라고 생각된다. 또 명칭이 변경된 것은 그의 田賦 二元體系에 입각한 조세제도 개혁론에 따른 것이다. 상평창은 원래 국왕 소속으로 유명무실하던 것을 그 기능을 회복하여 호조에 두어 상평창에 진휼의 기능도 겸하도록 하였다.[72]

　漢城府를 지관 호조에 소속시킨 것은 鄕과 遂 지역을 총괄하기 때문이다.[73] 서울의 5부를 고쳐 6부로 한 것도 마찬가지로『周禮』의 6鄕을 수도의 거주지역으로 해석하기 때문이다.[74]

　6부의 각부에 교관을 두고 있는데 이는 옛적에 大司徒가 萬民의 교육을 관장하여 鄕三物로서 만민을 가르친 것에 근거를 두었다.[75] 호조에 대하여 교육 기능을 갖도록 하고 교육의 확대를 꾀하는 것은 경제와 교육을 일치시키려는 것으로 해석된다. 5部가 6部로 개편되고 각 부에 1學을 두게 함으로써 4學은 6學으로 개편되었다.[76] 여기에는 신분차별 없이 들어간다. 아울러 6학에는 종래 통솔 기관이 없으며 별로 하는 일도 없던 童蒙 敎官을 소속시켰다.[77] 이는 6학 입학 전의 아동의 교육을 강화시키기 위한 것이다.

　經田司가 신설된 것은 井田議의 改革論에 따라 公田을 설치하고 여기

---

71)『經世遺表』卷1, 序官 目次,『全書』3쪽의 地官戶曹 소속 기구 표 참조.
72)『經世遺表』卷1, 地官戶曹 常平倉,『全書』5, 10면.
73)『周禮』의 지관 大司徒는 6향을 관장한다(本田二郎, 앞의 책(상), 303~304쪽).
74) 이에 대하여는 조성을,「정약용의 지방제도 개혁론」,『동방학지』77·78·79합, 1993 가운데 이념 부분 참조.
75)『經世遺表』卷1, 地官戶曹, 六部,『全書』5, 8쪽.
76) 위와 같음.
77) 위와 같음.

서 田稅를 징수하기 위한 것이다.[78] 版籍司는 호구를 관장하는 것으로
『周禮』에는 司寇가 관장했으나 이미 지관의 명칭이 호조라고 되었으므로
호조에 붙이지 않을 수 없다고 하였다.[79] 名과 實을 일치시키려는 태도이
지만 그것만이 아니라 호구는 조세에 관계되기 때문이었을 것이다. 漕運司
를 신설한 것은 조운의 운영상에 문제점이 많고 이것이 조세 수입의 감소
를 가져왔기 때문이다.[80]

司鑛署를 신설한 것은 국영에 의한 鑛山 開發을 위한 것이다. 그 근거
는『周禮』에 획인이 금, 옥, 주석, 보석 따위 광물이 생산되는 지역을 관장
하여 사적 채굴을 금하며 지관에 예속되어 있는 데 있다.[81] 국영 광산을
통해 귀금속의 국가 통제를 강화하고 재정을 확보하려는 것이다.

活人署(六保署)가 호조로 옮겨온 것은『周禮』에 근거하고 있다.[82] 이것
은 經濟 機構가 많은 호조에 둠으로써 활인서의 福祉 기능을 강화하기 위
한 것으로 생각된다. 算學署도 호조 본청에서 독립하여 신설되었다.[83] 이
는 호조의 회계기능을 강화하기 위한 것으로 여겨진다. 이밖에 司饌倉, 典
粢署, 典牲署, 司畜署가 신설되었다.[84] 사향창은 용산 別營으로 호조좌랑
이 예겸하던 것을 독립시켰다.[85] 전자서, 전생서가 신설된 것은 제사를 중
시하기 때문이라고 생각된다. 사축서 신설은 농업에 목축을 보강하기 위한
것이다.[86]

이밖에 平市署, 廣興倉(명칭이 司祿倉으로 변경), 軍資監(명칭이 司餼
倉으로 변경), 司圃倉 등은 원래대로 호조에 예속되었다.[87] 평시서는 일종

---

78)『經世遺表』卷1, 地官戶曹, 經田司,『全書』5, 11쪽.
79) 위와 같음.
80)『經世遺表』卷1, 地官戶曹, 漕運司,『全書』5, 12쪽.
81) 위와 같음.
82) 위와 같음.
83) 위와 같음.
84) 각기『經世遺表』卷1, 地官戶曹,『全書』5, 8~9쪽.
85)『全書』5, 9쪽.
86)『全書』5, 8쪽.
87)『經世遺表』,『全書』3, 3쪽의 地官戶曹 소속 기구 표 참조.

의 조세기구로서 시장세를 걷는 기구로 생각되며[88] 司祿倉, 司饢倉은 예
산 집행기관이다.[89]

이상에서 보면 주요 租稅機構인 平賦司, 職貢司, 經田司가 모두 호조에
모이고 기타 司鑛署, 平市署 같은 準租稅 機構도 호조에 소속되어 있으며
주요 豫算 執行 機構인 司祿倉, 司饢倉도 호조에 소속되어 있다. 이 점과
호조에 교육기능 및 복지 기능을 부여한 점이 정약용의 호조 개혁론의 가
장 큰 특징이다.

셋째 예조는 기구 개편에 의해 齊禮監, 貢學院, 養賢庫, 哀榮署, 尙依院,
尙瑞院이 신설되었고 종래 國王 直屬의 司諫院, 弘文館, 耆老所(養老司
로 명칭 변경)가 옮겨 왔으며[90] 奉常寺(太常寺로 명칭 변경), 成均館(國子
監으로 명칭 변경), 世子侍講院(侍講院으로 명칭 변경), 春秋館(太史院으
로 명칭 변경) 등 종래 예조 소속 기관의 명칭이 변경되었다.[91] 齊禮監을
신설한 것은 "凡冠婚喪祭 有不以禮者 執而治之 其或庶人用士禮 三士用
大夫禮 亦執而治之"라 하여[92] 庶人, 士 등에게 각기 관혼상제에서 禮의
제한을 넘지 못하게 하려는 것이다. 이는 신분질서의 강조라기보다 사치와
물자낭비를 방지하기 위한 것으로 여겨진다. 胥, 士, 大夫 등의 지위는 능
력에 의해 주어지는 것이기 때문이다.

貢學院을 신설한 것은 과거의 합리적 관리를 위한 것으로 관청 설치와
아울러 고시장 건물을 시험에 부정행위를 막을 수 있는 방식으로 건립하
도록 하였다.[93] 다음 養賢庫는 원래 提調가 없고 郎官 3인을 성균관 낭관
이 겸임하도록 하였는데 성균관 낭관의 예겸은 원래대로 하고 제조를 大

88) 『全書』 5, 9쪽 및 194쪽.
89) 司祿倉에 대하여는 "司祿倉者 廣興倉也 臣謹案廣興倉者 百官班祿之府也"(『經
世遺表』 卷1, 地官戶曹, 司祿倉, 『全書』 5, 9쪽)라 하고 사희창에 대하여는 "司饢
倉者 軍資監也 臣謹案軍資監專掌夷隷之饢"라고 하였다(『經世遺表』 卷1, 地官
戶曹 司饢倉, 『全書』 5, 9쪽).
90) 『經世遺表』 卷1, 序官 目次, 『全書』 5, 33쪽, 春官禮曹 소속 기구 표 참조.
91) 『經世遺表』 卷1, 序官 目次, 『全書』 5, 3쪽.
92) 『經世遺表』 卷1, 春官禮曹, 齊禮監, 『全書』 5, 14쪽.
93) 『全書』 5, 20쪽.

司成이 예겸토록 하였다.[94] 여기서는 "所謂孤者 卽死於王事者之子也 每
於春分之日 宜自養賢庫 召而亨之"[95]라 하여 국가를 위해 죽은 자의 고아
를 대접한다. 제조를 둠으로써 그 기능이 강화되었다고 할 수 있겠다. 성균
관의 관리들이 예겸하는 것은 교육과 관계되기 때문일 것이다.

尙衣院은 원래 世子의 冠禮 때의 임시 관청인데 상설화하여 예조에 두
었다.[96] 세자에의 감독 강화라고 여겨진다. 尙瑞院은 옥새를 관장하는 機
構이다.[97] 옥새를 관장하는 관청을 신설한 것은 옥새를 자의적으로 쓰지
못하게 하려는 것이라고 여겨진다.[98] 즉 국왕권에의 견제라고 할 수 있겠
다. 哀榮署를 신설한 것은 "古者 朝臣之喪 國君之致哀致恤極矣"[99]라 하
여 官僚의 喪에 예우를 높이기 위한 것이다. 官僚의 권위를 높이기 위한
것이다.

한편 『周禮』등 先王의 制度에 의하면 따로이 諫官이 있는 것이 아니라
삼공이하 모든 관리가 諫官이었으므로 丁若鏞은 간관이 혁파되어야 할 것
으로 생각하였다.[100] 그러나 "時俗之人 識見淺短 不知先王之法 但云罷去
諫院 訑訑拒人 其言可畏 姑此存之"[101]라 하여 時俗의 의견이 이를 言路
를 막는 것이라 생각할까 두려워하여 일단 그대로 두도록 하였다. 그러나
간관으로 하여금 太常, 太僕 등 관직을 겸임하게 하여 견문을 넓히도록 하
며 承政院, 弘文館, 侍講院, 太史院, 國子監, 司憲府 및 6조의 卿, 大夫에
게도 諫爭의 의무를 부여하였다.[102] 이렇게 사간원을 예조에 소속시키고
기타 관서와 관원에게도 간쟁권을 부여한 것은 한편으로 왕권에의 견제이
며 한편으로 官僚機構 내부에서의 言論의 活性化이다. 弘文館이 예조로

---

94) 『經世遺表』卷1, 春官禮曹, 養賢庫, 『全書』5, 20쪽.
95) 위와 같음.
96) 위와 같음.
97) 『經世遺表』卷1, 春官禮曹, 尙衣院, 『全書』5, 20쪽.
98) 『經世遺表』卷1, 春官禮曹, 尙瑞院, 『全書』5, 20쪽.
99) 『經世遺表』卷1, 春官修制, 哀榮署, 『全書』5, 20쪽.
100) 『經世遺表』卷1, 春官禮曹, 司諫院, 『全書』5, 14쪽.
101) 위와 같음.
102) 위와 같음.

들어 온 것도 官僚機構의 국왕권으로부터의 자율성을 증대하기 위한 것이라고 생각된다.[103] 耆老所를 예조에 옮긴 것은 王制에 國老를 太學에서 봉양할 것에 근거하고 있다. 태학은 바로 成均館 즉 國子監이며 이를 예조에 속하도록 하므로 기로소는 당연히 예조 소속이 된다. 기로소의 위치까지 태학 안에 있도록 하였다.[104]

侍講院은 그 관직을 증가시켜 3公과 3孤를 모도 여기에 속하게 하였다.[105] 이는 세자에의 통제와 교육을 보다 강화하는 것이다. 정약용은 3대에는 군주까지도 3공과 3고를 스승으로 하였는데 지금 그렇게까지는 못하더라도 세자에게는 그렇게 하자는 것이었다.[106] 역시 君主權의 牽制이다. 春秋館을 太史院으로 한 것은 史官의 위치를 강화한 것이다.[107] 君主 및 官僚에 대한 감시기능을 강화하려는 뜻으로 해석된다.

성균관은 명칭을 國子監으로 고치고 그 이름에 맞게 국자감으로 하고 속에 따로이 宗學을 만들어 종실, 공경대부의 자제를 이에 소속시키며 일반민은 따로 교사를 만들도록 하였다.[108] 이것을 신분관과 관련하여 어떻게 해석하여야 할지 문제이다. 宗學이 특별히 나은 우대를 받는 것은 아니다. 오히려 종실 및 공경대부의 자제에 대하여 교육적 통제를 강화하려는 것이라 여겨진다.[109] 또 국자감 입학에는 신분 차별이 없다. 기타 원래 예조에 있던 校書館(校書監으로 명칭 변경), 掌樂院, 承文院(承文監으로 명칭 변경)은 그대로 두었다.

한편 예조의 기능으로서 祭禮를 중시하도록 하였다.[110] 국가의 제례를

---

103) 『經世遺表』 卷1, 春官禮曹, 弘文館, 『全書』 5, 14~16쪽 참조.
104) 『全書』 5, 20쪽.
105) 『經世遺表』 卷1, 春官禮曹, 侍講院, 『全書』 5, 16쪽.
106) 위와 같음.
107) 위와 같음.
108) 『經世遺表』 卷1, 春官禮曹, 國子監, 『全書』 5, 17~18쪽.
109) 보다 큰 이유는 통치자 양성기관으로서의 국자감의 권위를 높이고, 또 종실의 권위에 의거하여 당시 勢道 政治를 하던 외척을 낮추려는 것이다.
110) 정약용이 天을 인격적 주재자로서 새로이 해석한 것과 관련이 있으며, 이는 지배층 또는 위정자를 종교적 권위에 복종시킴으로써 권력을 자의적으로 행사하지 못하게 하는 기능을 갖는다.

맡았던 奉常寺를 太常寺로 개편하여 종래 그 관원에 庶子를 임명하던 것을 고쳐 玉堂 출신으로 하도록 하였다.[111] 관직에 庶子와 嫡子의 자리를 구분하는 것은 부당하다는 것이 근거이며 태상사의 격을 높이려는 것이다.[112] 典壇司에는 여단, 城隍壇, 壇 등 종래 소속이 없던 여러 제사의 단을 여기에 소속시켰다.[113] 이는 관직은 마땅히 통솔받는데가 있어야 한다는 입장에서이다. 여러 雜神을 社稷 아래 體系的으로 위치지우려는 의도로 보인다. 다음 典廟司에는 여러 宮과 殿을 예속시키고 守陵司에 여러 墓, 院을 소속시켰다.[114] 이것은 쓸데없이 무한정하게 宮, 殿, 墓, 院들이 늘어나는 것을 방지하고 이들 기관에 대한 통제를 하기 위한 것이다.[115] 즉 왕권에의 견제라고 할 수 있다.

이상 예조 改革의 특징은 예조의 기능에 祭禮를 으뜸으로 놓은 것, 典壇司(원명은 社稷署)에 여러 단을 소속시키고 典廟司(원명은 宗廟署)에 여러 殿과 여러 宮을 소속시켜 놓았으며 守陵司에 여러 陵, 園을 통일적으로 소속시킨 것, 그리고 齊禮監, 貢擧院, 養賢庫, 哀榮署, 尚衣院, 尚瑞院을 신설한 것, 국왕 직속의 司諫院, 弘文館, 耆老所(명칭을 養老司로 변경)를 옮겨온 것, 成均館(國子監으로 명칭 변경)과 侍講院(원명은 世子侍講院), 春秋館(太史院으로 명칭 변경)의 기능을 강화한 것 등이다.

넷째 兵曹 改革의 골자는 종래 국왕 직속의 中樞府를 병조에 속하게 하고 備邊司에서 관장하던 업무 가운데 邊務를 총괄하게 한 것, 모든 군사관련 기구를 정연하게 3司(左捄司, 右捄司, 中衛司), 3局(宣敎局, 儀仗局, 守禦局), 3衛(龍驤衛, 虎賁衛, 羽林衛), 3營(都統營, 左禦營, 右禦營)으로 정리하여 전부 兵曹의 관할 아래 둔 것,[116] 訓練院을 武擧院으로 개편하고 內司僕을 乘輿司로 한 것, 牧圉司를 신설한 것이다.[117]

---

111)『經世遺表』卷1, 春官禮曹, 太常寺,『全書』5, 13쪽.
112) 위와 같음.
113)『經世遺表』卷1, 春官禮曹, 典壇司,『全書』5, 13쪽.
114)『經世遺表』卷1, 春官禮曹, 典墓司 및 守陵司,『全書』5, 13~14쪽.
115) 위와 같음.
116)『經世遺表』卷1, 序官 目次,『全書』5, 22쪽의 夏官兵曹 소속기관 표 부분 참조.
117)『經世遺表』卷1, 序官 目次,『全書』5, 22쪽.

中樞府에서 邊務를 총괄하게 한 것은 비변사의 革罷와 관련된다. 비변
사가 애초 실시된 것이 변무를 위한 것인데 이제 중추부에 그 기능을 부여
하면 비변사는 존재할 명분을 잃게 되며 이에 따라 비변사가 혁파되면 관
료기구의 기능이 정상화된다.118) 이 중추부는 原任 大臣 등으로 임명하고
3公과 9卿(3孤와 6卿)은 겸임하지 못하도록 하였다.119)

이는 議政府 및 6조에 대하여 중추부가 견제권을 행사하게 하려는 것이
다. 3경과 9공이 중추부를 겸임하게 된다면 다시 備邊司에 권력이 집중되
게 되는 것과 같은 폐단이 일어날 수 있다.120) 또 이를 국왕의 직속에 두지
않음으로써 국왕권의 간섭을 배제할 수 있다.

朝鮮後期 軍事制度는 매우 체계가 없고 兵曹에는 軍權이 없었으며 실
제 군사력을 가진 訓練都監, 禁衛營, 御營廳 등은 형식상 국왕 직속으로
되어 있었으나 세도정치기에는 세도정권에 예속되어 있었다. 5군영의 대장
은 비변사에 속해 있었고 비변사는 세도정권에 완전히 장악되어 있었기
때문이다. 이제 『經世遺表』의 兵曹 개편에 따르면 軍權은 모두 兵曹에 돌
아가게 된다. 이것은 세도정권의 무력 기반을 박탈하여 國家의 公的 軍隊
로 하려는 것이다. 3司는 左掖司(원명 都摠府), 右掖司(원명 內兵曹), 中
衛司(護衛廳과 別軍職을 합친 것)로서 국왕의 호위기구이다.121) 3局은 宣
敎局(宣傳廳에 武兼을 합친 것), 儀仗局(部將廳에 忠義衛를 합친 것), 守
禦局(守門廳에 성문 지키는 장수와 빈 대궐 지키는 장수를 합친 것)이
다.122) 3衛는 龍驤衛, 虎賁衛, 羽林衛로서 羽林將, 忠壯將, 忠翊將 등과
禁軍, 內禁衛, 五衛 등을 모아 재편성한 것이다.123) 종래 禁軍은 장수 없
는 부대이고 우림장, 충장장, 충익장은 군권에 계통적으로 편입되어 있지
않았다.124) 3衛도 3司와 더불어 국왕의 호위 임무를 수행한다. 국왕의 호

118) 備邊司의 혁파에 대하여는 中央官制 改革論의 골자부분을 다룰 때 언급하였다.
119) 『經世遺表』卷2, 夏官兵曹, 中樞府, 『全書』5, 23쪽.
120) 이것은 中樞府가 議政府에 대하여 인사고과를 하는 견제 기능을 갖는 것과도 관
    련이 있다.
121) 『經世遺表』卷2, 夏官兵曹, 左掖司, 右掖司, 中衛司, 『全書』5, 24, 25쪽.
122) 『經世遺表』卷2, 夏官, 宣敎局, 儀仗局, 守禦局, 『全書』5, 25, 26쪽.
123) 『經世遺表』卷2, 夏官兵曹, 龍驤衛, 虎賁衛, 羽林衛, 『全書』5, 26, 27쪽.

위 군사력은 이전보다 체계화되고 강화되었다고 할 수 있다. 이는 개혁을 추구하는 과정에서 적극적으로 國王을 보호할 필요가 있기 때문이었을 것이다. 그러나 이런 호위 군사는 국왕의 사적 지배가 아니라 공적인 군사력으로 兵曹에 귀속된다.

3영은 都統營(원명 訓練都監), 左禦營(원명 御營廳), 右禦營(원명 禁衛營)으로 실제 군사력을 갖는 기구이다.[125] 朝鮮後期 5軍營 가운데 수어청은『經世遺表』저술 당시에는 이미 혁파되었으며 丁若鏞은 총융청도 혁파하여야 한다고 하였다.[126] 이것은 물론 민의 부담과 재정 절감을 위한 것이다. 이 비용으로 屯田을 설치하려 하였다.[127] 다음 訓練院을 武擧院으로 개편한 것은 武科 선발의 합리화를 위한 것이다.[128] 무거원은 문과의 貢擧院에 대응된다. 한편 종래 乘輿에 관한 임무를 내사복이 관장하고 兵曹의 승여사는 驛傳을 관장하였는데 내사복의 기능을 승여사로 가져왔다.[129] 이것은 명실을 일치시키기 위한 것이라 여겨진다. 목어사를 신설한 것은 군사와 교통에 말이 긴요한데도 말이 제대로 양육되지 않았기 때문이다.[130] 이밖에 忠勳府(司勳府로 개명), 司僕寺(太馭寺로 개명)는 그대로 두었다. 이상 兵曹 개편은 모든 군사기구를 兵曹判書의 지휘 아래 체계화시킨 점이 큰 특색이다.

다섯째 刑曹는『大典通編』체제에서는 소속 관청이 거의 없는 매우 빈약한 기구였으나,『經世遺表』에서는 義禁府, 司憲府와 같은 원래 국왕 직속의 중요 기관이 여기에 편입되는 등 권한이 매우 강화되었다.[131] 刑曹

124)『全書』5, 26쪽.

125)『經世遺表』卷2, 夏官兵曹, 都統營, 左禦營, 右禦榮,『全書』5, 27~28쪽 참조.

126)『經世遺表』卷2, 夏官兵曹, 都統營,『全書』5, 27~28쪽.

127)『全書』5, 28쪽. 이것은 군대를 위해 도시 주변에 軍田을 마련하려는 그의 土地改革論과 관련이 있다.

128)『經世遺表』卷2, 夏官兵曹, 武擧院,『全書』5, 23쪽

129)『經世遺表』卷2, 夏官兵曹, 承輿司,『全書』5, 24쪽.

130)『經世遺表』卷2, 夏官兵曹, 牧圉司,『全書』5, 24쪽.

131)『經世遺表』의 秋官刑曹 소속 기구에 대하여는『經世遺表』卷2, 序官 目次,『全書』5, 22쪽 가운데 刑曹 소속 기구의 표 참조.

개편의 골자는 의금부, 사헌부, 捕盜廳(원래 兵曹소속으로 討捕營으로 개명), 禮賓寺(원래 예조 소속), 司譯院(원래 예조 소속) 등이 옮겨온 것, 監祭院(사헌부에서 독립), 禁制司(刑曹 본청에서 독립), 路鼓院, 行人司, 綏遠司, 掌胥院, 掌隷院(원래 있다 중간에 혁파된 것을 복설), 量衡司, 券契司, 津關司, 職金署, 掌域署, 律學署 등을 신설한 것이다.132) 義禁府를 刑曹로 옮긴 근거는 의금부의 직능이 『周禮』의 士師와 같기 때문이다.133) 이렇게 함으로써 國事犯 등 중요 범죄에 대하여 국왕이 자의적으로 간여할 수 없게 되었다. 즉 왕권에의 견제이다. 司憲府가 刑曹에 속하게 된 것도 『周禮』 추관조에 布憲職이 나라의 형금을 맡은 것에 의거한 것이다.134) 국왕 직속에서 刑曹로 옮긴 것은 감찰기능의 자율성을 증대시키기 위한 것으로 여겨진다. 암행어사를 여기에 소속하도록 하였다.135) 이도 국왕의 자의적 권력행사를 막기 위해서일 것이다. 捕盜廳이 옮겨온 것은 刑曹에 경찰기능을 집중하기 위한 것이라고 생각된다. 禮賓寺는 前 왕조에 대하여 제사지내는 것인데 이를 刑曹에 옮긴 것도 『周禮』에 의거한 것이다.136) 원래 예조에 기구가 번다하고 刑曹가 아주 빈약하였으므로 이렇게 옮겼을 것이다. 司譯院을 刑曹에 옮긴 것도 『周禮』에 근거하며137) 예빈시를 옮겨온 것과 마찬가지 이유에서였을 것이다. 또 行人司가 刑曹에 신설되므로 이와의 관련성도 생각하였을 것이다.

行人司는 외국에 사신으로 가는 것을 관장하기 위해 신설하였다.138) 종래 상설 기구가 없이 외방의 관청이 그때그때 임시로 부담하여 그 폐단이 컸으므로 이를 시정하기 위한 것이다.139) 綏遠司는 海島나 遠方을 개척하는 기구이다.140) 海島는 궁방에서 사적으로 절수받거나 지방 서리 등이 그

---

132) 『經世遺表』 卷2, 序官 目次, 『全書』 5, 22쪽.
133) 『全書』 5, 29쪽.
134) 위와 같음.
135) 위와 같음.
136) 『全書』 5, 31쪽.
137) 『全書』 5, 32쪽.
138) 『經世遺表』 卷2, 秋官刑曹, 行人司, 『全書』 5, 31쪽.
139) 위와 같음.

세입을 私的으로 착복하였으며 원방의 경우는 국가의 공권력이 제대로 미치지 못하였다. 이들 지역을 유원사가 관장함으로써 중간 수탈을 배제하여 세입을 증대시키고 遠方에 공권력을 침투시켜 국방을 충실히 하고자 하는 의도이다. 이는 그의 領土 意識과도 관련이 있다. 정약용은 압록강, 두만강 이남을 우리 민족의 생활권으로 보았다.141) 우리의 영토를 확실히 확보하고자는 의도이다. 監察院을 독립시킨 것은 감찰기능을 강화하기 위해서이다.142) 6조와 6부 및 지방 12省(8도를 개편한 것)의 일을 감찰하게 하였다.143)

禁制司를 신설한 것도 『周禮』에 의거한 것인데 궁실, 의복, 기구, 음식 등에 등급과 법도를 지키게 하려는 것이다.144) 이에 대하여 "上下無別 貴賤無等"이라고 설명하고 있으나145) 이 점 외에 사치와 낭비를 막기위한 것으로 여겨진다. 예조에 제례감을 설치하여 관혼상제를 통제한 것과 마찬가지 의도이다. 路鼓院을 신설한 것은 『周禮』에 太僕이 路鼓를 세워 억울한 사정을 듣는 것과 『書傳』에 요임금이 敗諫의 북을 설치하여 간언을 들었다는 것에 근거하였다.146) 태종 때에는 설치 장소를 대궐 안에 두어 일반민은 접근할 수 없었는데 丹鳳門 밖(편전에서 가장 가까운 곳)에 두도록 하였다.147) 일반민이 최고 권력자인 국왕에게 직접 청원할 수 있는 것이다.

---

140) 『經世遺表』 卷2, 秋官刑曹, 綏遠司, 『全書』 5, 31쪽.

141) 이에 대하여는 그의 『我邦疆域考』 및 『大同水經』 참조. 또 이것은 그가 우리 고대사의 영역을 가급적 반도 내에 국한하여 보려는 것과도 관련이 있다. 그의 반도 중심적 역사관에 대하여는 한영우, 「茶山 丁若鏞의 史論과 對外觀」, 『김철준 화갑논총』, 지식산업사, 1983 ; 조성을, 「아방강역고에 나타난 정약용의 역사인식」, 『규장각』 15, 1992 참조.

142) 『經世遺表』 卷2, 秋官刑曹, 監察院, 『全書』 5, 29쪽.

143) 『全書』 5, 29쪽.

144) 『經世遺表』 卷2, 秋官刑曹, 禁制司, 『全書』 5, 30면.

145) 『全書』 5, 30면.

146) 『經世遺表』 卷2, 秋官刑曹, 路鼓院, 『全書』 5, 30~31쪽. 丁若鏞은 『周禮』에 근거가 없는 경우 상서에 의거하는 경우가 많은데 이것은 『尙書』 자체라기보다는 『書傳』이다. 북을 쳐서 억울함을 호소하는 制度는 당나라, 송나라, 조선 태종 때에도 있었으나 아울러 간언을 할 수 있게 한 것은 丁若鏞의 독창적 창안이다.

147) 『全書』 5, 31쪽.

掌隸院을 신설한 것은 전적으로 胥吏 통제를 위해서이다.[148] 掌隸院을 신설한 것은 정약용의 신분관과 관련하여 중요한 의미를 갖는다. 그는 궁극적으로 노비제 철폐를 지향하나 『經世遺表』 단계에서는 당장에 전면적으로 부정하는 것이 아님을 알 수 있다.[149] 노비는 당시 사유재산이었으므로 이에 대한 폐지는 노비주, 즉 지배층의 강력한 반발을 초래할 것이라고 생각하였기 때문일 것이다. 당시 노비를 둘러싸고 소송이 많았는데 장예원 신설은 관련법을 정리하여 쟁송을 판결하자는 것이다.[150] 이는 법이 혼란되고 하층민은 법에 어두워 소송에서 억울한 일을 당하는 일이 많았으므로 이런 사람들을 보호하자는 것이지 노비 통제를 강화하자는 의도가 아니다.[151]

量衡司를 신설한 것은 도량형을 통일하기 위한 것으로 『尙書』에 순임금이 璇璣玉衡을 살펴서 정사를 가지런히 하고 사방에 순행할 때 律度量衡을 한결같게 하는 것을 첫째 임무로 삼았다는 것에 근거하였다.[152] 여기에는 도량형의 불통일로 인한 유통과정에서의 사기와 이를 이용한 관리의 수탈을 막자는 의도도 있겠지만 물품의 규격을 통일함으로써 산업의 발달, 생활의 편리에 기여하게 된다. 券契司를 둔 것도 『周禮』에 의거하였다.[153] 여기서는 모든 소유권과 거래에 관인 문서를 만들자고 하였다.[154] 이는 모든 동산과 부동산에 사유권 인정을 전제로 그 사유권을 국가에서 법적으로 확실히 보장하여 재산상의 분쟁을 막자는 것이다. '근대자본주의' 발달의 전제가 되는 것이 근대적 소유권의 확립인데 권계사의 설치는 결과적

---

148) 胥吏 통제에 대하여는 조성을, 앞의 글, 1993 가운데 制度改革論 부분 참조.
149) 조성을, 「丁若鏞의 身分制 改革論」, 『東方學志』 51, 1986 참조(정약용의 신분제 개혁론은 단계적이고 점진적인 것이다. 이는 『經世遺表』에 제기되고 있는 점진적이며 단계적인 그의 土地改革論과도 조응한다).
150) 『全書』 5, 33쪽.
151) 이것은 그가 점진적, 단계적으로 노비해방을 추구하고 있는 것에서 확인된다(조성을, 앞의 글, 1986 가운데 奴婢制 打破論).
152) 『經世遺表』 卷2, 秋官刑曹, 量衡司, 『全書』 5, 33쪽.
153) 『經世遺表』 卷2, 秋官刑曹, 券契司, 『全書』 5, 34쪽.
154) 위와 같음.

으로 그를 위하여 기여하게 된다. 또 거래 상에도 관인 문서를 두게 한 것
은 사유권의 보호를 전제로 하면서도 매매, 소유를 국가의 통제 아래 두려
는 의도라고 생각된다.155) 정약용은 이를 "王者馭萬民之大權"이라 하였
다. 다음 津關司를 설치한 것은 중요 길목에서의 검문과 조세 징수를 위해
서이다.156) 진관사를 설치하고 조세를 징수하는 근거는 역시 『周禮』이
다.157) 조세징수를 위해서는 『孟子』의 經文을 비판하기도 하였다.158) 진관
사에서 세금을 걷는 것은 1000분의 1이며 이밖에 다른 부서에서 다른 세금
은 일체 걷지 않도록 하였다.159) 국내 원격상업을 국가가 한편으로 통제하
면서도 한편으로 적극적으로 보호하려는 것이다.160) 개인 상공업에 대한
정약용의 입장은 통제와 보호를 아울러 생각하는 것이다.

다음 職金署는 벌금을 받고 몰수된 재산을 관리하는 곳이다.161) 掌域署
를 신설한 것은 葬禮를 통제하기 위한 것으로 풍수지리설에 의한 장례를
금지하였다.162) "凡爭墓地者 聽其獄訟 本屬春官 今以其獄訟繁興 故屬于
刑曹"라 하여 원래 묘지에 관한 獄訟은 예조 소속이나 그 옥송이 자주 일
어나므로 刑曹에 둔다고 하였다.163) 묘지에 대한 사법적 통제의 강화라고
하겠다. 이것은 권례사를 통해 소유권에 대한 통제와 보호를 강화하는 것
과 맥락을 같이 한다. 律學署를 신설한 것은 지방관이 법을 몰라 범법하는
경우가 많았으므로 이를 수령에게 익히기 위한 것이다.164) 이밖에 刑曹에
는 掌理署(典獄署), 巡警司가 소속되어 있다.165) 刑曹 改革의 특색은 모든
사법기구를 형조에 귀속시킨 것, 刑曹에 감찰기능을 부여한 점이다.

155) 『經世遺表』卷2, 秋官刑曹, 券契司, 『全書』 5, 34쪽.
156) 『經世遺表』卷2, 秋官刑曹, 津關司, 『全書』 5, 34쪽.
157) 위와 같음.
158) 위와 같음.
159) 위와 같음.
160) 이것은 대상인을 억제하고 중소상인을 보호하려는 입장의 것이었다.
161) 『經世遺表』卷2, 秋官刑曹, 職金署, 『全書』 5, 34쪽.
162) 『經世遺表』卷2, 秋官刑曹, 掌域署, 『全書』 5, 34쪽.
163) 위와 같음.
164) 『經世遺表』卷2, 秋官刑曹, 律學署, 『全書』 5, 35쪽.
165) 『經世遺表』卷2, 秋官刑曹, 掌理署 및 巡警司, 『全書』 5, 30면.

여섯째 工曹 改革의 골자는 山虞寺, 林衡寺, 澤虞寺 등 산림 천택 관계 기구를 우선적으로 중시하여 가장 앞에 두며 利用監과 守城司, 典圜署, 典埠署, 典軌署, 典艦司를 신설한 것, 司兵寺(원래 兵曹 소속이며 원명 軍器寺)와 職染局(원래 호조 소속으로 원명 濟用監), 典設司(원래 병조 소속), 司筵署(원래 호조 소속으로 원명 長興庫), 圖畵署(원래 예조 소속)등이 옮겨 온 것이다.166)

『周禮』에는 원래 이에 해당하는 부분이 결락되어 漢나라 이후『考工記』로 대신하여 왔다.167)『周禮』에 의하면 山林과 川澤 등을 맡는 山虞와 澤虞 및 林衡, 川衡 등을 司徒(지관)에 붙이고 있으나168) 山虞寺와 林衡寺, 澤虞寺, 川衡寺를 工曹에 붙였다.169) 이는 산림과 천택의 개발이 중요하다고 생각하였기 때문으로 여겨진다.170) 이들 관청에서의 조세 징수는『周禮』九賦制에 근거한 것이며 농민의 조세부담 경감과 개발 재원의 확보를 위해서이다.171)

　　毛皮齒角 爲國幣 兵器之所切需 而官旣不收 民不知用 但食其肉 棄而朽之 國安得不貧乎 …… 土豪管吏 專享其利 …… 其害終歸於小民也 林衡之司 何得不設172)

이라 하였다. 즉 당시 이런 자원이 사적으로 절수되거나 서리 등이 멋대로 중간에서 세입을 착복하거나 방치되어 있는 일이 많았는데 이들 자원을 국가 관리 하에 적극적으로 개발하며 여기에서의 조세 수입을 통해 小民의 부담을 줄여야 한다고 생각한 것이다.173)

166)『經世遺表』卷2, 序官 目次,『全書』5, 22쪽, 冬官 工曹 부분 표 참조.
167) 本田二郞,『周禮通釋』下, 1977, 冬官 考工記 404쪽 참조.
168) 本田二郞,『周禮通釋』上, 1977, 지관의 山虞(482쪽), 澤虞(487쪽), 林衡(485쪽), 天衡(486쪽) 참조.
169)『全書』5, 35쪽.
170) 이 밖에도 利用監 등 개발과 제조에 관한 것은 모두 工曹에 모았다(이에 대하여는 후술).
171)『經世遺表』卷10,『全書』5, 9賦論 가운데 山澤之賦 참조 요.
172)『經世遺表』卷2, 冬官工曹, 林衡寺,『全書』5, 35쪽.

다음 利用監을 신설하여 새로운 기술을 외국 특히 중국에서 국가 주도
하에 적극적으로 도입하고자 하였다.174) 이용감 설치의 근거를 "春秋傳正
德利用厚生 王者致治之大目 …… 先王之勸百工如是"라 하여 正德 利用
厚生에서 찾았다.175) 이 기구의 신설에 대하여 "國力貧 故急設此官也"라
고 하였다.176) 생산력 발전을 위한 것임을 알 수 있다. 이용감은 기술 도입
의 중추기관이 되어 타부서가 이곳에서 기술을 배워 가도록 하였다.177) 또
"其有成效者 提調及工曹判書 考工課宬 或授以牧官察訪……"이라 하여
이용감에서 공적을 올린 자는 관직에 수용하라고 하였다.178) 이는 力農者
에게 관직을 수여하려는 것과 마찬가지로 당시 새로이 성장하는 공인층을
관직에 끌어들이려는 입장이다. 다음 司兵寺를 工曹로 옮긴 것은 이용감
과의 유기적 관계를 고려했기 때문일 것이다. 修城司를 신설하여 工曹에
둔 것도 마찬가지 이유이다. 이 修城司 항에서 "宜自利用監 亟通燒甓之法
凡諸路邊城 限以百年 次次改築"이라 하였다.179) 『周禮』에는 하관 소속이
나 일이 營作 즉 토건과 관련되어 있고 이용감과 서로 필요로하는 것이므
로 工曹에 붙인다고 하였다. 역시 토건과 관련되는 것은 모두 工曹에 모으

---

173) 이것은 광산 국영론과 통하며 천연자원의 국가 관리 하의 적극적 개발이라는 생
    각은 산업 발전의 기초자원을 적극 개발하되 국가의 통제 하에 두어야 한다는 입
    장이다. 이것은 다른 모든 경제부분에 대하여도 일관된 입장이다.
174) 『經世遺表』卷2, 冬官工曹, 利用監, 『全書』5, 36쪽.
175) 『經世遺表』卷2, 冬官工曹, 利用監, 『全書』5, 36~37쪽. 이는 박지원 등 북학파
    와 같으며 정약용 자신이 이용감 항에서 "朴趾源 所儲 熱河日記 二十卷 其載中
    國之制 多非人意之所能測 ……"이라 하여(『全書』 5, 36쪽) 박지원의 열하일기를
    인용하였다. 정약용이 유형원, 이익 등 선배 남인 실학자와 다른 점은 생산력의
    발전을 아주 적극적으로 생각하는 점이다. 여기는 물론 북학파의 영향이 있으나
    서양의 과학기술을 적극적으로 받아 들이여 하는 입장의 연장선상에 있다고 할
    수 있다. 또 적어도 이 점은 星湖 學派 특히 좌파의 경우는 공통된 입장이라고 여
    겨진다. 정약용은 북경에서 목화의 씨앗을 가져온 이기양을 문물 도입의 구체적
    예로 들었다.
176) 『全書』 5, 37쪽.
177) 위와 같음.
178) 위와 같음.
179) 위와 같음.

려 하는 것임을 알 수 있다. 같은 성격의 기구는 한 곳에 모아 통일적으로 관리하려는 것이 『經世遺表』의 改革論의 한 특색이다.

한편 典圜署를 신설하여 화폐를 국가 관리 하에 통일적으로 관리하고 금은 등 고액 화폐를 鑄造하고자 하였다.180) 당시 각 軍門에서 제각기 주조하여 규격이 틀리고 조악하였다.181) 이 화폐 주조 기술도 이용감을 통해 중국에서 배워 오자고 하였다.182) 여기서는 9부환법이라 하여 금은 고액권의 주조를 주장하고 있는데 이는 商品貨幣 經濟의 보다 적극적인 발전을 꾀하는 입장이다. 화폐의 통일 자체가 벌써 상품화폐 경제 발전에 기여하는 것이기도 하다. 또 고액권의 주조는 금은 등이 대외로 유출되는 것을 막는 방안이기도 하다.183) 전환서에서는 돈만이 아니라 兵器와 樂器까지 규격을 통일하여 여기서 주조토록 하였다.184) 공산품의 규격을 통일하려는 것이 정약용의 입장이다. 이는 산업의 발달을 위해 절대적으로 필요하다. 전환서에서 악기를 제조하는 이유에 대하여 화폐는 5년이나 10년에 한번 만드는 것인데 工匠에게 이것을 믿고서 살라 할 수는 없다 하였다.185) 이런 기구의 운영이 부역제가 아니라 고용제로서 이윤을 나눠가지도록 하는 것임을 알 수 있다. 즉 '자본주의적' 경영을 추구하는 것이라고 할 수 있다.

정약용은 國都를 도시계획에 따라 민간 구역을 6지역으로 구획하고 각 구역을 官位에 따라 나누어 가옥의 규모에 차등을 두어 살게 하였다.186) 관위가 높을수록 가옥의 규모가 큰 것이다. 典堵司는 이런 가옥의 규모가 제대로 시행되도록 하는 기구이다.187) 이것을 신분제의 옹호라고 보아야

---

180) 『經世遺表』 卷2, 冬官工曹, 典圜署, 『全書』 5, 37~38쪽.
181) 위와 같음.
182) 위와 같음.
183) 금은이 화폐로 사용되면 해외유출이 줄어들 것이라는 생각이다. 정약용은 해외통상을 통해 국내의 금은이 유출되던 당시 상황을 매우 우려하였다. 외국에서 기술과 생산기구는 도입하되 소비재의 구입은 금해야 한다고 생각하였다.
184) 『經世遺表』 卷2, 冬官工曹, 典圜署, 『全書』 5, 37~38쪽.
185) 『全書』 5, 38쪽.
186) 조성을, 앞의 글, 1993 참조.
187) 『經世遺表』 卷2, 冬官工曹, 典堵司, 『全書』 5, 38쪽.

할지 문제이다. 정약용 자신이 "王者立法 必上下有等 貴賤有級"이라 하
였다.188) 그러나 『經世遺表』에서의 관위는 세습적이라기보다 획득적 성격
이 강하다.189) 또 가옥의 규모에 차이를 두고 규격화하는 것은 건축자재의
규격을 통일하고 조세 징수의 편의를 위해서이다.190) 가옥의 규모가 규격
화되어 있으면 그 등급에 따라 그냥 세금을 걷기만 하면 된다. 재산의 차
등을 적극적으로 조세에 반영하려는 것이 정약용의 생각이다. 가옥의 규모
가 등급에 따라 통일 되어 있으면 목재를 일정 규격으로 만들어 허비가 없
고 창틀 같은 것을 시장에서 규격에 따라 그냥 사오기만 하면 된다고도 하
였다.191) 공산품의 규격 표준화를 실시하려는 것이 工曹 改革論에 일관되
게 나타나 있다. 이는 상공업의 발전을 위해 절대적으로 필요하다.

典軌司는 수레를 만드는 기구로서 「考工記」의 輪人, 輿人條 등에 근거
하였다.192) 공사 간의 모든 수레를 등급에 따라 규격을 정하여 여기에서
만들며 기술은 이용감을 통해 중국에서 배워오게 한다. 이는 물자 운반을
편리하게 하고 수레마다 미리 적재 정량을 알 수 있게 한다고 하였다.193)
수레를 모두 전궤사에서 만들게 하는 것은 기간 산업을 국가가 관장하려
는 의도라고 생각된다. 수레의 규격이 정해짐으로써 도로의 규격을 정할
수 있게 된다. 수레의 폭에 따라 국고 안은 7차선, 성문 밖은 5차선, 郊關
밖은 3차선으로 하여 12성으로 통하게 하고 이를 침범하는 것 및 도로의
상태를 전궤사가 감독하게 하였다.194) 또 가마를 수레로 바꾸고 관위에 따
라 3등급으로 하였다.195) 이는 위계질서를 밝히며 사치를 막기 위해서이
다. 전궤사를 설치하여 교통을 원활하게 하는 것은 산업의 발전을 촉진하
는 기초작업이다.

---

188) 『經世遺表』卷2, 冬官工曹, 典堵司, 『全書』 5, 38쪽.
189) 정약용의 과거제도 개혁론 및 교육제도 개혁에서 이것이 나타난다.
190) 『經世遺表』卷2, 冬官工曹, 典堵司, 『全書』 5, 39쪽.
191) 위와 같음.
192) 『經世遺表』卷2, 冬官工曹, 典軌司, 『全書』 5, 39쪽.
193) 위와 같음.
194) 위와 같음.
195) 위와 같음.

典艦司에서는 전궤사에서 모든 수레를 만드는 것과는 달리 여기서 공사간의 모든 배를 건조하지는 않으나 배의 규격을 감독하며 모든 배는 여기에 등록하도록 하였다.196) 造船 기술은 중국에 가서 배워 올 수 없으므로 중국이나 일본의 배가 난파하였을 때 利用監에서 郎官을 파견하여 조사하여 배우도록 하였다.197) 또 배의 등급을 9로 정하여 규격을 통일하도록 하며 규격에 맞지 않는 것은 부숴 버리도록 하였다.198) 이는 재목을 규격대로 만들 수 있고 서로 다른 배 사이에 부품을 교환할 수 있고 화물의 적재량을 미리 계산할 수 있으며 선세 징수에 편리하기 때문이다.199) 또 병선의 경우 사적으로 대여할 수 있게도 하였다.200) 국가 자원의 낭비를 막기 위한 것이다.

織染局은 종래 濟用監이 염색만을 하고 있었는데 명칭을 직염국으로 바꾼 것이다. 직조도 아울러 관장하도록 하였다.201) 당시 우리가 비단, 무늬비단, 양모품 등을 짤 줄 몰라 중국에서 금은을 주고 수입해 왔기 때문에 이용감을 통해 중국에서 배워 다시 직염국에 이를 전하고, 직염국이 공인을 모집하여 직조해 內用에 供上하고 그 방법을 여러 도에 공포하여 만백성에게 가르치도록 하였다.202) 금은의 대외유출을 막고 산업 기술을 보급하기 위한 것이다. 『周禮』에는 직염 관직이 본래 천관(吏曹)에 있었는데203) "今以其職在工曹 故屬于工曹"라고 하여 그 직이 본디 제조하는 것이므로 工曹에 붙인다고 하였다.204) 모든 제조기구를 工曹에 모으려는 그의 의도임을 알 수 있다. 그리고 『周禮』의 경우는 직염제조 문제를 왕실 물자조달의 차원에서 생각하나 정약용은 민의 광범위한 수요에 응하기 위

---

196) 『經世遺表』 卷2, 冬官工曹, 典艦司, 『全書』 5, 40쪽.
197) 위와 같음.
198) 위와 같음.
199) 위와 같음.
200) 위와 같음.
201) 『經世遺表』 卷2, 冬官工曹, 織染局, 『全書』 5, 41~42쪽.
202) 위와 같음.
203) 本田二郞, 『周禮通釋』 上, 1977, 天官의 典絲 238쪽, 染人 248쪽 참조.
204) 위와 같음.

해 산업을 발전시키려는 것이다. 다음 典設司는 『周禮』에는 幕人이 천관에 있으며[205] 『大典通編』에는 兵曹에 있으나 工曹에 소속시키도록 하였다.[206] 이것은 역시 제조와 관련된다고 생각하였기 때문일 것이다. 다음 司筵署를 옮겨온 것도 "今以其職與典設司造紙署 相近 故竝屬工曹"라고 하듯이[207] 돗자리를 짜는 제조기관이기 때문이다. 그리고 名實이 맞도록 이름도 長興庫에서 司筵署라 하였다.[208] 圖畵署를 옮겨온 것은 「考工記」에 근거하고 있으며[209] 또 도화서도 일종의 제조기관이라고 생각하였기 때문일 것이다.

이밖에 工曹에는 원래 있던 繕工監, 掌苑署, 甄瓦署(원명 瓦署), 造紙署를 그대로 두었다. 견와서의 경우는 기와와 벽돌 짓는 법을 이용감을 통해 중국에서 배워 와 그 방법을 12성에 반포하여 각기 공장을 건설하고 民用에 보급하고 그 세는 견와서에 바쳐 공용에 쓰도록 하였다.[210] 즉 기와벽돌 공장을 견와서 및 그 산하 공장에서 국영으로 운영하는 것이 된다. 造紙署의 경우도 종이 만든 기술을 이용감을 통해 중국에서 배워 오도록 하였다.[211] 이상 工曹 改革의 특색은 산림, 천택 관계 기구를 모두 여기에 모으고 세금 징수 및 개발을 工曹에서 총괄하게 한 것, 제조 관련 기구를 모두 여기에 모으며 적극적으로 기술 발전과 보급에 힘쓰도록 한 점이다. 이를 위하여 제조 관련 기구가 과감히 신설되었다.

4. 結語

이상 정약용의 中央官制 改革論을 살펴보았다. 이것은 주로 『經世遺

---

205) 本田二郎, 『周禮通釋』 上, 東京 : 秀英出版, 1977, 幕人 180쪽 참조.
206) 『經世遺表』 卷2, 冬官工曹, 典設司, 『全書』 5, 42쪽.
207) 『經世遺表』 卷2, 冬官工曹, 司筵署, 『全書』 5, 42쪽.
208) 위와 같음.
209) 『經世遺表』 卷2, 冬官工曹, 圖畵署, 『全書』 5, 42쪽.
210) 『經世遺表』 卷2, 冬官工曹, 甄瓦署, 『全書』 5, 41쪽.
211) 『經世遺表』 卷2, 冬官工曹, 造紙署, 『全書』 5, 42쪽.

表』에서 주장되었으며 정약용의 3단계 개혁론 가운데 제2단계에 해당한다. 제1단계는 제도개혁이 아니라 지방 수령 차원에서 지방 통치의 운영 개선만을 꾀하는『牧民心書』의 運營改善論이며 제2단계는 중앙과 지방제도의 전면적 개혁을 추구하는『經世遺表』의 制度改革論이다. 이 단계에서 신분제, 지주제는 일단 인정되면서 점진적으로 개혁되어 간다.212) 제3단계는 토지개혁과 신분제 철폐가 완료되고 主權在民 정치가 이루어지는 단계이다.213) 중앙관제 개혁론은 한편으로 柳馨遠, 李瀷, 柳壽垣과 같은 이전 실학자의 계승이면서 차이도 있다. 비변사 혁파는 이들의 계승이다.

다만 유형원의 관제 개혁론은 불필요한 관직을 줄이는데 집중하였으나214) 이와 달리 정약용은 필요를 위해서는 기구를 과감하게 신설하였다. 이익, 유수원은 중앙관제 개혁론을 체계적으로 제기하지는 않았다.215) 이익과 유수원이 중앙관제개혁을 체계적으로 제기하지 않은 것은 이미 노론 전제정권이 확립된 18세기 상황에서 전면적 개혁이 어려웠기 때문일 것이다.

정약용의 시기는 중세사회가 완전히 해체되어 가는 시점으로서 국가제도의 전면적 개혁이 요구되었다. 또 경제문제가 보다 심각하게 되었으므로 경제관련 부서의 신설이 절실히 필요하였다. 이것은 19세기 전반의 상황에서 소농민, 중소상공업자 등 小民層의 입장에서의 개혁론이었다. 그것은 관료기구 속에 토지개혁, 광산국영을 위한 기구가 포함되고 소민의 세부담을 줄이려 한 것에서 알 수 있다.

---

212)『經世遺表』는 기본적으로 조선왕조 및 그 체제를 인정한 위에서의 개혁론의 제기이다.

213) 이것은 정치적으로는 湯論의 단계이며 경제적으로는 井田制가 완성되는 시기이고(田論에서 주장된 閭田도 부분적으로 병행) 신분제가 완전히 철폐된 단계이다. 이것을 정약용은 매우 먼 장래로 생각하고 점진적으로 이루어 가려고 하였다. 그러나 제2단계에서도 제3단계로의 지향성 또는 준비가 이미 내포되어 있다. 중앙관제 개혁론에서의 국왕권의 명목화와 같은 것이 그 예이다.

214) 千寬宇,「磻溪 柳馨遠 硏究」上・下,『歷史學報』2~3, 1952~1953.

215) 이익의 관제개혁론에 대하여는 한우근,『星湖李瀷硏究』, 서울대학교 출판부, 1980 가운데 제2장 제5절 참조.

정약용의 중앙관제 개혁론은 전체적으로 국왕권의 명목화, 비변사의 폐지와 議政府 復設, 6조에 모든 기구 흡수, 관료기구 내에 牽制와 均衡, 상호 監視 및 言論 기능의 強化를 통한 권력 집중의 防止, 관료기구의 효율화와 능력의 존중, 개혁 추진을 위한 기구 및 경제 관련 기구 신설 등으로 특징지어진다.

이런 관료기구가 주체가 되어 개혁을 추진하여 가려는 것이 정약용의 중앙관제 개혁의 목표이었다. 관료기구의 효율화와 견제, 균형의 성취 및 개혁주체로 관료를 상정하는 것은 관료층 내부의 개혁론자의 지향이기도 하였다. 따라서 정약용 중앙관제 개혁론은 선배 실학자만이 아니라 개혁 관료의 주장도 계승하는 셈이 된다.

그러나 선배 실학자이든 개혁 관료이든 국왕권의 名目化를 정약용처럼 제기하지는 못하였다. 이것은 양자와 달리 정약용이 궁극적 목표로 主權在民의 정치를 생각하였기 때문이다. 또 관료기구의 기술 개발, 개간 등과 같은 경제적 기능을 강화한 것, 小民 立場에서의 개혁 추진을 위한 여러기구를 설치한 것도 그 나름의 특색이다. 이상에서 정약용의 중앙관제 개혁론은 전체적으로 보아 우리 中世社會 解體期에 '小民 立場에서 近代를 志向하는 것'이라고 할 수 있다.

이런 그의 중앙관제 개혁론은 세도정권 아래 실시될 수 없었다. 그러나 매우 역설적이게도 왕권 강화를 추구하는 대원군에 의해 비변사 혁파 등을 통해 부분적으로 시행되었다.216)

(『東方學志』 89·90합집, 1994. 6)

---

216) 대원군의 개혁은 한편으로는 大同法, 均役法의 실시 같은 官僚的 改革의 연장선 상에 있으며 다른 한편으로는 영조, 정조의 蕩平策 같은 왕권 입장의 개혁의 추구 이기도 하다. 또 부분적으로 실학의 견해가 반영되었다. 조선후기의 관료 입장의 개혁론, 실학자의 개혁론, 왕권 입장의 개혁론은 상호 중첩 또는 합치되기도 하고 상호 모순되기도 하는 가운데 서로 영향을 주고 받았다.

찾아보기

필자 소개

김도형 : 연세대학교 사학과 교수
김만규 : 인하대학교 사회과학부 교수
김용섭 : 전 연세대학교 교수·학술원 회원
김준석 : 전 연세대학교 교수
오영교 : 연세대학교 역사문화학과 교수
원유한 : 동국대학교 명예교수
이광린 : 전 서강대학교 교수
임병훈 : 경북대학교 사학과 교수
조성을 : 아주대학교 인문학부 교수
정호훈 : 연세대학교 국학연구원 연구교수

연세실학강좌 III
실학의 정치경제학[1]

연세대학교 국학연구원 편

2003년 4월 21일 초판 1쇄 인쇄
2003년 4월 25일 초판 1쇄 발행

펴낸이 · 오일주
펴낸곳 · 도서출판 혜안
등록번호 · 제22-471호
등록일자 · 1993년 7월 30일

우 121-836 서울시 마포구 서교동 326-26번지 102호
전화 · 3141-3711~2 / 팩시밀리 · 3141-3710
E-Mail hyeanpub@hanmail.net

ISBN 89 - 8494 - 178 - 6 93910
값 21,000 원